本书为教育部人文社会科学研究一般项目"内蒙古历史文化遗产的保护与利用研究"（10YJA770014）成果

内蒙古社科规划项目成果

内蒙古历史文化遗产的
保护与利用研究

郝建平 等 著

Neimenggu Lishiwenhuayichan De
Baohu Yu Liyong Yanjiu

中国社会科学出版社

图书在版编目（CIP）数据

内蒙古历史文化遗产的保护与利用研究／郝建平等著.—北京：
中国社会科学出版社，2013.12
ISBN 978-7-5161-3623-2

Ⅰ.①内… Ⅱ.①郝… Ⅲ.①文化遗产—保护—研究—内蒙古
Ⅳ.①K292.6

中国版本图书馆 CIP 数据核字（2013）第 271353 号

出 版 人	赵剑英	
责任编辑	罗　莉	
责任校对	王雪梅	
责任印制	李　建	

出　　　版	中国社会科学出版社	
社　　　址	北京鼓楼西大街甲 158 号（邮编100720）	
网　　　址	http://www.csspw.cn	
	中文域名:中国社科网　　010-64070619	
发 行 部	010-84083685	
门 市 部	010-84029450	
经　　　销	新华书店及其他书店	

印　　　刷	北京市大兴区新魏印刷厂	
装　　　订	廊坊市广阳区广增装订厂	
版　　　次	2013 年 12 月第 1 版	
印　　　次	2013 年 12 月第 1 次印刷	

开　　　本	710×1000　1/16	
印　　　张	20.75	
插　　　页	2	
字　　　数	348 千字	
定　　　价	58.00 元	

目　录

导　言

历史文化遗产是一个民族悠久历史的深厚积淀，是一个国家灿烂文化的智慧结晶。内蒙古各族人民在数千年的历史进程中留下了无数历史文化遗产，积淀了深厚的文化底蕴和文化内涵。这些历史文化遗产是内蒙古各族人民赖以生存发展的根和魂，是发展先进文化、创造美好生活的不竭动力，它们已经成为一种越来越宝贵的发展资源与软实力。但是，随着我国现代化进程的不断加快，许多历史文化遗产遭到了前所未有的冲击，如何有效地保护并利用好这一珍贵的民族文化遗产，已经成为全社会必须共同面对的一个重要课题。

一　内蒙古历史文化遗产概念的界定

当前，历史文化遗产已成为了一个使用频率颇高的词汇，要理解历史文化遗产的内涵，首先应该了解文化遗产的定义。

国际上对文化遗产的理解经历了从物质文化遗产到物质和非物质文化遗产兼含的过程。1972年联合国教科文组织颁发的《保护世界文化和自然遗产公约》中，首次对文化遗产的概念作了描述："在本公约中，以下各项为文化遗产：第一项为文物，从历史、艺术或科学角度看具有突出普遍价值的建筑物、碑雕和碑画、具有考古性质成分或结构、铭文、窟洞以及联合体；第二项为建筑群，从历史、艺术或者科学角度看，在建筑式样、分布均匀以及环境景色结合方面，具有突出的普遍价值的单位或者连接的建筑群；第三项为遗址，从历史、审美、人种学和人类学角度看具有突出的普遍价值的人类工程或自然与人联合工程以及考古地址等地方。"[①] 这里实际上指的是物质文化遗产。如此界定文化遗产是不够全面、不够确

[①]　刘红婴、王健民：《世界遗产概论》，中国旅游出版社2003年版，第240页。

切的。1989 年 11 月，联合国教科文组织第 25 届大会通过的《关于保护传统和民间文化的建议》，提出了"传统和民间文化"的概念。其定义是："指来自某一文化社区的全部创作，这些创作以传统为依据、由某一群体或一些个体所表达并被认为是符合传统和民间文化社区期望的作为其文化和社会特性的表达形式；准则和价值通过模仿或其他方式口头相传。它的形式包括：语言、文学、音乐、舞蹈、游戏、神话、礼仪、习俗、手工艺、建筑术及其他艺术。"[1]《建议》要求缔约国根据各自的法律规定，采取立法手段或其他必要措施，保护传统文化和民间文化。2003 年，联合国教科文组织第 32 届大会通过《保护非物质文化遗产公约》，明确了"非物质文化遗产"的概念。非物质文化遗产指"被各社区、群体，有时为个人，视为其文化遗产组成部分的各种社会实践、观念表述、表现形式、知识、技能及相关的工具、实物、手工艺品和文化场所。这种非物质文化遗产世代相传，在各社区和群体适应周围环境以及与自然和历史的互动中，被不断地再创造，为这些社区和群体提供持续的认同感，从而增强对文化多样性和人类创造力的尊重"。[2] 非物质文化遗产包括口头传说和表述，包括作为非物质文化遗产媒介的语言，表演艺术，社会风俗、礼仪、节庆，有关自然界和宇宙的知识和实践，传统的手工技能。《保护非物质文化遗产公约》在第一条中确切表明了联合国对非物质文化遗产保护的宗旨："（a）保护非物质文化遗产；（b）尊重有关群体、团体和个人的非物质文化遗产；（c）在地方、国家和国际一级提高对非物质文化遗产及其相互鉴赏的重要性的意识；（d）开展国际合作及提供国际援助。"[3]在《公约》中，特别对其"保护"一词作了专门的解释："指采取措施，确保非物质文化遗产的生命力，包括这种遗产各个方面的确认、立档、研究、保存、保护、宣传、弘扬、承传（特别通过正规和非正规教育）和振兴。"[4]《公约》还以"确认、立档、研究、保存、保护、宣传、弘扬、承传和振兴"九大环节，对非物质文化遗产保护提出了一套系统的整体性工作流程。

---

① 王文章主编：《非物质文化遗产概论》，文化艺术出版社 2006 年版，第 5 页。
② 同上。
③ 同上。
④ 同上书，第 53 页。

中国虽然在 1985 年就加入《保护世界文化和自然遗产公约》，2002年颁布《文物保护法》，2004 年加入《保护非物质文化遗产公约》，可是直到 2005 年 12 月《国务院关于加强文化遗产保护的通知》才第一次从官方的角度明确了"文化遗产"的概念。指出"文化遗产包括物质文化遗产和非物质文化遗产。物质文化遗产是具有历史、艺术和科学价值的文物，包括古遗址、古墓葬、古建筑、石窟寺、石刻、壁画、近代现代重要史迹及代表性建筑等不可移动文物，历史上各时代的重要实物、艺术品、文献、手稿、图书资料等可移动文物；以及在建筑式样、分布均匀或与环境景色结合方面具有突出普遍价值的历史文化名城（街区、村镇）。非物质文化遗产是指各种以非物质形态存在的与群众生活密切相关、世代相承的传统文化表现形式，包括口头传统、传统表演艺术、民俗活动和礼仪与节庆、有关自然界和宇宙的民间传统知识和实践、传统手工艺技能等以及与上述传统文化表现形式相关的文化空间。"[1]

目前学术界对历史文化遗产概念尚无明确的界定，人们提到历史文化遗产时多指物质文化遗产，这实际上是一种不全面的认识。

我们认为，所谓历史文化遗产是前人创造的全部物质财富和精神财富及与人类实践活动有密切联系的自然景观之历史文化遗存和传统文化载体（或表现形式）。它有广义、狭义之别。广义的历史文化遗产不仅包括有形的人类历史遗存、文化遗产以及自然遗物，而且包括无形的、非物质的传统文化载体（或表现形式）。狭义的历史文化遗产主要是指文物古迹[2]。

本书所指内蒙古历史文化遗产的时间范围应从史前时期至现代，空间范围主要专指现今内蒙古行政区域。因此，内蒙古历史文化遗产主要指历史时期内蒙古的文物、建筑群和遗址、历史文化名城、历史文化保护区、风景名胜区等物质文化遗产和传统戏剧、舞蹈、音乐、文学、艺术、工艺技术及民俗文化或民间文化等非物质文化遗产。

二　选题的意义

第一，内蒙古历史上曾经是山戎、北狄、林胡、楼烦、匈奴、东胡、

---

[1]　《国务院关于加强文化遗产保护的通知》，中华人民共和国中央人民政府网，http://www.gov.cn/gongbao/content/2006/content_ 185117. htm。

[2]　王星光、贾兵强：《中原历史文化遗产可持续发展的问题与对策》，《河南社会科学》2008 年第 4 期。

鲜卑、乌桓、突厥、柔然、回鹘、契丹、室韦、女真、党项、蒙古、满、汉等许多民族聚居活动的舞台。他们留下了大量的历史文化遗存,目前已发现的不可移动的文物古迹有2万余处,我们可以从这些物质文化遗产中看出内蒙古历史上不同时期政治、经济、军事、文化、艺术、科学、风俗等方面的信息。保护和弘扬内蒙古的物质文化遗产,对于维护祖国的统一,增进各族人民的大团结,促进内蒙古的文化大区建设事业,都具有十分重要的现实意义和深远的历史意义。改革开放以来,内蒙古自治区在考古发掘、博物馆建设和收集、研究、展览、宣传物质文化遗产等方面取得了突出的成绩。但是,作为西部开发地区,经济上欠发达,社会事业发展不平衡,在物质文化遗产的保护方面尚存在以下问题:一是对物质文化遗产价值认识不足,缺乏物质文化遗产保护意识,因而片面强调经济建设,轻视甚而忽略物质文化遗产保护,结果,造成物质文化遗产损坏的现象屡有发生。二是各级财政对物质文化遗产保护的投入不足。三是物质文化遗产部门的保护力量相对薄弱。因此,系统地研究保护与利用好内蒙古物质文化遗产的途径与方法,就显得十分必要。

第二,内蒙古地区也是非物质文化遗产资源富集地区。蒙古族及"三少"民族丰富的民族民间音乐、舞蹈、曲艺、文艺作品、绘画、雕刻、民间工艺、体育、服饰,以及极具民族特色的民族习俗和风情,使得内蒙古的民族文化在全国乃至世界都占有特殊重要的地位。保护和利用好内蒙古非物质文化遗产,对增强民族自信心和凝聚力,构建和谐内蒙古,促进自治区经济社会协调发展具有十分重要的意义。近年来,内蒙古自治区进一步重视和加强了对非物质文化遗产的抢救和保护工作,在非物质文化遗产普查、申报和保护国家级非物质文化遗产名录,推进中国、蒙古国联合保护蒙古族长调民歌,加快自治区三级非物质文化遗产名录体系建设,加快非物质文化遗产立法进程等方面取得了积极进展和丰硕成果。

同时,内蒙古非物质文化遗产保护工作还存在不容忽视的问题。一是自然生态和社会环境的变化加速了非物质文化遗产的消亡。二是立法工作相对滞后。内蒙古的保护法几经调研修改,几度上报自治区政府法制办,仍处于停滞状态。三是缺乏财力保障。由于自治区非物质文化遗产保护经费没有列入财政预算,致使各项工作均没有必要的经费保障。四是人才不足影响了保护工作的效率和质量。五是民间艺人的生存状态堪忧。非物质文化主要是依赖口传身授的方式得以延续和传承,而民间艺人是"活态传承"的主体，"人在艺在，人去艺亡"。内蒙古大部分民间艺人居住偏远，年老体衰，生活贫困，后继乏人，有些民间艺术或传统技艺随着老艺人的离世而失传。如果我们不及时保护和抢救，我们将会犯下一个不可逆转的历史性错误。因为一旦非物质文化遗产消亡，就意味着民族个性和特征的消亡，也就意味着内蒙古的文化多样性的消亡。

正是由于内蒙古历史文化遗产的特殊性，历史文化遗产保护和利用的现状存在诸多不尽如人意之处，我们有必要对内蒙古历史文化遗产的保护和利用问题进行一番较为全面、细致的探讨。

第三，内蒙古地处祖国的北部边陲，它的历史文化遗产不仅对研究内蒙古的历史文化十分宝贵，其中很多还有力地证明了内蒙古自古以来就是中国不可分割的一部分。保护和利用内蒙古的历史文化遗产对提高民族文化素质，增强民族凝聚力，培养爱国主义情操具有特别重要的意义。

第四，通过对内蒙古历史文化遗产的研究，挖掘其精华和优良传统，总结其经验与教训，为中国文化遗产史补充新内容，为本地区经济、文化建设提供历史的借鉴和决策参考，并对本地区民族团结、社会和谐、精神文明建设有所裨益。

三　研究成果回顾

历史文化遗产是先人创造的沉积与结晶，镌刻着一个民族国家文化生命的密码，蕴含着民族特有的精神机制、思维方式、想象力和文化意识，是维护文化身份和文化主权的基本依据。[①]

内蒙古各民族多年来创造的历史文化遗产是中国文化遗产不可分割的重要组成部分，属于区域历史文化研究的范畴。重视区域历史文化的研究是中国当代学术研究的重要特征。草原文化研究是内蒙古自治区具有区域特色和学术研究专长的研究课题。近几年，随着内蒙古地区经济文化和社会各项事业的繁荣和发展，对内蒙古地区历史文化进行深入研究日益受到人们的重视，也得到了国家社科规划部门的支持。"草原文化研究工程"被立为国家社科重点规划课题，一期工程已经完成并取得了丰硕的成果，《草原文化研究丛书》共计11本已付梓问世。对草原文化的内涵与特征、草原文化的历史发展与影响、草原文化的现代发展等基本问题作了比较系

---

① 陈锋：《中国文化遗产保护及其外宣意义》，《对外大传媒》2006年第12期。

统的、多方位的、深入的研究论述，是草原文化集大成的研究成果。二期工程也已启动，进展势头良好。目前内蒙古已经举行了九届草原文化节及学术研讨会，也有了一批包括草原生态文化、文物考古、民族斗争与融合、区域经济开发、社会风俗习惯等方面的研究成果。

　　现在学者们对内蒙古历史文化遗产的保护与利用已有一定的学术探讨，如关于物质文化遗产的保护与利用的文章有：塔拉的《吐尔基山辽墓考古发掘保护》（《中国文化遗产保护》2004 年第 3 期），介绍了对吐尔基山辽墓出土文物所采取的一些保护措施。王娟的《历史文化名城呼和浩特的保护发展》（《内蒙古电大学刊》2005 年第 2 期）认为，对历史文化名城呼和浩特的保护，要以这个地区的珍贵的历史文物、古建筑、名胜古迹及其历史环境为重点，重点保护与系统保护相结合，协调历史文化名城保护与城市现代化、社会经济发展、自然景观的保护利用及城市景观特色创造的关系。潘芳的《论呼和浩特市大召寺宗教旅游的深度开发》（《燕山大学学报》2005 年增刊）以呼和浩特市大召寺旅游开发为研究对象，分析了其旅游开发的现状，探讨了对宗教旅游资源进行开发的旅游项目设计和策划的要点，提出了宗教旅游资源开发中应注意的问题。车红的《包头市历史文化遗产在城市建设中的作用》（西安科技大学 2005 年硕士学位论文），介绍了包头市历史文化遗产的状况，从对历史文化遗产认识不足、毫无特色的城市建设、旧城改造方式的错误、形象政绩工程四个方面分析了包头市历史文化遗产面临的问题，并提出了包头市历史文化遗产保护的原则和方法。王建平的《对阴山岩画的保护与研究》（《河套文化》2009 年第 2 期）指出，近年来，巴彦淖尔市在对阴山岩画的保护与研究中，具体而富有成效地做了大量的工作，使阴山岩画中包含的文化与经济、战争与和平、艺术与生活等诸多内容，被越来越多的专家与国内外各族各界人士所认识，对阴山岩画的保护与研究也正在走向一个更高的层次；王庆云、张赫逸的《论元上都遗址的保护与开发》（《内蒙古工业大学学报》2009 年第 2 期）从文化产业发展与文化遗产保护的角度，对上都遗产保护与开发所取得的成就、存在的问题以及可供借鉴的经验提出了保护开发建议。王乾的《元上都遗址调查与保护研究》（内蒙古师范大学 2010 年硕士学位论文）通过对元上都遗址的实地考古调查，提出了关于元上都遗址保护的一些措施。翟禹的《论元上都遗址的保护管理体系建设》（《呼伦贝尔学院学报》2011 年第 4 期）对元上都遗址的保护管理体系提出了一些建设性意见。王鹿城的《论美岱召历史文化资源的开发与利用》（内蒙古师范大学 2011 年硕士学位论文）论述了美岱召的历史价值、美岱召佛教文化的丰富内涵，并以历史文化资源旅游、宗教历史文化资源旅游和民俗风情资源旅游三大板块重点探讨了美岱召开发利用的具体措施，以及加强美岱召历史文化资源开发过程中的保护，认为在注重经济效益、社会效益和环境效益的同时，应把历史文化资源的开发和保护有机地结合在一起，只有这样美岱召丰富的历史文化资源才能持久有效地为人们所服务。

关于非物质文化遗产的保护与利用的文章有：董波的《呼图克沁与非物质文化遗产保护》（《前沿》2007 年第 3 期）分析了"呼图克沁"面临的生存危机及已有研究存在不足的问题，认为"呼图克沁"对我们认识和研究蒙古民族民间文化历史发展与演进的过程有着极其特殊的学术价值和意义。张术麟的《对内蒙古民族民间文化遗产保护的立法思考》（《内蒙古财经学院学报》2004 年第 3 期）认为内蒙古拥有丰富多彩、底蕴深厚的无形文化遗产，它们迫切需要立法保护。内蒙古在立法时要注意解决好法律调整范围、调整对象、保护主体、保护方针、制度选择、域外保护等几个方面的问题。娜仁图雅的《内蒙古科尔沁非物质文化遗产法律保护的模式研究》（《东北亚论坛》2011 年第 6 期）认为，科尔沁非物质文化遗产保护的核心问题在于确立科学的保护模式和落实有力的保护措施，通过确认、立档、研究、保存、传承等措施，尊重历史的原汁原味生态环境及技能的价值；通过宣传、弘扬、传承和振兴等举措，重塑当代人的行为，建构保护科尔沁非物质文化遗产的科学模式。应以立法保护、行政保护和社会保护的系统工程，确立完整、规范的法律保护体系，特别是注意运用少数民族文化发展权，强化非物质文化遗产的地方性法规建设，在建设和振兴中国东北的过程中为科尔沁非物质文化遗产保护工作作出当代人的努力。汪立珍的《保护与发展鄂温克族非物质文化遗产的思考》（《民族文学研究》2005 年第 4 期）认为，保护与发展鄂温克族非物质文化遗产与本民族的意愿、生态环境相结合是必要的前提，使用现代高科技手段进行保护和整理是迫在眉睫的工作，而把非物质文化遗产的内容纳入教育体系，建立系统、科学、合理的教育机制是保护发展鄂温克族非物质文化遗产的重要途径。唐戈的《达斡尔、鄂温克、鄂伦春族文化保护漫谈》（《民族文学研究》2005 年第 4 期）指出，关于达斡尔、鄂温克、鄂伦春族文化的保护，主要是对即将消失的文化事项或文化整体进行记录，并通过人为的干预，使其传承和延续下去。

对于民间音乐的保护与传承问题，学界给予了较多的关注。张发的《关于保护、传承漫瀚调的思考》（《鄂尔多斯文化》2008 年第 3 期）从漫瀚调原生态环境的变化对漫瀚调生存的影响、漫瀚调的现实生存状况、发展趋势以及如何保护、传承漫瀚调等方面提出了一些看法。孙琳的《蒙古族长调的传承研究》（中央民族大学 2008 年硕士学位论文），介绍了蒙古族长调的特征、社会功能、传承现状，认为欲使蒙古族长调艺术历久不衰，富于魅力，不仅要靠专业文艺工作者投入更大的热情和精力，同时也要通过国家政策的引导支持，现代传媒手段的协助以及学校教育渗透等各种方法，逐步地普及和推广长调。引导广大人民群众熟悉和掌握这门艺术瑰宝，从而促使蒙古族长调的传承得以顺利延续，并使之适应新的生存环境的变化，不断发扬光大，永葆旺盛艺术之魂。博特乐图的《经验与启示——蒙古族长调民歌的保护与传承经验两例》（《内蒙古大学艺术学院学报》2009 年第 2 期）指出，蒙古族长调民歌的保护与传承工作中的两个成功例子，具有十分重要的借鉴意义。新中国成立之初开始的长调民歌的舞台化、课堂化实践，通过专业团体为发展平台，以艺术院校为传承渠道，对长调民歌进行传承和发展，从而成为传统文化与现代社会相融的一个成功范例；而"乌珠穆沁模式"，是在特定区域中的多种群体、多个部门协调参加的工作模式，通过小区域中大多数成员参与的社会文化互动，以达到长调民歌整体性、原生性保护与传承的目的。博特乐图的《蒙古族长调的传承与保护》（《内蒙古大学艺术学院学报》2011 年第 2 期）认为，长调民歌的式微，不仅表现在曲目的流失和歌手的减少等方面，而且表现在与牧民现实生活的脱离、社会观念与价值观的改变、技艺与风格的变异等一系列问题上。造成这种情况的原因和动态因素十分复杂。长调民歌相关研究工作的滞后是目前保护工作中一个亟待解决的问题。将保护工作当成纯行政行为而忽视科学研究在保护工作中的基础性意义，是目前一些部门制定措施以及工作实施中的一个误区；另一个误区是将蒙古族各地长调看作是铁板一块，而不注意其内部各地分支系统的多样性。薛文婷的《关于我国蒙古族长调民歌传承的思考》（东北师范大学2010 年硕士学位论文）提出了关于如何处理好长调民歌传承和发展的思路：首先，政府及相关文化管理部门应该高度重视对长调民歌的保护和宣传工作，在政策、制度上加以完善；其次，应该欢迎和鼓励社会各界人士参与到保护长调的队伍中，通过广泛交流和对话，逐步找寻出一个科学合理的方法体系；最后，对于当前出现的"新民歌"这一现象，应该大加鼓励，通过对其他音乐文化的吸收、借鉴、交流融合，为长调民歌开辟出可持续发展的创新之路。张兴兴的《科尔沁地方民歌保护与传承研究》（中央民族大学2009年硕士学位论文）简要论述了科尔沁地方民歌的起源与发展历程，分析了内蒙古科尔沁地方民歌的类型、风格、题材及其音乐特点，论述了科尔沁地方民歌的传承现状及传承中的问题，并提出了相关建议。乔玉光的《试论蒙古族长调功能性保护的意义及路径》（《内蒙古大学艺术学院学报》2011年第3期）认为，在蒙古族游牧社会中，长调不仅承担着艺术表达和情感表达的作用，同时也承担着重要的生产性和生活性的社会功能。在当代，长调深层次的危机表现在社会功能的弱化与丧失。对长调的保护，既要注重对音乐风格、演唱特点等内容的保护传承，更要着眼于长调在生产生活中功能作用的保护与传承，把对长调社会功能的保护措施摆在更为突出的位置。布特乐图的《胡仁·乌力格尔音乐的传承与传播》（《内蒙古师范大学学报》2001年第6期）认为，胡仁·乌力格尔音乐主要是通过"口传心授"和"即兴编创"的方式来进行传承的，一般包括师徒关系、家庭关系、艺术教育等几种途径。胡仁·乌力格尔音乐的社会传播通过寺院、流浪艺人、王宫府邸、民俗、媒介等几种主要途径来完成。通拉嘎的《繁荣与隐忧——谈马头琴作为非物质文化遗产的保护与传承》（《内蒙古大学艺术学院学报》2009年第4期）指出，新中国成立以来，马头琴艺术经历了一个从传统型向现代型的转变，在专业马头琴领域中取得了一定的成就，呈现出一片繁荣的景象。然而仍有制约其继续发展的隐忧："传统型"与"现代型"的联系与矛盾，"民族性"与"民间性"边界的模糊，传承方式面对现代文化时的尴尬，保护传承与创作创新之间的矛盾，表演、教学与滞后的理论研究现状之间的矛盾等。

对作为蒙古族重要民俗之一那达慕的保护、传承与开发利用，学者们也有所研究。白丽丽的《草原牧区那达慕的传承与保护》（中央民族大学2008年硕士学位论文），探究了草原牧区"那达慕"在现代语境下的存在状态、与牧区民俗生活的关联和当前的传承状况，通过对其传承方式和传承过程中出现问题的分析，试图为更好地保护、发展草原牧区那达慕探讨解决问题的现实途径。吴艳的《论对那达慕文化资源的深度开发——基于城乡一体化视角》（《内蒙古社会科学》2009 年第 2 期）认为，那达慕文化是草原文化的重要组成部分，是发展内蒙古休闲经济的基础之一，是区域发展的比较优势。对于那达慕文化资源的开发利用，要以改造、拓展、规范等方式改变目前在管理上的自发、随意、无序状态和粗放方式，在保持传统那达慕基本精神和特点的前提下，突出休闲和消费的主题，以满足现代人们不断变化和提升的物质与精神需要。胡庆龙、杨建设的《那达慕体育文化与旅游》（《体育文化导刊》2008 年第 6 期）通过实地调查和文献资料对那达慕与旅游结合现状与存在问题进行分析认为，那达慕与旅游结合的发展策略主要有：遵循市场规律，避免重复建设，推出精品；深层次挖掘文化内涵，突出特色；培育人才，提高旅游服务质量；遵循文化规律，合理开发，防止传统节日体育庸俗化。

对内蒙古非物质文化遗产的旅游开发研究已有初步的研究成果。阿荣高娃的《内蒙古非物质文化遗产旅游开发研究》（《现代商业》2010 年第 32 期）认为，三种开发模式适合内蒙古非物质文化遗产旅游开发，一是主题开发；二是衍生商品开发；三是综合开发。王雪、杨存栋的《非物质文化遗产旅游开发路径分析——以内蒙古为例》（《经济论坛》2011 年第 12 期）认为，目前适合内蒙古非物质文化遗产旅游开发的模式有五种，并具体分析了文学类、艺术类、技艺类、民生类、体育游艺类非物质文化遗产的旅游开发路径。王雪、杨存栋的《内蒙古非物质文化遗产旅游开发探究》（《干旱区资源与环境》2011 年第 12 期）指出，目前，内蒙古非物质文化遗产旅游开发具有节庆活动蓬勃开展，旅游效果初显；演艺传统不断渗透，旅游项目拓展；传统手工日益挖掘，旅游商品丰富；文化展馆渐成体系，表达形式多元等特点。在旅游开发中存在重视程度仍待提高、文化内涵发掘不足、宣传促销方式单一、资金投入存在制约、专业人才比较缺乏、商业异化趋势严重等问题。因此，今后需要保护文化原真、加强政府引导、分类适度开发、重视人才培养，以促进内蒙古非物质文化遗产旅游开发的可持续发展。

以上这些成果从不同方面对内蒙古历史文化遗产的保护与利用问题进行了一定程度的研究，但这些成果比较孤立零散，缺乏系统性，目前学术界还没有把内蒙古历史文化遗产的保护与利用作为一个专门的学术研究课题，从整体上进行系统深入的研究。这种局面限制了对内蒙古历史文化资源进行深度开发与利用，也为本课题的开展提供了契机。

四　研究内容和方法

1. 研究内容

本书试图从以下几方面建构内蒙古历史文化遗产保护和利用的体系：

（1）对内蒙古历史文化遗产作总体分类概述。内蒙古的历史文化遗产总体上分为物质文化遗产（包括文物类、建筑类、遗址类）和非物质文化遗产（包括民间文学类、音乐舞蹈类、民间工艺类、风俗习惯类等）两大门类，按照这两大门类进行整体介绍、逐类分析。

（2）对内蒙古物质文化遗产的价值进行分析，包括历史、政治、经济、艺术、科学等价值。

（3）对内蒙古物质文化遗产保护方式进行深入的探讨。保护工作已取得的成效和存在的问题；保护应采取的措施，包括法律保护、分级保护、博物馆保护、科技保护、全民保护等。

（4）对内蒙古物质文化遗产利用方式进行探讨。从开发内蒙古有形的文化资产、民族斗争和融合的见证、区域文化特色的象征、社会文化发展的宝库和社会可持续发展的文脉等方面分析内蒙古物质文化遗产的作用；从经济开发中的利用、利用文化遗产发展文化事业等方面探析内蒙古物质文化遗产的利用方式。

（5）对内蒙古非物质文化遗产的价值进行分析，包括历史、艺术、科学、社会等价值。

（6）对内蒙古非物质文化遗产保护方式进行探讨。保护非物质文化遗产所取得的成绩及存在的问题；保护措施的探讨，包括记录式保护、法律保护、传承人保护、名录体系保护、教育保护和博物馆保护等。

（7）对内蒙古非物质文化遗产利用方式进行探讨。从发展旅游业提升利用价值、发展文化产业拓展利用空间、引入课堂教学、运用现代市场运作模式拓展利用手段等方面分析内蒙古非物质文化遗产如何在有效保护的前提下合理利用和可持续发展，及其保护与利用的良性互动关系。

（8）对国内其他省份及国外如法国、意大利、日本、韩国等在抢救和保护历史文化遗产方面的一些有益做法进行借鉴，提出内蒙古历史文化遗产保护和利用的思路。

2. 研究方法

（1）从历史事实出发，运用实证研究方法，全面、系统搜集占有材料。运用"二重证据法"，将文献与考古资料相结合。深入基层，进行调查走访，采集第一手资料。全面而科学地采集非物质文化遗产作品，忠实地记录下各种民俗文化事象。使我们的研究扎根于内蒙古地区的历史文化土壤中。

（2）对比研究方法。将内蒙古历史文化遗产放在中国文化史的大背景下，抓住内蒙古多民族文化交融的特性，与传统的中原历史文化遗产和其他少数民族历史文化遗产相互对比。

（3）跨学科研究法，借用民族学、民俗学、考古学、文物学、艺术学、美学、经济学、保护技术和新材料学等学科的成果，在田野调查和历史文献比较研究与现当代研究成果的基础上，来对内蒙古的历史文化遗产进行系统的研究。

第一章

内蒙古历史文化遗产概述

在中华人民共和国的北部边疆，有一块辽阔、神奇、美丽、富饶的土地，它既像一匹奔腾的骏马，又似一只矫健的雄鹰，这就是内蒙古自治区。内蒙古的北部是高原的主体，东部为辽阔的草原，西部为戈壁，沙漠面积较大，局部地区有流沙和风蚀的残丘。在高原的中段，阴山山脉横亘东西，贺兰山山脉由北至南纵卧在西南。东部以大兴安岭和我国的东北平原相连。中心地带有因黄河冲积而成的河套平原和土默川平原。总面积118.3万平方公里，占全国总面积的12.3%，居全国第三位。总人口2379.61万人；其中蒙古族412.17万人，汉族占83%左右，其余为回、朝鲜、满、藏、达斡尔、鄂伦春、鄂温克等民族。

春秋战国之前，一些北方的游牧民族，如匈奴和东胡人在今天的内蒙古地区游牧生活。战国后期，燕国、赵国、秦国的领土已经拓展到今天的内蒙古地区，中原的华夏民族开始在内蒙古南部定居。如赵武灵王在今呼和浩特托克托县境内始建云中城。"赵长城"经过呼和浩特北面的大青山。燕将秦开击败东胡之后，构筑"燕北长城"，在今内蒙古赤峰市南建右北平部，治所在宁城。

秦朝修筑万里长城，连接从前各国的长城，以防御匈奴。内蒙古南部，如云中郡，是边防重镇。而北部塞外主要是匈奴人和乌桓、鲜卑等东胡人的领地。西汉时汉武帝通过多次战争击败匈奴，匈奴势力被迫北迁、西迁。在整个汉朝及其后的五胡十六国、南北朝时期，南匈奴人和东胡人逐渐和华夏民族融合，形成今天汉族的前身。汉朝在今天的内蒙古地区设立郡县。如西汉（公元前127年）设置五原郡，辖境相当于今巴彦淖尔市东部、包头市和鄂尔多斯市达拉特旗、准格尔旗等地。三国时期著名将领吕布就出生于此。

隋唐时突厥势力控制着蒙古高原。北宋时鲜卑人的一支后裔契丹人创立了辽国，在今内蒙古赤峰市巴林左旗附近建立了蒙古草原上的第一个都城上京。清亡之后内蒙古则一直在中华民国的统治下，被恢复为若干个省。

1947年4月23日至5月3日，内蒙古人民代表会议在王爷庙（今乌兰浩特市）召开，会议决定5月1日为内蒙古自治区成立纪念日，民族区域自治在全国第一个得以实现，时辖呼伦贝尔、纳文慕仁、兴安、锡林郭勒、察哈尔盟，计32个旗、1个县、3个县级市，面积54万平方公里。自治政府驻王爷庙。1949年11月，经中央人民政府政务院总理周恩来批准，自治政府迁址张家口。1949年9月19日，以国民党高级将领、绥远省代省长董其武为首的19人率部举行起义，其后，成立绥远省人民政府。1954年3月5日，内蒙古人民政府、绥远省人民政府委员会、绥远军政委员会、绥远省各界人民代表会议协商委员会在归绥市（呼和浩特市）联合召开扩大会议，根据中央人民政府政务院命令，从3月6日起，绥远省建制和省人民政府同时撤销，原绥远省辖区并入内蒙古自治区，由内蒙古自治区人民政府领导，自治区人民政府驻呼和浩特市。1955年7月30日，将热河省敖汉、翁牛特、喀拉沁旗和赤峰、宁城、乌丹县划归自治区昭乌达盟。1956年4月3日，将甘肃省巴彦浩特蒙古族自治州和额济纳蒙古族自治旗划归内蒙古，增设巴彦淖尔盟，以原自治州和自治旗的行政区域为盟的行政区域。1969年7月5日，将呼伦贝尔盟、哲里木盟、昭乌达盟分别划归黑龙江、吉林和辽宁三省；将阿拉善左旗、阿拉善右旗、额济纳旗分别划归宁夏回族自治区和甘肃省，1979年5月30日曾划归各省区的地区又重新划回内蒙古自治区。

全区现设呼和浩特、包头、乌海、赤峰、通辽、鄂尔多斯、呼伦贝尔、乌兰察布、巴彦淖尔9个市；兴安、阿拉善、锡林郭勒3个盟；另外有满洲里、二连浩特2个计划单列市；下辖12个县级市、17个县、52个旗，其中包括鄂伦春、鄂温克、莫力达瓦达斡尔3个少数民族自治旗。

内蒙古地域辽阔，历史悠久，因而历史文化资源非常厚重，自古以来众多北方少数民族先后在此生息，不同民族、不同文化交流、融合与演进，造就了丰厚而独特的草原文化。厚重的历史文化资源遍布全区，大窑文化、红山文化、朱开沟文化、秦直道文化、昭君文化、辽文化、蒙元文化等在国内外享有盛誉。

内蒙古的历史文化遗产包括物质文化遗产和非物质文化遗产两大类。

其中物质文化遗产主要是指具有历史、艺术和科学价值的文物，包括可移动文物和不可移动文物。不可移动文物是指古文化遗址、古墓葬、古建筑、石窟寺、石刻、壁画、近现代重要史迹和代表性建筑。可移动文物是指历史上各时代重要实物、艺术品、文献、手稿、图书资料、代表性实物等，分为珍贵文物和一般文物；珍贵文物分为一级文物、二级文物、三级文物。而非物质文化遗产，是指各民族人民世代相承的、与群众生活密切相关的各种传统文化表现形式和文化空间。非物质文化遗产的范围很广，主要包括：在民间长期口耳相传的诗歌、神话、史诗、故事、传说、谣谚；传统的音乐、舞蹈、戏剧、曲艺、杂技等民间表演艺术；广大民众世代传承的人生礼仪、岁时活动、节日庆典、民间体育和竞技，以及有关生产、生活的其他习俗；有关自然界和宇宙的民间传统知识和实践；传统的手工艺技能；与上述文化表现形式相关的文化场所等。

第一节　物质文化遗产概述

一　文物类

（一）可移动文物

可移动文物在内蒙古境内多有发现，包括石器、陶器、骨器、木器、玉器、铜器、铁器、漆器、丝织品、金银器、钱币、文献、古生物化石等。这些文物大多收藏在内蒙古各级博物馆内，也有部分文物散落于民间，有的则流失到了国外。因该类文物数量庞大，难以一一详述，故只能择其有代表性者加以列举。

1. 石器

在旧、新石器时代的遗址中均有出土。旧石器时代的石器以呼和浩特大窑遗址、乌审旗萨拉乌苏出土的器物为代表，有刮削器、尖状器和雕刻器等，多选石英岩和燧石作原料。新石器时代的石器以包头阿善遗址、赤峰市赵宝沟遗址出土的器物为典型。前者有大量的石斧、石刀、石磨盘、磨棒等生产工具和许多细石器工艺的狩猎工具，后者有磨制的尖弧刃石耜、扁平体石斧、弧刃石刀、磨盘和磨棒等。

2. 陶器

从距今1万年前的新石器时代至100多年前的清代，陶器与草原先民和各民族的日常生活息息相关，广泛应用于生活、生产、礼仪、建筑、装饰等领域。几十年来，考古工作者在内蒙古大草原上发现了 20 万件陶器。其中，在中华民族陶文化中能够占一席之地的兴隆洼文化筒形罐、红山彩绘猪形壶、辽代的鸡冠壶、清代绥远城北门"螭吻"等最具代表性。距今 4000 年前，在草原上开始出现青铜器，但陶器仍然是人们日常生活中的主要工具。到了战国时期，特征鲜明的陶器成为各民族生产、生活的实物见证。唐代至明清时期，游牧文化和农业文化间相互影响更加强烈，反映在陶器上则表现出器物造型各具特色，装饰手法明显增多，使用范围更加广泛，这些都真实地体现了中华民族古代文明的多元性。

3. 玉器

中国雕琢玉器的历史非常久远。2001—2003 年，中国社会科学院考古研究所内蒙古第一工作队又对敖汉旗兴隆洼遗址进行了发掘，在一座居室墓中出土了两对玉玦，这是迄今所知年代最早的玉器，也由此将中国琢磨和使用玉器的历史推至距今 8000 年左右的新石器时代。兴隆洼文化中出土的玉玦也是世界范围内最古老的玉耳饰。

在中国史前玉器发展进程中，红山文化玉器占有十分重要的地位。其造型特征、雕琢工艺及用玉制度自成体系，具有鲜明的地域和时代特色。龙形玉器是红山文化代表性的玉器，也是红山文化玉器组合中的重器。红山文化玉龙是我国新石器时代数量最多、形象最完备、构成最清晰、功能较明确的玉龙，在中国龙文化的发展史上占有举足轻重的地位。从世界各地收藏的红山文化玉器看，红山文化玉龙出土已有上百年的历史，面世玉龙已有 26 件。在众多红山文化玉龙中，猪龙形玉器是红山文化龙形玉器的典型代表，在红山文化分布区域内多有出土，采集品和传世品也较多，其形制大体相同，身体蜷曲，头部似猪，竖耳圆眼，吻部前突，前端并列双圆鼻孔，口微张。

内蒙古地区发现的辽代玉器也颇有代表性。这些玉器资料种类繁多，内容丰富，不仅有明确的出土地点，有的还有确切年代。目前所见这些玉器，其造型和题材以动物生肖类为多，多数为身上的佩饰。也有马具上的装饰。1978 年赤峰巴林右旗白音汉苏木友爱村辽代窖藏内出土一件熊形玉佩件，玉质为白色，呈半浮雕形，整体成伏卧形，短尾长鬃。鬃毛部位巧妙地利用了玉料上的皮色，将一只憨态可掬的小熊塑造得惟妙惟肖，可谓独具匠心。1986 年通辽市奈曼旗青龙山辽陈国公主墓出土 20 多件（组）玉佩饰和 200 多件马具装饰件。玉质均为白色，细腻光洁、晶莹滋润。玉佩和饰件的造型有龙、凤、鱼、鸳鸯、鸿雁、海螺、猴、蛇、蟾蜍、蜥蜴、蝎子、摩羯、马和狻猊等形象。还有象征性的工具形刀、剪、锥、锉等玉饰件。佩饰中的圆雕鸳鸯、鸿雁，均为双双交颈伏卧形，造型生动感人，充满了情趣。[①]

4. 铜器

距今4000年，在内蒙古草原上开始出现青铜器。在内蒙古赤峰市夏家店遗址中发掘出具有明显特征的青铜器，包括青铜容器、礼器、工具、武器、车马器以及铜镜等。在青铜器中，銎柄式短剑、实柄曲刃短剑、齿轮刀子、扇形铜斧、仿陶器的铜容器以及各种具有地方特色的青铜制品，是夏家店上层文化的青铜器的基本特征。更值得一提的是1976年发现于西拉木伦河上游林西县大井村的古铜矿遗址。年代与中原的商周时期相当。这是一个包括露天开采、选矿、冶炼、铸造等全套工序，规模宏大的古代铜矿山遗址。已经发现8座炼炉遗址，炉旁有马首鼓风管，炼渣和陶范等。这说明当时这里的先民们，不仅已经掌握了采矿技术，而且也掌握了鼓风冶炼的技术。

从19世纪末开始，在中国北方长城沿线地带陆续出土了大量以装饰动物纹为特征的青铜器，由于以鄂尔多斯及其周边地区发现的数量最多、分布最集中，也最具典型性，因此被称作"鄂尔多斯青铜器"。"鄂尔多斯青铜器"起源于夏商时代，春秋、战国、西汉初期为鼎盛时期。它是以狄—匈奴为代表的我国北方地区早期畜牧游牧民族的文化遗存，是我国乃至世界青铜文化的重要组成部分。

在和林格尔盛乐经济开发区墓葬群出土了汉代的青铜壶、青铜香炉、青铜卣、青铜扁壶。2003年通辽市发现一座辽代贵族墓葬，出土的铜器主要有铜钟、铜铃、牌饰、铜泡等200多件。

5. 铁器

战国、秦汉时期的匈奴人已有了铁器加工业。在已出土的匈奴铁制品中有箭杆、箭、镞、鸣镝、马勒、斧、锛等。

2009年9月，内蒙古巴林左旗文物普查队在乌兰达坝苏木南沟村普查时，发现了一批辽代铁器窖藏。这些出土的铁器大部分保存完好，少部

---

① 《极富游牧民族气息的辽代玉器》，揭阳新闻网，http://www.jynews.net/Item/64134.aspx。

分锈蚀严重。可辨器型共 34 件。生活用具有三足平锅、勺子、漏勺、锁等，农具有锄、犁铧子等，车马具有车辖、车铜、马镫、马衔、縻马橛等，兵器有刀、箭镞等。其中个别犁铧子上铸有文字，可辨文字有"川"、"太"、"山"。这些文字应该与作坊有关，作为权益和凭信。

6. 钱币

内蒙古地区出土发现的历代货币数量较大、品种繁多。自夏商时期，到 1948 年 12 月 1 日中国人民银行成立之前约 4000 年中，各时期的货币实物均有出土或发现。春秋战国时期铸造的青铜货币，如布币、刀币、蚁鼻钱、圜钱等，秦始皇统一全国后铸造的方孔圆钱"半两"，汉代的"半两"、"五铢"及王莽复古改制所铸的"六泉十布"都有出土和发现，且有的数量很大；唐宋货币在内蒙古地区出土数量最多，北朝、隋和五代十国钱币也有少量发现。辽、西夏、金、元四朝的货币，是内蒙古乃至全国古代货币中具有独特风格的货币，特别是成龙配套的辽钱、契丹大字银币、现存世界上最早的纸币"中统元宝交钞壹拾文"和额济纳旗元代黑城成批出土的元钞等，在全国钱币学界都是引人注目的；明代货币虽然数量相对较少，但铜钱品种比较齐全，同时还发现有"大明通行宝钞"等纸币；清代货币相当丰富，铜钱品种多，且数量大，纸币、银货、铜板等样样俱全。①

2004 年扎兰屯市浩饶山乡西平台村村民赵今在绰尔河边取土修路时挖出 1000 多枚古钱币，经专家鉴定，这是唐宋时期的古钱币。2005 年内蒙古考古专家在对元代集宁路古城遗址进行为期 3 年的考古发掘中，出土了 3 万多枚古钱币，其数量之多，保存之完整，为国内罕见。这些钱币种类以宋钱为主，另有相当数量的金、元代钱币，还有少量五代及汉代的钱币。2008 年在阿拉善盟阿左旗发现几千枚古代钱币，约 85% 为宋代铜钱。2009 年在巴林左旗出土窖藏古钱币多达 39000 余枚，古钱币种类达 50 余种，年代上至汉代下至辽代。

7. 丝织品

2004 年文物考古工作者在杭锦旗境内发现两座大型汉墓，出土文物异常丰富，其中一块丝织品残片为内蒙古地区首次发现的汉代丝织品，特别珍贵。这块丝织品残片历经近 2000 年已变成黑色，但仍清晰可见其经

---

① 马芳：《解读内蒙古历代货币》，《北方新报》2009 年 7 月 20 日。

纬。通辽市博物馆藏有辽代和清代丝织品，辽代丝织品按织法可分为平纹和斜纹，按颜色可分为棕、褐、墨、黄；有的织成各式几何纹，有的绣上花鸟，如双鹤松树纹、双鸟花卉石蝴蝶纹、双鸟花卉山石蝴蝶纹、荷花蜻蜓纹，绣工生动，画幅小。元、明、清时的丝织品用金多，清代丝织品有云龙纹金锦、牡丹纹金锦等，表现手法写实。

2003 年，内蒙古考古人员对吐尔基山辽墓进行了发掘，出土大量精美丝织品。在彩棺内墓主人尸骨上覆盖着 8 层丝织品，但由于棺内进过水，外层丝织品已经遭到严重腐蚀，内层保存稍好。其中第 7 层保存较完好，它是墓主人的一件罗裙，虽历经千年但上面清晰可见黄色的绣凤图案，明显带有晚唐风格。考古人员还发现了 7 个香囊等丝织文物。目前考古专家已对香囊、荷包、小袋等 13 件丝织文物进行了保护，对 1 件裙子、1 件上衣进行了整形。[①]

8. 金银器

金银器在中国古代社会多数为皇家和上层贵族拥有的奢侈品，在一定程度上反映了一个朝代或民族文化的盛衰。自距今大约 4000 年前的夏家店下层文化出土金耳环，直至辽代契丹族统治草原时期达到鼎盛，内蒙古地区金银器形成了一个具有地域特点的较为完整的发展序列。代表性的器物有战国秦汉时期匈奴的鹰纹金冠、豹噬野猪纹嵌宝石金带扣、虎咬牛金饰片、卧虎形金饰片、羊形金饰片；鲜卑贵族使用的装饰品金龙佩饰、马头鹿角形金冠饰、牛头鹿角形金冠饰、金步摇冠饰；唐代的双鱼龙纹银盘、鱼龙纹银壶、波斯银壶；辽代的造型各异的鸡冠壶，鎏金、银质马饰具等。

9. 瓷器

内蒙古出土的辽金元代瓷器数量多、质量精、窑口复杂、内涵丰富。在许多瓷器珍品上蕴含着重要的历史价值、艺术价值和科学研究价值。如陈国公主墓出土的越窑线刻花青瓷器，其釉色、造型、纹饰均极精美。内蒙古文物考古工作者在对集宁路古城遗址考古发掘中最重要的发现是出土了大量的瓷器，其数量之大、种类之多、器物之精美，在我国北方草原地区前所未见。集宁路古城共出土完整瓷器及可复原瓷器 1 万多件，这些瓷

---

① 李泽兵、柴海亮：《中瑞联合保护修复吐尔基山辽代贵族墓丝织品取得进展》，新华网内蒙古频道，http://www.nmg.xinhuanet.com/xwzx/2008 - 01/14/content_ 12209592. htm。

器涉及当时的七大知名窑系：景德镇窑、钧窑、定窑、磁州窑、耀州窑、龙泉窑和建窑。其中有两件保存较好的瓷器为国内外首次发现，一件是釉里红玉壶春瓶，另一件是青花梨型注壶。这两件瓷器不仅在今天是珍贵文物，即使在当时也是仅供官僚贵族和富人们使用的贵重物品。①

10. 古生物化石

世界上最大的似鸟恐龙化石、德犀角类恐龙腿骨化石，世界最早的狸尾兽化石，亚洲最大的猛玛象骨骼化石、恐龙化石骨架等，这些多年来在内蒙古地区陆续出土的远古生物化石，是世界古生物化石宝库中的珍品。

内蒙古博物院收藏有丰富的古生物化石，反映了内蒙古古生物化石的概况、生物进化的历程、戈壁沧桑变迁的奇迹。距今 22500 万到 6500 万年前的中生代，内蒙古曾是恐龙等爬行类动物生活的乐园，并留下了大量驰名世界的恐龙化石。有体型巨大的查干诺尔龙、形态各异的鹦鹉嘴龙、似鸟龙、鸭嘴龙、原角龙等化石骨架，还有禽龙、翼龙、甲龙、剑龙、蜥脚龙、恐龙蛋、恐龙胚胎、恐龙足迹等化石精品。距今 6500 万至 1 万年前的新生代，是内蒙古哺乳动物鼎盛时代，体形高大的猛犸象、埋藏奇特的披毛犀，堪称"中华之最"。从 25 亿到 100 万年前，所有古生物化石收藏呈现出时代全、门类多、分布广、保存好的特点。

11. 文献

1908 年，俄国皇家地理学会会员科兹洛夫在黑水城发现大量文献，包括数件唐代和五代文献；3 件宋代的文书；部分辽代文献；约 1400 件西夏文献；13 件藏文文献。这些文献也由此流失到俄国、英国、法国、日本等地。据了解，俄、英、法等国家所藏黑水城文献以西夏文为主，汉文、古藏文、蒙古文、回鹘文等其他民族文字次之，汉文部分佛经占大多数。

新中国成立后，甘肃省和内蒙古自治区的文物考古部门先后对黑水城进行了多次调查发掘，出土了近 5000 件文献，包括汉文、西夏文、畏兀尔蒙古文、八思巴蒙古文、古藏文、亦思替非字、古阿拉伯文等多种民族文字文书，分藏于内蒙古自治区文物考古研究所、内蒙古自治区博物院、阿拉善盟文管所、阿额济纳旗文管所以及甘肃省博物馆等单位，一直未能系统整理出版。宁夏大学西夏学研究中心在内蒙古文物考古研究所与甘肃

① 柴海亮、白冰：《考古专家撩开草原古代瓷器宝库的神秘面纱》，新华网内蒙古频道，http：//www.xinhuanet.com/chinanews/2005 - 07/07/content_ 4590568. htm。

省古籍文献整理编译中心的支持下，用了两年的时间，于 2008 年完成了"中国藏黑水城汉文文献"的编纂出版工作。这是迄今为止最全面、最丰富、规模最大的国内黑城文献搜集整理和保护活动，是一项文化遗产传承的世纪工程。尤其难得的是，这批文献所记内容跨越数百年，涵盖了唐、五代、宋、西夏、伪齐、金、元（含北元）等许多朝代。其中，元代文献最多。这些首次公布的文献，为研究宋夏金元史、中古佛教史、中古社会史、宋元科技史、丝路贸易史、古代医药史、文献版本学和回族的形成等提供了不可多得的原始资料。尤其令人称道的是，收入书中的文献全部是全彩写真印刷，与原件完全相同，对研究极为有利。

　　1930 年，瑞典人贝格曼在居延地区（内蒙古西部阿拉善左旗地区）发掘汉简 1 万余枚，称为"居延汉简"。近几十年来，考古工作者又先后在居延发掘汉简 2 万余枚，称为"居延新简"。截至 2012 年，已发现的 3 万余枚居延汉简是国内简牍出土的最大宗，即使在全世界范围内，也是首屈一指、无与伦比的，这不仅因为其数量最多，更重要的是它的内容包括了当时社会的政治、经济、军事、科技、文化等方面，具有极高的科学、历史与文物价值。

　　（二）石碑

　　石碑是把功绩勒于石上，以传后世的一种石刻。现已发现且较著名的主要有：突厥文《阙特勤碑》、《毗伽可汗碑》、《暾欲谷碑》、《翁金碑》、《雀林碑》；回鹘文《乌兰浩木碑》、《建塔功德碑》、《重修文殊寺碑》、《亦都护高昌王世勋碑》、《大元肃州路也可达鲁花赤世袭之碑》；契丹文《辽太祖记功碑》、《辽太祖创业碑》、辽兴宗道宗《哀册》、《北大王耶律万辛墓志》、《耶律习涅墓志》、《故耶律氏铭石》；蒙古文《成吉思汗碑》、《庆州古城蒙藏文佛教碑》、《苏木沁华严寺庙碑》（蒙、汉、藏、梵四种文字）、《康熙平定噶尔丹石碑》等。

　　（三）石窟

　　石窟是一种就着山势开凿的寺庙建筑，里面有佛像或佛教故事的壁画。石窟艺术是一种宗教文化，是研究社会史、佛教史、艺术史及中外文化交流史的珍贵资料。内蒙古境内发现的石窟数量不多，具有代表性的是以下两个。

　　1. 阿尔寨石窟

　　位于鄂托克旗境内一座红色层次砂岩构成的孤立的圆形平顶小山

上，小山高约 80 米，东西宽约 300 米，西北角往北延伸约 50 米。石窟依山开凿，位于山的四周，分上中下三层，共计 65 座石窟，其中较完整的 43 座，塌陷或被风沙掩埋大部的 18 座，开凿半途停工的 4 座。石窟构造多为长方形，有的为套间结构，分大、中、小三种。中国考古学界、石窟学界认为其是中国长城以北草原地区"硕果仅存的晚期佛教石窟遗迹"，特别是窟内现存近千平方米的彩绘壁画弥足珍贵，壁画以佛教内容为主，多采用绿、黑、白、红等色，记录了西夏、元、明时期的藏传佛教和民间世俗文化。阿尔寨石窟开凿于西夏时期，盛于元朝，至明代还在延续使用。

2. 辽代石窟——真寂之寺

位于巴林左旗林东镇南 20 公里的群山中。石窟分南、中、北三室。中窟面积较大，窟内雕一组佛教故事群像。中间最大的是佛教创始人释迦牟尼涅槃像，身长 3.7 米，头南面东，直肢侧卧于榻上。三世佛立于左侧；两尊菩萨分立南北，周围有弟子 15 人，均呈哀痛之状。南、北、西三面石壁浮雕千佛像 111 尊。这组佛像布局严谨，主次分明，气氛悲壮，表达了佛祖释迦牟尼涅槃于婆罗树下，向弟子嘱咐后事的情景。中窟的两尊菩萨像，足与地面相连，头与天棚相接。南、北窟造型大同小异。全窟造像具有北方契丹民族雄浑粗犷的风格。石窟开凿的年代应为辽代中晚期。清代在这座辽代石窟前修筑了木结构的喇嘛庙，名"善福寺"。1974年修缮清代喇嘛庙善福寺顶盖时，在中窟上方峭壁上发现阴刻"真寂之寺"四个大字，为辽代开凿石窟时题名。

（四）岩画

岩画是一种石刻文化，在人类社会早期发展进程中，人类祖先以石器作为工具，用粗犷、古朴、自然的方法——石刻，来描绘、记录他们的生产方式和生活内容，它是人类社会的早期文化现象，是人类先民们给后人留下的珍贵文化遗产。

在我国岩画的大家庭中，北方岩画最多，约占全国岩画的 80% 以上。而内蒙古不论在最东北的森林草原上，还是在北方草原山地上，岩画数量均相当可观，迄今在内蒙古地区已发现岩画近百处，有 5 万余幅。主要有：呼伦贝尔市额尔古纳左旗大兴安岭密林中的岩画，赤峰市克什克腾旗的白岔河岩画和巴林右旗东马鬃山的岩画，锡林郭勒盟阿巴嘎旗、镶黄旗以及苏尼特左旗锡林郭勒草原上的岩画，乌兰察布市四子王旗和包头市达尔罕茂明安联合旗的乌兰察布草原岩画，包头市固阳县的鹿石和秦长城岩画，横卧在内蒙古中南部阴山山脉的阴山岩画，乌海市海渤湾桌子山岩画，阿拉善盟阿拉善右旗境内巴丹吉林沙漠周围的雅布赖山岩洞中的手形岩画，曼德拉山的帐篷村落岩画，笔其格图山放牧和狩猎等岩画，海尔汗山人面像等岩画，夏拉玛山山羊、羚羊等岩画和阿日嘎林太山岩画，龙首山岩画，等等。内蒙古地区的岩画，不仅数量众多，而且内容丰富，题材多样，不少地区相当密集，仅巴丹吉林沙漠的曼德拉山，在东西 3 公里、南北 5 公里的山地上，就发现岩画 8000 余幅。岩画数量之多，分布之密集，不仅在中国，即使在世界上也是少有的。

二　建筑物类

建筑是物质文化的重要形式之一，它是以空间为表征的，通过对自然物质进行加工，结构造型、内外空间组合、装修和装饰、色彩、质感等方面的审美处理所形成的一种综合性实用造型艺术。被誉为"凝固的音乐"、"立体的画"、"无形的诗"和"石头写成的史书"。包括具有历史意义的古代民用和公共建筑和近现代重要史迹及代表性建筑等。

（一）古建筑

主要有喇嘛教寺塔、王府、民居。

1. 喇嘛教寺塔

13 世纪初叶，由于元世祖的倡导，喇嘛教开始传入内蒙古地区。当时信奉喇嘛教的主要是蒙古族中的贵族阶级，民间仍然普遍信仰原始萨满教。明末，格鲁派喇嘛教在内蒙古地区得到了迅速的发展，至清末，内蒙古的喇嘛教寺庙已有千所。内蒙古地区的喇嘛教建筑，分布广泛、特色鲜明，蕴含着浓郁的地域文化，是内蒙古地区独有的历史文化遗产。从现在保留的遗存看，作为历史文化的承载，内蒙古地区的藏传佛教建筑尽管所建地址、年代不同，所受藏传佛教派别影响不同，所处的自然条件、生产力水平各异，建筑特征仍有许多共同之处。

（1）美岱召

原名灵觉寺，后改寿灵寺。在土默特右旗美岱召村。是一座将寺庙、城堡和王府融为一体的古建筑群。始建于明隆庆年间。寺周围筑有高厚的围墙，墙体用土夯筑，内外表层砌以石块。四角筑有重檐角楼。南墙正中开设城门，并建有城楼，城门上嵌有明代扩建寺庙时刻的石匾额，上题

"泰和门"。进入泰和门，迎面就是"大雄宝殿"，为三间重檐歇山顶两层楼，是该寺最为宏伟的建筑。佛殿的墙壁上，有色彩斑斓的壁画，生动逼真，有很高的艺术价值。大雄宝殿东部是太后庙，相传为供奉三娘子骨灰的灵堂。大雄宝殿的北部还有观音庙、琉璃殿、八角庙、万佛殿和达赖庙等不同风格的建筑。

（2）五当召

位于包头市西北阴山深处的五当沟，是内蒙古地区现存最大、最完整的纯藏式喇嘛寺庙。乾隆二十一年（1756 年）由乾隆皇帝赐名广觉寺。召庙建于五当沟里的敖包山之阳，座座殿堂，层层楼阁，随坡势而增高，布局谐调，错落有致。所有建筑均为梯形格式结构，上窄下阔，平顶小窗，屋檐部分有一条上红色边麻装饰。外墙表面有一层厚达数厘米的石灰层，坚固洁白，别具一格。各殿顶正中回隅，饰有风磨铜双羚对卧法轮、金鹿、宝幢。

据统计，五当召内有金、铜、木、泥各种质料的佛像 1.5 万多尊，高者数丈，小者盈寸。还有成千上万幅壁画和唐卡，精细逼真地再现了人物、风俗、神话、山水、花鸟和佛教故事，艺术价值都很高。召内各殿保存的壁画总面积达 1050 平方米，居内蒙古召庙壁画之首。在这些精美艺术品的装点下，五当召恰似一座博物馆，它为研究蒙古族、藏族的宗教、文化和建筑艺术，提供了丰富的珍贵资料。

（3）福会寺

位于喀喇沁旗王爷府镇，原为喀喇沁亲王的家庙，始建于清康熙年间，总面积约 1 万平方米，布局精巧、建筑独特，是传统木做法与密宗佛教高度结合的典型范例，是内蒙古地区中小型藏传佛教寺庙的突出代表。全寺分二座院落，外院用红砖砌成花墙院，占地六亩多。

主庙分五层殿。月台上建三间天王殿，内塑四大天王像，手持蛇、宝幢、琵琶、宝剑，脚踏八大怪。二层殿五间，供奉无量长寿佛，四壁画有各色神态的佛像，东西配房各三间为客房。院内设有左右钟鼓楼，巍峨耸立，造型独特。三层殿分上下两层，共 49 间，飞檐斗拱，殿内供有宗喀巴像。其东西配殿各三间。四层殿是主殿三间，供奉释迦牟尼像。五层殿亦分上下两层，主殿三间。东西耳房各三间。四层殿至五层殿之间有东西厢房各八间。东西原建有两座 7 米高藏式白塔。

（4）汇宗寺

位于多伦县城，始建于康熙三十年（1691 年），是清王朝敕建的皇家寺院，由哲布尊丹巴活佛主持设计、建造。1705 年册封章嘉呼图克图为大国师，颁赏金印，住持汇宗寺，内外蒙古各旗均派一名品学兼优的喇嘛常住该寺。雍正十年（1732 年）外蒙古哲布尊丹巴活佛因故移居多伦淖尔，成为整个蒙古地区藏传佛教中心。

汇宗寺依山傍水，坐北朝南，占地面积 26.6 万平方米，由汇宗寺广场，大山门，天王殿，钟鼓楼正大殿，东、西配殿，官仓，佳仓，后殿等组成，具有典型的清代中原建筑风格，并融入蒙古、满、藏艺术精美内涵，巍然耸立，金碧辉煌，成为蒙古高原建筑艺术史上一颗璀璨的明珠。

（5）宝善寺

又名巴拉奇如德庙，位于阿鲁科尔沁旗巴拉奇如德苏木达兰花嘎查，建于康熙二十八年（1689 年）。占地 10.5 万平方米，建筑结构仿拉萨的布达拉宫，有小布达拉宫之美称。现存建筑分为前、中、后三个部分，主要建筑包括弥勒佛殿、护法殿、天王殿、大经殿、骑羊护法殿、密咒殿、哲理殿、嘛呢殿等 8 座大殿、1 处活佛府、50 多间喇嘛住房。

（6）灵悦寺

在喀喇沁旗锦山镇，建于康熙年间。为取得神灵保佑，诸事吉祥，起名灵悦寺。全寺共有建筑物 50 余间，占地 25 亩，中轴线上有山门、前殿、中殿及后大殿等建筑，东、西两侧建有钟、鼓楼。佛殿和经堂建筑结构分别为歇山、硬山、楼阁三种，为汉式佛寺建筑的形式和布局。寺内原有释迦牟尼、四大天王、十八罗汉等塑像，以及高约 7 米和 2 米的嘛尼轮，现已残缺不全。

（7）库伦三大寺

位于通辽市库伦旗驻地库伦镇中部。库伦是 17 世纪建立的古城。城内依北高南低的斜坡分层建筑有壮观的三大寺：兴源寺、福缘寺、象教寺。占地总面积 11 万平方米，现存古建筑群占地面积 5.9 万平方米，建筑面积 6400 平方米。库伦旗是清代内蒙古唯一实行政教合一的喇嘛旗，是蒙古族崇尚的宗教"圣地"。兴源寺是旗政教中心，福缘寺为旗财务机构所在地，象教寺为喇嘛住所。兴源寺始建于顺治六年（1649 年），正殿有 61 根沥金龙柱，面阔、进深各九间，有"八十一间殿堂"之称，天王殿、山门两侧有配殿、钟鼓楼等，在结构上采取汉藏结合，占地 2.5 万平方米，现设博物馆。福缘寺建于乾隆七年（1742 年），有山门殿、诵经殿、佛殿、老爷庙等四重殿宇，并辅以偏殿和钟鼓二楼。原有舍利塔，"文化大革命"中被毁。象教寺也是四进院落，山门在院内，由弥勒殿、无量佛殿、玉柱堂、佛母殿、寝殿、影壁组成。三大寺建筑具有蒙藏汉文化相结合特色，有较高的历史、科学和艺术价值，并有深刻的民族文化内涵。[①]

（8）贝子庙

位于锡林浩特市北部的额尔敦陶力盖敖包山南坡下，始建于清乾隆年间。由于当年主持修建该庙的是当地贝子巴拉吉道尔吉，并且是建在贝子旗，寺庙因此而得名。整个建筑群共分为七大殿，分别为朝克钦、明干、却日、珠都巴、甘珠尔、丁克尔、额日特图，在这 7 座大殿之外，还有十几座小殿和 2000 多间僧舍。寺内存有大量反映蒙古民族历史和生活的壁画，是研究蒙古族史和民族艺术的宝贵史料。

（9）开鲁佛塔

又称开鲁白塔，位于开鲁县开鲁镇的烈士陵园东北部。建于元至元十六年（1279 年）。通高 17.7 米，为大青砖砌筑，外表涂以白灰。全塔由基台、塔座、覆钵、十三天、塔刹等五部分组成。基台为正方形。塔座也为正方形，边长 6 米，高 4.1 米，上部作五层砖阶收缩。覆钵高 3.7 米，上宽下窄，四面各置佛龛，南面佛龛下有券门可通塔心室。塔心室为方形，边长约 2 米。相轮十三天亦为砖构，外形为八角形，逐层收缩，共计十三层。塔刹为圆形，砖构，最上端为黄铜铸造的圆形葫芦状的刹顶结构。是典型的覆钵式佛塔。

（10）万部华严经塔

位于呼和浩特市东郊。万部华严经塔，蒙古语称"查干·索布尔嘎"，因其白色，又俗称"白塔"。塔高 55.5 米，基座周长 56 米，呈八角七级，砖木混合结构，楼阁式。塔的第一层南面有塔门，篆书石刻"万部华严经塔"方额，嵌于塔门的门楣上。白塔建于何时，因缺乏可靠的文字记载无法确知。相传建于辽圣宗年间。

（11）金刚座舍利宝塔

在呼和浩特市旧城的东南部，建于清雍正年间，原为慈灯寺（俗称

---

① 《走进神秘的库伦"三大寺"》，环球网，http：//go. huanqiu. com/ztyw/2011 - 07/1813142_ 5. html。

五塔寺）内的一幢建筑。寺内其他建筑早已塌毁，只有此塔巍然独存。塔体总高 16.5 米，为金刚宝座式，由塔基、金刚座、塔顶三部分组成。金刚座顶部置五座玲珑小塔，直入云霄，造型特殊，端庄秀丽。整个塔体共塑有 1119 尊各种姿态的镏金佛像，故又名"千佛塔"。此外，还雕有佛像、菩萨、菩提树、狮、象、法轮、金翅鸟和金刚杵等以及蒙、藏、梵三种文字所书的金刚经文等图案。

2. 王府

内蒙古至今还保留的王府建筑，著名的有东部的喀喇沁亲王府，西部的阿拉善王府等。喀喇沁亲王府及家庙位于赤峰市喀喇沁旗西 20 公里的王爷府镇所在地，是目前内蒙古品级最高、保存最完整、规模最大的蒙古族亲王府邸。喀喇沁亲王府现占地百余亩，建筑布局仿照北京故宫，左右对称，分中轴区和东、西跨院。西院内曾建有庙宇、祠堂、书斋、客厅、练武场等；东院为生活住宅区，有戏楼、王爷与福晋居住的卧室、仓库、膳房等。府内主体建筑有大堂、二堂、仪门、大厅、承庆楼等，以中甬道为中轴依次串联。各单体建筑均为砖木结构庑殿式建筑，多采用硬山式结构建造，体量宏阔，修造精湛。院内青砖铺地，亭台楼阁，雕梁画栋，曲径回廊，松柏参天，花木幽香，景致十分幽静。整座府邸四周皆是高达丈余的青砖围墙，气势恢弘，壁垒森严。阿拉善王府位于巴彦浩特镇王府街北侧，始建于清雍正十年（1732 年），为阿拉善和硕特旗九代王爷的官署和居住地，总面积 1500 平方米。阿拉善王府分东西两部分，东部有王府门、过门、4 个耳室、2 个厢房、9 间书室；西部有第十代王爷达理扎雅住房及 3 座四合院，建筑有 500 多间。整个建筑群落为典型的明清风格的北京式四合院建筑群体和颐和园园林风格，故有"小北京"之称。

3. 民居

内蒙古保留下来的古代民居多为明清时期的建筑。包头市、呼和浩特市的古民居沿袭了山西传统的四合院建筑模式，而且渗入了鲜明的地方特色。如包头市东河区北梁地区青瓦结构的古民宅建筑，风格别具，雕龙刻凤，抱柱楹联，风雅备至，其中郭家巷 1 号至 6 号，民生街 28 号、30 号、文十字 14 号、49 号、50 号、52 号、57 号、58 号、60 号及五保巷 10 号，王国秀巷 1 号至 4 号院等，是反映包头古代史、近现代史和包钢开发史的重要建筑，具有较高的历史、文物价值。

（二）近现代重要史迹及代表性建筑

被列为国家级文物保护单位的有乌兰夫故居（清至民国）、成吉思汗庙（民国）、"独贵龙"运动旧址（1919—1921 年）、百灵庙起义旧址（1936 年）、内蒙古自治政府成立大会会址（1947 年）。

三　古遗址类

内蒙古地区从远古时即有人类活动，他们留下了诸多的遗迹。既包括人类为不同用途所营建的建筑群体，以及范围更大的村寨、城堡等各类建筑残迹；也包括人类对自然环境利用和加工而遗留的一些场所。

（一）古文化遗址

1. 大窑遗址

位于呼和浩特市东郊 33 公里处，大窑村南。1973 年发现，分布着由太古代花岗片麻岩和燧石构成的小山。燧石质地坚韧、易击打成形，是制造石器最理想的原料。从旧石器时代早期起，古代人类就陆续到这里开采石料，制成生产、生活用具。在遗址范围内，人工打制石器及石料遍地散布。1976 年、1983 年发掘，先后出土大量石器，主要有石核、石片、刮削器、尖状器、砍砸器、石锤、石球等，其中刮削器、钻具、尖状器居多。大窑遗址年代为距今 70 万至 1 万年前，分旧石器时代早期、中期、晚期三个阶段。

2. 萨拉乌苏遗址

位于乌审旗境内萨拉乌苏河两岸，是一处旧石器时代的遗址，距今为35000 年左右。这里先后发现有 400 余件石制品，包括用硅质岩原料加工的小型边刻器、端刻器、钻具、凹缺器和雕刻器等。人类化石有顶骨、额骨、下颌骨、股骨、胫骨及牙齿等共 20 余件。最早发现于 1922 年的一枚小孩门齿，被称为河套人。动物化石有野马、野驴、披毛犀、羚羊、水牛、象、骆驼等共 45 种，其中羚羊角化石多达 300 余件。

3. 兴隆洼遗址

位于敖汉旗，总面积约 6 万平方米，为内蒙古地区最早的新石器时代文化遗址。发现有聚落房址、环形壕沟、墓葬、灰坑等大量遗迹。出土了数千件珍贵的文物，除石器、陶器、骨器、蚌器外，还发现了中国迄今年代最早的玉器——玉玦。陶器中的陶塑作品也十分具有特色，是中国新石器时代文化中的首次发现。

4. 赵宝沟遗址

首次发现于敖汉旗高家窝铺乡赵宝沟村，距今约 7000 年。遗址总面积约 9 万平方米。已发现的房址和灰坑有 140 余处。出土了陶器、石器、骨器和蚌器等。陶器中以筒形罐、椭圆形底罐、尊形器、钵和碗为多。主要纹饰有拟象动物形纹、抽象几何形纹和之字形纹。动物纹饰有鹿、鸟、猪、鱼等，头部多为写实，躯体部分以抽象或变体手法刻画。生产工具中石器以打制为主，兼有磨制和细石器，最典型的是耜和斧。

5. 朱开沟遗址

位于鄂尔多斯市伊金霍洛旗纳林陶亥村。遗址分布在沟壑纵横的朱开沟沟掌处，在东西长约 2 公里、南北宽约 1 公里的范围内，断断续续都有遗迹分布。遗址发现于 1974 年，遗址中的文化遗存十分丰富。发现有房址、灰坑（或窖穴）、墓葬等遗迹。出土了大量的陶器、石器、骨器、铜器等。另外，还采集了大量陶器标本和可供鉴定种属的动物骨骼标本等。根据对出土文物的分析可知，朱开沟遗址的时代上限距今 4200 年的龙山时代晚期，下限距今 3500 年的商代时期，前后延续了约 800 年。

6. 阿善遗址

在包头市区东 15 公里阿善沟门东，是一处新石器时期原始聚居遗址。遗址面积 5 万平方米。发现有房址、窖穴、器物等。其中生产工具有：石制磨盘、磨棒、斧、铲、刀，骨制锥、针、锯；生活用具有：陶制钵、盆、罐、碗；乐器中有一件完整的三孔陶埙，现在仍可吹奏出不同音节关系的五个音符。这些文化遗存，为确立河套地区同类文化的发展序列，填补了缺环。

7. 夏家店遗址群

位于赤峰市松山区王家店乡夏家店村北，总面积约 38 万平方米，包括夏家店下层文化、夏家店上层文化和战国时代文化遗存。夏家店遗址群共 9 处遗存，以居住址为主，所包含的文化内涵大体相同。多处文化类型相同的聚落遗址，很可能是规模较大的社区性聚落群。夏家店遗址群对于研究夏家店下层文化至战国时期的人口规模、社会结构、生活习俗及埋葬习俗等方面具有极高的价值，是一份珍贵的历史文化遗产。

8. 嘎仙洞遗址

北魏拓跋鲜卑先祖所居石室。在鄂伦春自治旗阿里河镇西北 10 公里、嫩江支流甘河的北岸。嘎仙洞为一天然山洞，洞口距地面 25 米，主洞长

92 米，宽 27—28 米，面积约 2000 平方米，最高处达 20 多米。洞内宏伟宽敞如大厅，可纳数千人。主洞西侧距洞口约 15 米处的石壁上刊刻"祝文"，共 19 行，201 字，字体大小不一，书体介于楷隶之间，书法古拙，笔势苍劲。内容为北魏第三代皇帝拓跋焘于太平真君四年（443 年）派遣中书侍郎李敞等人前来祭祖所刻，是有确切纪年并见于文献记载的重要的古代少数民族遗迹。

9. 城子山遗址

位于赤峰市敖汉旗萨力巴多与玛尼罕乡交界处，为青铜时代遗址，年代距今 4000—3500 年。它是目前国内发现的规模最大、祭坛数量最多的祭祀遗址。

城子山遗址主体分布范围约 6.6 平方公里，共发现有 10 个祭祀遗址点，均分布在山梁的顶端。一号地点位于主梁的最北端，是已发现的 10 个地点中规模最大、保存最好的一处。平面呈不规则多边形，总面积约 15 万平方米。外侧有石块垒砌的围墙，周长为 1418 米，东南侧和东侧保存较好。在南区南侧外围主墙中部发现一巨型石雕猪首形象。猪首长 9.3 米、吻部宽 2.1 米、额头宽 7.5 米、额头顶部距地面高 5 米。这是我国目前发现的最大的猪图腾形象。

10. 居延遗址

位于阿拉善额济纳河下游，西至纳林河、东到居延泽宽约 60 公里的范围之内。在这一区域内，目前发现青铜时代遗址 1 处，墓葬区 6 处，汉代烽、燧 118 座，西夏至元代的庙宇 10 余处以及大片的屯田区和纵横曲折的河渠遗存等，出土了一批文书、纸币、文物及汉简。

（二）古城遗址

内蒙古地区曾有多个少数民族在这里建立政权，因而留下的古城遗址很多。由于自然和人为的破坏，这些古城遗址大多已面目全非，留下的地表建筑甚少。

1. 辽上京遗址

位于赤峰市巴林左旗林东镇，始建于辽太祖耶律阿保机称帝的第三年（918 年），938 年改称为上京。周长 13.5 公里，规模宏大，作为大辽国政治、经济、文化中心达 200 多年。考古表明，这座曾为契丹贵族聚居的古城分南北二城，两城连接成"日"字形，有四门，门外设有护城河、瓮城，城内楼阁对峙、店铺酒楼林立，市井经济繁荣。古城于 1120 年被金兵攻占，现存楼址 43 座，城墙三段。这里曾先后出土了大批辽代珍贵文物，如人面塑像、骑马俑饰、唐宋辽金时的各种货币等。

2. 辽中京遗址

位于宁城大明城，始筑于统和二十一年（1003 年），号大定府，是辽圣宗以后的统治中心。包括外城、内城和宫城。城墙全部为夯土版筑。外城居住汉、回、女真等民族百姓，内城主要是契丹平民和一些身份低微的官吏，皇城居住的是契丹贵族。皇城内建有祖庙和各类宫殿等大型建筑，造型优美，气势恢弘。大定府一度成为当时北方草原上的第二大城市。元朝末年，朱元璋四子朱棣发动"靖难之役"之时，挟持镇守大宁府的宁王朱权奔燕（元都南京），为防宁王中途有变，放火烧城以绝其后路。至此，这座北方重镇葬身火海，毁于无形，如今只剩下三座古塔、两重城墙和一个点将台。

3. 元上都遗址

位于锡林浩特市南面的正蓝旗，始建于 1256 年，是元朝开国皇帝忽必烈继承蒙古汗位时确定的首都。后来元朝定都北京后，就把这里作为陪都。全城由宫城、皇城和外城三重城组成。宫城墙用砖包砌，四角有楼，内有水晶殿、鸿禧殿、穆清阁、大安阁等殿阁亭榭，将河水引入城内建有池沼。皇城环卫宫城四周，城墙用石块包镶，道路整齐，井然有序，南半部为官署，府邸所在区域，东北和西北隅建有乾元寺和龙光华严寺。外城全用土筑，在皇城西北面，北部为皇帝观赏的御苑，南部为官署、寺观和作坊所在地区。城外东、南、西三处关厢地带，为市肆、民居、仓廪所在。

4. 黑城遗址

位于额济纳旗达来库布镇东南约 35 公里、纳林河东岸荒漠中。为西夏黑水城和元代亦集乃路城址，蒙古语为哈日浩特，意即"黑城"。现存城墙为元代扩筑而成，平面为长方形，东西长 434 米、南北宽 384 米，周围约 1600 米，最高达 10 米，东西两面开设城门，并加筑有瓮城。城墙西北角上保存有高约 13 米的覆钵式塔一座，城内的官署、府第、仓敖、佛寺、民居和街道遗迹仍依稀可辨。城外西南角有伊斯兰教拱北一座，耸立于地表。

5. 净州路故城遗址

位于乌兰察布市四子王旗乌兰花镇西北 25 公里城卜子村，四面环山，特布河由南山流入。古城大约为长方形，边长约 800 米，另在西南面接出南北约 100 米、东西宽 50 米的一块，地势较高，现破坏较为严重。城墙残高约为 6 米，城内有两处建筑遗址，南北各长约 30 米、东西各宽 15 米，遗址上散布有大量琉璃丸瓦和古城砖，出土过大小铜权、铜印、铜炉及少量陶瓷碎片等。古城有南北和东西大街，建筑台基有 10 余处，堆积有大量古砖和陶瓷片。古城址附近的古墓出土了元代蒙古族贵妇所佩戴的独具特色的冠帽——姑姑冠，是珍贵的历史文物。古城为金代天山县，元代净州路，成吉思汗的女儿"监国公主"阿剌海下嫁蒙古汪古部后，就一直由汪古部管辖净州路，是漠北和中原交通要冲。

6. 应昌路故城遗址

位于克什克腾旗达日罕乌拉苏木达里诺尔畔，又名鲁王城，正式建置于元朝至元八年（1271 年），是元代弘吉剌部所建的城郭。城址呈长方形，南北长 800 米、东西宽 650 米，有东、西、南三门，均设方形瓮城。城内中部靠北为宫殿基址，汉白玉石柱础保存完好，四面各有一门楼建筑；南部分布井字形街道，为市区。此外，城内还有社祭坛、儒学、孔庙、报恩寺等遗址。

四　古墓葬类

内蒙古的古墓葬分布很广，历年来发掘出土了大量历史价值较高的珍贵文物，这是探讨不同时代、地区和社会阶层之间埋葬习俗以及所属时代社会生活状况的重要实物资料，是内蒙古物质文化遗产的重要组成部分。

1. 昭君墓

又称"青冢"，蒙古语称特木尔乌尔琥，意为"铁垒"，位于呼和浩特市南呼清公路 9 公里处的大黑河畔，是史籍记载和民间传说中匈奴呼韩邪单于阏氏王昭君的墓地。是由汉代人工积土，夯筑而成。墓体状如覆斗，高达 33 米，底面积约 13000 平方米，是中国最大的汉墓之一。

2. 吐尔基山辽墓

位于通辽市科尔沁左翼后旗吐尔基山东南麓的山坡上。该墓葬由墓道、墓门、甬道、墓室及耳室组成。出土的随葬品主要有金器、铜器、银器、漆器、玛瑙器、木器、玻璃器、马具以及丝织品等。根据墓葬形制和出土随葬品判断，吐尔基山墓葬是契丹贵族的墓葬，并且没有被盗，是近年来辽代考古的重要发现。

3. 辽韩匡嗣家族墓

位于巴林左旗白音诺尔镇的白音罕山上。墓地东南方，距墓地约5000平方米，成排的建筑基址清晰可辨，地表还散布着许多辽代砖、瓦、石灰、覆盆形石柱遗迹以及一些陶瓷片等遗物。

4. 辽陵及奉陵邑

辽代祖陵及三帝陵古墓葬。包括祖陵及祖州城、庆陵及庆州城。祖陵位于巴林左旗哈达英格乡石房子村西北2公里山谷中，系辽太祖耶律阿保机、贞烈皇太后、齐天太后陵寝。以其地有祖山，为契丹始祖兴业之地，故名。祖陵三面环山，"凿山为殿"，南侧谷口有土墙阻隔，两侧有建筑遗址多处，东侧山顶有石雕大龟趺。附近发现契丹大字残碑1通，镌刻工整，推测为辽太祖创业碑或纪功碑。陵墓在西北山坡上，石块垒砌地宫墙身已暴露，前面有享殿遗址、石翁仲及经幢等。奉陵邑祖州城分内外两城，周围约2公里，残垣高约6米。外城的四个城门遗址尚存，东门和北门可以见到瓮城的遗迹。内城有几处高大的台基，西北角现存有一座石房子。内城的南门有直通外城南门的大街，宽40多米，两旁尚保存有明显的建筑遗迹。

庆陵位于巴林右旗索博日嘎苏木北15公里瓦里乌拉山下，由圣宗东陵、兴宗西陵、道宗北陵组成。陵地范围东西长约5公里、南北宽约3公里，现仅存门阙、神道、享殿遗迹。陵中出土的帝、后哀册，分别用汉文、契丹小字镌刻，碑身高大，刻工刚劲有力，保存完整，价值极高。

5. 元代张应瑞家族墓地

位于翁牛特旗梧桐花镇国公府村东北，墓地埋葬有张应瑞及其两代先人和后代，墓碑保存完好，碑文内容丰富，具有很高的史料价值，许多内容可弥补《元史》之缺失。墓地地表上的石像雕刻细腻，惟妙惟肖，是我国元代石刻艺术的精品。

6. 成吉思汗陵

坐落在鄂尔多斯市伊金霍洛旗甘德利草原上。蒙古族盛行"密葬"，所以真正的成吉思汗陵究竟在何处始终是个谜。现今的成吉思汗陵乃是一座衣冠冢，它经过多次迁移，直到1954年才由湟中县的塔尔寺迁回故地伊金霍洛旗。陵园占地面积55000多平方米，主体建筑由三座蒙古包式的大殿和与之相连的廊房组成，建筑雄伟，具有浓厚的蒙古民族风格。建筑分正殿、寝宫、东殿、西殿、东廊、西廊6个部分。

第二节　非物质文化遗产概述

内蒙古自古以来就是多民族聚居的地方，各民族在长期的生产生活中创造了丰富多彩的非物质文化遗产。包括民间文学、民间音乐、民间舞蹈、传统戏剧、曲艺、杂技与竞技、民俗等诸多方面，因内容众多，难以一一详述，仅择其典型者加以概述。

一　民间文学

内蒙古的民间文学是内蒙古各族人民在长期的生产劳动和生活中口头创作、口头流传，并不断地集体修改、加工的题材多样、内容丰富、流传久远的文学。包括民间传说、民间故事、长篇叙事诗以及说唱文学、谚语、谜语等体裁的民间作品。

1. 蒙古族的祝词、赞词

祝词和赞词是蒙古族吟诵式民间口头文学体裁之一，源远流长。在祭祀大典、出征狩猎、婴儿诞生、新婚嫁娶、竞技比赛、牲畜繁殖、毡包落成时，蒙古族人民总要用各种美好的诗句称颂一番，久而久之，就形成一种特有的民间文学形式。蒙古族祝赞词不仅内容广泛，题材丰富，而且句式结构比较完整，语言简洁，形象生动，短小精悍，意味深长，经常采用比喻和夸张的形式，祝福和赞美特定的事物，具有浓郁的生活气息和鲜明的民族风格。

2. 巴拉根仓的故事

巴拉根仓的故事是以巴拉根仓为主人公的蒙古族民间大型讽刺幽默故事群。"巴拉根仓"是人名，蒙古语意为"丰富的语言"或"智慧的宝库"。该故事群表现了巴拉根仓以机智幽默的"谎言"为手段，对封建时代的官僚、财主、大喇嘛、奸商进行讽刺，表达了人民群众对他们的憎恨与愤怒，更表达了正义战胜邪恶的美好理想。

3. 嘎达梅林

嘎达梅林，姓莫勒特图，本名那达木德，汉名孟青山，蒙古族，哲里木盟（今通辽市）达尔罕旗（今科尔沁左翼中旗）塔木扎兰屯人。"嘎达"蒙古语中意为家中最小的兄弟，"梅林"是其官职，即札萨克达尔罕亲王那木济勒色楞的总兵。嘎达梅林在私塾读过几年书，通蒙、汉文。历任旗卫队章京、昆都、扎兰、梅林等职。

1929年初，"东北易帜"后不久，张学良继续开垦蒙旗土地的计划。嘎达梅林等人发起"独贵龙"运动，即所有请愿的人在纸上围着一个圆圈签名以隐藏领头人，去沈阳向那木济勒色楞请愿。结果包括嘎达梅林在内的请愿代表被捕，并被押回本旗投入监牢。11月13日夜嘎达梅林的妻子牡丹其其格召集一些人劫狱，把嘎达梅林救出。于是嘎达梅林组织起义，领导了一支700多人的抗垦军队，提出了"打倒测量局，不许抢掠民财"的口号，袭击垦务局和垦荒军，驱逐测量队，转战于昭乌达盟、哲里木盟一带。

张学良命手下部队围剿。1931年4月5日，抗垦队伍在今通辽北舍伯勒图附近新开河畔的红格尔敖包屯渡口，准备渡河南去时，被包围歼灭，嘎达梅林战死。

4.《格斯尔》

《格斯尔》，蒙古族古典文学名著，是以主人公格斯尔命名的大型英雄史诗。这部史诗在广阔的背景下，以恢弘的气势，精湛的艺术技巧，叙述了英雄格斯尔一生的业绩。

5. 科尔沁潮尔史诗

民间称"蟒古思因·乌力格尔"，"蟒古思"意为"恶魔"，"乌力格尔"为"故事"，即"恶魔的故事"。讲述天神下凡脱胎人间的英雄迅速成长，在英雄——巴特儿以及天神的帮助下消灭恶魔——蟒古思，保卫家园，捍卫和平的故事。蟒古思因·乌力格尔说唱艺人称为"潮尔奇"，用潮尔或胡尔（胡琴）作为伴奏，以自拉自唱的形式进行说唱表演。其唱词为韵文体，后来也出现夹杂散文体的说唱形式。科尔沁史诗是由数十部中长篇相互联结又独立的史诗串联组成，从而形成庞大的史诗集群。科尔沁潮尔史诗有着完整的音乐体系，其曲调共9套，20多首，在口头演述当中能够自由变化，衍生出无数变化体。

二 民间舞蹈

舞蹈，是通过有节奏的、经过提炼和组织的人体动作和造型，来表达一定的思想感情的艺术。广袤无垠的内蒙古大草原是歌的海洋、舞的故乡，千百年来，一望无际的绿野碧浪始终载着美妙的歌声，托着云朵般的舞蹈。能歌善舞是内蒙古各民族的共同特点。

1. 蒙古族安代舞

安代舞起源于通辽市库伦旗，形成于明末清初，有近 400 年的历史。安代舞是萨满巫师为治疗疾病而跳的一种舞蹈，舞者口中有唱词，手中拿着铃鞭，后来参加者效仿铃鞭的动作舞动，甩起了手中的手帕、腰带、袍襟等，现在发展成了挥舞绸巾。传统的安代舞没有器乐伴奏，舞者随歌而舞，歌曲节奏鲜明，舞蹈动作简单。传统安代有"博"主持仪式，歌手和擅长安代舞的男人舞蹈，病人跟随，众人围观，高潮时以"啊哈嗬"、"合吉耶"、"奔布来"等衬词呼喊助威，并逐渐由伴歌发展到顿足伴舞，以此抒发劳动之余的欢快情感。后来，参加安代演唱的人多了，唱词、曲调也丰富起来，出现对歌、争场的活泼气氛。现在，安代舞更广泛地流行于民间。它既是舞蹈，也是草原人民健身的绝佳方式。

2. 查玛

"查玛"（俗称"跳神"或"打鬼"）是喇嘛教寺庙为驱鬼酬神、庆祝战胜异教而举行的一种宗教庆典仪式，于 16 世纪后半叶随同格鲁派喇嘛教传入，并逐渐形成了自己的风格。它是一种以演述宗教经传故事为内容的面具舞。人物众多，形态各异，分"大查玛"和"小查玛"两大部分。有殿堂舞、米扩佛传舞、寺院舞、大场舞四种表演形式，独舞、双人舞、多人舞、大群舞一应俱全，亦可穿插即兴表演。表演程式化、规范化。舞蹈语汇的运用多以所表演人物的个性划分。一般是"大查玛"动作徐缓庄重，"小查玛"动作敏捷灵活。表演时二者相映相衬，各具特色。

3. 达斡尔族鲁日格勒舞

"鲁日格勒"是达斡尔族具有代表性的民间舞蹈。它因地而异，有"阿罕伯"、"郎突达贝"、"哈库麦"、"哈根麦勒格"等几种叫法。"鲁日格勒"含义为"燃烧"或"兴旺"之意，达语"鲁日格勒贝"可以引申为"跳起来吧"之意。鲁日格勒舞以群舞为主，多表现狩猎生活和劳动场面。舞者上身和手臂的动作丰富，脚下以侧滑步为基本步伐，舞蹈开始时先唱徐缓轻快的舞歌，随着歌声舞者轻柔地舞动起来，此时，旁观者可以任意加入队伍随舞。舞蹈气氛逐渐热烈，节奏加快，舞者不断穿插交换位置，所有舞者齐呼"哲嘿哲"、"德乎达"等简短风趣的呼号，脚上踏出有力的节拍，舞蹈达到高潮。

4. 呼图格沁

也称"好德歌沁"，蒙语意为"丑角"，因其表演带有喜剧、滑稽色彩而得名，是产生于赤峰市敖汉旗萨力巴乡乌兰召村的一种集歌舞、戏剧等多种因素于一体的民间艺术形式。最早出现于清代嘉庆年间，一直延续至今。每年的正月十三至十六在萨力巴乡一带蒙汉杂居的村子里演出。演员共 6 人，由男性扮演，穿特制服装，戴特制面具。乐队及伴唱者有 15人左右。演员们表演时先跳吉祥的舞蹈，唱自编的地方歌曲，以滑稽幽默的语言、生动活泼的表演吸引观众。

5. 顶碗舞

顶碗舞是蒙古族从元代承传下来的民间舞蹈，在婚宴和喜庆佳节的聚会上一人或多人头顶碗，碗里盛满清水或奶酒，双手各拿两个酒盅或一束竹筷在歌声和乐声中翩翩起舞。顶碗舞的动作没有固定的套数，掌握好基本动作和击盅、打筷的规律之后，舞者现场即兴发挥，情绪激昂，动作、舞姿的变化丰富多彩，充分展现蒙古族舞蹈的技艺、智慧和丰富灵活、多变的特点。

6. 盅子舞

流传于鄂尔多斯的一种舞蹈。每逢佳节、喜庆欢宴之际，人们在酒足食盛之时，拿起桌子上的酒盅舞蹈起来，以表达喜悦之情。每一只手持两个盅子，击打出各种快、慢、碎、抖等声音，随着音乐舞动的双手用盅子击打出各种节奏。表演者双臂或伸或屈，或在胸前环绕，并在时进时退或绕圈行走的表演中，让动听的碰击声始终不停，节奏转快后，则更为精彩。表演中，人们常唱着当地民歌助兴，使环境气氛更为热烈融洽。

7. 筷子舞

"筷子舞"流传于鄂尔多斯市鄂托克旗、乌审召旗，原是婚礼、喜庆节日欢宴时，在弦乐演奏及人声伴唱中，由男艺人表演的单人舞蹈。表演时，舞者双手各持筷一束，和着众人的歌声和各种敲击声，在跪、坐、立等姿态中，随着腿部的屈伸、身体的扭动，用筷子击打手、臂、肩、背、腰、腿、脚等部位，间以击打地面动作，边打边舞。动作敏捷，干净利落，节奏感强。

三 民间音乐

民间音乐指形成并流行于民间的歌曲和器乐曲，还包括民间舞蹈音乐和民间戏曲音乐。它具有鲜明的民族风格和地方特色，过去主要通过口头的方式流传。民间音乐的作者基本上是有创作才能的不出名的人，他们往往既是作者又是表演者。

1. 蒙古族呼麦

呼麦是蒙古族人创造的一种古老的、神奇的歌唱艺术，它需要一个歌手用自己的发声器官，在同一时间里唱出两个声部。呼麦声部关系的基本结构为一个持续低音和它上面流动的旋律相结合。又可以分为"泛音呼麦"、"震音呼麦"、"复合呼麦"等。在中国各民族民歌中，它是独一无二的。据考证，呼麦至迟在蒙古族形成前后就已经产生。

2. 蒙古族长调民歌

长调是蒙古语"乌日汀哆"的意译。"乌日汀"为"长久"、"永恒"之意，"哆"为"歌"之意。在相关著作和论文中，也将其直译为"长歌"、"长调歌"或"草原牧歌"等。长调旋律悠长舒缓、意境开阔、声多词少、气息绵长，旋律极富装饰性（如前倚音、后倚音、滑音、回音等），尤以"诺古拉"（蒙古语音译，波折音或装饰音）演唱方式所形成的华彩唱法最具特色。长调民歌所包含的题材有牧歌、思乡曲、赞歌、婚礼歌和宴歌等，较为全面地反映了蒙古族人民的心灵历史和文化品位。

3. 鄂温克族民歌

鄂温克族民歌具有宽广、抒情的特点，结构方整对称，多由上下句组成，或由单乐句的不断反复或变化重复构成。鄂温克族民歌既使用比较古老的三音音列，又使用五声音阶。鄂温克族民歌歌词多用头韵，衬词较多，唱抒情性长调时，常喜用带鼻音的唱法，使感情体现细致入微。

4. 达斡尔族民歌

达斡尔族的民间音乐有山歌、对口唱等多种形式，音调热情奔放、委婉多变、节奏鲜明、节拍严正。山歌通常在野外生产劳动的间隙或赶车的旅途中唱，歌词见景生情，可即兴填词。曲调高亢、悠扬，多颤音，具有独特风格。对口唱是达斡尔族歌曲中比较普及的演唱曲，它以反映达斡尔人的生产、生活为内容，一问一答，曲调明朗欢快，演唱者可即兴填词互问互答。

5. 漫瀚调

漫瀚调是民歌的一种形式。主要流行于蒙古族、汉族杂居的鄂尔多斯市准格尔旗、达拉特旗和包头市土默特右旗，呼和浩特市土默特左旗等地。主要特点是：旋律以鄂尔多斯蒙古族短调民歌为主，吸收了爬山调的特点；唱词以汉语为主，但又吸收了蒙语词汇，使两种风格的旋律互相糅合，两个民族的语言混合使用。如《王爱召》、《栽柳树》，均属此例。"漫瀚调"所反映的内容，多以男女爱情、婚姻家庭、热爱生活、歌唱美好未来等为主。

6. 爬山调

爬山调，也叫爬山歌、山曲儿等。内蒙古地区有前山调、后山调、河套调之分。后山调流行于阴山北麓，旋律高亢悠长，音程跳动大；河套调流行于巴彦淖尔市河套地区，旋律优美，感情细腻；前山调则主要流行于土默特平原，其特点是兼有后山调与河套调之长。演唱者多为劳动者如牧羊人、赶脚人、农夫等。演唱形式有室内与室外之分：室外歌者多为男性，腔长调大，内容不限；室内歌者多为女性，其调门较低，旋律柔美婉转。其题材十分丰富，从花鸟鱼虫、五谷八畜，到吃喝拉撒、喜怒哀乐等皆能成颂。爬山调字里行间洋溢着百姓的情、百姓的爱，以其浓郁的乡土风味和泥土气息葆有其旺盛的生命力。

7. 蒙古族四胡音乐

四胡是蒙古族古老的民族乐器，也是最具蒙古族特色的乐器之一，有低音四胡、中音四胡和高音四胡三种。低音四胡发音圆润优美，音色浑厚深沉，是蒙古族说唱音乐、民族器乐合奏、伴奏中的重要低音拉弦乐器。中音四胡音色圆润，明亮，可用于独奏、重奏、器乐合奏或为说书、演唱等说唱伴奏，是四胡重奏和民乐合奏中主要的中音乐器。高音四胡，音色高亢、激越、干脆、亮丽，它既可以独奏，为歌手伴奏，也可以用于乐队合奏，还可以和三弦等乐器重奏。

8. 蒙古族马头琴音乐

马头琴是蒙古族音乐文化的典型代表，无论是它的造型、制作材料，还是它的音质音色、音乐表现风格和演奏方法，均体现着蒙古族的性格内涵，充分反映了蒙古族游牧生活的历史形态，表达着蒙古族对自然宇宙哲学性的思考和体悟。马头琴的历史悠久，成吉思汗时已流传民间。马头琴不但在一些正式和隆重场合演奏，也出现在民间的结婚典礼和亲朋聚会等日常活动中；既可为歌伴奏，亦可独奏曲目。马头琴的优秀曲目很多，风格多样，富于草原特色，多是描绘自然风光或对马的歌唱。

四　传统美术

内蒙古的民间美术，历史悠久，丰富多彩，它存在于各民族生活的各个方面，同人民的物质生活和精神生活密切相关，强烈地表现着内蒙古各族人民的风俗习尚和审美情趣，它以特有的魅力闪耀着民族文化的异彩，是中华民族文化艺术宝库中一簇灿烂绚丽的花朵。

1. 和林格尔民间剪纸艺术

剪纸在和林格尔县经过数百年的沿袭和发展，逐渐形成具有本地特色的剪纸艺术形式。全县各乡村都有人能剪善刻，上至百岁老人，下至黄发顽童，都对剪纸艺术情有独钟。1998 年 7 月，和林县成立了全区第一家旗县级剪纸学会。这个组织的成立，使以往分散、杂乱的和林县剪纸状况大为改观。学会长期开展民间剪纸的搜集、抢救和整理工作，使一大批濒临灭绝的传统民间剪纸从农户的锅灶口被抢救回来，一大批民间剪纸老艺人被发现，并被及时地组织起来，积极参与剪纸创作。

2. 蒙古族刺绣

在蒙古民族的生活中，蒙古族劳动人民创造了具有自己特色的刺绣工艺。蒙古族的妇女有学刺绣的习俗：女儿学手工活儿，都是母亲教给，母亲要教女儿如何拿针线做活。十来岁时要学会纳袜底和做各种荷包。在长期的生产和生活实践中，牧人纯熟地掌握了刺绣工艺。蒙古族的民间刺绣独具特色。从所用的面料看，农业民族一般在布或绸缎上绣花，所用的是软面料，而蒙古族则不但在软面料上绣花，而且要用驼绒线、牛筋等在羊毛毡、皮靴等硬面料上刺绣。从刺绣的针法上看，蒙古族妇女刺绣时所用的顶针与农耕民族劳动妇女所用的顶针不同。蒙古族的刺绣艺术以凝重质朴取胜。其大面料的贴花方法，粗犷匀称的针法、鲜明的对比色彩，给人以饱满充实之感。通过考古发现，在匈奴墓中有当时所用的毛织品。在毛织品上绣着三个骑马人和从花中长出来的人形及其他图案，可见蒙古族刺绣艺术与北方游牧民族的工艺有承接关系。

3. 蒙古族服饰图案

蒙古民族在长期的生产和生活实践中，创造了许多具有民族风格的花纹图案。其中有以山、水、云、火为内容的自然风景图案，以五畜和花鸟为内容的动植物图案，以吉祥如意为内容的图案等。这些富有草原生活气息的民间图案，其表现手法多样，美不胜收。蒙古民族服饰的很多部位均有各种图案装饰。例如长袍、坎肩、摔跤衣、赛马服、帽子、耳套、靴、鞋、烟荷包、鼻烟壶褡裢、针线包等，都有一定格式的图案装饰。从图案的不同缝纫工艺方面，可分为驱针图案、缉针图案、盘针图案、绣花图案、贴花图案、抠花图案、编结图案等。从图案的不同风格方面，可分为哈南图案、阿鲁哈图案、云纹图案、犄纹图案、"乌力吉（吉祥）"图案、山水图案、龙凤图案、花鸟图案、蝴蝶图案、字形图案、团花图案等。

五　传统戏剧

内蒙古的传统戏剧是中国戏曲的一个重要组成部分，它以富于艺术魅力的表演形式，为历代人民群众所喜闻乐见。

1. 二人台

二人台是流行于内蒙古中、西部地区和晋北、陕北、河北张家口等地的民间小戏。以呼和浩特为界，二人台的风格流派有西路与东路之分。西路二人台最初叫蒙古曲，主要流行于呼和浩特市、包头市、巴彦淖尔市、鄂尔多斯市、榆林地区、忻州地区；东路二人台初名"蹦蹦"或二人台，主要流行于乌兰察布市、雁北地区、张家口地区。二人台传统剧目多以描写劳动生产、揭露旧社会黑暗、歌唱婚姻爱情等为主要内容，另有部分神话故事和历史故事。二人台的演唱形式分硬码戏、带鞭戏与对唱三大类。硬码戏注重唱、念、做，要求表演者有较好的嗓音条件；带鞭戏注重舞蹈表演；对唱由二人交替演唱。

2. 皮影戏

皮影戏是傀儡戏的一种，演员不用上台表演，而是通过操纵影人来展现形象，戏台一般搭在村子里宽阔且地势较高不积水处，用四根粗一点的檩子在四角处埋在地下做立柱，用大块苫布或纤维布围在戏台的左右和后面，戏台前面用纸或白布做影窗，面向观众。影人和景片都用驴皮刻制，因而有"驴皮影"之称。内蒙古皮影戏主要分布在赤峰、通辽等地。

六　曲艺

曲艺是由民间口头文学和歌唱艺术经过长期发展演变形成的一种独特

的艺术形式。曲艺作为一门表演艺术，是用"口语说唱"来叙述故事、塑造人物、表达思想感情并反映社会生活的。

1. 达斡尔族乌钦

乌钦也称"舞春"，是达斡尔族有韵调的说唱艺术。它是在清朝年间由达斡尔族文人用满文创作并以吟诵调朗读的叙事体诗歌，后来民间艺人口头说唱表演这些作品，乌钦遂逐渐演变成一个含有"故事吟唱或故事说唱"之意的曲艺品种。乌钦最初的演出多为徒口吟唱，后来出现了艺人采用"华昌斯"（四弦琴）自拉自唱的情形。演唱的曲调也丰富起来，除了原有的吟诵调外，也采用叙事歌曲调和小唱曲调表演。乌钦的节目内容丰富，有讲唱民族英雄故事的，有反映爱情和婚姻生活的，有歌唱家乡山水风光的，也有讲述神话、传说故事的。节目的容量长短不一，长者可说唱几天几夜，短者几分钟到数小时不等。

2. 乌力格尔

蒙语意为"说书"，俗称"蒙古书"、"蒙古说书"、"蒙古琴书"，集蒙古说唱艺术发展之大成的一种曲艺形式，主要流传于内蒙古自治区及相邻黑龙江、吉林和辽宁等蒙古族聚集区。

乌力格尔主要有两种形式，一是口头说唱而无乐器伴奏，称之为"雅巴干乌力格尔"；另外一种即为有乐器伴奏的乌力格尔，其中使用潮尔（马头琴）伴奏乌力格尔称为"潮仁乌力格尔"；使用四胡伴奏的乌力格尔称为"胡仁乌力格尔"。

3. 好来宝

好来宝，汉译"接连不休"的意思，是蒙古族民间的说唱艺术。起源至少在 13 世纪以前。好来宝一般分为两种形式：一是叙事式的单口好来宝（即"扎达盖"好来宝）。由一人说唱，多以赞颂、讽刺为内容，无论渲染烘托，还是夸张想象，刻画都很细腻生动。二是问答式的好来宝（即"比图"好来宝）。问答的范围除民间故事、历史传说内容外，还有天文地理、自然万物的各种知识。单口好来宝，多用四弦琴伴奏，自拉自唱。对口好来宝，一般没有伴奏。演唱时，二人对面，双脚轮流踏地，犹如歌舞动作，以便加重节奏和增添气氛，两臂也随之舞动，配以形象动作。

七　传统体育、游艺与杂技

1. 达斡尔族传统曲棍球竞技

达语称作"贝阔他日克贝"，其中的"贝阔"系指球棍，达斡尔球棍选择根部弯曲、枝干挺直的柞木削磨加工而成。达语中球被称为"朴列"，其大小如棒球，分木球、毛球、火球三种，偶尔也使用骨球。木球用柞树根削磨制成；毛球用畜、兽毛搓制而成；火球主要用于夜间运动，它以桦树上长出的已硬化的白菌制成，壳硬内空，球上穿通数孔，注入松明，点燃后烟火不熄。达斡尔族传统曲棍球比赛多在重大节日、集会或空闲时以氏族、村屯为单位举行，比赛场地大多选在平坦的草地或村中开阔的地方，场地大小无统一规定，场地两端各设一个球门，参加比赛的两队人数相等即可，以打进对方球门多者为胜。比赛规则规定不得从左侧抢球和击球，不得用球棍打人或绊人，除守门员外不得用手按球和以脚踩踢球。

2. 蒙古族搏克

"搏克"为蒙古语，意为摔跤，属蒙古族传统的体育项目。搏克已有近两千年的历史，西汉初期开始盛行，元代广泛开展，至清代得到空前发展。现在内蒙古自治区各地，尤其是锡林郭勒盟、通辽市、呼伦贝尔市、鄂尔多斯市等地都非常流行。

搏克运动的比赛形式古朴而庄重。按蒙古族传统要求，参赛选手上身穿牛皮或帆布制成的"卓得戈"（紧身半袖坎肩），裸臂盖背，"卓得戈"边沿镶有铜钉或银钉，后背中间有圆形的银镜或"吉祥"之类字样，腰间系用红、蓝、黄三色绸子做的"策日布格"（围裙），下身穿用32尺或16尺白布做成的肥大"班泽勒"（裤），"班泽勒"外套一条绣有各种动物或花卉图案的套裤，脚蹬蒙古靴或马靴。优胜者脖颈上配套五色彩绸制成的"将嘎"（项圈）。它是搏克手获胜次数多少的标志，获胜次数越多，"将嘎"上的五色彩绸条也越多。

搏克比赛在悠扬激情的"乌日亚"赞歌声中开始，比赛场地无特殊要求，一块平坦的地面即可。选手们挥舞着双臂，跳着模仿狮子、鹿、鹰等姿态的舞步入场，显得相当有气势。比赛规则简单明了，不限时间，参赛者也不分体重，膝盖以上任何部位着地为负。

3. 蒙古象棋

蒙古象棋是蒙古古代社会流行的一个棋种，世代相传，迄今长盛不衰。蒙语称象棋为"沙塔拉"。为区别于中国象棋、国际象棋，故汉语称蒙古象棋。传说成吉思汗纵横欧亚时期，蒙古象棋已在蒙古族人民当中盛行。蒙古象棋棋具多为牧民自制。棋子有用木头精雕的，用兽骨细琢的，也有用石头刻制而成。棋盘大多是木料制作的。

4. 沙力搏尔式摔跤

阿拉善和硕特蒙古族所独创并保留至今的一项民族传统体育运动项目。"沙力搏尔式"一词从蒙古语"沙拉巴"（迅速之意）、"沙拉玛盖"（敏捷的）派生而来，经过长期的语音译化演变为"沙拉宝尔"一词。沙力搏尔式摔跤参赛人数必须是 2 的乘方数，不分体重级别，一跤定胜负。竞赛时赤足穿三角短裤从赛场两角迎面而上，分别抓好对方短裤后开始进攻。运动员需要具有强壮的体质，同时耐力、智慧和技巧都非常重要。在"乌日斯"盛会上获胜的选手可得到绵羊等九样奖品和"神圣摔跤手"的称号。2006 年沙力搏尔摔跤被列为第六届全区少数民族传统体育运动会正式比赛项目。

5. 鄂温克抢枢

抢枢是鄂温克族的传统竞技类项目，"枢"是勒勒车车轮轴外固定销子。"抢枢"的基本用具是一辆勒勒车的两个车轮和一个轴销，比赛双方每队 5—7 人，分前锋、中锋、后卫若干名，3 局 2 胜者为胜。开始时先将"枢"埋在比赛场地指定地点，先找到"枢"者喊一声"枢"之后，双方便开始剧烈争夺，最后以夺"枢"者，将"枢"敲打在终点的车轮上为胜。

八　传统技艺

是有着悠久文化历史背景的技术、技能。必须经过一定的深入研究学习才能掌握的技艺。每一门技艺都烙着民族的印记。

1. 阿拉善地毯制作技艺

阿拉善地毯制作技艺源自西域，又继承了阿拉伯和京式宫廷地毯的传统，以其精细独特的做工，淳朴秀美的图案、古色古香的风格著称于世，在大漠戈壁独树一帜，历来被行家们尊为地毯技艺的鼻祖。

阿拉善地毯的制作历史源远流长，诞生于公元 1736 年以后，至今有270 多年的历史。阿拉善地毯工艺复杂，从设计到完成要经过构思设计、织作、平、剪、洗、造旧等工艺，主要工具有：纺线车、染缸、织作架子、耙子、剪刀等。阿拉善仿古地毯以阿拉善土种绵羊毛为原料，植物染色，纯手工编织，绾扣独特，化学水洗和传统特殊工艺处理而成。因阿拉善地处漠北，风沙大、地脉干燥，所以其土种羊毛鳞粗、洁白，物理性能极好，织出的地毯具有质刚、弹性强、拉力强、光泽好的特点。图案题材极为丰富，最多见的有龙、凤、八仙，文房四宝和各种吉祥图案和云纹、回纹、万图案等，寓典淳朴、祈盼吉祥。阿拉善地毯的代表作三蓝仿古地毯以苍天厚土的蓝黄为主色调，沿用民间流传数千年的结扣工艺，仿宫廷图案精心手编而成①。

2. 桦树皮制作技艺

桦树皮制作技艺是我国北方游猎民族的独特手工技艺，具有浓厚的民族特色和地域性，主要流传在内蒙古自治区东北部鄂伦春族、鄂温克族、达斡尔族的聚居区。这些民族的日常生活中，桦皮占有一定的位置，其打猎、捕鱼、挤奶用的制品很多都是用桦皮制作的。餐具、酿酒具、容器、住房、篱笆、皮船，甚至人死后裹尸都用桦皮制作。各种桦树皮制品，尤其是桦树皮容器，除了轻便实用外，还配有花纹图案装饰。桦树皮具有很好的防水、抗腐蚀性能，以此制成的器皿轻便、易携带，不易破碎，是狩猎民族喜欢的生产工具和生活用品。装饰手法有用砸压的，也有用剪贴的，各民族都把象征吉祥、喜庆、平安、丰收的图形装饰在桦树皮制品上。②

3. 蒙古族勒勒车制作技艺

勒勒车是蒙古族使用的牛车，又名辘轳车、罗罗车、牛牛车，是为适应北方草原的自然环境和蒙古族生活习惯而制造的交通工具。"勒勒"原是赶车牧民吆喝牲口的声音。

勒勒车是牧民流动的家，"行则车为室，止则毡为庐"。它车身小，双轮大，完全用桦木、松木、柳木、榆木制成，不用铁件，便于制造和修理，而且易于在草原上行走，被誉为"草原之舟"。除了搬运毡房、物资、生活用水外，战时还常用作驮运军队辎重的战车。随着经济的快速发

---

① 《阿拉善地毯制作技艺》，内蒙古新闻网，http://every.nmgnews.com.cn/index.php?doc-view-3232.html。

② 《桦树皮制作技艺》，中国非物质文化遗产网，http://www.chinaich.com.cn/class09_detail.asp?id=814。

展，勒勒车已逐渐为机动车所取代，除少数偏僻地区还有牧民使用外，目前草原上已难以见到。

4. 蒙古族马具制作技艺

蒙古族马具制作技艺历史十分悠久，距今已有2000多年。马具包括马鞍、马笼头、马鞭、褡裢、车马具等。科左后旗马具制作手工艺人制作的马具特色鲜明，制作技术精良、用料考究、装饰华丽。它的制作涉及木工工具、铁匠工具、皮匠工具、刺绣工具等多种工具，是集多种独特工艺于一身的蒙古族民间手工艺。

九　民俗

内蒙古自治区境内居住着蒙古、汉、满、回、达斡尔、鄂温克、鄂伦春等民族。各民族由于居住环境、生产生活条件和历史条件不同，逐渐形成了各具特色的民俗习惯。这些民俗习惯，来自于人民，传承于人民，规范人民，又深藏在人民的行为、语言和心理中。

1. 成吉思汗祭典

成吉思汗陵是成吉思汗英灵供奉之地，这里有独具一格的成吉思汗传统祭祀活动。成吉思汗祭祀每日举行一次，专项祭奠一年举行60多次。祭祀主要是表达对长生天、祖先、英雄人物的崇拜，祭奠中再现了古老的蒙古民族牲祭、火祭、奶祭、酒祭、歌祭等形式，诸多富有特色的珍贵祭器则表现了草原民族对大自然和动物的艺术审美观念。成吉思汗陵祭奠是蒙古民族最隆重、最庄严的祭祖活动和群众性集会节日。

2. 那达慕

"那达慕"在蒙语中是娱乐或游戏的意思。那达慕历史悠久，是蒙古族传统的群众性盛会。早在1206年，成吉思汗被推举为蒙古大汗时，就举行了盛大的那达慕。摔跤、射箭、赛马三项技能，被称为男子"三艺"，是传统那达慕大会的主要竞技活动。那达慕大会一般是在每年的7、8月间举行。这时，牧草茂盛，牛羊肥壮，正是牧业生产的丰收季节。牧民们需要出卖牲畜和畜副产品，同时，需要购买生产资料及生活用品，以备大雪封道后过冬之用。除传统的三项游戏外，还有棋艺、拔河、歌舞、体育、影视放映、图片展览及推广科技等内容，并交流各种农牧土特产、砖茶、布匹、绸缎、日用百货等产品。改革开放以来，那达慕大会更加紧密的与经贸活动联系起来，促进了经济发展和招商活动。那达慕大会变成了各族人民的"大聚会"。

3. 祭敖包

祭敖包是蒙古民族传统的习俗，是草原民族崇尚自然思想的表现形式之一。蒙古族崇尚的"敖包"，也叫"脑包"、"鄂博"，意为"堆子"，以石块堆积而成，一般建在山顶或丘陵之上，形状多为圆锥形，高低不等。古代敖包的建立和祭祀比较简单，由祭师宣布，选择某一座山或丘陵作为敖包的所在地。人们在这个地方用土或石头建成堆子，举行若干仪式后就建成了敖包。以后附近的居民每年都要到这里祭拜。祭敖包的仪式通常在每年农历五月至七月间举行。有的一个旗、一个苏木独祭，也有几个苏木、几个旗联合祭祀的。祭敖包从日出之前开始，由喇嘛念经行祭，所有参加祭祀的人们都要围绕敖包沿顺时针方向转三圈，边转边向敖包滴洒鲜奶和酒，然后在敖包正前方叩拜，祈神降福，保佑人畜兴旺，并将带来的石头添加在敖包上。祭祀的时候，敖包上要插树枝，树枝上挂五颜六色的布条或写有经文的纸旗。礼仪结束之后，进行摔跤、唱歌、跳舞等文体活动。

4. 鄂尔多斯婚礼

发源于古代蒙古，形成于蒙元时期。15 世纪，随着蒙古族鄂尔多斯部进入鄂尔多斯地区。鄂尔多斯地区至今仍然比较完整地保留着鄂尔多斯婚礼的仪式程序，并使其发展演变成为一种礼仪化、规范化、风俗化和歌舞化的民俗文化现象。鄂尔多斯婚礼有哈达订亲、佩弓娶亲、拦门迎婿、献羊祝酒、求名问庚、卸羊脖子、分发出嫁、母亲祝福、抢帽子、圣火洗礼、跪拜公婆、掀开面纱、新娘敬茶、大小回门等一系列特定的仪式程序和活动内容。这些仪式程序和活动内容既不同于其他民族婚礼的程序，也与其他地区的蒙古族婚礼有别，是蒙古族婚礼中最具特色、最有吸引力、最隆重的形式，它凝聚了蒙古民族礼仪风俗的精华，成为迄今保留最完整、内容最丰富的一部蒙古民族风情画卷。[①]

5. 鄂温克驯鹿习俗

鄂温克族是我国少数几个饲养驯鹿的民族之一，在漫长的历史岁月里，驯鹿在鄂温克族的日常生活和生产中作出了重要贡献。古鄂温克人从

---

① 《鄂尔多斯婚礼》，中国非物质文化遗产网，http：//www.chinaich.com.cn/class09_ detail.asp? id = 812。

野生动物"索格召"捕抓之后，在长期的生产实践中逐步驯养成为今日的驯鹿。鄂温克语驯鹿称为"奥伦"，驯鹿雄雌均有角。驯鹿角似鹿而非鹿，头似马而非马，蹄似牛而非牛，身似驴而非驴，因而俗称"四不像"。驯鹿善于穿越森林和沼泽地，是鄂温克猎人的主要生产和交通运输工具，驯鹿成为鄂温克人日常生活中不可缺少的珍贵经济动物，有"林海之舟"之美称，是国家二类保护动物。

6. 脑阁

是在清朝初期从晋北地区传入土左旗的，至今已有 300 多年的历史。是集戏剧、杂技、舞蹈、音乐、美术为一体的艺术。"脑"是方言，意思是将人高高扛起。"阁"是一个捆绑或焊接很结实的特制铁架子。演出时将铁架固定在一男子身上，架上表演者 1 至 3 人，一般为 8 岁以下儿童，身着戏服，扮成各种戏剧或历史中的英雄人物，再加上各种花草彩云装饰，随着欢快、铿锵的锣鼓节奏，自然地舞动起来，婀娜多姿，非常可爱动人。

第二章

内蒙古物质文化遗产的价值分析

中国是文化遗产大国，丰厚的文化遗产蕴含着中华民族特有的精神价值、思维方式、想象力，体现着中华民族的生命力和创造力，是各民族智慧的结晶，也是全人类文明的瑰宝。内蒙古自治区是我国的民族文化大区，其丰富多彩的物质文化遗产是中华民族宝贵的财富。

在分析文化遗产价值的时候，首先要弄清楚什么是"价值"。《辞海》对"价值"解释为"指事物的用途或积极作用"。据此，某事物有无用途或积极作用，决定了它有无价值，用途或积极作用的大小决定其价值的大小。

物质文化遗产或文物的价值，是指凝结在其中的一般人类劳动，是人类智慧的结晶和历史进步的标志，具有客观性，也具有明显的双重价值特性，即有形价值和隐形价值。《中华人民共和国文物保护法》和《中国文物古迹保护准则》中对文物的价值都有明确的概念和范畴说明，在此基础上有关专家学者对文物价值又进行了详细而深入的探讨，有的提出文物核心价值体系是文化，核心内容是历史价值、艺术价值、科学价值。[1] 还有的指出国际公认的文化遗产价值观认为，文化遗产最本质的属性是文化资源和知识资源，其价值主要体现在社会教育、历史借鉴和供人研究上、鉴赏上，经济价值是其历史、艺术、科学价值的衍生物。[2]

物质文化遗产或文物是特定的东西，它本身是物质的，所起的作用却是精神的。它有自己特定的内涵、表现形式等，需要进行综合研究。任何一处物质文化遗产或一件文物所蕴含的历史信息都不会是单一的，而是多方面的。因而每处具体的物质文化遗产或每一件具体文物都往往具有多重

---

① 李晓东：《略论文物核心价值体系》，《中国文物报》2008年6月2日。
② 陈建松：《文化遗产岂能"贴现"》，《解放日报》2003年6月30日。

价值。物质文化遗产或文物的有形价值的评价比较容易达到客观性的要求，隐性价值的分析却随着不同的人、不同时期的价值观的不同而不同。因为文物的价值是客观的，而人们对文物价值的认识是主观的。这也就决定了人们对物质文化遗产或文物价值的认识也不是一次完成的，而是随着社会的发展，各种条件的变化，以及人们科学文化水平的不断提高而不断深化的。

物质文化遗产作为人类历史的遗留物，具有历史价值，这是客观事实，也是作为物质文化遗产第一位的价值观念。所以从整体来讲，物质文化遗产应是具有历史、艺术和科学价值的遗迹、遗物。但就某处遗产、某件遗物而言，不一定都具备历史、艺术、科学价值。一般来说，它应具有历史价值和科学价值或艺术价值，后二者不能脱离前者而独立存在。随着社会发展的需求和人们认识的不断深化，物质文化遗产在历史、艺术、科学价值之外，又被赋予了政治价值，经济价值也日益凸显。本章将对内蒙古物质文化遗产，按照各类所含价值的不同，对其进行历史价值、政治价值、经济价值、艺术价值、科学价值等方面的分析，目的是促进人们全面、深入对物质文化遗产价值的认识，以期更好地保护与利用内蒙古的物质文化遗产。

第一节　历史价值

任何物质文化遗产，都是由产生它的那个时代的一定人群，根据当时政治、经济、军事、文化等的需要，运用当时所能得到的材料和所掌握的技术创造出来的。它无不被打上时代的烙印，它能从不同侧面，反映当时的政治、经济、军事、科学技术、文化艺术、宗教信仰、风情习俗，等等，这些构成了物质文化遗产时代特点的主要内容，这种时代特点亦即历史性，是物质文化遗产最重要的特点，也是其第一位的价值所在。内蒙古物质文化遗产是内蒙古古代居民在各个不同的历史阶段所创造出的文明的物证，是内蒙古历史的真实记录，记录了内蒙古历史的发源、发展、变动、重大事件以及政治、经济、文化、民族、宗教等方面的历史变迁。这里面所蕴含着的种种信息，可以恢复史前社会历史面貌，补文献记载之缺佚，与文献记载相互印证，共同梳理着内蒙古历史发展的脉络。

一　丰富多彩的文化遗存勾勒出内蒙古历史发展脉络

内蒙古地区历史源远流长，遍布区内灿若星辰、独具特色的各个不同历史时期的文化遗存，勾勒出了内蒙古历史发展的清晰脉络，描摹出了内蒙古历史发展的面貌，充分证明内蒙古地区不仅是中华文明的发祥地之一，同时也是中国统一国家不可分割的一部分。内蒙古的历史发展既有其自身的区域特色，更兼具与中原关联的碰撞、影响、共生、共融特性。

1. 旧石器时代

旧石器时代遗址在内蒙古中南部和西部地区，如呼和浩特市东郊保合少乡、榆林乡、三道营乡，托克托县，武川县，清水河县，乌兰察布市卓资县、四子王旗，包头市，鄂尔多斯市准格尔旗，阿拉善盟等地均有发现。在内蒙古东部地区呼伦贝尔市扎赉诺尔蘑菇山、阿里河嘎仙洞、赤峰市翁牛特旗、通辽市奈曼旗白音昌蚂蚁沟水库等地也发现了旧石器时代晚期文化遗址。其中位于呼和浩特市东郊保合少乡的大窑文化遗址，鄂尔多斯市伊金霍洛旗的乌兰木伦遗址、乌审旗的萨拉乌苏文化遗址，是内蒙古境内非常重要的旧石器文化遗址。旧石器时代远古人类的遗存，拉开了内蒙古历史的帷幕。

1973 年发现的大窑文化，在 1976 年到 1984 年进行了进一步的发掘和科学研究，经我国著名考古学家贾兰坡、裴文中和吕遵谔先生鉴定，这处遗址与举世闻名的北京周口店"北京人"同一时期，晚于云南元谋人和陕西蓝田人，是迄今为止我国发现的年代最早、规模最大的包括旧石器时代早、中、晚三个时期的石器制造场。大窑文化的确立，填补了内蒙古地区旧石器文化的空白，为研究我国北方旧石器时代石器文化的分布和发展，我国原始人类以狩猎为主、采集为辅的生活方式，并为后来逐步出现游牧生活等原始社会发展史，提供了珍贵的科学资料。大窑文化证明，内蒙古阴山南麓一带是远古人类劳动、生息的地方，是中华民族古老文化发祥地之一。

发现于 2010 年的伊金霍洛旗乌兰木伦遗址，为旧石器时代中期，恰好填补了距今 7 万至 14 万年的萨拉乌苏遗址和距今 3.8 万至 3.4 万年的水洞沟遗址的中间缺环，三处遗址形成了一个旧石器时代中期至晚期的完整序列，在内蒙古地区乃至华北旧石器考古研究中具有不可替代的重大价值，再一次证明了鄂尔多斯草原是早期人类进化的重要舞台之一。

位于鄂尔多斯乌审旗的萨拉乌苏文化遗址，为旧石器时代晚期文化，是我国最早发掘和研究的旧石器遗址之一。它的发现，说明内蒙古鄂尔多斯高原南部是人类祖先的重要发祥地之一，不仅在中华民族的繁衍史上占重要地位，而且在世界人类学史上也有较大影响。

2. 新石器时代

已知内蒙古最早的新石器时代文化，是 1933 年发现于满洲里东南扎赉诺尔矿区的"扎赉诺尔人"所创造的细石器文化，分布在呼伦贝尔草原，距今 1 万年左右，属于中石器时代的文化。自海拉尔河流域、呼伦湖一带向西南，越科尔沁沙地草原、西拉木伦河和老哈河流域，经锡林郭勒草原西部、乌兰察布南部丘陵和阴山南麓、鄂尔多斯高原，直到额济纳地区，均有各具特色的新石器时代文化遗址分布。其中，"以赤峰为中心的西拉木伦河和老哈河流域，新石器时代文化遗址密集，内容丰富，是我国灿烂的原始文化中与中原发达地区同期异相、平行并进的中心之一"。①这些文化遗存，是我们探索研究新石器时代内蒙古先民分布及其经济特点、社会发展、文化状况的重要历史依据。

因 1982 年发现于赤峰市敖汉旗宝国吐乡兴隆洼村而得名的兴隆洼遗址，是内蒙古及东北地区时代较早、规模最大、保存最好的新石器时代聚落遗址，被考古界赞誉为"中华远古第一村"。该遗址被评为"八五"期间全国十大考古新发现、20 世纪中国百项考古大发现。兴隆洼文化是北方三大文化系统之一，它的发现表明内蒙古地区新石器时代的文化自有渊源。不但解决了红山文化的源头问题，而且进一步揭示出长城地带东段新石器时代文化极富特色的土著性和连续性，为确立西辽河文化与黄河文化平行发展，对人类起源多元一体论提供了史证。

因首次发现于赤峰红山后而得名的红山文化，是中原仰韶文化和北方草原文化在西辽河流域相碰撞而产生的富有生机和创造力的优秀文化，内涵十分丰富，手工业达到了很高的阶段，形成了极具特色的陶器装饰艺术和高度发展的制玉工艺。20 世纪 70 年代在赤峰市翁牛特旗三星他拉出土的距今 5000 余年前的大型碧玉猪首龙，是目前中国出土时代最早的龙形玉器，被誉为"天下第一龙"。玉器是红山文化的精髓，从红山文化升起的中华文明曙光，沿着辽河流域渐渐清晰起来，为中华民族镌刻下了最初

---

① 曹永年主编：《内蒙古通史》（第 1 卷），内蒙古大学出版社 2007 年版，第 21 页。

的文明记忆，进一步证实了红山文化是中华文明的源头之一。

位于内蒙古自治区乌兰察布市凉城县岱海周围的岱海遗址群，是新石器时代的文化遗址，是了解内蒙古中南部地区史前考古文化序列、聚落形态及文明起源的典型资料。

1979 年在包头市区东 15 公里阿善沟门东发现的阿善遗址，是黄河流域最北端的一处新石器时代原始聚居遗址，突破了我国原有新石器文化种类和分布范围，在该遗址的西园春秋墓内发现的大量似鹿类动物头骨的殉牲，为研究包头地名的由来——"有鹿的地方"，提供了又一个新的实物佐证。

3. 青铜时代

内蒙古地区发现的青铜时代遗址有 5000 余处，其中以夏家店下层文化、夏家店上层文化、大口二期文化和朱开沟文化为最具典型。

位于赤峰市松山区王家店乡夏家店村英金河北岸的夏家店遗址群，是中国北方青铜时代有代表性的早期文化遗存。夏家店下层文化距今 4000 年左右，为中国北方早期青铜文化，出土的彩绘陶器系用红白两彩在烘制后的陶器上绘有饕餮纹、云雷纹、蟠螭纹、龟蛇纹等图案，与商周时期青铜器同等重要。夏家店上层文化属晚期青铜文化，距今 3000 年左右，有着相对发达的青铜铸造业，先后出土了大量多为本土铸造的青铜器，融中原和漠北青铜文化于一体，与中原同期青铜文明互相影响、互见短长，工艺精湛，特色鲜明。

位于鄂尔多斯市伊金霍洛旗纳林塔（今称纳林陶亥）乡朱开沟村的朱开沟遗址，是内蒙古中南部及河套以东地区相当于夏商时代的青铜文化分布，遗址资料丰富，出土的青铜器具有地方特色，集中反映了内蒙古中南部夏商文化的特征，对于研究内蒙古中南部地区的古代历史和中国古代北方民族史等，提供了珍贵的实物史料。

内蒙古中西部有以凉城崞县窑子、毛庆沟青铜器为代表的属于春秋中、晚期至战国中期的北方青铜文化以及杭锦旗桃红巴拉、准格尔西沟畔、乌拉特中旗呼鲁斯太等地青铜器为代表的战国时期北方青铜文化。

内蒙古东部、中南部、中西部地区广泛分布的夏商至战国时期的青铜文化，以夏家店下层文化和朱开沟地区的青铜文化延续时间最久远、最典型，说明内蒙古地区与中原一样同步进入青铜时代。内蒙古地区青铜文化在自身发生、发展的过程中，受到中原及东北地区青铜文化的影响，但部分器、饰与中原及东北地区的青铜文化存在明显的差异，是具有独立体系的北方青铜文化。其分布和影响远远超出现在的中国国界。①

4. 秦汉时期

秦汉时期是我国统一的多民族中央集权制封建国家的建立与巩固时期，秦汉王朝为巩固政权并开疆拓土，针对当时北方强大的匈奴政权，战和并用，移民实边，筑长城、修直道，置郡县、建城池，在今内蒙古自治区境内留下了众多遗址。"据初步统计，内蒙古地区有秦汉大小城镇多达40 余座。"② 这些遗址作为凝固厚重的结点，生动真实地记录了这一时期内蒙古的历史，让我们通过这些视点，可以管窥这一时期内蒙古历史的全貌。

位于包头市固阳县北部的大庙、银号、西斗铺一带的固阳秦长城遗址，依山而建，石块垒筑，是为防御北方匈奴族入侵内地而修筑的防御工事，距今已有 2200 余年。它保存了秦代长城的原貌，是秦始皇万里长城的精华地段，在历史上具有十分重要的地位，对于研究当时长城的特点以及秦与邻近民族的关系，具有重要价值。

在 20 世纪 70 年代发现并被确认的位于鄂尔多斯市东胜区境内的秦直道遗址，是秦始皇统一六国后，为抵御北方强大的匈奴族的侵扰，也为了巡幸北方的便利，于始皇 35 年（公元前 212 年），令大将蒙恬修筑快速驰往北方的道路。道路南起秦都附近的云阳县（今陕西淳化县北），北抵九原郡（今内蒙古包头市西），因其南北遥遥相对、直线相通，也称"直道"。秦直道是中国历史上第一条"高速公路"，对于研究我国古代交通史以及秦代历史具有十分重要的价值。秦直道修建完成后，以后的几代封建王朝受益，这条南北大道，一直都是沟通中原地区与北方边陲地区的重要通道。

位于包头市九原区麻池镇政府西北的麻池古城遗址，分南北二城，北城的东南角和南城的西北角连接在一起，呈相接的斜"吕"字形。经专家认定：麻池古城的北城较南城早，与秦直道起点形制、布局相同的三个夯土台基也在北城，北城应为秦直道终点——九原城。它也是战国、秦、

① 曹永年主编：《内蒙古通史》（第 1 卷），内蒙古大学出版社 2007 年版，第 56 页。

② 陈永志：《论内蒙古文化遗产的特色与优势》，http：//roll. sohu. com/20120611/n3452900 55. shtml。

汉九原，汉五原郡治所九原县城。麻池古城的南城则是汉五原郡五原县城。[1]

距麻池古城 6.5 公里的召湾汉墓群，自 20 世纪 50 年代以来，经陆续清理，发现包括土坑墓、木椁墓和砖室墓三种类型的汉墓，随葬有实用器物和冥器，出土了著名的"单于天降"、"单于和亲"文字瓦当。

位于内蒙古自治区阿拉善盟额济纳旗和甘肃省金塔县两地境内的居延遗址，经考证，是汉代军事组织张掖郡所属肩水、居延两都尉的军事防御工事，出土的简牍内容证实了额济纳广大区域就是中原汉朝属地——居延。作为汉王朝在西北地区长期经略的防御性边塞，不断地延续发展营建和巩固，创造了灿烂辉煌的居延文化。居延遗址的类型以城、障、关、亭、燧为主，至今保存完好，雄风依旧，巍然壮观，是一处跨省区大型遗址群。从建筑格局、建筑艺术、建筑方法和建筑技术方面代表了中国古代边塞建设的先进水平。遗址内出土的大量居延汉简、西夏文书等珍贵文物，涉及到了汉代、西夏时期政治、经济、军事、宗教、农牧业、屯戍、科技和文化等诸多领域，为研究汉王朝和西夏王朝历史提供了翔实资料。居延遗址丰富的文化内涵是中华文明发展的历史标志和重要见证，具有较高的历史、文化和科学价值。

5. 魏晋南北朝时期

西汉时，辽东、辽西、右北平、渔阳、上谷五郡一度辖有今内蒙古锡林郭勒盟、赤峰、通辽二市的南部地区。东汉国势渐蹙，幽州五郡的辖区已经撤离内蒙古的东南部。东汉在今内蒙古中西部，阴山山脉以南的乌兰察布、鄂尔多斯和阿拉善等盟市一带仍有郡县设置。东汉末，黄巾起义，群雄蜂起，天下大乱，中央政权逐渐失去了对内蒙古的直接统治。从三国到西晋统治，并没有能够改变东汉末年以来积弱局面，除了凉州所属西海郡管辖今额济纳旗一带，内蒙古地区皆弃之化外，统治内蒙古地区的仍然是少数民族建立的政权。[2] 之后很长一段时间，鲜卑族及其建立的政权成为内蒙古地区的主宰。"秦汉时期的城市遗址在魏晋南北朝时期继续沿用，成为鲜卑族南迁汉化的重要跳板。其中拓跋鲜卑南下建立的第一座都城盛乐城在今天的和林格尔县土城子古城，是内蒙古中南部最大的城市遗

① 张海斌主编：《包头文物考古文集》（上册），内蒙古大学出版社 2009 年版，第 10 页。
② 曹永年主编：《内蒙古通史》（第 1 卷），内蒙古大学出版社 2007 年版，第 221—236 页。

址，而北魏云中宫所在地就在今托克托县古城村古城。在这两座古城的周边地区，还分布有北魏的军事重镇，其中的沃野镇城址为乌拉特前旗苏独仑乡根子场古城，怀朔镇城址为固阳县城库伦古城，武川镇城址为武川县乌兰不浪乡土城梁古城，抚冥镇城址为四子王旗库图城卜子古城，柔玄镇城址为察右后旗白音查干古城。"[①]

位于大兴安岭北段一条山谷之中，地处呼伦贝尔市鄂伦春自治旗境内的嘎仙洞内，发现了北魏太平真君四年（443 年）石刻祝文，证明嘎仙洞就是中国古代文献所记载的北魏拓跋鲜卑祖先居住的石室旧墟。石室的发现，揭开了鲜卑史上的千古之谜，也为相关诸部族如乌洛侯、地豆于等居地及幽都、大鲜卑山等山川地理位置，提供了客观的准确坐标。这是迄今已知在我国北部边疆少数民族地区有文献确切可考的极为罕见的古代民族遗迹，是我们国家极其珍贵的历史文物。

位于乌兰察布市察哈尔右翼后旗韩勿拉苏木克里孟村的克里孟城址，为北魏时期的城址，对研究内蒙古中南部鲜卑民族的历史文化及拓跋鲜卑政权的兴起和发展具有较高的学术价值。

位于巴彦淖尔市乌拉特前旗（西山咀镇）苏独仑乡东南 5 公里处的北魏沃野镇故城，位于包头市固阳县白灵淖乡城圐圙村的白灵淖尔城址（北魏怀朔镇），都是南北朝重要的古城址。

6. 隋唐时期

隋朝文物遗迹主要以城市遗址为主。隋代朔方郡长泽县城址为鄂托克前旗城川古城，榆林郡治所胜州城址为准格尔旗十二连城，富昌县城址为准格尔旗天顺圪梁古城，金河县城址为托克托县七星湖村古城，五原郡治所丰州城为乌拉特前旗东土城村古城。唐王朝为了加强对北方边疆地带的控制，实行节度使与羁縻州制度，内蒙古地区唐代的城镇多属于羁縻州府。其中振武节度使与单于都护府同驻一城，城址在今和林格尔县土城子古城，东受降城在今托克托县的大皇城古城，胜州城址在今准格尔旗十二连城古城，河滨县城址在准格尔旗天顺圪梁古城，长泽县城在今鄂托克前旗城川古城，白池县城址在今鄂托克前旗二道川的大池古城，天德军城址

① 陈永志：《论内蒙古文化遗产的特色与优势》，http://roll.sohu.com/20120611/n345290055.shtml。

在今乌拉特前旗陈二壕古城，中受降城址在今包头市傲陶窑子古城，兰池都督府城址在今鄂托克前旗三段地乡的巴拉庙古城，饶乐都督府城址在今林西县樱桃沟古城。这些隋唐时期的城址，大部分保存完好，城内遗迹丰富，出土文物精美。[①]

位于呼和浩特市和林格尔县城北 12 公里处的和林格尔土城子遗址，是汉至唐代的故城遗址。1960 年起多次发掘城址及城外数十座汉唐墓葬，获得了丰富的实物遗存，出土的北魏镶嵌宝石金猪佩饰、唐三彩鹦鹉提壶、贴塑塔形釉陶器及北魏、唐壁画墓等，都有很高的学术价值。和林格尔土城子遗址及其出土遗物为研究内蒙古中部地区的历史地理以及民族间的经济、文化交流等提供了重要的实物资料。

在鄂尔多斯市准格尔旗最北端十二连城乡遗存的十二连城。据《元和郡县图志》记载，为隋唐胜州榆林城，该城地处战略要点，可北凭黄河天险，控蒙古草原，南临中原大地，进退两易。考古学家们已从这座古城遗址上发掘出不少珍贵文物。上自新石器时代，下至明清时代都各有一些代表性器物。其中晚唐时期的绿釉陶质小狗和白釉瓷质小山羊，被专家们称为"举世稀有的艺术珍品"，现已陈列于中国历史博物馆中。

7. 辽夏金元时期

辽金元时期内蒙古地区的文物遗址最为丰富，多达 11000 余处。这些文物遗址规模宏大，种类庞杂，精品辈出，在世界文明史上具有重要的历史地位。位于内蒙古东部的赤峰市辖区，历史上是辽王朝的京畿地区，契丹人的政治中心。在这一地区分布有辽上京、辽中京两大都城，还分布有辽祖陵、辽怀陵、辽庆陵三大皇族陵寝。目前能够确认的辽代城市遗址有 200 余座，其中最为著名的是上京临潢府城址，在今巴林左旗林东镇，中京大定府城址在今宁城县大明城。除辽代京城城址以外，还有一些著名的州县城。金代城址多沿用辽代城址，城市遗址年代跨度较小，规模不显，但同样也被后来的元朝沿用与开发。历史上内蒙古地区是元朝的肇兴之地，此地建有元朝的开国都城元上都，还分布有一系列的路府州县城市，文物遗迹丰富。这些元代城市遗址呈扇形分布在中国北方的内蒙古草原地

---

①　陈永志：《论内蒙古文化遗产的特色与优势》，http://roll.sohu.com/20120611/n345290055.shtml。

带，构成了规模宏大而又自成体系的文化遗产景观。①

上京为辽代五京之一，位于赤峰市巴林左旗林东镇南。辽太祖阿保机神册三年（918 年）始筑，天显元年（926 年）扩建，十三年（938 年）更名上京，号临潢府，是辽圣宗以前的统治中心，在辽国军事、政治和经济上占有重要地位。辽上京由皇城和汉城组成，城址平面略呈日字形，城墙全用黄土夯筑。保留了许多游牧风习，具有典型契丹族特色。极注重防御，有完整的城防设施。

中京是辽代五京之一，位于赤峰市宁城大明城老哈河北岸的冲积平原上。始筑于统和二十一年（1003 年），号大定府，是辽圣宗以后的统治中心，历辽、金、元代沿用至明初废弃。辽中京的城市布局仿照北宋汴京开封的布局制度，有外城、内城和宫城三重。1960 年，内蒙古文物工作队对辽中京遗址进行了发掘，钻探面积 450 万平方米，发掘 6000 平方米，基本弄清了辽、金、元、明各代此城的规制和地下遗迹。辽中京遗址虽已废弃 600 余年，但是在研究古契丹民族和其他民族历史等方面，仍具有重要的考古和科学价值。

位于鄂尔多斯市鄂托克旗西北部的阿尔巴斯山中的阿尔寨石窟，始凿于北魏中期，以西夏、蒙元时期最盛，明末佛寺毁于林丹汗西征鄂尔多斯之役，是迄今为止世界上发现的草原地区规模最大的石窟建筑群。石窟中目前有近千幅壁画得以保留，历史悠久，内容丰富，瑰丽多彩，是该石窟最有价值的文化艺术遗产。石窟中的壁画，多为彩色，以绿、红、黑、蓝、白、黄为主，为矿物质颜料，经历了数百年仍斑斓如新，实属弥足珍贵。其中成吉思汗遗迹，喇嘛教文化艺术，以及回鹘蒙古文、梵文、藏文榜题等，反映了古代多民族文化交流，均具有极高的历史、文化、艺术价值，有"草原上的敦煌"之称。

位于锡林郭勒盟正蓝旗五一牧场境内、滦河上游的闪电河北岸的元上都遗址。始建于蒙古宪宗六年（1256 年），初名"开平府"，中统五年（1264 年）改名"上都"，又名"上京"、"滦京"，为元朝的夏都，是帝后避暑的地方。上都是一座极富特色的草原都城，其城市面貌不仅呈现着中原汉式建筑风格和布局，也沿袭了蒙古传统的建筑理念和特点。元上都

---

① 　陈永志：《论内蒙古文化遗产的特色与优势》，http：//roll. sohu. com/20120611/n3452900
55. shtml。

遗址是中国元代都城中创建最早、历史最久、格局独特、保存完整的都城遗址，见证了北亚地区游牧文明和农耕文明之间的碰撞及相互交融，在世界文明史和城市规划设计史上拥有独特的地位。

8. 明清时期

明初，在明军的一再逼攻下，蒙古势力被迫撤离漠南，内蒙古很少有蒙古部落生息。明中期以后，蒙古各部陆续进入河套，并在今天的内蒙古北部地区游牧。到了 16 世纪中期，阿勒坦汗率领的蒙古土默特部强盛起来，以丰州滩为中心逐步控制了内蒙古地区。阿勒坦汗主动与明朝和谈，被明朝封为"顺义王"，从此开始了明蒙之间几十年的和平友好的局面，促进了内蒙古地区的经济、文化的发展。

清朝统治者对内蒙古地区推行的是怀柔和武力相结合的政策，并以怀柔为主。清朝在内蒙古地区推行盟旗制度，并实行满蒙联姻，加强了对蒙古上层的控制，巩固了清政权在内蒙古地区的统治基础，有利于清代蒙古社会的发展。

位于包头市土默特右旗的美岱召，由土默特蒙古部主阿勒坦汗（受封顺义王）兴建，朝廷赐名福化城，有独特的建筑风格。它是仿中原汉式，融合蒙藏风格而建，是一座"城寺结合，人佛共居"的喇嘛庙。美岱召是喇嘛教传入蒙古时期的一个重要弘法中心、藏传佛教圣地，寺内有大量的壁画，有传为阿勒坦汗及夫人三娘子的画像，为内蒙古召庙壁画中独有的一处。大雄宝殿内释迦牟尼历史壁画及描绘蒙古贵族拜佛场面的壁画都完好无损，这些对于研究明代蒙古史、佛教史、建筑史、美术史都具有很重要的意义。

位于包头市东北约 70 公里的五当沟内的五当召，始建于清康熙年间（1662—1722 年），乾隆十四年（1749 年）重修，赐汉名广觉寺。广觉寺是第一世活佛罗布桑加拉错在此兴建的，逐步扩大始具今日规模。主体建筑由六殿、三府、一陵组成，另有僧房 60 余间以及塔寺附属建筑，全部房舍 2500 余间，占地 300 多亩。整个建筑采用西藏式建筑风格，平顶方形楼式结构，结构严谨，布局合理，映照在蓝天、青山之下的白色外表，更显辉煌耀眼。五当召是内蒙古地区有名的学问寺。它为了弘扬佛法，专门设有供喇嘛们学习经典，研究佛学的学塾（札仓）。五当召是享有特权的政教合一寺院，设有监狱、法庭，并有武装。而且建筑本身以及各殿堂的壁画和雕塑，体现了很高的艺术价值。它与西藏的布达拉宫、青海的塔尔寺和甘肃的抗卜楞寺齐名，是我国喇嘛教的四大名寺之一。

位于赤峰市喀喇沁旗，占地 2.98 万平方米，建筑面积 3870 平方米的喀喇沁亲王府，始建于清康熙十八年（1679 年），是清朝贡亲王的府邸，是蒙古族杰出的思想家、政治家、改革家贡桑诺尔布的故居。喀喇沁亲王府的营建是清王朝对蒙古王公采取"重归附，厚赏赐"及封爵制度的产物，体现了亲王府邸"以高为贵，以多为贵，以大为贵"的建筑文化内涵，当属清代官式建筑典章制度的代表性实例，是研究清廷对蒙古各部所采取政治策略的重要实物佐证，具有很高的研究价值。喀喇沁亲王府的建筑气势恢宏，殿宇森严，布局精巧，建筑壮观，结构严谨，是典型的清代建筑群，其建筑规模之大为内蒙古 49 旗蒙古王府之首，集塞北地区、蒙古民族、藏传佛教三大建筑特色于一身，是内蒙古地区目前建造年代最早、封爵等级最高、建筑规模最大、至今保存最好的一座清代蒙古亲王府邸，体现了地区特色和民族、宗教特点。

位于呼和浩特市玉泉区大召前街的大召，始建于明神宗万历六年（1578 年），明神宗万历七年（1579 年）建成，明朝万历皇帝赐汉名"弘慈寺"。清代又赐名"无量寺"，一直沿用至今。但人们习惯称其为"大召"。它是蒙古族土默特部首领阿勒坦汗为迎接三世达赖喇嘛来布教而修建的，是呼和浩特市建立最早、地位最高、影响最大的召庙。数百年来，一直是内蒙古地区藏传佛教的活动中心和中国北方最有名气的佛刹之一。大召的建筑、雕塑、绘画，真实地记载了各族劳动人民的聪明才智，具有很高的艺术价值。

绥远城及将军衙署更是见证了内蒙古及其首府呼和浩特从清到民国、日伪、国民政府、新中国几个时期的历史变迁。

绥远城是清王朝为巩固西北疆边陲的稳定，奉行对大漠南北蒙古地区实施政治、军事统治的产物。雍正十三年（1735 年），清廷在归化城（今呼和浩特市旧城）东北五里处勘定一处城址，作为右卫城北移屯兵之用。至乾隆二年（1737 年）开始大规模修建，四年（1739 年）告竣，清廷赐名"绥远城"。将军衙署作为绥远城统领满、蒙、汉八旗驻军及掌管西北军政的最高权力机构，也在绥远城告竣时落成。驻守在将军衙署的绥远将军，号为"建威将军"，拥有广泛的实权，除统率绥远城的驻防八旗官兵、管理内蒙古西二盟（伊克昭盟、乌兰察布盟）旗的蒙古王公、民众外，遇有战事，还具有调遣宣化、大同二镇（总兵）、节制沿边道、厅等权力。绥远将军乃属清廷一品封疆大吏，是以国家大帅的身份驻节在这里的。

从乾隆二年驻守在山西右卫的建威将军王昌奉旨改驻绥远城起，到清末宣统末年最后一任将军堃岫被北洋军人张绍曾所取代止，将军衙署历时172 年，清廷正式授封的绥远将军有 78 任，均在此管理驻扎。民国元年，北洋军人、二十师师长张绍曾被委任为绥远城将军，仍驻节衙署内。民国三年（1914 年）改将军为都统，随之将军衙署改为"都统公署"。民国十七年（1928 年），衙署为"临时区政府"占用。民国十八年（1929 年）设置绥远省。衙署改牌绥远省政府。1937 年 10 月，在日本帝国主义扶持下，由德王拼凑的伪"蒙古联盟自治政府"的军队占据绥远，衙署一度为伪政权属下"巴彦塔拉盟公署"占用，后又为伪"蒙疆联合政府"所占据。1945 年后，绥远省政府再次迁回衙署。1949 年 9 月 19 日，时任绥远省主席的董其武将军在爱国将领傅作义将军的帮助影响下，率领全体军政人员 65000 余人，宣告起义，绥远自此和平解放。从 1912 年起到 1949年短短 37 年中，先后有两任将军、十四任都统、一任区政府主席、两任省政府主席入主了这座官邸（日伪时未计）。新中国成立后，衙署为绥远省人民政府并内蒙古人民政府办公地，乌兰夫兼两府主席。

二　璀璨夺目的文化遗物见证了内蒙古文明发展历程

内蒙古地区传世和出土的各个不同历史时期、富有地方和民族特色的各种器物，是内蒙古地区先民生产、生活的物证，反映了当时的生产力水平、制作技术工艺水平和审美追求，见证了内蒙古文明发展历程。

红山文化遗址出土的大量精美的彩陶和磨制精良的生产工具，足以与发现于黄河流域的仰韶文化相媲美，代表了内蒙古地区原始文化发展的高峰，也成为中国北方悠久璀璨文明的重要象征。以红山文化出土的"中华第一龙"为代表的玉器，达到了中国史前玉文化的高峰。

夏商周时期，内蒙古地区产生了极富地方特色、民族特色的青铜文化艺术。在内蒙古中南部朱开沟、毛庆沟、桃红巴拉等地出土的青铜器，以动物纹饰著称。其雕制方法有浮雕、透雕、圆雕三类。鹿、鹤、羊、马、狼、牛、兔等动物神态形象逼真，反映了浓厚的草原民族艺术特色。凉城县崞县窑子出土的透雕虎噬马纹饰牌、伊金霍洛旗石灰沟墓地出土的透雕虎噬鹿形饰牌，表现了草原上野生动物间弱肉强食的自然生态。从造型到纹饰的设计，体现了写实风格。在赤峰宁城南山根出土的阴阳青铜短剑，剑身两侧为曲刃，中脊呈三棱形，剑柄两侧面分铸男女裸身像，女性两手交叉胸前，男性两手护小腹，耳下及肩部各有两个长方形扁横穿，用以穿挂佩带。此剑形制独特别致，造型精美，充分显示了山戎人高超的青铜艺术，体现了北方游牧民族的生活特点和对美的追求。

在和林格尔土城子发掘一西汉古城，出土战国至汉代瓦当60多件，这些瓦当不仅保存较为完整，而且种类十分丰富，有云纹、树纹、文字和动物纹，等等。其中有一瓦当，盘面中间为树纹，树上有一对飞燕，树下有一对羊，树的两侧还有一对猴子。图案中的猴，大概有封侯之意。这批瓦当中还有鹿纹、变形五角星的瓦当，十分罕见。瓦当是中国古代城市的一个标型器，只有诸如宫殿、寺庙等大型建筑才用瓦当，它可反映其所处时代的建筑工艺水平，艺术审美情趣和经济发展状况等。

现藏于内蒙古博物院的鄂尔多斯市出土的匈奴王鹰形金冠饰、虎牛咬斗纹金带饰等，是匈奴文化的瑰宝；赤峰市出土的曲刃青铜短剑是东胡民族遗物；乌兰察布市发现的金龙佩饰、马头鹿角形金冠饰、牛头鹿角形金冠饰、金步摇冠饰是鲜卑贵族使用过的装饰品；造型各异的鸡冠壶和赤峰市辽驸马墓出土的鎏金、玛瑙、银质马饰具，是辽代文物的精品。蒙古族文物系统反映了蒙古族民间的生产生活、文化艺术和宗教信仰。藏品中以制作精致的各式马鞍具，不同地区不同类型的蒙古族头饰、服饰最为罕见。鄂伦春、鄂温克、达斡尔族文物突出反映这三个民族各自不同的生产方式和生活习俗。鄂伦春族的各种渔猎工具、鄂温克族的驯鹿、达斡尔族的民间艺术都突出反映了他们创造的风格古朴、艺术精湛的桦树皮、狍皮文化。这些珍贵的文化遗物，从不同的方面见证了草原民族文明的发展历程。

第二节　政治价值

中华民族是一个多元一体的民族，中华文明是由中华各民族共同创造发展而来的。历史证明，草原文明自古以来就是中华文明的重要源头之一。它与黄河文明、长江文明构成中华文明的三大体系，并互相碰撞、融合、影响，形成多元一体的中华文明。

内蒙古是草原文明的主要发祥地和承载地，广阔的蒙古高原自古以来就是中国北方游牧民族活动的大舞台，特殊的地域、特殊的自然环境和生产生活方式，造就了独特的草原文明。在长期的生产生活实践中，历代草原先民们为我们留下了丰富的文化遗产。纵横驰骋在草原上的历代游牧民族，开辟并保持了草原丝绸之路的畅通，使东西方古老的文明相互传播，推动了世界文明的发展，为中国历史乃至世界历史的进步作出了特殊的贡献。内蒙古物质文化遗产是草原民族走过的历史足迹，是草原社会经济发展的记录。同时，也是历代草原民族与中原农耕民族相互关系、中华民族的形成与发展和祖国统一的历史见证，有着很强的政治意义。

一　内蒙古各民族共同开发祖国北疆、促进民族文化交融的见证

1. 从可移动的出土文物看

内蒙古地区自古以来就是北方少数民族活动的大舞台，匈奴、东胡、鲜卑、突厥、契丹、党项、女真、蒙古等中国古代北方草原游牧民族先后在这里繁衍、生息，创造了自己的文明。在内蒙古各地出土的不同时代的历史文物，造型独特，不仅具有鲜明的草原文化特色，也极富有民族特色。

商周时期，内蒙古地区的青铜文化已反映出与中原经济文化的密切交往。分布在西拉木伦河、老哈河流域的夏家店下层文化，从出土的陶器来看，具有鲜明的自身特点，但也反映出龙山文化的影响，某些方面甚至与商文化有密切联系。内蒙古西部相当于夏商时代的伊金霍洛旗朱开沟墓地，出土的青铜器，从器型到纹饰，都说明这一地区青铜铸造在初始阶段就受到中原先进生产技术和风格的影响。类似中原的青铜器，在夏家店上层文化中常与北方部族的青铜器共出。如宁城南山根 101 号墓葬中出土的青铜器，其簠盖和腹部饰有窃曲纹、瓦纹，四壁饰有蟠龙纹，足部饰重环纹，突出显示了中原文化的传统风格。在宁城小黑石沟石椁墓出土的一件青铜礼器 "许季姜簠" 腹底铭文，明确说明此器来自中原许国。相当于春秋中晚期至战国中期的乌兰察布市凉城县毛庆沟墓地出土的遗物，也有中原流行的料珠、陶鬲、带钩等，反映出中原当时流行文化对北方游牧族的影响。

战国时期，燕、赵、秦等国在内蒙古部分地区设置郡县的同时，迁入了大批中原人口屯戍垦殖。中原先进的经济文化直接传入北方游牧区，对当地经济、文化产生巨大而又深远的影响。内蒙古出土的战国文物中，金属货币占了很大比重，赤峰地区出土了大量的燕、秦货币，充分表明中原

战国在政治、经济诸方面对内蒙古东南部地区影响之深广。内蒙古中西部地区也发现了大批战国货币。乌兰察布市凉城和呼和浩特市土左旗哈素乡多次出土赵布币、燕明刀钱、齐刀布等。1958 年，在包头原郊区窝尔吐壕出土了赵国"安阳"方足石布范和战国遗物。1980 年又在包头原郊区麻池村西的砂石厂出土了一批战国布币，其中大部分是"安阳"布币。这些考古出土文物表明，这一带似乎是战国时期安阳辖区，为赵国铜币铸造地之一。内蒙古各地还出土了战国铁器和其他战国文物，如赤峰水地乡出土的战国铜鼎，美丽河乡出土的燕国兽纹瓦当，赤峰市出土的中原绳纹灰陶罐，鄂尔多斯市杭锦旗桃红巴拉墓出土的中原铜斧、铁刀、丝织品，等等，均是当时北方各族与中原政权经济文化密切交往的实证。乌兰察布市凉城县崞县窑子乡出土的战国蟠螭纹铜壶，形制、花纹与中原完全一样，强烈体现了中原文化的影响；而器物第二圈图案中，镌有穿短裙跳舞的人物图像，表明了是北方游牧民族的装束，突出显示了中原文化与北方游牧文化的融合。

秦汉特别是两汉相继向北拓边置郡，移民屯垦，内蒙古地区的匈奴、乌桓、鲜卑等游牧民族文化与中原汉文化并存交汇，促进了各民族间文化的交融。在以出土匈奴文物为主的鄂尔多斯市准格尔旗乌尔图沟墓葬中，也出土有中原汉文化特色的黄釉浮雕陶尊、日光镜、昭明镜、博山炉；杭锦旗阿鲁柴登墓出土了丝织品；呼伦贝尔扎赉诺尔东汉鲜卑墓群中，出土了中原规矩镜、如意纹锦和木胎漆器奁。许多出土具有北方民族特点的匈奴、鲜卑文物的墓葬中，往往伴出中原文物，均显示了北方游牧民族与中原商贸往来的频繁，以及民族文化交流的密切。在这种交流中，汉字传入匈奴，包头市九原区多次出土的"单于天降"、"单于和亲"、"长乐未央"、"千秋万岁"等汉文字瓦当，1973 年鄂尔多斯市东胜征集的"汉匈粟借温禺鞮"铜印，反映了这一史实，在匈奴社会生活中产生了影响。在内蒙古地区各民族文化的交流中，北方游牧文化也深深地影响了汉族。内蒙古中南部汉墓出土的铜器主要器形和陶器的基本组合等，都与中原保持较大的一致性，但随葬明器普遍出土胡人俑这在其他地方少见，说明北方游牧民族生活习俗文化对当地汉族的深刻影响，显示了边郡地区鲜明的地域色彩和两种文化的融合。

魏晋南北朝时期，鲜卑族及其建立的政权很长一段时间成为内蒙古地区的主宰。1956 年在乌兰察布市凉城县小坝子滩窖藏，出土两件驼形钮黄金印和一件驼形钮白银印。其中"晋鲜卑归义侯"金印，印面呈正方形，边长 2.25 厘米；"晋乌丸归义侯"金印，印面呈长方形，长 2.3 厘米、宽 2.25 厘米；"晋鲜卑率善中郎将"银印，印面呈正方形，边长 2.5 厘米。三件印均为篆书白文（阴文）。这些金银印是晋惠帝赐予拓跋鲜卑的官印，是极其珍贵而富有民族特色的文物，反映了鲜卑部落与西晋王朝之间特殊的亲密关系。从出土的北朝文物来看，既具有鲜卑族的特点，也反映出中原传统文化对其产生的一定影响。

隋唐时期，在内蒙古地区生息的民族除突厥、回纥之外，还有契丹、奚、室韦、吐谷浑、党项等众多少数民族和中原地区的汉民族，但大部分时间与大部分地区为突厥和回纥所控制。内蒙古发现的隋唐文物相对较少，其中较集中的是突厥时期的金银器和石刻、石雕。从公元 6 世纪中期开始，突厥以漠北为中心建立了一个强大的奴隶制政权——突厥汗国，势力逐渐扩张到内蒙古，先后与隋唐王朝发生关系，在呼和浩特地区留下了一些遗址和文物。现呼和浩特博物馆收藏着一件隋唐高足银杯，这件高足银杯出土于呼和浩特市土左旗毕克齐水磨沟，杯高 9.2 厘米、口径 9.4 厘米，直口、圆腹、喇叭状高圈足，与中原地区隋代的风格相近。在当时与高足银杯一起出土的还有金戒指、金冠饰等文物，以及 1 枚拜占廷金币，可能是东罗马马列奥一世所铸。高足银杯与这些文物具有的文化因素与突厥势力的扩张有关。在隋唐时期的内蒙古草原，一方面受隋唐王朝的统治，另一方面也受突厥汗国的影响，从内蒙古出土的突厥时期金银器可以看出吸收了突厥引入的西方文化。所谓突厥族金银器，包括自身游牧文化、狩猎文化的因素，深受传统的唐朝金银器的影响。呼和浩特地区自古以来就是东西方文化交流的重要通道，在北方无论称雄的是哪一个民族，它的文化因素都会对草原游牧文化产生影响，而草原民族的流动性，为中西方文化的融合起到了促进作用。① 出土的高足银杯说明隋唐人喝酒很豪爽，也让人看到呼和浩特市在当时对外文化交流的活跃。

辽金西夏元时期，游牧民族在内蒙古地区各领风骚数百年。既与中原王朝有战争、榷场互市、交融，也有辽金的挥鞭南下与两宋对峙，更有蒙古族剪灭各族政权实现全国的统一。在这一时期，内蒙古发现的辽代瓷器有两部分，一是中原王朝输入的瓷器，多是邢窑和定窑生产的白瓷、越窑

---

① 张昊文：《隋唐人饮酒很豪爽》，《内蒙古晨报》2008 年 7 月 16 日。

和耀州窑生产的青瓷以及景德镇湖田窑生产的青白瓷（耶律隆庆女儿陈国公主墓中出土瓷器就是这样）。二是辽境设窑生产的陶瓷器，此类陶瓷器和契丹族的生活密切相关，在器形和装饰上独具游牧民族特色。典型器形有鸡冠壶、盘口穿带瓶、凤首瓶、牛腿瓶等。装饰上以印花为主，也流行刻画花。瓷器的釉色品种主要有白釉、茶末绿釉、酱釉。辽瓷还包括一类典型的低温釉陶器，即辽三彩。在契丹本土，即今内蒙古地区辽朝文化遗存中出土了许多北宋的物品，有些就来自于南北榷场贸易中。西夏时期，内蒙古西部的鄂尔多斯市和阿拉善盟曾在西夏的统治版图内，在此出土了不少珍贵的西夏陶瓷器，釉色品种主要有白釉、褐釉等，比较典型的是褐釉剔花瓷器。金代，内蒙古境内的一些窑址还在继续生产陶瓷器，基本保持了辽代的釉色品种，器形和装饰发生了改变，白釉黑花瓷器生产的数量较多。在元代集宁路遗址，出土了种类丰富，数量庞大的系列瓷器。目前能够确定的有景德镇窑、钧窑、定窑、磁州窑、耀州窑、龙泉窑、建窑七大窑系。集宁路处于草原游牧与农耕地区的接合地，地理位置十分重要，集宁古城当年商业交换十分繁华。集宁路还是重要的民族与文化的交融之地。曾使集宁之名 600 多年后复扬于世的，是仁立于内城孔庙院中的"集宁文宣王庙学碑"，碑上用汉字楷书清楚地镌刻集宁路总管府达鲁花赤（蒙古官名）、总管、集宁县达鲁花赤、县尹、教授等人名，蒙、汉、女真、契丹等族俱见。集宁路附近有众多古墓碑文，文化内涵丰富。在这个多民族的城市中，文化繁兴，信仰有别，寺庙庵院及儒学并行，尤倡导孔孟儒学，出现了各族文才学士，形成浓郁的学术气氛。可见，在这个被游牧民族包围的草原城市，担当着塞外文化中心之一的角色，各族人民互相交流，互相学习，各取所需，形成多民族融合的大趋势，集宁路的兴旺就是这种融合发展的见证和结果。

2. 从古遗址和古建筑看

文化遗产是人类历史的产物，文化遗产也是人类历史的体现。物质形态的文化遗产，可谓人类历史无言的记录、凝固的承载，以其具体的展现向人们传述历史的发展。文化遗产传承历史的作用，更胜于历史教科书。内蒙古境内现存的古遗址和古建筑，作为一种凝固物化的历史载体，真切地见证了内蒙古各民族共同开发祖国北疆、促进民族文化交融的过程。

（1）内蒙古境内的古长城

历史上，内蒙古是一个游牧文明与农耕文明频繁冲突、交汇的地区，作为它的见证，这里留下了许多条绵延不尽的长城。据新华网呼和浩特2012年1月1日来自内蒙古自治区2011年度文物考古成果汇报会的消息称，内蒙古境内有战国燕、战国赵、战国秦、秦、西汉、北魏、隋、金、西夏、明等10个时代的长城，各时代长城墙体近7400公里，相关遗存9600余处，占到中国长城资源总量的近1/3，居全国之首。内蒙古境内的长城以历史悠久、类型众多、里程最长、分布最广而闻名于世。

内蒙古的长城一般是选择有利地形，采用就地取材的办法修筑。依山则为石筑，无山则为土筑，有的则利用天然的崇山峻岭，在两个山头之间或在山顶上，用自然石稍加垒砌，构成天然屏障。这些长城在建筑方式上也不尽相同，有版筑夯土墙式、砖石混合墙式以及挖地筑壕式等。从战国到明代的长城遗址这里都有保存，分别为战国、秦、汉、北魏、北齐、金和明时期所建，分布最密集处在呼和浩特、包头、集宁和临河一带。千百年来，这些长城蜿蜒曲折，宛如一条条巨大的长龙盘亘于大漠与群峰之中。

长城，虽然是中国历代封建王朝为防御塞外游牧民族入侵而不断增筑的产物，即本为军事战争的产物，可是，它分隔中国境内两大经济区域和政治版块，反映了中国经济、政治、军事、文化、民族关系、中西交通诸方面的历史状况和发展变化，体现了中华民族的勤劳智慧和坚强不屈的精神。今天，承载着极其丰厚的历史文化信息的万里长城，虽然已经丧失了军事功能，却似中国历史文化的万里通卷，向今人形象地展现中国历史文化的悠久和辉煌、曲折和厚重。内蒙古的古长城文化积淀深厚，内涵丰富。尽管当年冲天而起的烽火久已湮没，但作为数千年草原游牧政权与中原王朝、游牧民族与汉民族、游牧文化与农耕文化交融的见证，内蒙古大地上的长城依然蜿蜒起伏于群山旷野之中，成为中国乃至世界的一处历史文化遗产。

（2）王昭君墓

昭君墓，又称"青冢"，位于呼和浩特南9公里处，大黑河南岸。昭君墓是在汉代由人工积土，夯筑而成。墓体状如覆斗，南北长300米、东西宽162米，高达33米，底面积约13000平方米。公元前33年，南匈奴首领呼韩邪单于来到长安，要求和亲，汉元帝许，宫女王嫱（字昭君）自愿到匈奴去和亲，做了呼韩邪单于的阏氏，封"宁胡阏氏"。昭君出塞后的60年，是汉匈和睦相处，也是包括呼和浩特地区在内的整个漠南和平发展的 60 年，此间出现了"牛马布野，人民炽盛"的繁荣景象，饱经战乱之苦后享受 60 年和平生活的汉匈两族人民，深深地爱戴着王昭君。昭君墓园以墓体为中心，墓前筑有神道，青冢牌楼、嫱云石雕、和亲铜像，依次耸立。神道两旁，花圃相拥、姹紫嫣红，犹如落地之锦；墓侧，绿荫遮天、曲径通幽；墓后，草亭双立、碑廊百米，别有情趣。昭君墓前屹立着一座高 3.95 米、重 5 吨的呼韩邪单于与昭君马上并辔而行的大型铜铸雕像。现代史学家翦伯赞在《内蒙访古》中赞美道："在大青山脚下，只有一个古迹是永远不会废弃的，那就是被称为青冢的昭君墓。因为在内蒙人民的心中，王昭君已经不是一个人物，而是一个象征，一个民族团结的象征；昭君墓也不是一个坟墓，而是一座民族友好的历史纪念塔。"[①] 1963 年，国家副主席董必武同志视察昭君墓时，欣然为昭君墓题诗："昭君自有千秋在，胡汉和亲识见高，词客各抒胸臆懑，舞文弄墨总徒劳。"董老的诗文意境高远，气魄宏伟，一扫千百年来一些文人墨客的民族偏见和偏颇之词，高度赞扬和正确评价了"昭君出塞"的远见卓识和历史功绩，也表达了中国各族人民向往和平的美好愿望。"琵琶一曲弹至今，昭君千古墓犹新。"如今，昭君墓以其独特的人文景观和丰富的历史文化内涵，成为自治区进行民族团结、爱国主义教育的重要基地。

二　内蒙古各族人民共同争取中华民族独立解放、维护祖国统一的物证

内蒙古的一些近现代革命史迹和建筑物，真实、生动地记录了作为中华民族一部分的内蒙古各族人民，为了争取中华民族解放事业的胜利，与恶势力、侵略者作了艰苦卓绝的斗争，在付出极大的牺牲之后，终于取得了解放事业胜利的历史。内蒙古近现代革命遗产，其政治价值是不言而喻的。

位于呼和浩特市土默特左旗塔布赛村的乌兰夫故居，已被国家列入红色旅游经典景区之一。1906 年 12 月 23 日，乌兰夫诞生于此。1906—1919 年，他在此度过了童年和少年时代。1919 年乌兰夫离开家乡到归绥（今呼和浩特）求学，1923 年考入北平蒙藏学校，从此投身革命。1929 年乌

---

① 《人民日报》1961 年 12 月 13 日。

兰夫从苏联莫斯科中山大学归国，回到家乡开展革命活动，以故居为中心，在周围村庄建立起十几个联络点和农民协会，开展起抗租抗税斗争，并为党组织输送了两批革命青年。1931 年 9 月，乌兰夫接受王若飞指示，从事党务、军运和情报工作，并同家人在住宅中掩护过上级派来的情报员。新中国成立前，乌兰夫故居曾遭敌人破坏。1987 年对故居进行维修，1991 年 10 月正式开放。在庭院中安放着乌兰夫半身铜像，陈列有乌兰夫青少年时代及其双亲等照片。

现在位于鄂尔多斯市伊金霍洛旗的成吉思汗陵，历史上一直是蒙古民族的圣陵。公元 1227 年，成吉思汗征伐西夏时病逝。据史书记载，他的子孙将他运回漠北，葬于肯特山一带。由于蒙古大汗秘藏深埋，不起坟冢，成吉思汗葬于何地已不得而知。祭奠成吉思汗的活动开始于窝阔台汗时期。在墓地之外的蒙古高原上，建立奉祀成吉思汗的陵寝，陵寝为八座白色大帐构成，称"八白室"，由其生前卫士守护和献祭。元朝建立后，也在大都的太庙建立"八室"，供奉成吉思汗等祖宗的神主。明初，世代守护成吉思汗陵的卫士因人丁繁衍，形成鄂尔多斯部落，并逐步迁入鄂尔多斯市。象征成吉思汗陵寝的"八白室"也迁到该市的伊金霍洛旗，它成为凝聚蒙古民族情感的纽带。日本侵略中国时，为保护成吉思汗陵寝，当时的国民党政府于 1939 年把成吉思汗灵柩先后迁移到甘肃省榆中县兴隆山、青海省湟中县塔尔寺。1954 年 4 月 1 日，新中国中央政府将成吉思汗的灵柩移回鄂尔多斯，在伊金霍洛旗重新修建了富有民族特色的陵园宫殿，并将散落在各地的成吉思汗遗物逐步集中到了成吉思汗陵。从1939 年到 1954 年，成陵虽几经迁移，实质上反映出的是中华民族强大的向心力、凝聚力，"兄弟阋于墙外御其侮"和维护祖国统一的精神，其作为文化遗存的政治价值是难以估量的。目前的成陵殿顶拱立着三座蒙古包式的穹庐顶，用黄蓝两色琉璃砖嵌出云纹，与朱门白壁相辉映。人们每年都在这里举行隆重的祭祀活动，世界各国人士也经常来这里驻足瞻仰。

位于鄂尔多斯市乌审旗巴彦柴达木乡的"独贵龙"运动旧址，记录了整个近代历史上内蒙古伊克昭盟地区蒙古民族进行反帝反封建，要求社会解放、民族解放的独特斗争过程。光绪二十八年（1902 年），清政府在内蒙古地区强制推行大规模的移民开垦蒙地，剥夺蒙古族牧民赖以生存的牧场。伊盟蒙古族牧民组织"独贵龙"，燃起了抗垦的烽火，乌审旗的

"独贵龙"最先树起抗垦的旗帜。伊克昭盟乌审旗等地的"独贵龙"运动反垦斗争，一直坚持到 1910 年，使蒙古王公和垦务局未能如期出卖丈放土地。辛亥革命期间，鄂托克旗等地的"独贵龙"运动仍坚持武装斗争，使封建王公不敢肆意横行。辛亥革命以后，"独贵龙"运动此起彼伏。1912 年席尼喇嘛组织 60 个"安达"抗"放垦"、抗差徭赋税斗争，确立"独贵龙"权威。1919 年席尼喇嘛被诱捕，1920 年冬越狱，翌年到北京，了解到五四运动、十月革命、外蒙古革命等。1924 年秋赴蒙古人民共和国，多次会见乔巴山，入蒙古党校学习、工作。1925 年 10 月回张家口参加内蒙古人民革命党成立大会，任中央执行委员。1926 年春回伊克昭盟宣传中国共产党的反帝、反封建、反民族压迫思想，重新点燃"独贵龙"火焰。1927 年春，在第三国际和中国共产党的帮助下建立自己的武装乌审昭旗保卫队，后改编为内蒙古人民革命军第 12 团，席尼喇嘛任团长，在长城沿线同北洋军阀和封建王公进行了英勇斗争。1929 年春，席尼喇嘛被杀害，斗争失败。然而，"独贵龙"运动并没有消失，直到 20 世纪三四十年代在内蒙古地区仍然有"独贵龙"运动爆发。

位于包头市达尔罕茂明安联合旗驻地百灵庙镇的百灵庙起义旧址，记录了蒙古族人民抗日觉醒，举起抗日旗帜，投身中华民族解放斗争的历史。1936 年 1 月 26 日德穆楚克栋鲁普王爷（简称德王）的蒙政会乌滂守备队官兵，反对德王投靠日本侵略者，在共产党人乌兰夫指导下，由云继先、朱实夫率领，在百灵庙武装暴动，举起蒙古族抗日旗帜。百灵庙起义，是蒙古族人民不甘追随德王投降日寇的爱国行动，在蒙古族人民解放斗争的历史上具有重要意义。

位于呼和浩特市武川县的大青山抗日游击根据地旧址，平实而凝重地叙述着大青山抗日斗争的艰苦历程，回眸着烽火抗日的难忘岁月。大青山抗日根据地位于大青山深处，山大沟深，林木繁茂，地形十分险要，在抗日战争中，大青山区以其特定的位置，成为整个大青山抗日游击根据地的中心地带。乌兰夫、李井泉、王若飞、郝秀山等老一辈无产阶级革命家在这里留下了光辉的足迹。1938 年 8 月底，大青山抗日根据地游击队 2300 余人，由八路军 120 师 358 旅 715 团政治委员李井泉和参谋长姚喆率领，冒雨穿过平绥铁路，突破敌防线，进入武川县境，9 月 1 日到达大青山。随后，大青山支队攻克乌兰花镇，开展抗日宣传，李井泉率部进驻武川县井尔沟，开辟根据地。从此，大青山军民以武川为中心，展开了艰苦卓绝的游击战争。1939 年武川县境内的黄花窝铺、井尔沟、万家沟、得胜沟、李齐沟、二四道洼以及马场梁、骆驼场均为大青山抗日根据地的主要区域。1940 年春，大青山党政机关和支队司令部由井尔沟转移到得胜沟（人们亲切地称做"小延安"）。在创建大青山根据地，坚持抗日游击战争的过程中，武川各族人民团结在中国共产党的抗日旗帜下，参军参战，倾碧血尽赤子爱母之心，拥军拥政，守焦土肩匹夫救国之任，传情报、抬担架、护伤员、挖窑洞、做军鞋……军民一家共筑血肉长城，期间发生了很多感人的事情。大青山抗日根据地 1964 年被内蒙古自治区列为重点文物保护单位，是全国著名的革命老区。2004 年 6 月又建成了呼和浩特市爱国主义革命教育基地。2005 年大青山抗日根据地报请全国红办和国家发改委审批立项，成为全国 19 个抗日根据地之一和全国百家红色经典景区之一，成为全区红色旅游资源重点建设项目。

位于兴安盟乌兰浩特市五一北路的内蒙古自治政府成立大会会址（五一大会会址），见证了新中国第一个少数民族自治区的诞生。会址建筑面积 679 平方米，始建于 1935 年，原为伪满洲国陆军兴安军官学校礼堂。1947 年 4 月 23 日至 5 月 1 日，内蒙古人民代表会议在这里召开；5月 1 日，内蒙古自治政府于此成立。1987 年 4 月至 8 月，为庆祝内蒙古自治区成立四十周年，对旧址进行了维修并对外开放。

第三节　经济价值

物质文化遗产是祖先留给我们的有形资产。从物质文化遗产最初的产生根源上看，人们最先在发明、创造某种文化遗产时，都是出于改造自然，让自然为人类带来更多更好的财富的目的。因此，物质文化遗产的经济价值是其政治、文化、艺术、科学等价值的基础。但是，物质文化遗产的经济价值很显然与其他形式的经济价值不一样，它的经济价值往往不会直接表现出来，它是依附于遗产的文化价值之中，通过文化价值表现出来。[1]

经济价值来源于社会需求，社会需求又表现在民众的物质生活与精神文化生活两方面。文化遗产可以丰富人们的精神文化生活，使人们得以提

---

[1]　孙刚：《文化遗产价值论》，《中国文化遗产》2009 年第 1 期。

高文化素质，故随着人们对精神文化生活的需求日益增长，文化遗产的经济价值也日益增高。

物质文化遗产的文化内涵越丰富，经济价值往往越高。它的经济价值首先表现为其本身的经济价值，即文物具有极高的收藏增值与投资交易价值，比硬通货还硬，随着时间推移会不断升值；其次，是指文化遗产说明的历史上经济发展的意义，即文化遗产是某一区域经济发展和交流的物证；再次，文化遗产能够带来巨大的经济效益，即以文化遗产资源为依托的旅游产业是一种新的经济增长力量，能为人们带来丰厚的社会财富，因为遗产地是能够满足人们精神文化生活的重要场所，是供参观学习的旅游胜地和进行爱国主义和民族精神教育的基地。

一　收藏增值与投资交易价值

物以稀有珍奇为贵，物以精巧华美为贵，物以成早历久为贵。文化遗产的各种原物、真迹是存世稀少甚至绝无仅有的，其中许许多多是匠心独运、鬼斧神工的艺术品，而且有着人类历史数百万年，尤其是人类文明史数千年的各个阶段、各种类型的文化创造遗存，故文化遗产的不同种类和作品，因其历史、艺术（审美）、科技、文化诸方面价值的高低有产出历史的远近、存世数量的多少等因素，或为无价之宝，或者价值连城，或者千金难求，或者百钱可得。①

物质文化遗产的文物类具有历史、艺术（审美）、科技、文化诸方面价值，为世人所喜爱和珍视，世人也争相收集和珍藏。今天，收藏已成为社会风气。收藏文物的主体有民间收藏和国家收藏。国家的文博机构和公共教育、科研机构收藏文化遗产的各种实物，是为了保护文化遗产和发展文教事业，并不以实现其经济价值为目的。私人收藏文物，一方面是因为文物有鉴赏、研究价值；另一方面，因为文化遗产的不可再生性及其具有的历史、艺术、科技、文化诸方面的价值决定了其特殊的经济价值，而这种特殊的经济价值将随着其收藏的时间（也即距其产生的时间）越久远、社会经济发展水平日益提高，必然会有所增值，收藏文物可以实现经济价值的增值。当今中国收藏之风骤然兴起，不仅是国家经济快速发展、国民富裕起来而增强了文化消费使然，也反映出政府对文化遗产的保护与利用

---

① 蔡靖泉：《文化遗产价值论析》，《三峡大学学报》2010 年第 1 期。

的日益重视，反映出全民对文化遗产的价值的认识深化及其经济价值的日益看重。

文化遗产实物所具有的经济价值，致使其也成了可用于市场交易的商品。在今日中国，几乎每座大中城市里都有古玩店、古字画店等文物商店及文物交易的专门市场，从事文物交易的从业人员则遍及城乡各地。文物交易，已成为当今社会的重要经济活动。文物可通过交易而实现其经济价值，文物的特殊性又可增值其经济价值，故利益驱使人们去投资收购文物，以期视市场行情和求购对象再交易出去大赚一笔。因为文化遗产实物的收藏增值价值，是在文物交易市场上实现的。由于文化遗产实物（文物）的稀缺性，决定了其价值量的不断甚至很快的增长，故投资交易文物往往可在短期内获得高额利润，社会各界人士及各种企业越来越多地热衷于文物投资，致使文物投资成为社会经济生活中不断升温的热点。文物的投资交易，已经成为当今中国新兴的一种文化产业。不过，文物投资交易活动是受到国家严格监管的。国家严禁为牟取暴利的非法倒卖、走私文物活动。

内蒙古地区的文化遗产实物，因其具有鲜明的地域、民族个性，体现了多元化与多民族文化交流、融合的特色，很受国家机构和民间私人藏家的青睐，在市场上表现出了强劲的收藏增值与投资交易价值。

2006 年中央电视台"中华之光，盛世收藏——《鉴宝》走进内蒙古特别节目"在赤峰市录制播出，在第一期节目中展现的一组辽代皮囊壶（鸡冠壶），其中：一件白釉鸡冠壶，高 24 厘米，最大腹径 16.5 厘米，专家评估价 10 万元；一对绿釉绳纹提梁壶，高 22 厘米，底足直径 6 厘米，藏家 2001 年 5000 元买入，专家评估价 4 万元；一对茶叶末釉鸡冠壶，高 24.5 厘米，底足直径 10 厘米，藏家自报价 7 万元，专家评估价 8 万元；一件黄釉刻花提梁壶，高 32 厘米，底足直径 8.5 厘米，藏家自报价 1 万元，专家评估价 6 万元。在本期节目中，最大的看点当属一位藏家 1991 年在赤峰市翁牛特旗花 8000 元买的一件玉龙。该玉龙为岫岩玉质料，高 13.2 厘米、宽 10 厘米、厚 4.1 厘米，龙形首尾卷曲相接，连接处呈三角形缺口，整体为扁平椭圆形，头部雕双环眼，两耳竖起，吻部阴刻皱褶纹，器形表面通体带有白色瑕斑。藏家自报价 88 万元，而专家根据玉龙特有的文化内涵，综合当时的市场行情，给出了惊人的 180 万元的评估价。①

据内蒙古新闻网 2008 年 9 月 16 日报道：在 2008 年 9 月 7 日，中央电视台经济频道《艺术品投资·寻宝》栏目录制组走进鄂尔多斯市，开始为期两天的电视寻宝活动。9 月 8 日下午，栏目评审团专家在鄂尔多斯电视台演播厅进行复选文物现场鉴宝，著名青铜器专家金申宣布，角逐民间国宝的 12 件文物，经过评审团商榷后一致评定，藏友马剑丽女士收藏的青铜器"虎咬野猪纹饰牌"具有鲜明的历史民俗特征，最能代表鄂尔多斯源远流长的灿烂文明史，最终被评为鄂尔多斯的民间国宝。②

2012 年 8 月，由包头市委、市政府联合中央电视台共同举办了《寻宝——走进包头·五当召》，在地域特色鲜明的包头，散发着草原文化气息的藏品，吸引着人们的目光。该节目分两期，已分别于 2012 年 10 月 27 日和 11 月 3 日在中央电视台一套综合频道播出。经过现场 4 位国家级鉴宝专家鉴定，"清乾隆官窑青花缠枝莲纹绶带双耳如意尊"、"清代嵌宝鎏金马鞍马镫一组"两件藏品获得包头市及周边地区最具文化价值藏品。陶瓷鉴定专家丘小君先生点评"清乾隆官窑青花缠枝莲纹绶带双耳如意尊"时称："据清代档案对五当召的记载，乾隆皇帝曾经给五当召的佛寺赏赐过跟它一模一样的一件乾隆时期的绶带双耳的如意尊，所以它更加珍贵。在 2004 年的拍卖中，清乾隆青花缠枝莲纹如意耳尊成交价 332 万元人民币。和它一样的一件，又经过八年以后，它至少增值了两倍以上。"③杂项鉴定专家蔡国声先生点评"清代嵌宝鎏金马鞍马镫一组"时称："这套马具，应该是我们这边看到的最好的马具，装饰非常精美，保存完好，中间的马鞍上绣花，工艺非常好，珊瑚是蜡烛红，四颗红宝特别大，马镫铜鎏金錾花工艺，属王爷用具。"青铜、佛像鉴定专家金申先生补充指出："这套马具处处充满匠心，充分代表了蒙古民族、蒙古地区的民族工艺的最高水准。"④据藏家称，这套马具是 1994 年花 8000 元从一牧民手

---

① "中华之光　　盛世收藏——《鉴宝》走进内蒙（1）"精彩视频回顾，http://www.cctv.com/program/jb/20070329/102880.shtml。

② 央视"《寻宝》走进鄂尔多斯"，http://erds.nmgnews.com.cn/article/20080916/192701_1.html。

③ "《寻宝》走进包头五当召（上）"，http://jingji.cntv.cn/2012/10/27/VIDE1351339211231376.shtml。

④ "《寻宝》走进包头"，http://jingji.cntv.cn/2013/03/22/VIDE1363952882420149.shtml。

中购得，前几年曾有人出价 180 万元欲珍藏。

二　经济发展和交流的物证

秦朝在今内蒙古地区设置郡县，对内蒙古地区经济的开发有巨大的积极作用。考古资料反映了秦代内蒙古地区的繁荣情况。秦统一法令、文字、度量衡、车轨、历法等，同样实施于今内蒙古地区。各地出土了不少秦半两钱和衡量器。如：赤峰市敖汉旗四家子老虎山遗址一次出土秦半两钱共约 2500 枚，重达 20 余斤，同时出土秦铁权 1 枚，重 30.75 公斤，以及铁锄、铁铲等农具。赤峰三眼井也出土一枚 31.4 公斤秦代铁权，权身上刻着秦始皇二十六年统一度量衡的诏书铭文。陶量出土也不少，如赤峰蜘蛛山遗址出土 4 件陶量，通辽奈曼旗沙巴营子出土 5 件陶量等。秦半两钱、铁权、陶量及诏书铭文多次出土，说明秦王朝统一法令在今内蒙古地区得到认真贯彻执行，对本地区政治、经济、文化、交通的发展均有重要意义。加速了古代北疆经济的开发，有利于与中原经济文化的交流融合。[①]

汉代，在农业生产中，推行牛耕，以及搜粟都尉赵过提出的"代田法"。在居延出土了不少"牛籍"简册，可见这里与中原地区一样，普遍使用牛耕。在居延汉简中，有"代田长"、"代天仓"等名称，可与文献记载相印证。汉代内蒙古地区大力推广先进的耦犁和耧车。和林格尔东汉墓壁画中，有比二牛三人耦犁更先进的二牛牵引一人犁的犁耕法，并有手持锄、钬的农人正在耕作的园圃作业图。杭锦旗霍洛柴登汉墓壁画，也发现二牛牵引一人犁的图像。二牛一人犁，装有不同形式的犁铧和犁壁，既可以开荒、深翻，又能中耕培土。这种农业技术已相当进步，它比耦犁更简便，时居世界耕作技术之前列。居延西汉遗址中发现耧车足，证实耧车已推广到内蒙古地区。这说明，处于汉北部边地的内蒙古地区农业生产技术是很先进的。

2003 年，元代集宁路遗址打破了昔日的宁静，连续四年，为配合修高速公路，内蒙古文物考古部门在此进行了大规模抢救性考古发掘，发现丰厚，集宁路古城遗址因此入选"2003 年度全国十大考古新发现"。古城建于金章宗明昌三年（1192 年），是蒙古草原与中原内地进行商贸交易的

① 曹永年主编：《内蒙古通史》（第 1 卷），内蒙古大学出版社 2007 年版，第 111—112 页。

市场。元朝统一全国后，集宁路地处岭北与中原地区往来的交通枢纽，独特的区位优势和历史继承使集宁路独呈商贸之都的繁兴。历次考古大量出土的古钱币、坩埚、铜渣、料珠、箭镞、铁刀、铁钉、犁耙锄，以及骨器具、皮革加工器具、牛马用具、首饰器物，都诠释着这座城市与岭北蒙古各部繁忙的贸易往来，是岭北行省通往中原内地的物质集散地或中转处或加工场。在这里农业与牧业交流，蒙、汉、女真、契丹多元交融。尤使人触目的是富户们大批完整的窖藏瓷器，均来自中原内地，有钧窑、磁州窑、耀州窑、龙泉窑、景德镇窑等七大窑系，囊括全国名窑；窑系之广，数量之丰，品相之精，釉彩之全令世人惊叹。据考证，元朝一统天下，塞外集宁路与全国各地贸易频繁，丰富的商品在这里源源不断输入输出，商贾云集，货源充足，交易活跃，市肆发达，富人在这里享受着全国各地运来的珍贵物品，集宁路成为草原上一处不可或缺的商贸中心。

三　旅游文化资源价值

被号称为"无烟工业"、"朝阳产业"的旅游业，在今日已成为社会经济文化的重要产业。世界各国无不重视发展旅游业，许多地区、国家甚至作为社会经济文化发展的支柱产业。旅游业的发展，有赖于旅游资源，而旅游资源主要就是自然景观资源和文化遗产资源。凡是具有较高价值的自然景观和文化遗产，都是旅游业的重要资源。列入《世界遗产名录》的自然遗产和文化遗产，几乎都是世界闻名的旅游胜地。人类在地球上生存了数百万年，地球上可为人居之处经人类数百万年的创造性活动已多少留有人工的痕迹或文化的遗物。正由于自然已在相当程度上被"人化"，所以更多的旅游胜地或胜景是文化遗产或人文景观与自然景观的结合。中国的旅游资源主要是文化遗产。不言而喻，世界的旅游资源也主要是文化遗产。

文物、古建筑群和古遗址，都是重要的旅游资源。非物质文化遗产中的表演艺术和社会风俗、礼仪、节庆，以及传统手工艺技能等，也都是重要的旅游资源。一个地区、国家的民族、民间文化，因其丰富多彩又各具特色，加之富于观赏性和参与性，故尤能吸引游客。现今世界上许多地区和国家都利用其传统节日举办大型民俗活动，吸引四方游客。若是物质文化遗产与非物质文化遗产结合为一体，其具有的旅游资源价值则会成倍增长。

文化遗产作为旅游资源而产生的经济效益，既有直接的，也有间接的，而且间接的经济效益要远大于直接的经济效益。文物陈列、古建筑群和古遗址开放，民俗文化活动和民间艺术表演等出售的门票收入，是其直接的经济效益，但这种直接的经济效益是很有限的。因为文化遗产是全民的财富，主要由政府的公益事业机构管理和保护。政府的公益事业单位展出文物、开放古建筑群和古遗址、举办民俗文化活动及民间艺术表演等，主要目的不是赢利，而是为了展示人类各地、各国、各民族的历史文化，宣扬其历史文化的优秀传统，丰富人们的精神文化生活，增长人们的综合文化知识，促进当代科学研究，促使今人承前启后、鉴古开新，创造人类光明的未来。因此，许多国家、地区的文化遗产展出、开放甚至表演，是不收门票而免费的，其门票收入，也应该主要用于文化遗产的保护或传承。文化遗产作为旅游资源而产生的间接经济效益，却是难以估量且不断增长的。旅客来到文化遗产地的饮食、住宿、游乐、购物等消费，都为其间接的经济效益。

文化遗产（包括物质和非物质）是在特定的区域内，由特定的群体创立的。文化遗产的这种民族性和区域性特色，使之在从旅游文化资源走向文化资本，文化资本在实现经济价值的转换过程中呈现出各自特色。认识文化遗产的经济价值，有利于挖掘文化资源特色，发展区域特色旅游经济，提高区域经济核心竞争力。在市场竞争中，表现出人无我有、人有我优、人优我特的强大竞争力。[1] 内蒙古地区文化遗产由于游牧民族在世界历史的巨大影响力和独特的草原文化，是国内外关注和追寻探秘的热点，是宝贵的旅游文化资源。认识它的经济价值，有利于发现文化资源亮点，形成新型产业样式，培育出一些新的产业，为经济发展提供一些新的经济增长点。

2012 年 3 月 16 日，在内蒙古全区旅游产业发展大会上，自治区政府主席巴特尔发表重要讲话指出：近年来，自治区旅游业发展取得显著成效。"十一五"时期，累计接待国内旅游者 1.5 亿人次，实现旅游业总收入 2500 亿元，超额完成"十一五"规划目标。2011 年，接待国内旅游者突破 5000 万大关，达到 5178 万人次；旅游业总收入达到 890 亿元，相当于全区生产总值的 6.2% 和第三产业增加值的 18.4%。旅游产业的整体水

---

① 孙刚：《文化遗产价值论》，《中国文化遗产》2009 年第 1 期。

平和竞争力显著提高，旅游基础设施和服务条件明显改善，建设了一批精品旅游项目。旅游业已成为自治区新的经济增长点、国民经济的重要产业和现代服务业名副其实的龙头，为促进自治区经济社会发展作出了重要贡献，也为培育成为战略性支柱产业奠定了良好基础。今后自治区的旅游业发展要坚持以科学发展观为统领，加快探索建立适应现代旅游业发展规律的管理体制和运行机制，不断提升内蒙古旅游业现代化和国际化水平，努力形成旅游产品特色化、旅游服务国际化、游客进出便利化、旅游环境优质化的发展新格局，把旅游业培育成为战略性支柱产业。到 2015 年，主要旅游经济指标要在 2010 年的基础上翻一番，接待国内游客达到 7000 万人次，旅游总收入达到 1500 亿元以上，占全区 GDP 的比重达到 8% 以上，把内蒙古建设成为草原文化旅游大区和国家级文化体验、生态休闲旅游目的地；到 2020 年，旅游业占全区生产总值的比重达到 10% 以上，实现从旅游大区向旅游强区的跨越。实现上述目标，要重点抓好以下几个方面的工作。一要用现代旅游理念谋划和推动旅游业发展。其中的重要举措是促进文化与旅游相结合。文化是旅游之魂。观山赏水是旅游产业发展的初级阶段，只有实现文化与旅游相融合，让游客在文化浸润下观光旅游，才能吸引和留下更多的游客，旅游产业才能发展到高级阶段。内蒙古文化底蕴深厚，草原民族文化多姿多彩，这是发展文化旅游的巨大优势。要充分发挥好这一优势，把文化元素融入旅游服务的各个环节，不断丰富旅游的文化内涵，加快提升旅游业档次和水平。二是要深度开发旅游产品，做大做强旅游产业，精心培育发展呼伦贝尔和锡林郭勒草原、阿尔山温泉、成吉思汗陵园、元上都遗址、阿斯哈图石林、阿拉善沙漠等具有国际影响力和竞争力的旅游品（其中成吉思汗陵园、元上都遗址均为自治区乃至全世界文明的文化遗产地）；推出一批特色鲜明的文化旅游产品，发挥文化设施的旅游功能，积极合理利用文物资源发展旅游。加强对旅游景点景区历史文化资源的挖掘整理和开发利用，运用艺术手段和科学方法进行包装处理，展示博大精深的草原文化，以独特鲜明的民族文化特色吸引游客。①文化遗产作为旅游文化资源，在旅游业和文化产业中的地位不言而喻，其间接带来的经济价值不可低估。

据新华网内蒙古频道 2013 年 3 月 12 日报道：2012 年，内蒙古旅游收

---

① 　内蒙古旅游电子政务网，http://www.nmgtour.gov.cn/dynamic/list.asp? newsid = 123。

入实现较快增长，旅游业总收入突破 1000 亿元，达到 1128.51 亿元，增长 26.86%，旅游收入占生产总值比例达到 7.05%，比上年提高 0.81 个百分点。[①]

第四节　艺术价值

内蒙古地区自古以来就是北方少数民族活动的大舞台，是各民族文化交融的重要场所，是多元文化的汇聚地，因此，内蒙古的物质文化遗产的艺术性也呈现多元化特点，且又极具鲜明的民族和地域特色。在分析内蒙古物质文化遗产的艺术价值时，主要撷取阴山岩画艺术、墓葬壁画艺术、喇嘛教召庙建筑艺术和出土器物造型装饰艺术等几个方面，重点分析其审美价值和艺术史的资料价值，以期以点带面，窥其全貌。

一　阴山岩画艺术

岩画指刻或画在岩石表面的图画，是人类最古老的艺术种类之一。国际岩画委员会主席埃马努尔·阿纳蒂曾说过："岩画组成世界艺术的最早篇章。它绘或刻在洞穴或露天的岩石上，时间几乎跨越了四万年之久。这些形象或符号是人类有文字之前，文化和智能的主要纪录。它们揭示了史前人类欲望和野心，恐惧和企求，以及经济生活、社会生活、宗教信仰、美学观念。"[②] 东西绵延千里的阴山山脉，由连绵不断的大青山、乌拉山、色尔腾山、狼山组成，横亘在内蒙古自治区的中西部，它的南北草原广阔，气候条件宜人，是一个风吹草低见牛羊的地方。我国北方许多游牧民族，诸如北狄、匈奴、鲜卑、突厥、回鹘（纥）、敕勒、党项、契丹、蒙古等都相继在这里生活过，创造了灿烂的古代文化，并以岩画形式记录了历史。关于阴山岩画，早在公元 5 世纪就被北魏地理学家郦道元所发现，并把它写进了《水经注》里："河水又东北历石崖山西，去北地五百里，山石之上，自然有文，尽若虎马之状，粲然成著，类似图焉，故亦谓之画石山也。"这些记载是世界上对阴山岩画最早的记录。然而在其后的若干

---

① 《内蒙古旅游业总收入突破 1000 亿元》，新华网，内蒙古频道，http://www. nmg. xinhuanet. com/2013－03/12/c_ 114996906. htm。

② 周菁保主编：《丝绸之路岩画艺术》，新疆人民出版社 1999 年版，第 2 页。

世纪里，再没有人去问津。直到 20 世纪 30 年代末，中瑞西北科学考察团才发现了几幅岩画。对岩画的全面考察是从 1976 年开始的。迄今为止，内蒙古已发现阴山岩画分布群 153 个，较密集分布区 19 处，发现岩画 5 万余幅，总数居中国之首。现存阴山岩画的绝大部分分布在巴彦淖尔市地区，最大的面积达 400 平方米。阴山岩画是迄今为止我国已发现的岩画中分布最为广泛、内容最为多样、艺术最为精湛的岩画，不仅是世界上最早发现的岩画，同时也是世界上最丰富的岩画之一，是我国最大的岩画宝库，古代北方先民的百科全书，真实地记录了在此生活的古代北方匈奴、敕勒、柔然、鲜卑、蒙古等游牧民族的生产、生活历史。

阴山岩画大体分为四个时代、五个时期：第一代岩画，是旧石器时代晚期至青铜器时代中期原始氏族部落的岩画。这是岩画的鼎盛时期，数量多，分布广，制作认真。第二代岩画是春秋时期至两汉时期匈奴人的岩画。第三代岩画为中世纪岩画。这代岩画又可分为两个时期，即，北朝至唐代突厥人岩画和五代至宋代回鹘、党项人的岩画。第四代岩画是元代以后蒙古族的作品，称为近代岩画。

阴山岩画主要岩画点分布在巴彦淖尔市的狼山一带，岩画集中，密度惊人。仅狼山的默勒赫图，在长达 10 公里的沿沟两侧山石之上，就镌刻了近 1000 组 5000 多个体岩画。尤其是一面巨大险峻的绝壁之上的岩画，被称为"圣像壁"，刻有上百幅岩画，其中众多人面像，蔚为壮观，动人心魄。

阴山岩画内容非常丰富，表现出了独特的艺术成就，具有突出的象征性形式风格，充满奇妙的视觉动态魅力，并巧妙地显示出图案装饰化的倾向，体现出东方特有的一种写实形式。（1）动物图像：在岩画中占的比重是最大的，其中有马、牛、山羊、长颈鹿、麋鹿、狍子、狐、驼、龟、犬、鹰等各种飞禽走兽。对于这些动物的刻画，大多采取了写实手法，一般都很形象生动，有很多甚至达到了写实与艺术的完美结合。在乌拉特后旗发现了一幅群虎图，就是一幅精彩之作，9 只老虎被刻画得栩栩如生，结构安排也很巧妙，浑然天成。（2）行猎、放牧图：在游牧民族生活中，行猎、放牧是他们维持生存的手段。在狩猎上，有单人行猎、双人行猎、集体围猎。猎人所用武器，主要是弓箭、棍棒。行猎图中突出的一点是猎人必有所获。他们追捕的动物，每每带箭着伤，反映了作画者祈求收获的愿望；放牧图，一般布局匀称，动物排列有序，形状优美。（3）车辆图：

车辆是山区重要的交通工具之一，阴山岩画中，反映车辆的画面也为数不少，在磴口县西北的一座小丘下，凿刻有一幅车辆图，很具代表性，车辆的结构尚可辨认，由辕、轮、舆、轴构成，两轮大小稍有不同，左轮辐条八根，右轮辐条九根，舆作圆形，两毂间贯以车轴，辕在舆底轴上。联系其他画面，这车可能是用于载运猎物的，可见作画时期，山区车辆使用已相当普遍了。（4）征战图：部落间的战争，在历史上是很常见的，岩画中也有反映，在磴口县和乌拉特后旗的交界处发现了一幅颇为生动的征战图。这幅图对胜败双方刻画得很明朗。胜者一方，士兵们披坚执锐、挽弓搭箭，向敌人前后夹攻。他们都头留双辫，有些人头上还插着长长的羽毛（可能为军事首领），败者一方，光头居多，有的已身首异处，有的正在逃跑，整个画面胜败对比鲜明，很可能是某部落为纪念一次战争胜利而特意刻下的纪功图。（5）舞蹈图：岩画中反映舞蹈场面的，随处可以见到。舞蹈是游牧民族生活的一个重要组成部分，因此舞蹈对于他们来说，不只是一种娱乐活动，在很大程度上与巫术有关。岩画中舞蹈的形式，有单人舞、双人舞、集体舞蹈。在磴口县发现了一舞蹈图，就与巫术相关密切。中央有三个舞者，皆有尾饰，靠其后有一舞者手持牛尾，舞者上方，有一被砍掉头颅的尸体，头颅弃于舞者脚下。这一尸体，应为祭祀中的牺牲，舞者可能为萨满，可见舞蹈是为这次祭祀服务的。（6）生殖岩画：反映生殖的岩画，在阴山岩画中曾多次出现。在科学不很发达的当时，人们对生殖的道理还没有完全了解。或者为了祈求部落昌盛、人丁兴旺，这种思想也不自然地表现在岩画中。在乌拉特中旗发现的一幅岩画，所描绘的是三对男女在交合，它侧面地反映了当时人们祈求生育、繁衍人口的要求。除以上举例的之外，阴山岩画还有各种人面像、神灵像，各种天体、动物足印，等等。

阴山岩画内涵丰富，博大精深，几乎囊括了远古至中世纪以来北方游牧民族先民的生活信息，是记述先民求生存、求发展的连续性篇章，它像一个北方游牧民族的历史大观园，从多角度、多侧面地直射或折射了当时人们的生活。阴山岩画的艺术特色质朴、生动，并具有浓厚的生活气息。岩画多以写实为基础，题材来源于自然，来源于生活，再现作者亲身所处的自然环境。在构思、技巧和表现力诸方面，均显示出作者敏锐的观察力、朴实健康的美学观和惊人的艺术才华。阴山岩画并不是对自然原封不动地照搬，作者往往把从生活中捕捉来的形象给予想象性的加工，把表现对象简化到不能再简化的程度，并竭力突出作者的意图，因而使作品非常生动。许多运动物像动感强烈，或引颈长嘶，或回首短鸣，或慢步缓行，或四蹄腾跃；有的彼此含怒欲斗，有的相互舔吻亲昵。作者为了强调某一事物，运用夸张、对比和衬托的手法，突出作者表现的中心，如人与动物、动物与动物间斗争的图画，均在构图和比例上往往突出胜利者的形象，因而产生了强烈的艺术效果。

阴山岩画具有很高的艺术欣赏价值，一方面我们可以把一幅岩画看做一幅独立的艺术作品，其独特的面貌呈现出无穷的艺术魅力；另一方面单独的个体又组成了阴山岩画整体的风格，在千万组岩画中这些个体形象表现出惊人的相似，阴山岩画运用岩画独特的艺术手段和象征形式，突出表现了丰富的艺术创造性。阴山岩画就像是一条绚丽多彩的纽带联系着中国古代各个历史时期许多少数民族的生活，连接着不同历史时期的文化，阴山岩画代表了地域性和多民族性的共同语言，成为中国古代文化的重要部分，再现了中国古代的社会风貌，是留在岩石上的用符号表达出来的历史记录。

二 墓葬壁画艺术

墓室壁画发端于人类对自身最后归宿场所的装饰。中国古代墓葬壁画的起源可以追溯到西周时期，战国时代墓葬壁画装饰有了一定发展，西汉晚期发达，东汉晚期墓葬壁画的内容、布局、技艺都已达到成熟阶段，魏晋十六国时期这一习俗在中原地区转向衰微，北魏以后墓葬壁画得到复兴。经过北朝至隋的准备、发展，迎来了盛唐墓葬壁画的繁荣时期。[①] 五代、辽宋夏金、元明清各个时期，均有壁画墓。在内蒙古地区曾发现有东汉、五代、辽、元等时期的壁画墓，其中壁画艺术影响较大的墓葬当属和林格尔东汉墓和大批辽墓。

1. 和林格尔东汉墓壁画艺术

和林格尔东汉壁画墓，1972 年发现于内蒙古和林格尔县新店子乡小板升村。墓分前、中、后三主室和三耳室，全长约 20 米。墓壁、墓顶及甬道两侧有壁画 50 多幅，榜题 250 多条。这是迄今国内壁画面积最大、

---

① 韩钊：《中国唐壁画墓和日本古代壁画墓的比较研究》，见陕西历史博物馆周天游主编的《唐墓壁画研究文集》，三秦出版社 2001 年版。

内容最丰富、榜题最多的东汉墓壁画。这些壁画形象地反映出东汉时期我国北方多民族居住地区的阶级关系、民族关系和社会生活面貌。从壁画内容及榜题得知，墓主为东汉王朝派到北方民族杂居地区的最高官员——使持节护乌桓校尉。壁画内容有反映死者的仕途经历，以及升迁各任时的车马出行图；有死者历任官职所在城市和府舍的官府图；有反映统治阶级生活的饮宴、舞乐、百戏等描绘；有反映东汉时社会生产活动的场面，如农耕、庄园、牧马、放牛等图；有当时社会生活的写照，如少数民族的装束、发式、相貌，以及祥瑞图和一些圣贤、忠臣、孝子、烈女的故事图等。

和林格尔汉墓壁画是用画笔直接在墓壁上挥洒，又有色彩烘托渲染，从表现力来说，较之石刻画像更加活泼、生动，富于真实感。壁画与同时期的作品相比较，以丰富、生动和洗练见长，其中马的描绘尤为出色。壁画上的马的造型一般都是身躯健硕，令人感到一种强劲的弹力。出行图中的几百匹马形态逼真，各具风姿；牧羊图和牧牛图中重在表现动物瞬间的生动姿态，有一种浓郁的乡土气息。壁画中的人物造型稍逊于马，以概括和洗练见长。在舞乐百戏图中，表演者的各种动作栩栩如生，显示了熟练的造型技巧。其他画幅中的骑者和从事各种劳动的徒附、奴婢，也有不少生动的形象。与此相对，统治阶级的人物造型就显得呆板而缺乏生气。从此可以看出，画工也是含蓄地体现了自己的感情色彩，带有一种朴素的现实主义积极因素。谈到壁画的艺术成就，值得一提的是庄园图，它用自由奔放的笔法，画出地主庄园的自然景物。那些看上去似乎是漫不经心的草率涂画的粗犷线条，表现力竟是那么丰富，使人有身临其境之感。

《舞乐百戏图》堪称汉代壁画的精品之一。图中描绘的是墓主及宾客边饮酒边观看乐舞杂耍的情形。表演场地的中央是一面建鼓，两侧各有一人执桴擂击，左边是乐队伴奏。弄丸表演者轻松地同时飞掷五个弹丸；飞剑者正跳跃着将剑抛向空中；舞轮者站在踏鼓上将车轮抛起在空中；倒提者在四重叠案上倒立。童技是最惊险的节目，一人仰卧地上，手擎樟木，樟头安横木，中间骑一人，横木两侧各一人，作反弓倒挂状。画面上部，一男子与一执飘带的女子正翩翩起舞。表演者都赤膊，束髻，肩臂绕红带，动作优美、矫健。《舞乐百戏图》构图处理为罗列式，反映出中国早期绘画的观念。以建鼓为中心安排人物的构图位置，将观者放置于上角，在余下大面积中尽情描绘场中乐舞杂耍之人，只描写其意而不事雕琢。画面设色鲜艳，以红为主，间以黑、棕色，透露出天真质朴的气质，表现出作者稚拙的艺术思维和熟练的绘画技巧。

和林格尔汉墓壁画，布局精致，技巧娴熟；画风古拙、简约而粗犷，既写实又写意。壁画以其规模之恢宏、形式之质朴，充分体现了汉代艺术"气魄深沉雄大"的时代风格。和林格尔汉墓这一文化遗存，以其丰富的艺术语言，生动地说明了古代优秀的文化艺术是由生活在长城内外我国各族人民共同创造的，它不仅在中原地区传播与发展，而且早已经深深地扎根生长在长城内外辽阔的领土上。

2. 辽墓壁画艺术

辽墓壁画是辽代考古的重要成果之一，也是世界艺术的珍品。新中国成立前，当以辽庆陵壁画为辽墓壁画的代表性作品。新中国成立后，考古工作者陆续发现了一大批辽代壁画墓，目前已发掘清理出多达 30 余座，其中北京、河北、山西、辽宁虽然也有发现，但是绝大多数则在塞北内蒙古地区。通过内蒙古地区众多的辽代壁画墓，包括辽代早、中、晚三个时期的壁画墓，可以完整地了解辽代墓葬中壁画的发展情况，从而也可以了解辽代绘画的发展情况，不少辽代壁画墓中的壁画具有极高的鉴赏和研究价值，是难得的契丹艺术瑰宝。

契丹贵族墓，尤其是大贵族墓，一般都有壁画，而且都是彩绘。建筑装饰也用彩绘，绘在墓道、墓门、尸床、供台及椁室沿边，以美化墓葬建筑为目的。壁画绘于墓内、天井、墓道，内容有人物、风光、花卉、禽兽以及建筑物等，反映出契丹人物、契丹游牧生活、草原四季风光、契丹奴仆侍役、车骑出行仪仗等带有浓郁民族特色的画面，均有别于其他时代和其他民族的壁画。

赤峰市克什克腾旗二八地一号、二号辽墓，属于辽代较早的墓葬。是在两座石棺外壁抹白灰作画，而不是将壁画画在墓壁和墓道上，这是辽墓壁画中仅见的特殊的一例。这两座石棺画墓中，以一号墓绘画较多而且保存完整，共有石棺画 5 幅，刻画 1 幅。绘于石棺右内壁的《契丹族草原放牧图》和绘于石棺左内壁的《契丹住地生活小景》以及绘于石棺前堵头内壁上半部的《备马图》，这 3 幅画以简朴、明朗的笔调，描绘了契丹族人游牧生活的情景，是契丹族的风俗画，是迄今为止发现的在辽墓壁画最能体现契丹族特点和时代风格的画卷。

1994 年在赤峰市阿鲁科尔沁旗西部东沙布日台乡发掘了宝山辽初壁

画墓，这两座砖石结构墓，由墓道、门庭、墓门、甬道、墓室以及石房组成，为一座墓葬形制独特，装饰华丽，壁画题记甚多，精彩纷呈的辽初壁画墓。以一号墓为例，墓内现存壁画、诗词、题记面积达 120 多平方米，描绘各式人物 46 人，其中许多人物的头饰、衣饰以及一些器具、花卉，均采用金箔精工装饰。从绘画技术来看，一号墓中采用两种不同风格的画法：大致是墓室周壁及石房正面内外壁画采用写实笔法，用笔流畅，薄施淡彩，墓顶绘有云纹、花卉，大笔挥洒，奔放自如；而石房内则以精美细腻的工笔重彩描绘，主要有墓主对冥世寄托的神话传说以及花鸟图、云鹤图等。画面构图讲究，用笔传神，着色艳丽，技艺超群，人物形象显著表现出唐代绘画的风格。宝山辽初壁画墓的壁画具有极高的鉴赏和艺术价值，反映出辽代契丹族早期绘画水平是很高的。宝山辽初壁画墓中的壁画是目前全国已发现的辽代契丹族早期绘画的杰作，是难得的艺术珍品。宝山辽初壁画墓的发现与发掘，是 1994 年全国十大考古新发现之一。

辽中、晚期壁画墓发现较多，这时的壁画不仅绘在墓内，而且已经扩展到墓道两壁、天井等处，内容也有所增加，但数量最多的是人物画。例如庆陵的东陵壁画（辽圣宗墓葬壁画），除建筑彩绘和一幅云龙图外，还绘有与真人等高的人物像 70 余个。墓道两壁绘有戴圆帽、穿圆领窄袖长衫、执骨朵的仪卫和备有鞍鞯的马 1 匹，前室南甬道与中室南甬道均绘有同样的仪卫，前室还绘有乐队，壁画中有不少男像为髡发和少数戴圆帽的，还有腰围革带的官员和身着左衽长袍、腰围革带、左侧梳髻的侍女像等。人物像的左上方都有墨书榜题。东陵壁画最有特色的是中室四壁所绘的春、夏、秋、冬四季山水风光画，这是描绘契丹皇帝四时捺钵之所的景色，壁画构图严谨，草原鸟兽形象生动，艺术水平很高。庆陵的壁画是辽代中期的代表作，代表了当时绘画的艺术水平。

辽代晚期壁画墓的壁画，题材更为广泛，人物数量更多，身份也更繁杂，各种景物的种类大大增多，此外还出现大量契丹人饮食起居的风俗画。各种身份不同的人物中，出现了辽代中期壁画墓中未曾见过的墓主和门神。壁画中还出现了四神（青龙、白虎、朱雀、玄武），明显地可以看出契丹社会封建化后，壁画也受到了中原封建文化的影响，但晚期辽墓壁画的民族特色仍然是鲜明的。例如内蒙古通辽市库伦旗一号辽墓壁画的出行图、归来图，库伦旗六号辽墓壁画的乐舞图，以及库伦旗奈林稿一号辽墓壁画的仆役侍卫图等，都是反映契丹民族特色的壁画，是辽代晚期壁画中的珍品。

但辽代晚期的壁画，规模最大而且绘画技艺卓越的代表作当推库伦旗前勿力布格八号墓中的壁画。墓道南、北两壁近30米长，壁画绘于墓道、天井、墓门等处，壁画总面积达300平方米，可惜很早就遭到破坏，已不能看到全貌。仅从南壁残存的出行图人物中，见到有执剑者4人、执骨朵者2人、捧帨巾者1人、执交椅者1人、执伞者2人，这10人均属仪仗人员。此外，在北壁以及墓门等处，还出现明显受到佛教壁画中"飞天"影响的人物画，这种人物画在辽墓壁画中是罕见的。库伦旗八号辽墓壁画气势宏大，运笔流畅奔放，着色协调明快，人物形象刻画细致入微，栩栩如生，准确生动地描绘了不同民族、不同阶层的人物。这些壁画是辽代晚期壁画中的杰作，也为研究契丹族的生活、服饰、仪仗、丧葬制度以及绘画艺术，提供了重要资料。①

在辽墓壁画中有许多宴饮场面的散乐图和具有仪仗性质的旗鼓图，这种散乐图多绘有宴饮、野餐的场面，构成一幅为墓主人宴饮助兴而演奏的"宴乐"。画幅所见有男女乐工和男女舞伎，或只有男乐工。所持乐器有觱篥、箫、笛、琵琶、钹、杖鼓、腰鼓、拍板等。旗鼓乐图都表现墓主人出行、归来的情景。乐舞内容的壁画主要是反映墓主人生前显贵生活的图像，从乐舞壁画所在墓葬看，多为帝王、节度使、皇亲国戚、大贵族墓。从壁画中我们不难发现，辽代艺术家在表现乐舞场面时，在构图、敷色和表现笔法几乎都有其民族特点。首先，在构图上分一字排列、双层排列、多层排列、散点式排列，这样形式多样的布局结构，可以充分展示每个演奏者的姿态、衣饰，而且视觉宽阔，体现了游牧民族粗犷、奔放的民族气质。人物绘画具有写实性，体态较胖，画风保留有明显的唐代风格。壁画均以白灰墙做底色，采用线描技巧法勾勒人物轮廓，再用粗细、顿挫富于变化的线条表现人物骨骼、肌肉。用各种颜料加水晕染，以色彩浓淡表现衣物的质感，达到单纯、淡雅、古朴的艺术风格。这些辽墓壁画艺术，是中华绘画艺术宝库中很重要的一部分。②

---

① 《辽墓的壁画艺术》，内蒙古教育出版网站，http://www.im-eph.com/gb/sbwh/2008-12/05/content_3854.htm。

② 赵爱军：《辽墓壁画中的乐舞图》，《内蒙古文物考古》2001年第2期。

三　喇嘛教召庙建筑艺术

中国是一个多民族的国家，由于各民族历史、文化的差异，每个民族都有不同风格的建筑艺术，蒙古族喇嘛教召庙建筑反映了本民族和本地区人民的审美要求，也反映出民族之间的文化艺术与交流的相互影响，具有鲜明的民族风格和地区特色。

喇嘛教自元朝传入蒙古地区，明清时期得到蓬勃发展，有着悠久的历史，曾经是蒙古族全民信仰的宗教，在蒙古族社会生活中占有重要的地位，对蒙古地区的政治、经济、文化、艺术等各方面，都产生过深远的影响。因此喇嘛教召庙建筑在蒙古地区极为发达，遍布各地。蒙古族建筑艺术的卓越成就和优秀传统，在喇嘛教召庙建筑上表现得特别突出，成就也最高，是蒙古族建筑文化中值得称道的一个重要组成部分。汉族、藏族的建筑和装饰艺术传入蒙古地区，为很多召庙建筑所融会、吸收，建筑艺术上采用汉、藏两种建筑形式，并且创造出一种新的独特的建筑风格，即蒙古族风格，装饰也力求精美，富有鲜明的民族特点。

内蒙古地区喇嘛教建筑本身以及召庙中的各种装饰艺术，是蒙古族人民智慧的结晶，具有很高的艺术价值，是祖国文化艺术遗产的重要组成部分。内蒙古地区喇嘛教召庙的建筑从布局、造型到色彩、装饰都在蒙古建筑风格的基础上吸纳了汉、藏的建筑技术和建筑特点，而又有了很大的发展，创造了蒙汉混合、蒙藏混合等多种美观实用的建筑形式。

内蒙古地区喇嘛教寺院的布局归纳为四种风格：一是自由灵活的藏式布局，基本上是以其主要殿堂为中心，其他建筑散布四周，包头的五当召是其代表；二是规整划一的"伽蓝七堂制"汉式布局，主要建筑建在南北中轴线上，四周采用围廊或在中轴线两旁建有配殿，例如大召；三是大多数的喇嘛教召庙的建筑布局是在汉式寺庙的布局上进行变通，并在轴线上加进富有蒙古特色的建筑等，席力图召等许多召庙都是此布局；四是美岱召独特的布局形式，其总体布局是一个"城"与"寺"相结合的建筑群，其四周筑有高而厚的堡寨式的城墙，有城门和城楼，是由城墙和蒙古地区典型的喇嘛教召庙建筑群组成的塞北蒙古高原堪称一绝的"城寺"。

内蒙古地区喇嘛教召庙大经堂的建筑装饰特色，其主要特点为汉藏结合，即在藏式经堂的基础上更多地应用和强调了汉式建筑形制中的歇山顶和廊柱环绕的形式，柱网结构是藏式传统建筑最主要和使用最普遍的结构形式，檐下则采用汉式传统的斗拱、彩绘等装修形式，是藏汉建筑文化结合的最巧妙和最完美的典范。大经堂是内蒙古地区喇嘛教召庙中最重要的建筑，所以它的装饰也最讲究，屋顶部分的特点也最明显。内蒙古地区喇嘛教召庙大经堂的屋顶装饰也具有蒙、汉、藏混合的特点。内蒙古地区喇嘛教建筑外墙的立面装饰简洁而粗犷，宗教色彩浓郁。

喇嘛教在蒙古族人民的心目中占有非常重要的地位，为表达对神的尊敬和崇拜，喇嘛教建筑大多在门窗上进行宗教装饰，其风格模仿了藏族喇嘛教建筑的装饰风格。席力图召大经堂是经堂建筑中的经典之作，对后来蒙古地区喇嘛教召庙建筑的影响非常深刻，在中国古建筑史上占有特殊的地位，具有很高的历史、艺术和科学价值。纵观整座建筑的装饰艺术，它不仅标志着蒙、藏、汉各族人民的文化艺术的交流和发展，而且为我们留下了极其珍贵而丰富的艺术资料。这种平顶和歇山顶的巧妙结合，形成了一种蒙、藏、汉合璧的特殊的建筑造型，是中国传统建筑中独具特色的建筑形式，从而被认为是内蒙古地区喇嘛教召庙建筑的典型范例。

喇嘛塔是一种非常有特色的宗教建筑，是蒙藏地区寺院中的一种特有的塔，喇嘛塔的样式分为覆钵式塔、金刚宝座塔和过街塔三种类型。其中覆钵式喇嘛塔以其挺拔秀丽、造型精巧、庄严优美、古朴典雅，成为蒙藏地区最为普及、数量最多的塔型。呼和浩特席力图召双耳白塔以挺拔高大、肃穆壮观称雄于诸塔之中，是内蒙古地区最大、最精美的一座覆钵式喇嘛塔，堪称内蒙古喇嘛塔之王。该塔造型优美，雕饰丰富，结构完整严谨，清秀中透着几分华丽，既有南方宝塔玲珑秀丽的感觉，又不失北方宝塔雄浑庄严的气魄，为内蒙古覆钵式喇嘛塔的代表作。喇嘛塔中的另一种类型——金刚宝座塔是一种特殊的塔型，其造型是塔下有一个巨大宝座，座上建有5座小塔。呼和浩特金刚座舍利宝塔是蒙藏地区唯一的一座金刚宝座式喇嘛塔，也是全国五座同类型的宝塔中造型最壮观、装饰最精美的一座，在建筑艺术上有其独特的造诣，堪称我国传统建筑之瑰宝。整个塔形是根据佛教经典《金刚经》规式设计的，它庄重典雅，继承了中国古建筑的传统特色，又具有印度佛塔的风格，是中外文化结合并具有民族、地区特色的一个最成功的范例。整座宝塔融汉、藏、蒙文化艺术于一体，充分体现了内蒙古地区喇嘛教召庙建筑的独特风格。奇特优美的造型结构、精美绝伦的装饰图案，对于研究古代建筑、宗教文化、雕刻艺术等，都是极为珍贵的实物资料，是我国古代建筑和雕刻艺术的一个典范。

在清政府的倡导下，整个蒙古地区大建寺院，铸造铜饰，绘制壁画，雕塑佛像，唐卡、毛毯等各种宗教艺术也随之发展起来。内蒙古地区喇嘛教的建筑在屋顶和外墙上有许多的鎏金铜饰，这些铜饰制作精细，造型美观，图案装饰玲珑剔透，充分显示出古代蒙古匠师们的精湛技艺。内蒙古地区喇嘛教召庙建筑的梁柱、斗拱部分都绘有色彩鲜明、丰富多彩的建筑彩画，内蒙古地区喇嘛教除了建筑形式上汉藏结合外，在彩画风格上也是汉藏式结合为其突出特点，具有浓厚的地区和民族特色。在经堂里都有绘制壁画的传统习惯，内蒙古地区喇嘛教的壁画艺术，经过画师千百年不断地发展，在蒙古民族绘画传统的基础上吸取了汉地及西藏的绘画技艺，形成了自己的风格和民族特色。美岱召壁画、乌素图召庆缘寺壁画不论内容形式和技法，都自成风格，这些辉煌的杰作，都具有较高的艺术水平。内蒙古地区喇嘛教召庙中的佛像大多数是彩绘泥塑，每一件彩塑，工艺精细，形象逼真，为那些香烟缭绕的喇嘛教殿堂增添了许多光彩。在蒙古地区，唐卡普遍的流行是从北元时期开始，自传入蒙古地区后，在各个召庙中就成为不可缺少的悬挂艺术品，它与召庙中的雕塑、壁画和建筑艺术相互衬托，形成严肃、庄重、神秘的气氛，起到了装饰美化召庙和生活环境的作用，是中华民族文化遗产的绚丽奇葩。内蒙古地区喇嘛教召庙建筑的装饰图案、建筑彩画、召庙壁画与彩塑等各方面，多喜欢用白色、蓝色、红色和金银色等本民族的传统色彩，每一种色彩和不同的使用方法都被赋予某种宗教和民俗的含义。内蒙古地区喇嘛教召庙建筑的色彩运用，手法大胆细腻，构图以大色块为主，表现效果简洁明快，从这些方面可以看出蒙古族在应用色彩方面的才华。

四　出土器物造型装饰艺术

内蒙古地区历史源远流长，多元的民族成分、特殊的地域风貌、特殊的生活方式、特殊的审美情趣，促成了这一地区在器物造型上"我型我塑"，富有独特的地域和民族特色，表现出了艺术上的别样风情。

1971 年发现于内蒙古赤峰市翁牛特旗三星他拉乡红山文化遗址的玉龙，被誉为"中华第一龙"。玉雕龙身体呈英文字母"C"的形状，通体为墨绿色，猪首蛇身，蜷曲若勾，长吻修目，颈附高扬飘举的须，仿佛要飘立升腾，造型之生动，世所罕见，反映出中华民族源远流长的龙崇拜的历史，也表明内蒙古地区是中国龙文化的源头之一。

陶器是记录远古文明的无声的文字，彩陶是先民智慧的凝聚。出土于赤峰市敖汉旗的彩陶瓮，是红山文化中难得的奇品。整件陶器涂橘红色陶衣，小口直沿，溜肩圆腹，尽底斜收，整个陶瓮曲线流畅，造型优美。虽然有些残损，但依然可以看出当时的美丽。现收藏于内蒙古博物院的属于新石器时代的鸟形双系彩绘陶壶，出土于赤峰市翁牛特旗大南沟墓葬，高36厘米、腹径32厘米、底径11厘米，为夹砂灰陶，鸟仰头张嘴，显示出嗷嗷待哺的形象，是小河沿文化的典型器物，这虽是一件实用器，但其生动超俗的造型手法，使其又成为一件难得的艺术杰作。

鄂尔多斯市杭锦旗阿鲁柴登出土的战国时期的匈奴王金冠（现收藏于内蒙古博物院，国宝级文物），冠顶上刻有四幅对称的半浮雕狼羊咬斗图案，其上傲立展翅雄鹰，整个冠顶构成一幅雄鹰俯视狼羊咬斗的生动画面。额圈由三条半圆形金条榫卯插合而成，金条两端分别浮雕着卧虎、卧式盘角羊和卧马的造型，中间部分为绳索纹。这件珍贵的文物，鹰高6.7厘米，冠带直径16.5—16.8厘米，重1211.7克，是目前国内发现的唯一一件匈奴贵族金冠饰。出土于鄂尔多斯市杭锦旗阿鲁柴登的战国时期的另一件卧虎形金饰件（现收藏于内蒙古博物院），为薄金片模压成型，边缘有缀孔，应为服饰上的缀饰。一套共计21片，虎的四肢前屈，夸大虎的头部，阔口利齿，尾下垂，是匈奴人对个体静态虎的表现手法。

呼和浩特市大学路北魏时期墓葬出土的彩绘舞乐陶俑和彩绘牵牛车陶俑（现收藏于内蒙古博物院），虽为明器，但生动真实地再现了北魏鲜卑人的生活和艺术审美情趣。彩绘舞乐陶俑，一套8件，8件舞乐俑头戴风帽，穿长袍，做出吹、拉、弹、舞的动作，虽然陶俑手中的乐器已看不到，但舞乐表演由这组舞乐俑保存下来，是反映鲜卑族音乐舞蹈艺术的珍贵文物。彩绘牵牛车陶俑，一套6件，牛车也是北方民族的一种交通工具，这件陶俑为北魏时期牛车的形象提供了实物资料。

契丹建立的辽统治内蒙古地区期间，大批的中原制瓷工匠来到草原，但制瓷技术在内蒙古草原落地后，不可避免地带有了草原的色彩。在辽瓷中除了农耕居民常用的器皿外，还出现了与契丹人游牧生活有关的器物，最有代表性的就是鸡冠壶和鸡腿瓶。契丹人早期游牧生活中盛装液体的容器，主要是皮革制品和木制品。鸡冠壶是仿皮囊陶瓷器。早期鸡冠壶多为陶质，以后发展为瓷质。鸡冠壶早期多体现契丹人游牧文化特征的穿孔式，仿皮囊的缝针线迹。圣宗朝后适宜定居生活使用的提梁式鸡冠壶增多。① 鸡冠壶是契丹人生活中重要的盛水酒器，在辽墓中多有出土。鸡腿瓶（也称为牛腿瓶、长壶）因形似鸡腿而名。瘦高，器高常在 50 厘米以上，腹径仅 20 厘米左右，口小，用来背水和装其他流质物品。

第五节　科学价值

文化遗产所具有的科学价值，主要包括知识、科学、技术等内涵。许多重要的文化遗产，或是前人运用其所掌握的科学技术知识创造的成果，或是科学认识和技术经验（包括手工技艺）的世代传承。内蒙古的物质文化遗产蕴含的科学知识和技术成就，从不同的角度和侧面反映了产生它所处的那个时代科学技术水平和生产力水平。内蒙古物质文化遗产的科学价值可以从其科学知识价值和技术价值两个方面来说明。

一　科学知识价值

科学指人类正确认识自然、社会及人类自身各方面的知识体系，是人类认识的理论形态。文化遗产的科学价值，体现为文化遗产所反映出前人在社会实践中形成的科学知识。

在内蒙古自治区呼和浩特市玉泉区五塔寺"金刚座舍利宝塔"的后照壁上，迄今仍保存有一幅目前所知唯一的蒙古文石刻天文图。这幅天文图也称盖天图，直径 1.445 米，刻恒星 270 座，星数 1550 余颗。天文图上清楚地标示了 28 宿星座、北极圈、南极圈、夏至圈、冬至圈、黄道圈等。天文图的"图例说明"部分，将 7 颗星竖排成一列，在每颗星的右侧注明了星的等级，由蒙古文分别标明。有关专家介绍说，从天文图的署名"钦天监绘制天文图"来看，可以判断这是中国清朝官方（钦天监是清朝廷主管天文地理的机构）绘制的星图。这幅天文图以中国传统画法为主，星座名称大多是中国常用的名称，同时也吸收了不少明末清初从外国传入的天文知识。例如绘有近南极诸星 15 座 68 星，这在中国明代之前的天文图上就没有见过。但是这些被吸收的外国天文知识，已根据中国的需要加以改进，使之融合在传统天文学体系之中，成了中国天文学的有机

---

① 杨晶：《略论鸡冠壶》，《考古》1995 年第 7 期。

部分。据图的内容与岁差推算，这幅天文图定稿于乾隆年间，以康熙年间底图为蓝本，与《仪象考成》相符。这个时期，蒙古族科学家明安图在钦天监任时宪科五官正，又担任《仪象考成》的编写和推算工作，因此，此图应是明安图所作。蒙古文石刻天文图是现存世界上唯一的用蒙古文标注的天文图，充分展示了蒙古族在天文学方面的智慧，是中国北方少数民族在天文学方面作出贡献的历史见证。

重要的建筑群类的物质文化遗产，大多有着一定的科学价值。联合国教科文组织通过的《保护世界文化和自然遗产公约》中对文化遗产的定义，也强调世界文化遗产或从"科学角度看具有突出的普通价值"。

作为内蒙古自治区唯一的世界文化遗产——元上都遗址，是蒙古游牧民族创建的世界性大帝国蒙元王朝的第一个都城，也是蒙元王朝政治、经济、文化、宗教及对外交往中心。通过考古发掘，呈现在人们面前的元上都遗址，不仅保存着宫城、皇城、外城、关厢、街道等元代城市遗址，而且保存着中轴线和棋盘街的城市布局；城墙、瓮城、城门及大型建筑基址基本保存完好，地表清晰，可见街道、房址及宫城遗迹。在其地下还埋藏着许多珍贵文物，周围还有元代祭祀区和墓群。世界遗产委员会认为，元上都遗址作为草原都城遗址，展示了文化融合的特点，见证了北亚地区游牧文明和农耕文明之间的碰撞及相互交融。"元上都遗址作为中国元代都城系列中创建最早、历史最久、格局独特、保存最完整的都城遗址，以其位处中原农区与亚洲北方牧区交接地带的地理特性，在 13 世纪到 14 世纪游牧民族从军事征战转向王朝治理的过程中，见证了游牧与农耕两种文明在冲突与融合过程中的独特产物——二元文化。作为农耕文明与游牧文化的精髓结合于一座城市的杰出范例，其游牧与农耕文化兼容并蓄的城市模式，在世界文明史和城市规划设计史上拥有独特的地位。"①

分布在今内蒙古自治区阿拉善盟额济纳旗和甘肃省金塔县境内的居延遗址群落，以城障、烽燧和塞墙为代表，建筑分布区域广泛，气势宏大雄伟。富有科学性规划原则的边塞防御工事利用了河流、地形等自然条件，体现了人与自然的和谐统一。建筑形制以城、障、关、亭、燧为单位，等距离分布于戈壁荒漠之中，形成完整的防御系统。居延遗址在建筑布局

---

① 廖翊：《元上都遗址成为中国第 30 项世界文化遗产》，新华网，http：//news. xinhua-net. com/tech/2012 - 06/30/c_ 123351541. htm。

上，借鉴了"因地形，用险制塞"的原则，就地取材，因材施用，发明创造了许多种建筑方法，结构以夯土、土坯为主，个别以块石、片石等材质混合建筑；在沙漠中还利用了红柳枝条、芦苇与砂粒层层铺筑的筑造方法，称得上是"巧夺天工"，为修筑边塞防御工程积累了丰富的经验。从建筑格局、建筑艺术、建筑方法和建筑技术方面代表了中国古代边塞建设的先进水平。居延遗址是中国长城体系中边塞军事防御工事的重要组成部分，是科学建筑的具体反映，是传承历史文化的载体。居延遗址体现出边塞庞大的建筑群落景观，城、障、关、亭、燧的布局风格突出表现了人类在建筑技术领域的聪慧与才能，是当时科学技术高度发达的具体表现与标志。

二 技术价值

技术一般是对科学知识的应用，具体指各种工艺操作方法和技能。技术与科学是密切相连的，凡是寓含有科学价值的创造性成果，一般也具有技术价值，而且其技术价值体现得更为明显、更为具体。文化遗产的技术价值，与其科学价值一样，或由物质形态的成果体现出来，或由非物质形态的操作体现出来。

1. 从制造技术看

在人类的制造史上，旧石器时代发明的弓箭和新石器时代发明的陶器，都具有划时代的意义。但遗憾的是，旧石器时代人类发明并使用的弓箭，只能零星地拾捡一些箭镞了，弓由于材质易腐已荡然无存。陶器却不然，它是人类第一次利用自己的聪明智慧，把自然界中随处可见的物质土、水有机结合，经火的焙烧，通过物理和化学变化后而产生的新型器物。由于陶器耐腐蚀、耐冷热急变，从而才使我们有机会一睹它的风采，领略先民们高超的制陶技艺。

中华文明的源头之一的红山文化，其陶器一出现就独具特色，以彩陶、之字纹陶器为主。陶器主要有泥质陶和夹砂陶两大类，泥质陶多于夹砂陶。泥质陶质细而坚硬，多为容器，常见的是小平底的钵、盆、瓮以及小口双耳、长颈深腹、敛口等各式罐类。夹砂陶质疏松，火候低，器形也较少，多用作炊具，主要器形有大口深腹罐以及折口深腹罐、斜口罐等，也都是小平底。夹砂陶器表多饰有横压的之字纹和直线划纹，口沿部饰以附加堆纹，这是塞北西辽河流域根生土长具有鲜明地方特点的陶器。泥质彩陶器主要花纹是黑色和紫色的彩纹，以平行线纹、三角形纹、鳞形纹富有特点，泥质彩陶器中也偶见有压印的之字纹。泥质彩陶器不论从制作工艺、陶器的造型还是从彩绘的风格来看，也都具有独特的地方色彩。红山彩陶与仰韶彩陶有着某些相似之处，这就是史前新石器时代中原的仰韶文化与塞北地区的红山文化相互交流、渗透、吸收的结果。

青铜器的发明是人类又一划时代的标志。青铜器的发现是人类已经掌握合金冶炼铸造技术的实证。青铜器的广泛运用，可制作武器提高战斗力，可制作生产生活用具提高生产力水平、提高生活质量。内蒙古地区发现的属于青铜时代的遗址分布广，但最有名的青铜文化代表性器物就是鄂尔多斯式青铜器。

在内蒙古西部地区，尤其是在鄂尔多斯地区出土的大量以动物纹为特征的青铜艺术品，通常称之为鄂尔多斯式青铜器。它是我国古代北方草原游牧文化的代表性器物之一，它的文化内涵很丰富，特征鲜明，延续时间较长，分布范围辽阔，富有浓郁的草原游牧气息。鄂尔多斯式青铜器大多数是实用器物，可分为兵器和工具、生活用具、车马器以及装饰品等类。青铜短剑和铜刀是鄂尔多斯式青铜器中最具有特点的器物。生活用具主要有铜镜、铜匙、铜鍑等，尤其是双耳铜鍑，是适应草原游牧民族生活需要的器皿。车马器以及装饰品在鄂尔多斯式青铜器中占有突出、重要的地位，浓郁的草原游牧气息，标志着骑马术的出现，标志着这是草原游牧青铜文化。马具有衔、镳、马面饰等，车具有轴头、辕饰、竿头饰以及车铃等，有的辕头饰和竿头饰为各种姿态的动物形饰件，尤其是竿头饰有鹤头、立鹿、立马、蹲踞马、立兽、狼头以及狻猊等动物饰件，饰件上的各种动物均造型逼真，制作很精细。鄂尔多斯式青铜器中的装饰品更是种类繁多，造型多样，归纳起来包括有头饰、项饰、腰带饰和佩饰等，特别是以各种动物纹为装饰的器物，有鸟类，有家畜，还有野生动物。各种动物不仅姿态各异，而且还有动物互相咬斗和人与动物结合组成反映社会生活场面的各种造型。制作手法也多种多样，有浮雕、圆雕、刻画等手法。不同的时代动物种类不同，不同的时代制作的手法也不相同。这些反映草原游牧人生活的以各种动物纹为装饰的器物，是鄂尔多斯式青铜器中典型的艺术品，是中国北方青铜器中的艺术品，是草原游牧文化的艺术品。

铁器的铸造与使用，更是人类发展史上具有划时代意义的创举。在战国、秦时期，随着中原与内蒙古地区的联系，冶铁技术传到草原。公元前

3世纪前后，匈奴人的铁器制作和使用广泛深入到生产、生活和军事等领域。考古工作者在内蒙古各地的匈奴墓中，先后发现了铁剑、铁锥、铁矛、铁马嚼、铁铺首、铁鼎等，证明匈奴人已掌握了用高温溶解铁矿的冶铁技术。以此推断，内蒙古地区的匈奴冶铁业已成为独立的手工业部门。[①] 两汉时期，随着移民屯垦，中原先进的农具和技术迅速推广到内蒙古，在杭锦旗霍洛柴登古城周围汉墓群及附近干河、草滩沙地上，发现铁犁、铁铧等农具，在额济纳旗达赉呼布镇东、赤峰南郊三眼井古城也有汉代铁农具出土。从居延屯戍区出土的铁锄、铁锸、铁镰看，其形制与中原地区出土的汉代遗物完全一样。考古发现，内蒙古杭锦旗阿鲁柴登古城有西汉晚期规模可观的炼铜遗址、铸铁遗址和冶铁工场。呼和浩特市美岱二十家子汉古城也发现冶铁遗址，出土许多铁农具、铁兵器。此外，和林格尔土城子汉古城也发现冶铁遗址。这些均表明两汉内蒙古地区冶铁业的发展和进步。

随着内蒙古地区的不断开发，各种手工业、副业技术水平有了很大发展和提高。在和林格尔东汉壁画墓"庄园图"的左上方，绘有环绕庐舍的大片桑林，与《汉书·食货志》记载"环庐种桑"相印证。画面上有四个女子手拿桑勾、桑网、绳索等工具，旁边放着蚕架、蚕簇之类的器具，在葱郁茂密的桑林中采桑的情景。壁画中桑林的下面，画有三个错列的方形大沤麻池，池边有刈割下的青麻两堆，池畔各立一人，手持苎麻刀似的用具，在池边作渍麻操作。[②] 生动形象地反映了内蒙古中南部地区蚕桑麻林养殖业的情况。和林格尔东汉壁画墓中室南侧西壁庖厨图中，绘有酿造场景。在一条长几后面，有两名仆役正忙着把四个缶安放在长几上，几下放着四个红盆，在缶器下方，正在酿酒或造醋。和林格尔东汉墓壁画中出现的采桑、沤麻、酿造等表明东汉时期呼和浩特地区的庄园内的各种手工业、副业一应俱全，技术发展水平并不低于中原。

2. 从建筑技术看

内蒙古地区是北方游牧民族的家园和活动的舞台，这些民族诸如匈奴、鲜卑、突厥、契丹、蒙古等，与源自内陆欧亚草原的若干支游牧族群一样，其来去是匆匆的，这就意味着带有鲜明民族文化标签的、作为人类

① 曹永年主编：《内蒙古通史》（第1卷），内蒙古大学出版社2007年版，第175页。
② 盖山林：《和林格尔汉壁画墓》，内蒙古人民出版社1978年版。

建筑技术水平凭证的物质文化遗产在内蒙古是相对匮乏的。能够反映内蒙古地区独特建筑技艺的、保存相对完整而富有民族特色的文化遗产，主要是辽塔和藏传佛教喇嘛教寺庙建筑。

万部华严经塔，因其白色，又俗称"白塔"，位于呼和浩特市赛罕区太平庄乡的白塔村西，它坐落于辽代丰州城遗址的西北隅，是呼和浩特现存年代最为悠久的古建筑，是辽代佛塔的代表作之一，也是中国古代建筑史上一处很具科研价值的实物。相传建于辽圣宗年间（983—1031 年）。辽代兴建了丰州城，在城内又建了大明寺，作为大明寺的一部分，为了存放众多"华严经卷"，修筑了这座"万部华严经塔"。塔高 55.5 米，基座周长 56 米，呈八角七级，砖木混合结构，楼阁式。塔的第一层南面有塔门，篆书石刻"万部华严经塔"方额，嵌于塔门的门楣上，塔内墙壁上写满了从金代起，来自祖国各地的各族人民用汉、藏、契丹、女真、蒙古、维吾尔等文字书写的题记。巨塔笔挺，虽经千年沧桑，辽代风格犹存，雄姿不减，敦实威武的形象和丰富的文化内涵，正是北方民族的写照。1982 年，白塔被国务院确定为全国重点文物保护单位。

整个塔体分为基座、塔身、塔刹三部分。塔体逐层微有回收，造型敦实、宏伟、稳健，融建筑艺术与雕塑艺术为一体。塔基座三层，为须弥座、莲花台，上为仰莲瓣，中为束带，下为俯莲瓣。莲瓣由下而上渐次伸出，逐层增大，由人工砍磨成型砌筑而成；花瓣曲线变化，自然流畅，手法细腻，优美逼真；辅以花托，莲蓬构成怒放盛开的出水莲瓣，颇为壮观。塔身七级，平面布局由外壁、内部塔心壁及两者之间的回廊组成，塔心设"壁内折上式"梯道、通行上下。一二级为单路梯道，二级以上均为双路通道。塔身门窗设置独具匠心，凡单数层正南北开券砖拱门，正东西砌出磨砖直棂假门；双数层则相反，上下错落，交替设置；其余方向内设磨砖直棂假窗，用以通风采光。回廊正面内侧塔心壁均设龛室，为供奉佛像存放经卷之地。塔的第七层无塔心壁，塔室中空如庭，与北方游牧民族帐式穹庐顶的造型相似。塔檐采取"叠涩出檐式"，层层回收；每层均在八面檐下嵌以铜镜，共计 224 面；每层转角和第七层椽下系风铃，风吹铃响，增加了古朴典雅的风韵。塔刹自上而下，用刹杆将覆钵、相轮、宝珠、宝盖和宝瓶串联而成，犹有一种灵光宝气，如登极乐境地之感。

白塔从建筑设计和技术来讲，除具有辽代同类型砖塔共有的时代特征外，更重要的是它所具有的自身独特风格和特征。这一特征既有继承传统的一面，更有其自身创新的一面，这些无不反映在其总体设计构思中。这一设计构思，独有见地把砖结构承载塔体荷重的垂直受力传递、木结构承担水平拉接、悬挑和周箍稳定之功能形成的砖木混合结构体系，成为总体设计的核心。在继承唐代建筑形制及艺术风格方面，反映了辽代建筑承上启下的历史轨迹，而在建筑造型、空间的变化处理、功能与形制、材料合理运用、标准化定型构件、模数度量尺寸等方面的创新，体现出辽代建筑科学技术发展的水平。这也就是白塔建筑构造与建筑结构具有一定科学价值的所在。[①]

　　内蒙古地区藏传佛教喇嘛教寺庙建筑，作为本地域重要的历史文化遗产，体现了世俗和宗教建筑的建筑学和艺术成就。

　　内蒙古地区藏传佛教寺庙建筑以藏式为主的藏汉混合式最多，也有一些少数汉式。元明时期藏传佛教传入蒙古族地区，寺庙多由汉族和蒙古族工匠建造，故汉式风格颇浓；清代以来，藏传佛教在蒙古族地区鼎盛，故藏式建筑风格占了主导地位。如呼和浩特席力图召正面两端墙壁采用青色琉璃砖，一般藏传佛教或汉传佛教寺庙所未见，这是蒙古族崇尚青色观念的体现。在流传过程中藏族寺庙与蒙古族地方建筑艺术相结合，其艺术风格有所变化，蒙古族地区藏传佛教寺庙成为蒙藏汉文化相互结合的产物。

　　汉藏混合式寺庙多建在内蒙古地形平坦之处，喜欢采用轴线布局，主要建筑大经堂往往用简化的藏式装饰，其他附属建筑及塔幢的形式选用藏式或汉式不一。席力图召是汉藏混合式寺庙的典型，其主要建筑按轴线排列，采用汉族传统寺庙的制度，但在中轴线的后面布置了藏族寺庙特有的大经堂。大经堂平面分为前廊、经堂、佛殿三部分，全部建在高台上，屋顶为汉族建筑的构架形式。但整体平面及空间处理仍是藏族寺庙经堂的特有规制，建筑外墙镶嵌蓝色琉璃砖，门廊上面满装红色格扇窗，墙上鎏金饰物很多。这些都使大经堂在外形上显得很华丽，而无藏族寺庙雄伟的气质。赤峰市宁城法轮寺规模宏大，气势雄伟，全部建筑呈现在由南至北、由低至高的一条轴线上。建筑材料主要是砖、瓦、石、木，青砖青瓦、画栋雕梁，是目前保存下来的古建筑物中最完美的一组建筑群。喀喇沁旗灵悦寺建筑布局的紧凑有序、幽深肃穆、建筑造型的等级之高，包括庑殿、

---

　　① 张汉君：《辽万部华严经塔建筑构造及结构规制初探》，《内蒙古文物考古》1994 年第 2 期。

歇山、硬山及广施不同的斗拱形式，尤其是梁架采用自然材质随意就势的工艺，代表了清代康乾年间喀喇沁地区较高的建筑技术水平，它在科学技术运用上，是继喀喇沁王府及其家庙之后，喀喇沁地区的又一建筑精品杰作，具有一定的科学价值。对研究喀喇沁地区建筑历史文化，提供了一处珍贵的实物例证。

第三章

内蒙古物质文化遗产的保护

文化遗产是一种特殊的珍贵资源，是承载历史信息的物质载体。它具有广泛性、历史性、不可再生性和不可替代性。每一时期的文化遗产无不打上了时代的烙印，且各有特点、各具特色。我国的文化遗产是我们的祖先智慧的结晶，蕴含着中华民族特有的精神价值、思维方式、想象力，体现中华民族的生命力和创造力，是各民族智慧的结晶，也是全人类文明的瑰宝。因此，保护文化遗产就是保护民族文化的传承，是连接民族情感纽带，增进民族团结和维护世界文化多样性和创造性，促进人类共同发展的前提；保护文化遗产就是保护了各族人民思想道德和科学文化素质的历史根基，能够帮助各族人民广泛汲取民族精神养分，是建设社会主义先进文化，贯彻落实科学发展观和构建社会主义和谐社会的必然要求；保护文化遗产还在扩大对外交流，促进旅游业发展中发挥着重要作用。

内蒙古自治区是我国的民族文化大区，其丰富多彩的文化遗产是中华民族宝贵的财富，是开展爱国主义和民族团结教育最为生动、形象的教材。保护和弘扬内蒙古的文化遗产，对于丰富中华文化内涵，维护祖国的统一，增进全国各族人民的大团结，促进内蒙古的文化大区建设事业，都具有十分重要的现实意义和深远的历史意义。

第一节　保护现状

内蒙古自治区是我国重要的文物大省区。内蒙古的文化遗产具有显著的民族和地区特色，并与中原文化保持着密切的联系，是中华文化宝库的重要组成部分。

内蒙古自治区第三次全国文物普查工作从 2007 年 4 月持续至 2011 年 12 月，为期 5 年，文物普查实地文物调查阶段的各项工作任务已完成。

经国家文物局普查办与自治区普查办共同核定，在第三次全国文物普查工作中，内蒙古共调查登记不可移动文物 21099 处，其中新发现不可移动文物 11482 处。在调查登记的 21099 处不可移动文物中，包括古遗址 15240 处、古墓葬 3160 处、古建筑 452 处、石窟寺及石刻 472 处、近现代重要史迹及代表性建筑 1759 处、其他 16 处。① 截至"十一五"末，全区已有国家级重点文物保护单位 79 处（见表 1），自治区级重点文物保护单位 315 处，馆藏文物 50 万件（套），有一级文物 1500 余件，国家级珍宝 13 件，二、三级文物 1.1 万多件。② 令人非常振奋的是 2012 年 6 月 29 日在俄罗斯圣彼得堡召开的第 36 届世界遗产委员会会议一致同意将中国申报的元上都遗址列入《世界遗产名录》，成为中国第 30 处世界文化遗产、也是中国第 42 处世界遗产。元上都遗址成功申报为世界文化遗产，实现了内蒙古自治区世界文化遗产零的突破，标志着自治区文化遗产事业迈入新的发展阶段，对推动自治区文化事业的大发展大繁荣，促进全区经济社会又好又快发展必将产生积极而深远的影响。③

表 1 　　　　　　　　内蒙古自治区国家级文物保护单位一览表

序号	名称	编号	分类	地点	时代
1	辽上京遗址	1—159	古遗址	巴林左旗	辽
2	辽中京遗址	1—160	古遗址	宁城县	辽
3	万部华严经塔	2—18	古建筑及历史纪念建筑物	呼和浩特市	辽
4	成吉思汗陵	2—62	古墓葬	伊金霍洛旗	1954 年迁建
5	金刚座舍利宝塔	3—158	古建筑及历史纪念建筑物	呼和浩特市	清
6	大窑遗址	3—187	古遗址	呼和浩特市	旧石器时代
7	居延遗址	3—209	古遗址	额济纳旗	汉

① 《我区发现不可移动文物 11428 处》，《内蒙古晨报》2011 年 11 月 10 日。

② 内蒙古自治区文化厅网站首页，文化厅概况，http: //www. nmgwh. gov. cn/whtgk/；《内蒙古提出要变文物大区为文物强区》，新华网内蒙古频道新闻中心，http: //www. nmg. xinhuanet. com/xwzx/2011 – 01/20/content_ 21918529. htm。

③ 《内蒙古自治区人民政府出席第 36 届世界遗产大会的内蒙古自治区代表团的贺电》，内蒙古新闻网，http: //www. nmgwh. gov. cn/ztzl/ysd/201207/t20120702_ 88941. html。

续表

序号	名称	编号	分类	地点	时代
8	嘎仙洞遗址	3—214	古遗址	鄂伦春旗	北魏
9	元上都遗址	3—220	古遗址	正蓝旗	元
10	辽陵及奉陵邑	3—247	古墓葬	巴林左旗	辽
11	兴隆洼遗址	4—6	古遗址	敖汉旗	新石器时代
12	大甸子遗址	4—22	古遗址	敖汉旗	青铜时代
13	固阳秦长城遗址	4—34	古遗址	固阳县	秦
14	缸瓦窑遗址	4—54	古遗址	赤峰市	辽
15	敖伦苏木城遗址	4—56	古遗址	达尔罕茂明安联合旗	元
16	美岱召	4—135	古建筑	土默特右旗	明
17	五当召	4—169	古建筑	包头市	清
18	萨拉乌苏遗址	5—13	古遗址	乌审旗	旧石器时代
19	岱海遗址群	5—14	古遗址	凉城县	新石器时代
20	庙子沟遗址	5—15	古遗址	察哈尔右翼前旗	新石器时代
21	架子山遗址群	5—16	古遗址	喀喇沁旗	青铜时代
22	大井古铜矿遗址	5—17	古遗址	林西县	青铜时代
23	城子山遗址	5—18	古遗址	敖汉旗	青铜时代
24	和林格尔土城子遗址	5—19	古遗址	和林格尔县	汉—唐
25	黑山头城址	5—20	古遗址	额尔古纳市	金、元
26	金界壕遗址	5—21	古遗址	呼伦贝尔市、兴安盟、通辽市、赤峰市、乌兰察布市、包头市、甘南县、龙江县、齐齐哈尔市	金
27	应昌路故城遗址	5—22	古遗址	克什克腾旗	元
28	宝山、罕苏木墓群	5—154	古墓葬	阿鲁科尔沁旗	辽
29	汇宗寺	5—277	古建筑	多伦县	清
30	福会寺	5—278	古建筑	喀喇沁旗	清
31	喀喇沁亲王府及家庙	5—279	古建筑	喀喇沁旗	清
32	和硕恪靖公主府	5—280	古建筑	呼和浩特市	清
33	开鲁县佛塔	5—281	古建筑	开鲁县	元
34	长城—纳林塔秦国长城遗址	5—442 (2)	古建筑	伊金霍洛旗	战国

序号	名称	编号	分类	地点	时代
35	长城—清水河段	5—442（8）	古建筑	清水河县	明
36	阿尔寨石窟	5—520	石窟寺及石刻	鄂托克旗	西夏至蒙元
37	阿善遗址	6—27	古遗址	包头市	新石器时代
38	赵宝沟遗址	6—28	古遗址	敖汉旗	新石器时代
39	红山遗址群	6—29	古遗址	赤峰市	新石器—青铜时代
40	夏家店遗址群	6—30	古遗址	赤峰市	新石器时代—战国
41	朱开沟遗址	6—31	古遗址	伊金霍洛旗	新石器时代至商
42	秦直道遗址	6—32	古遗址	鄂尔多斯市	秦
43	麻池城址和召湾墓群	6—33	古遗址	包头市	汉
44	黑城城址	6—34	古遗址	宁城县	汉
45	朔方郡故城	6—35	古遗址	磴口县、巴彦淖尔市	汉
46	霍洛柴登城址	6—36	古遗址	杭锦旗	汉
47	克里孟城址	6—37	古遗址	察哈尔右翼后旗	汉至南北朝
48	沃野镇故城	6—38	古遗址	乌拉特前旗	汉至南北朝
49	白灵淖尔城址	6—39	古遗址	固阳县	南北朝
50	十二连城城址	6—40	古遗址	准格尔旗	隋至唐
51	城川城址	6—41	古遗址	鄂托克前旗	唐
52	查干浩特城址	6—42	古遗址	阿鲁科尔沁旗	辽至明
53	安答堡子城址	6—43	古遗址	达尔罕茂明安联合旗	金至元
54	净州路故城	6—44	古遗址	四子王旗	金至元
55	砂井路总管府故城	6—45	古遗址	四子王旗	元
56	巴彦乌拉城址	6—46	古遗址	鄂温克族自治旗	元
57	扎赉诺尔墓群	6—236	古墓葬	满洲里市	汉
58	王昭君墓	6—237	古墓葬	呼和浩特市	汉
59	韩匡嗣家族墓	6—238	古墓葬	巴林左旗	辽
60	吐尔基山墓	6—239	古墓葬	科尔沁左翼后旗	辽
61	萧氏家族墓	6—240	古墓葬	奈曼旗	辽

续表

序号	名称	编号	分类	地点	时代
62	张应瑞家族墓地	6—241	古墓葬	翁牛特旗	元
63	锦山龙泉寺	6—487	古建筑	喀喇沁旗	明至民国
64	大召	6—488	古建筑	呼和浩特市	明至清
65	绥远城墙和将军衙署	6—489	古建筑	呼和浩特市	清
66	贝子庙	6—490	古建筑	锡林浩特市	清
67	定远营	6—491	古建筑	阿拉善左旗	清
68	灵悦寺	6—492	古建筑	喀喇沁旗	清
69	诺尔古建筑群	6—493	古建筑	多伦县	清
70	库伦三大寺	6—494	古建筑	库伦旗	清
71	僧格林沁王府	6—495	古建筑	科尔沁左翼后旗	清
72	宝善寺	6—496	古建筑	阿鲁科尔沁旗	清
73	阴山岩画	6—818	石窟寺及石刻	乌拉特前旗、乌拉特后旗、乌拉特中旗、磴口县	新石器—青铜时代
74	真寂之寺石窟	6—819	石窟寺及石刻	巴林左旗	辽
75	乌兰夫故居	6—909	近现代重要史迹及代表性建筑	土默特左旗	清至民国
76	成吉思汗庙	6—910	近现代重要史迹及代表性建筑	乌兰浩特市	民国
77	"独贵龙"运动旧址	6—911	近现代重要史迹及代表性建筑	乌审旗	1919—1921 年
78	百灵庙起义旧址	6—912	近现代重要史迹及代表性建筑	达尔罕茂明安联合旗	1936 年
79	内蒙古自治政府成立大会会址	6—913	近现代重要史迹及代表性建筑	乌兰浩特市	1947 年

　　内蒙古历史悠久，文化遗产内涵丰富，特色鲜明。距今 70 万至 1 万年前的旧石器时代大窑文化开启了内蒙古的历史。大窑文化遗址是迄今为止中国发现的年代最早、规模最大的古代石器制造场。它的发现，证明了与周口店"北京人"同时期的北方阴山之南也已有原始人活动，不仅为研究我国北方旧石器时代石器文化的分布和发展提供了极为重要的资料，

同时也为研究我国北疆古老经济、文化的发源以及研究民族起源都提供了新的史料和充分的证据。首次发现于赤峰红山后而得名的红山文化，是处于母系氏族社会全盛时期以独具特征的彩陶与"之"字形纹陶器共存，且兼有细石器的新石器时代文化。它是中原仰韶文化和北方草原文化在西辽河流域相碰撞而产生的富有生机和创造力的优秀文化，内涵十分丰富，形成了极具特色的陶器装饰艺术和高度发展的制玉工艺。红山文化出土了目前中国时代最早的龙形玉器，被誉为"天下第一龙"。赤峰被称为龙的故乡，红山文化的先民成为龙的传人。红山文化是中华文明的源头之一，从红山文化升起的中华文明曙光，为中华民族镌刻下了最初的文明记忆。作为古代北方先民的百科全书的阴山岩画，是珍贵的人类历史文化遗产，内涵丰富，博大精深，从自然环境、社会状况和人类心理活动三个方面为我们认识远古至中世纪以来北方古代民族提供了宝贵的第一手资料。阴山岩画像一条绚丽多彩的纽带联系着中国古代各个历史时期许多少数民族的生活，连接着不同历史时期的文化，代表了地域性和多民族性的共同语言，成为中国古代文化的重要部分，再现了中国古代的社会风貌，是留在岩石上的用符号表达出来的历史记录。内蒙古地区作为中国古代北方少数民族生息繁衍地，匈奴、鲜卑、突厥、契丹、女真、蒙古等北方少数民族都曾在这片广袤的土地上创造了自己的文明和辉煌，留下了他们的足迹，共同塑造了独具特色的草原文化，对中国乃至全世界历史，产生了重要的影响。从遍布全区的地上地下文化遗产中所反映的文化内涵看，这些文物对研究我国北方各民族关系，研究中华文明起源，研究中国古代北方游牧民族发展史等，都具有非常重要的价值和意义，是我们进行爱国主义教育，增强民族团结，普及科学文化知识，发展有特色的文物旅游事业的宝贵财富和资源。

新中国成立以来，尤其是近 10 年来，内蒙古的文化遗产保护在国家的政策、人力物力和科技力量的强力支持下，各级政府、文物部门和各族人民共同努力，建立了相对完善的多层次保护网络，克服重重困难，取得了可喜的成绩。但同时也应看到，由于内蒙古地域辽阔，东西跨度大，内蒙古高原为典型的大陆性气候区，冬季严寒、春季风大，加之人口稀少、交通和通信条件差，很多遗址又远离人们的生活区，因此，内蒙古的文化遗产保护工作难度很大。此外，随着自治区经济社会进入转型期，大规模的经济建设与文化遗产保护的矛盾也日益突出。加之近年来内蒙古自治区流动人口的增加，一批违法犯罪分子受利益驱动，在草原、山区以及人迹罕至的地区进行盗掘古墓和走私文物的犯罪活动还十分猖獗，对文化遗产造成了严重的破坏。以上情况对自治区开展文化遗产保护工作提出了严峻的挑战。

一　取得的成效

1. 成立了文物保护管理机构，建设文物保护行政执法队伍

19 世纪末以来，内蒙古地区的历史文物曾多次遭到外国人的疯狂盗掘和掠夺。中华人民共和国成立前，只有少数我国学者到这一地区进行过考古调查，未曾设立过文物管理或工作机构。1949 年后，内蒙古文物考古事业在中国共产党领导下，才逐步从无到有、从小到大发展起来。

中华人民共和国成立后，党和政府十分重视保护文物。内蒙古的文物考古事业从零开始，逐步开拓前进。1954 年前文化部门仅设置有专职文物干部，1954 年蒙绥合并后正式成立了内蒙古文物工作组，还是半行政半业务机构，但这是内蒙古史无前例设置的文物机构。1961 年，改建为内蒙古文物工作队，成为专业文物工作单位，1985 年改称内蒙古文物考古研究所。2004 年 3 月，经自治区人民政府批准，设在内蒙古自治区文化厅的内蒙古文物局正式成立。2005 年 12 月 1 日，修订后的《内蒙古自治区文物保护条例》在全区颁布实施。为加强基层文物保护管理工作，在该《条例》第 6 条规定："旗县以上人民政府应当成立文物保护委员会，负责协调解决本行政区域内文物保护工作的重大问题。"为加强自治区少数民族文化遗产保护管理工作，该《条例》增加了民族文物保护的具体条款，要求"对于历史悠久，具有建筑特点、民俗特点的典型民族村、浩特、苏木、乡镇，可根据其文物保护价值，由自治区文物行政部门会同同级城乡建设规划部门报自治区人民政府核定，公布为民族历史文化保护区"。该《条例》的颁布实施，使国家、自治区、盟市、旗县（区）四级文物保护体系得到逐步完善。各盟市自 1958 年起陆续建立文物工作站（管理站、管理处），现都有了专业管理和工作机构，并在部分文物较多的旗县建立了文物管理所。目前，全区 12 个盟市和 70 余个旗（县）均成立了文物保护管理机构，其中赤峰市、巴彦淖尔市、锡林郭勒盟等相继成立了盟市级文物局，正蓝旗、喀喇沁旗、多伦县、额济纳旗、扎赉诺尔矿区等成立了旗县（区）文物局。在文物特别丰富或者有重要文物遗

存的苏木、乡镇，还设置了基层文物保护组织或者专、兼职文物保护管理人员。托克托县、多伦县、喀喇沁旗、鄂托克旗、扎兰屯市分别获得全国文物保护先进旗县称号。

为了贯彻落实《中华人民共和国文物保护法》和《内蒙古自治区文物保护条例》以及相关的法规，加强对文物的保护，自治区组建了专门的文物保护行政执法队伍。为了增强文物行政执法人员的法制意识，根据国家文物局和内蒙古自治区人民政府法制办的要求，内蒙古自治区文物局相继从 2006 年 9 月至 2008 年 8 月用两年的时间，分别在呼和浩特市、赤峰市、通辽市举办了《文物行政执法资格人员培训班》和《文物行政执法人员证件培训班》，并对东、中、西部地区的文物行政执法人员，分别进行全面的集中辅导学习、培训、考核。通过培训，文物行政执法人员更加清楚地认识到文物保护工作是文物工作者光荣的使命，文物行政执法是他们的神圣职责，坚定了依法进行文物执法的信心和决心。2008 年 11 月，经自治区法制办和有关部门的严格把关和全面审核，全区共有 251 人通过考核，取得了由自治区人民政府颁发的文物行政执法"资格证"和"执法证"，成为自治区第一批有资格的行政执法人员。截至 2009 年底，全区已组建自治区文物行政执法大队 1 个，盟市级文物行政执法中队 12 个。

2. 文化遗产保护工作逐步走上了法制化轨道

1949 年乌兰夫同志就签发了《内蒙古自治区政府关于收集革命文物的命令》。1982 年第五届全国人大常委会第二十五次会议审议通过了《中华人民共和国文物保护法》，使文物保护有法可依，对文物的发掘、认定、所有权、保护办法、旅游开发的限定、法律责任等有了明确的规定。1982 年 12 月 13 日在内蒙古自治区五届人大常委会第十四次会议上自治区副主席郝秀山作了题为"关于认真贯彻执行《中华人民共和国文物保护法》，努力开创我区文物保护工作的新局面"的报告。通过贯彻实施文物保护法，将自治区的文物保护管理工作推向一个新的水平，开创了文物保护工作的新局面。1990 年 4 月 14 日内蒙古自治区第七届人民代表大会常务委员会第十三次会议通过了《内蒙古自治区文物保护条例》，这是自治区文物保护的重要法规，也是在全国较早出台的地方文化遗产保护法规。1993 年 3 月 4 日内蒙古自治区第七届人民代表大会常务委员会第三十一次会议通过了《关于修改〈内蒙古自治区文物保护条例〉的决定》，对《内蒙古自治区文物保护条例》作了适时的修改。2002 年，为了适应新时期文物保护工作的要求，《中华人民共和国文物保护法》修订版正式颁布。这些法令的颁布和实施使自治区的文物保护工作有了基本的法律保证，逐步走上了依法管理的轨道。

内蒙古自治区人民政府立足全国文物大省区，文物资源极其丰富的实际，针对全区文物事业起步晚、底子薄，盗掘古墓葬、古遗址之风十分猖獗，全区馆藏文物中有不少文物得不到科学有效的养护，许多不可移动的文物遗存在日晒雨淋下风化、变色、变形或遭到人为破坏，建设性破坏文物的事件正呈逐年上升趋势的严峻形势，十分重视文物的保护与利用，在2000 年下发了《内蒙古自治区人民政府关于进一步加强全区文物工作的通知》，要求有关部门认真贯彻执行《中华人民共和国文物保护法》和《内蒙古自治区文物保护条例》，保护并利用好本辖区内的各类文物；切实落实《国务院关于加强和改善文物工作的通知》精神，把文物保护工作纳入当地经济和社会发展规划、城乡建设规划和各级领导责任目标，凡是本级财政预算没有明确列出文物保护经费的地区，从 2000 年开始要专项列出，已经列出的，也要根据需要逐年有所增加；制定相应的政策，鼓励、引导、吸收有关部门、企事业单位和社会各界以各种形式参与文物保护事业。2003 年，自治区党委、政府召开了全区文化工作会议，提出了建设民族文化大区的目标，其中，文化遗产保护工作被列入民族文化大区建设的重要议事日程。2004 年，内蒙古自治区人民政府下发了《关于进一步加强文物保护与利用工作的意见》，就切实做好文物保护与利用工作提出了九条意见。2005 年，自治区人民政府决定每年的 9 月 6 日为"内蒙古草原文化遗产保护日"，这是在全国各省市区中设立的第一个文化遗产保护日。这一举措充分表明内蒙古自治区党委和政府对草原文化遗产保护工作的重视，同时，也反映了自治区党委和政府对建设民族文化大区的决心和坚持经济和社会协调发展的高度自觉。这一决策，对内蒙古的文化建设以至各方面的发展，都起到了积极推动作用。2005 年 12 月 1 日内蒙古自治区第十届人民代表大会常务委员会第十九次会议修订通过《内蒙古自治区文物保护条例》，动员全区各族人民在各级人民政府的领导下，开展文物保护工作。

地方政府也根据相关法律，制定地方法规，积极使文化遗产的保护与开发等纳入法制轨道。如呼和浩特市人民政府在 1993 年 7 月 13 日颁布了

《呼和浩特市文物古迹管理办法》，成为做好呼和浩特历史文化名城及地区文物遗迹、遗址的保护和管理工作的纲领性文件。针对长城是我国规模最大的全国重点文物保护单位，呼和浩特市土默特左旗、武川县、和林格尔县、清水河县、赛罕区、新城区和回民区有战国、秦、汉、北魏、北齐、隋、金、明历代长城达 613 公里的实际，为加强对呼和浩特市境内长城的保护和管理，根据《中华人民共和国文物保护法》、《长城保护条例》，2010 年 6 月 7 日下发了《内蒙古自治区呼和浩特市人民政府关于加强长城保护管理的通知》。作为世界文化遗产的元上都所在地锡林郭勒盟正蓝旗，不断完善地方性法规、政府规章及规范性文件。在 1991 年出台的《正蓝旗文物保护管理办法》的基础上，以元上都遗址申遗为契机，2010 年委托中国建筑设计研究院建筑历史研究所等国内权威机构编制完成了《元上都遗址保护总体规划》、《元上都遗址保护管理规划》、《元上都遗址生态环境与特色景观规划》以及《元上都遗址保护管理办法》，并经自治区人民政府公布实施。《元上都遗址旅游服务体系专项规划》已经专家评审通过，正在修订、完善当中。同时，旗政府制定印发了《正蓝旗不可移动文物保护管理实施方案》。在此基础上，根据上级文物主管部门要求，结合地区实际，相继制定了正蓝旗打击文物犯罪专项行动方案、元上都遗址考古勘探工作方案、文物征集工作方案、文物安全保卫制度、消防安全岗位制度、文物突发事件应急预案、元上都遗址博物馆安全保卫制度等一系列制度、规范，使全旗文物保护工作有法可依、有章可循。

　　3. 民众的文化遗产保护意识加强

　　保护草原文化遗产，首先是内蒙古自治区各级政府的责任。各级人民政府的重视，是保护好草原文化遗产的关键和保证。保护草原文化遗产同时也是一项综合性社会工程，需要全社会、各个阶层广泛参与和协作。草原文化遗产的力量源泉来自广大人民群众，人民群众是保护草原文化遗产的生力军。必须动员广大群众，依靠广大群众，进行草原文化遗产的保护。通过经常不断和坚持不懈地向群众进行各种形式的宣传教育，使广大群众了解草原文化遗产的无比珍贵性和重要意义，掌握了一定的草原文化遗产知识，保护意识不断增强，并自觉地参加到保护草原文化遗产的工作中，取得了非常好的效果。

　　锡林郭勒盟文物局在文物和古墓分布较密集的草原牧区，发动牧民组建马背文物保护队，专门开展牧区文物安全保护、巡查、看护等工作。保护队所用的马匹是牧民自己的，文物巡查所需设备由文化、文物部门提供，并给牧民发放一定的补助。在锡林郭勒盟文化部门的指导下，牧民们参与热情高涨，各旗县都组建了马背文物保护队，在文物保护区进行巡查看护，为保护文物起到了积极作用。特别在正蓝旗元上都遗址保护区，牧民们还搭建蒙古包，带着行李，巡查看护。在阿拉善盟额济纳旗，文物局聘用牧民做文物保护员，在荒漠戈壁搭起蒙古包，他们常年驻守在黑城、红城和大同城遗址，巡查看护这些珍贵的古城遗址。

4. 依法加强内蒙古文物行政执法，严厉打击文物违法犯罪行为

近十年来，内蒙古自治区文化厅、公安厅依据《中华人民共和国文物保护法》，通过开展专项斗争，有效地保护了内蒙古自治区的珍贵文物遗产，严厉地打击了文物犯罪分子的气焰，受到了公安部、国家文物局有关领导的好评。重点开展了以下文物行政执法工作：

（1）查处库伦旗政府未经批准在库伦三大寺新建仿古建筑、破坏文物保护单位环境案

2004 年，库伦旗政府未经批准在库伦三大寺内新建仿古建筑大雄宝殿、增建道路并在保护范围内添建机关办公用房。2005 年，自治区文物局在全区开展的文物执法工作中，发现此项违法行为，立即依法制止并向国家文物局汇报。此事引起国家文物局高度重视，将其列为全国重点督办要求整改的行政执法案件。

2007 年至 2008 年，根据国家文物局《关于对内蒙古自治区执法专项督察情况的通报》等要求，自治区文物局对库伦旗上述违法行为进行了严肃认真的查处。在自治区人民政府的大力支持下，自治区文物局会同通辽市、库伦旗两级文化行政部门，首先落实了当地文物部门保护三大寺的责任，并修改了《库伦旗城镇发展规划》；其次制定了《库伦三大寺新建仿古建筑拆除施工方案》，在自治区和通辽市文物行政执法部门的监督下，拆除了违法新建的大雄宝殿等一批仿古建筑，封闭了增建的道路并将其改道，拆除了在保护范围内添建的机关办公用房。

库伦旗政府主要领导在所作的深刻检查中表示，要认真贯彻国家文物局的整改通知，认真吸取教训，遵守国家文物保护政策法令，切实履行报批手续。库伦旗虽然是国家级贫困县，但旗委政府努力克服困难筹集经费，不但拆除了新建的大雄宝殿，封闭了兴源寺与象教寺之间新开通的道路，另外修建了道路，而且修改了《库伦旗城镇发展规划》，整治了库伦

三大寺的周边环境，逐步恢复了三大寺保护范围的历史风貌。

2009 年 7 月，经国家文物局执法督察组现场检查，认为库伦三大寺违法新建仿古建筑、破坏文物保护单位周边环境一案依法得到了严肃认真的处理，内蒙古各级文物行政执法部门和库伦旗人民政府，高度重视国家文物局的通报，行政执法和整改措施得力，效果比较显著。此项文物行政执法工作，维护了国家文物政策法令的尊严，教育了广大干部群众，恢复了库伦三大寺的历史原貌。

（2）认真贯彻执行《长城保护条例》，广泛开展长城保护工作，依法处理破坏长城案件

内蒙古境内有各时代长城墙体近 7400 公里，相关遗存 9600 余处，长城保护工作受到自治区党委、政府的高度重视。2005 年，自治区人大通过的《内蒙古自治区文物保护条例》，专门把长城列入依法保护的重点内容。2006 年，国务院颁布《长城保护条例》后，自治区人民政府积极投资维修了清水河县明长城、固阳县秦长城、乌拉特前旗秦汉长城等。

2007 年以来，在自治区人民政府领导下，自治区文物局进一步加强了协同公安打击文物犯罪的工作力度。自治区文物局与清水河县公检法部门共同配合，依法查处了故意毁坏国家级重点文物保护单位明长城芦梁山段的案件。清水河县人民法院在 2008 年以故意损毁文物罪，分别判处白小云等 5 名被告 1 年至 3 年有期徒刑。此案的判决在全国尚属首例，对依法保护我国万里长城产生了警示作用。

2008 年，自治区人民政府根据国务院部署，在全区开展第三次全国文物普查工作后，促使自治区长城保护工作更进一步的发展。2008 年至 2009 年，投资在东起呼伦贝尔，西至阿拉善盟 4000 余公里的长城沿线竖立了保护长城标志碑。在国家文物局资助下，组建长城调查队 10 余个，动员长城调查工作人员数百人，在全区开展长城调查和法制宣传。

2009 年 9 月，经自治区长城调查队员发现并及时报告，由自治区文物局会同公安部门依法查处了呼和浩特秦汉长城坡根底段遭破坏事件。同时，通过中央电视台、新华社以及网络媒体对查处此事的执法过程进行报道，引起中央领导和国家文物局领导同志的高度重视。被挖掘破坏的秦汉长城地点位于呼和浩特市新城区豪沁营镇坡根底村北海拔约 4000 米的大青山山顶。2009 年 9 月 15 日，自治区文物局接到自治区长城资源调查队反映大青山顶秦汉长城遭到采矿企业破坏的报告后，立即紧急通知呼和浩

特市文化局要求依法进行查处。9 月 17 日，呼和浩特市文物事业管理处赶赴破坏现场，向当事人下达了《停止侵害通知书》和《责令改正通知书》。10 月 9 日至 12 日，自治区文物局和呼和浩特市文物事业管理处的执法人员先后 5 次上山，对被破坏的场地进行核查，发现违法当事人仍在长城上搭架钻井继续钻探后，要求施工方立即停工，并对该公司在长城墙体下采得的 24 盒岩芯标本进行登记查存。10 月 19 日，为及时将违法犯罪分子绳之以法，根据呼和浩特市文化局的请示，自治区文物鉴定委员会专家赶赴遭破坏的长城地段，对当事人挖掘行为造成长城损毁程度进行鉴定，并出具了鉴定书。当日，自治区文物局正式向自治区公安厅发出《内蒙古自治区文物局关于呼和浩特市境内发生破坏秦汉长城事件的报案函》。10 月 20 日，自治区公安厅接受了自治区文物局的报案材料，根据属地管理的有关规定，责成呼和浩特市公安局立案侦察。11 月 6 日，国家文物局执法督察司派工作组赴长城破坏现场督察，在听取了自治区文化厅、文物局关于严肃查处长城被破坏的情况汇报后指出：破坏秦汉长城的行为是一起严重的违法犯罪事件，其事实清楚、性质恶劣、法律依据充分，受到了党和国家领导人的高度重视，自治区文物、公安部门要全力以赴，通力合作，认真落实领导指示，依法查处违法犯罪事件，将犯罪分子绳之以法。①

5. 启动"草原神灯"计划，用高科技设备保护文物

"草原神灯"的全称为"QDYJ‐1 型三维声敏预警、报警系统"，它由北京世纪之星应用技术研究中心研制成功并获国家发明专利，通过了公安部检测及国家文物局的验收。"草原神灯"的使用和推广，标志着我国在田野文物安全防卫方面，已经在高科技防范领域迈上了新台阶。

根据草原地区文物保护的实际，从 2006 年开始，自治区文物局在国家文物局支持下，引进了高科技监控报警设备，并由地方出资在文物遗址上建立了小型文物监测站，由监测员全天候运用电子设备监控文物遗址，发现盗墓和破坏情况立即向草原刑警 110 报告，此举迅速扭转了内蒙古野外文物保护不力的局面。

此项高科技的文物保护项目，先在奈曼旗辽代"陈国公主墓及萧氏

---

① 《依法保护草原文化遗产，努力建设民族文化大区》，在 2009 年 12 月全国文物安全与执法督察工作会议上的讲话，http：//www.sach.gov.cn/tabid/1117/InfoID/22454/Default.aspx。

家族墓群"进行试点,又在四子王旗元代"净州路故城遗址"进行推广。高科技设备使用以来,原来经常在辽代公主墓和元代净州路遗址流窜、窥探的不法分子,不但销声匿迹,而且也使当地的社会治安大为好转。因此,当地牧民群众亲切地称现代化的文物保护监控设备为"草原神灯"。内蒙古四子王旗"净州路故城遗址"属元代为数不多的故城遗址,前几年屡遭盗墓分子破坏,2008年在"草原神灯"的照耀下,整个遗址包括周围的村庄均安然无恙。自治区文物局及时抓住这个宝贵契机,并积极在全区9个国家级重点文物保护单位加以推广,是为"草原神灯推广计划"。

严看死守充分调动人的积极性,是开展"草原神灯推广计划"的前提。自治区文物局在设置报警监控系统的同时,狠抓运行管理,严格做好防范系统的运转工作。首先,精心挑选有责任心、肯吃苦、耐寂寞的值班员,实行24小时值班,做到有值班记录,能够及时向上级汇报沟通。其次就是要求他们通晓关键技术,能够准确判断、处理控区报警信息。为此,与值班员签订了责任书,明确责任义务和奖惩。同时,制定了严格的规章制度,实行不定期抽检,用制度指导、规范安防试验工程的正常有效运行。几年来的实践证明,"草原神灯"不但对内蒙古草原文物的保护成效很大,而且被老百姓广泛传扬,在全社会极大地宣传了文物保护法,震慑了那些图谋不轨的人。"草原神灯"这种高科技的文物保护报警装置,如同潜伏在草原深处的智能神探,令受控者根本无法防范。它更像一柄迅捷的利剑,放射着神奇耀眼的寒光,让人不寒而栗。它在时刻告诫那些不法之徒:莫伸手,伸手定被捉!

如今,在陈国公主与驸马合葬墓周边的各族群众都在纷纷传颂说:国家在王坟(当地群众对萧氏家族墓的习惯叫法)上安上了"神灯",谁要是进去盗墓,就会被照得原形毕露,等于自投罗网。

6. 加大了文化遗产保护方面的投入

内蒙古自治区各级政府对文化遗产价值的认识有一个渐进的过程,直接导致一段时间以来,各级财政对文物事业和民族民间文化遗产保护的投入总量偏少,比例偏低。据不完全统计,1998年和2000年自治区财政对文化事业的拨款分别占全区财政支出的0.7%和0.64%,自治区财政用于文物保护的预算支出,每年80万至100万元。而2002年,用于教育的支出为8700万元,用于卫生的支出为4700万元,用于体育的支出为700万元,用于广播电视的支出为970万元,而用于文化的投入总计才300万元。这其中，既包括文物保护也包括民族民间文化遗产保护，其总体支出在教科文卫系统中是最少的。这样的投入状况与建设民族文化大区的要求很不适应。由于投入严重不足，文物与民族民间文化遗产保护的现状令人担忧。例如原内蒙古博物馆馆藏珍贵文物近 10 万件，由于缺少标准的文物库房，许多重要文物只得堆放在墙角；自治区重点文物保护单位阿拉善盟阿右旗曼德拉山岩画，由于缺少保护用房和通信交通工具，造成上百块岩画被人砸碎并偷运出去；呼伦贝尔市根河敖鲁古雅鄂温克猎民乡在搬迁时，由于缺少经费，只把猎民们搬走，而把猎民们自己筹办的民间狩猎文化博物馆留在原地。①

2003 年，自治区党委、政府召开了全区文化工作会议，提出了建设民族文化大区的目标，其中，文化遗产保护工作被列入民族文化大区建设的重要议事日程，自治区加大了文物保护经费的投入。为进一步加强文物保护专项补助经费的规范化管理，提高资金使用效益，根据《中华人民共和国文物保护法》、《文物事业单位财务制度》和《国家重点文物保护专项补助经费使用管理办法》，2003 年由自治区财政厅、文化厅联合制定了《内蒙古自治区文物保护专项补助经费使用管理办法》。2005 年 12 月 1 日内蒙古自治区第十届人民代表大会常务委员会第十九次会议修订通过《内蒙古自治区文物保护条例》，重点加强民族文化遗产保护，增加了民族文物保护、文物保护经费、文物保护管理机构建设方面的条款。为加强文物保护经费特别是增加民族文物保护经费，该《条例》第 8 条规定："旗县级以上人民政府应当将文物保护事业纳入国民经济和社会发展规划，所需经费列入财政预算，并随着财政收入的增长而逐年增加，特别是要增加民族文物征集和保护经费。文物保护事业经费应当专款专用，专户管理。"

"十一五"以来，国家和自治区共计拨款近 3 亿元，先后对元上都遗址、大窑文化遗址、秦代长城遗址、辽上京遗址、缸瓦窑遗址、辽代耶律羽之墓、嘎仙洞遗址、萨拉乌苏遗址、红山文化遗址、秦直道遗址、居延遗址、盛乐古城遗址、乌兰夫故居、五一大会会址等进行了维修保护。

从 2007 年以来，内蒙古先后投入 1200 多万元，启动了阴山岩画大型

---

① 《关于抢救内蒙古珍贵文物和民族文化遗产的思考》，内蒙古广播网，http：//www.nmrb.cn/Article/200807/20080724111544.html。

抢救性普查与保护工程，组织文物考古、自然生态、环境监测等多方面专家，采用摄影、摄像、卫星定位等高科技手段，对阴山岩画的数量、分布、题材、范围等进行全方位科考普查。

近几年，内蒙古文物保护资金不断加大，从 1978 年的 50 万元增加到 2008 年的 1000 万元。内蒙古自治区文化厅文物处王大方说，内蒙古在"保护为主、抢救第一"的文物保护方针指导下，维修保护了呼和浩特固伦恪靖公主府、清将军衙署、阿尔寨石窟、锡盟汇宗寺、成吉思汗陵、固阳秦长城和喀喇沁亲王府等各类重点文物。内蒙古文物保护领域得到了有效拓展，"长城保护工程"、"岩画保护工程"、"草原神灯安防工程"等从局部向各地推进，取得了吓阻文物犯罪的效果。①

近年来，自治区文物局组织了 20 支长城调查队，全面完成了长城资源的野外调查、数据整理等项工作。调查确认，内蒙古明长城总长度为 712.6 公里，内蒙古燕、赵、秦、汉、魏晋南北朝、辽、金等早期长城墙体长约 6600 公里，标志着内蒙古进入了全国长城资源第一大省区的行列。据全国长城资源调查数据显示，全国长城总里程为 21000 公里，内蒙古长城总里程为 7312.6 公里，位居全国第一。分布在内蒙古的历代长城大体可分为六个部分，即战国长城、秦代长城、汉代长城、金界壕、明长城和北魏长城。但这些长城遗迹由于年代久远，加上风沙、雨雪的侵蚀，受到不同程度的破坏，许多地段的长城塌毁或成为危墙。为此，自治区实施了秦汉金明时期长城的保护工程，对呼和浩特秦代长城遗址，包头市、巴彦淖尔市秦汉长城遗址，兴安盟金代长城遗址，进行了重点维修保护。在重点地区组建了长城保护队，并聘请了长城保护员。②

在全国第三次文物普查中，自治区落实文物普查经费 2000 余万元。在这次文物普查近 5 年的时间里，自治区 99 支文物普查队 1000 多名文物工作者奋战在第一线，得到了宝贵的文物资源数字：全区现有不可移动文物古迹 21000 余处，其中 4 处重要文物古迹，被列入全国第三次文物普查重大新发现。这是自治区规模最大的一次不可移动文物资源的调查。

2011 年，投资 5.24 亿元，启动了清代西北要塞重镇——定远营古城

---

①　张昊文：《内蒙古文物墓葬遗址可安好？》，《内蒙古晨报》2009 年 12 月 8 日。

②　《让草原文化从远古走向未来》，内蒙古新闻网新闻中心，http：//inews. nmgnews. com. cn/system/2012/06/11/010783493_ 01. shtml。

修缮工程，包括阿拉善王府修复修缮、王府东花园恢复、定远营古城墙和城门恢复等，按照"修缮、复古、创古"的原则，重现定远营古城昔日风貌。

二　面临的挑战

1. 法制还不够健全，文物行政执法工作还有待进一步加强

内蒙古自治区成立以来，自治区党委、政府历来十分重视保护文物和民族民间文化遗产。改革开放以来，在文物保护的法制建设、博物馆建设、考古发掘和收集、研究、展览、宣传民族民间文化遗产方面也取得了突出的成绩。但各盟市在物质文化遗产保护方面制定管理细则并实施的情况，存在着不平衡；针对境内某一具体的文化遗产，制定切实可行的保护方案还较欠缺，存在界限不清、职责不明、惩罚不力的问题；文化遗产保护执法与监督没有有效结合起来，在真正做到有法可依、执法必严、违法必究方面，还有差距。特别是对地方政府相关领导贯彻落实《中华人民共和国文物保护法》和《内蒙古自治区文物保护条例》，履行文物保护职责方面存在的问题缺乏问责，对于严重的"建设性破坏"造成的无法挽回损失的后果的责任领导难以追究。这些，对于今后依法加强文化遗产保护，都是严峻的挑战。

2. 意识上的偏差

近些年，内蒙古自治区的干部和群众的物质文化遗产保护意识有了明显的提高，但是整体上还远远不够，而且程度参差不齐。意识上的偏差，往往导致工作偏离正常轨道。

（1）干部意识上的偏差，导致不能正确处理保护与利用的关系

对文物资源要珍惜，并不是说只讲保护、不讲利用。《文物保护法》中明确规定了"保护为主、抢救第一、合理利用、加强管理"的文物工作方针。也就是说利用的前提是保护。关键是如何利用，道理很简单：只有物存其中，才能物尽其用。否则的话，利用之说只是纸上谈兵。

但是，大规模的现代化建设与物质文化遗产保护的矛盾日益突出。由于在经济开发、城市改造和村镇建设中，一些地方的行政领导和建设部门文物保护的法律意识不强，同时一些群众对保护民族民间文化遗产的意义认识不清，认为现代化就是大拆大建和弃旧图新。因此，造成文物古迹、近现代建筑、历史街区、文化名城遭到前所未有的"建设性破坏"。例如

呼和浩特市是国务院公布的历史文化名城，但其古街道和古建筑却在旧城改造中大部被拆，使古城风貌受到很大影响。阿拉善盟巴彦浩特镇古称"定远营"，在国内特别是西北地区影响较大。但是，旧城改造已使定远营面目变得非昔日风貌。包头市旧城改造，使很多富有老包头特色的街巷和建筑无存。

近年来，很多地方政府为了发展本地经济，都将旅游作为发展经济的支柱产业，纷纷挖掘本地的文化旅游潜力，将古文化遗址、古墓葬、名人故里等开发成旅游景点，招揽游客。这种开发一方面促进了文物古迹保护工作的开展，提高了大家的文物保护意识，提高了当地的知名度，增加了收入，但是不可忽视的是，很多地方在开发过程中过分追求所谓的经济效益，忽视文物古迹保护的重要性，急功近利，导致很多文物古迹在开发过程中受到了破坏，造成了令人心痛的损失，这无疑是不可取的。

此外，追求形象工程，追求速效政绩以及病态化的城市化妆心理，造成假古董泛滥成灾、欧陆之风盛行不衰、人造景观遍布各地，而真正的物质文化遗产却得不到有效、合理的保护。为此，各级领导干部要用联合国教科文组织关于文化遗产的最新理念武装头脑，结合自治区各地的实际情况，树立科学观念，提高思想认识，改变消极静态、单一的保护方式，把文化遗产和历史环境、生态环境统一、协调地加以保护，走可持续发展之路，避免造成无法挽回的损失。

（2）公众参与保护的程度不高

物质文化遗产保护是一项专业性很强的事业，同时又是一项群众性的工作，公众参与物质文化遗产的保护是国际社会公认的一条基本准则。目前，内蒙古自治区由于宣传、教育等种种原因，在物质文化遗产保护过程中，还基本是由政府唱独角戏，广大民众对物质文化遗产保护的法规、知识、重要性了解甚少，人们所知道的是具体文物景点的保护，而对于历史街区的保护漠然处之，居民认为文物保护与自己无关，亦无能为力，对参与保护工作热情不高。尤其是不具备公众参与的机制，在物质文化遗产保护的决策方面公众参与率几乎为零。此外，物质文化遗产保护成果并没有真正惠及遗产保护地人民群众，他们除了对保护物质文化遗产漠然外，有时候甚至还会对政府的一些保护行为表示逆反。要教育公众树立物质文化遗产的保护意识，积极参与保护工作，首先让公众都了解内蒙古自治区物质文化遗产的价值。对广大公众尤其是青少年进行以本区域物质文化遗产保护意识为主的爱家乡教育非常必要而且紧迫，只有让他们了解，才能激发他们对物质文化遗产和家乡的热爱。同时，要把物质文化遗产的保护、利用与遗产保护地人民群众的利益结合起来，使物质文化遗产保护、利用的成果真正惠及遗产保护地的人民群众。

（3）房地产开发和旅游企业意识的偏差，威胁着物质文化遗产的保护

企业以赢利为目的，无可厚非。房地产开发企业作为城镇建设的直接参与者，应该对历史、现在、未来负责，力求做到社会效益、环境（自然、人文）效益、经济效益的统一，保持人类生活居住空间一定程度的连续性。而实际情况是，房地产企业短视无远见，在暂时的纯经济利益的驱动下，通过公关，圈地，大拆大建，追求高拆建比、高容积率、高出房率，然后以高出造价几倍的价格出售，取得利益的最大化。而名胜古迹、历史街区是城镇里首当其冲的受害者，那些不准拆毁的古迹、古城遗址则被挤到僵化的现代高楼大厦的夹缝中等待着命运的裁决。建筑不是钢筋水泥的简单堆积，它是在建设一个城市的文化，而文化又是来源于历史的。城市的居民希望改善居住条件，但并不愿失去具有文化认同感、归属感的古民居及其环境。这一点，是城市规划设计、建设部门和房地产开发企业必须关注的。平遥古城、丽江古城的建设和保护经验值得借鉴。

旅游企业的意识偏差同样是急功近利，只管尽快把钱赚到手，忽视企业赖以生存之一的物质文化遗产的保护和可持续利用。保护好物质文化遗产，最直接的受益者就是旅游行业，旅游业的产品无非就是自然资源和人文资源，而二者往往又是生态统一的，物质文化遗产是旅游行业的经济命脉之一，也是旅游从业者的生存之本，没有了物质文化遗产，就没有了吸引人的特色。一个地区异质于其他地方，除了自然地理方面的不同外，更大程度上是文化的差异。所以，旅游企业应该成为物质文化遗产保护的最有力的支持者和参与者，旅游从业者应成为物质文化遗产丰富价值内涵的传播者和物质文化遗产保护教育的宣传者、践行者。

3. 自然损坏

自然损毁和人为破坏是物质文化遗产保护的两大威胁。任何物质文化遗产在传世的过程中都不可避免地遭受自然的损坏。由于自然条件比较恶劣，内蒙古自治区的物质文化遗产所受到的自然损坏，就不可移动文物来看，主要有风蚀、雨蚀、墙体开裂及坍塌、夯土墙（台）面片状剥离、

虫蚀、风化、沙化等，还有自然灾害如山体滑坡、地震、洪水等。如内蒙古地区夯土建筑的长城，昼夜温差大，风沙、暴雨、大雪、山体滑坡和地震等自然因素对于其具有严重的破坏性。包头市固阳秦长城破损的主因就是 1996 年的包头地震。

内蒙古自治区的露天遗址较多，而对于野外土质文物的保护，目前尚无有效方法，只能对严重破坏的段落进行抢救性加固维修。出土文物、传世文物在赋存环境变化后，由于没有有效的科学技术手段，使之得不到及时、有效的保护，导致相当数量的文物遭受了不同程度的损毁，而且至今还束手无策。保护科学和技术的显著贫弱远远不能应付巨大数量和众多门类的文物保护的需求，成为制约自治区文物保护事业的一个瓶颈。

4. 人为损坏

人为因素包括法制观念、保护意识淡漠和管理不善。文物保护与管理体制的落后，是文物遭到人为破坏的主要原因。

以内蒙古境内的历代长城为例，目前面临的破坏有自然破坏和人为破坏两种。人为破坏方面主要有取材性破坏、建设性破坏、旅游性破坏和修复性破坏四个方面，其中以法人建设性破坏最为突出，即在城市建设或其他工业、农业、交通等建设项目施工过程中对长城造成的破坏，这在长城沿线各地都很普遍。十几年来，肆意破坏长城的事件在内蒙古自治区频频发生：

（1）1999 年，包头市交通部门建造绕城公路，造成距今已有 2300 年的赵长城部分遗址被夷为平地。

（2）2001 年，分布在赤峰市克什克腾旗阿其乌拉松木地段的金长城惨遭破坏，在长达 1 公里的金长城上，插满了围栏、界桩，使刚刚获"国家级重点文物保护单位"称号的金长城蒙上了一层阴影。

（3）2006 年，一条新修的公路途经丰镇市隆盛庄东约 1 公里的一段明长城遗址，开发商无视文物局不许破坏长城的要求，将长城"推倒" 20 多米，深深地压在路基下面。

（4）2006 年，位于包头市九原区兴胜镇二海壕村的一段赵长城遗址，被推平准备盖厂房，破坏长度达 98 米。

（5）2007 年 11 月，位于呼和浩特市清水河县北堡乡境内的明代长城芦梁山段，遭到非法采矿者的挖掘。被开挖的长城主体高度 10 米左右，造成塌方 23 米，周边划定的保护区已经被挖掘得破烂不堪，破坏面积共计1000多平方米。

（6）2009年9月15日，位于呼和浩特市新城区豪沁营镇坡根底村北约4000米的大青山顶秦汉长城遭到矿业公司破坏。该公司派出探矿工程队在这段长城上及其附近钻探金矿，几个10米深的矿坑把沿山而上的秦汉长城拦腰截成两段，南北大约被挖断100米。

犯罪性破坏更是让人触目惊心。国家《文物保护法》第六十四条列举的八种构成犯罪的行为，在内蒙古自治区都时有发生，其中最主要的就是盗墓活动。近十年来见诸报道的就很多，列举如下：

（1）据人民网2003年1月8日报道，全国重点文物保护遗迹——内蒙古自治区阿拉善盟额济纳旗绿城及西夏古塔群遭到了盗墓贼的严重破坏。额济纳旗公安局接到当地文化旅游局报警后迅速出动警力，在当地各路口布控堵截，并抓获了3名犯罪嫌疑人。此次盗墓贼所盗挖的都是国家一级保护文物，被盗挖的5座古墓分别是汉代和西晋年代古墓，墓室破坏较为严重。最为严重的是2座被挖空的西夏古塔。其中有一座古塔塔座被挖了高1.3米、宽1米、深2米的深洞，使古塔面临倾倒的危险。

（2）据新华网呼和浩特2003年11月21日电，内蒙古自治区文物部门反映，一座距今700多年的西夏时期的遗址，被3个盗墓人挖掘，大量珍贵文物惨遭破坏。这座西夏红庙遗址位于内蒙古额济纳旗境内的居延遗址内，是居延遗址的重要组成部分。3名盗墓者盗掘时使用了金属探测仪和一些专用的盗墓工具，被挖掘出来的大量器皿、佛像等珍贵文物绝大部分已遭到严重破坏，无法修复。尤其珍贵的是一尊高1.9米的大佛，造型优美生动，雕像线条流畅匀称，其头部已被破坏，面目全非，四肢被截断。

（3）据新华社呼和浩特2004年8月24日电，内蒙古赤峰市阿鲁科尔沁旗的4位牧民偷盗辽墓，发财不成反有3人因墓室塌方被砸死。阿鲁科尔沁旗公安局称，8月19日晚，旗昆都镇的4名牧民，在罕苏木巴音和硕山南坡盗墓。他们挖开墓室后，两人先下到墓室，墓室突然塌方，两人被当场砸死。另两人见他们被埋，也进入墓室，不想二人下去后，墓室又一次塌方，一人当场被砸死，另一人也被土局部掩埋，所幸他挣扎出来，并报了案。阿鲁科尔沁旗因为与辽上京所在地（今天的巴林右旗）接壤，历史上为辽的属地，这次被盗之墓应为辽墓。因辽墓为砖拱，极易因风化以及地表土层变化而塌方。

（4）据新华网呼和浩特 2006 年 3 月 11 日专电，内蒙古自治区文物局文物处获悉，保存较好的全国重点文物保护单位居延绿城古墓葬遗址，遭到盗墓分子的侵扰和破坏。内蒙古额济纳旗公安局 3 月 3 日接到当地群众举报，一伙盗墓贼潜入居延绿城古墓葬遗址盗掘。公安机关随即与文物执法部门取得联系，并派人赶往绿城古墓葬遗址，现场抓获受雇的盗墓分子 2 人，组织盗掘的 3 名盗墓贼驾车逃窜。经当地文物执法人员勘察，盗墓分子共盗掘古墓 8 处，最深的一处盗坑已挖至 3 米多深，现场散放着盗掘用的洛阳铲、皮桶、绳子、铁镐、板斧等工具。但因墓室埋藏较深，墓中的文物大多得以保全。

（5）据百灵网 2009 年 7 月 5 日报道，内蒙古自治区赤峰市翁牛特旗检察院对涉嫌使用推土机盗掘古墓的犯罪嫌疑人方某批准逮捕。2009 年 3 月，孙某带着钱来到翁牛特旗梧桐花镇国公府村伙同方某与这个村签订了大东沟的承包合同。他们租用了一台推土机，在推测有古墓的地方进行挖掘。由于一时没能挖到古墓，孙某便回到了秦皇岛。4 月 7 日，方某又使用推土机在这块地的南侧继续挖掘，先挖出一个青色的陶土罐子，接着又露出一个圆拱形古墓，正当方某开始使用铁锨等工具盗墓时，被警方当场抓获。案发后，经翁牛特旗文博部门鉴定，该墓地为辽代墓葬群，规模较大，形制较高，在翁牛特旗境内属于比较珍贵的。

（6）据新华网呼和浩特 2009 年 7 月 30 日电，内蒙古自治区敖汉旗公安局破获一起特大盗掘古墓葬案件，查缴被盗文物 160 件，其中一级文物 7 件、二级文物 3 件、三级文物 150 件。两名犯罪嫌疑人被抓获。7 月 18 日，敖汉旗萨力巴乡章家营子村发生一起特大盗掘古墓葬案。盗墓贼趁黑夜将章家营子村南山一古墓盗掘。文物部门清理现场时发现 3 块尚未被盗走的玉牌，上面刻有精美的胡人奏乐图案，为全国罕见，具有极高的考古价值，属国宝级文物。

（7）据中广网呼和浩特 2009 年 11 月 5 日消息，内蒙古赤峰市巴林左旗人民检察院对 18 名犯罪嫌疑人以涉嫌盗掘古墓葬、古文化遗址罪，倒卖文物罪批准逮捕。这是近几年当地警方破获的涉案人数最多的盗掘古墓案件，也是倒卖文物件数最多的案件。赤峰市巴林左旗曾是辽代京都所在地，这里不仅有辽上京遗址，更有数目众多的包括辽太祖耶律阿保机陵在内的辽代墓葬群，引得不法分子垂涎三尺，屡屡进犯。2009 年 7、8 月间，该团伙 15 名犯罪嫌疑人先后 4 次潜入巴林左旗乌兰坝苏木茫图坝山上的一座辽代古墓进行盗掘，盗走多件珍贵文物。经自治区有关部门鉴定，该团伙盗掘的辽代古墓为砖砌三室辽代贵族墓，具有很高的文物考古研究价值。墓中的文物价值极高，所盗窃倒卖的文物马具、带饰（铜鎏金、玛瑙、青石料等）212 件，为国家三级文物。鎏金铁骨朵 1 件，为国家二级文物。

（8）据新华网呼和浩特 2010 年 8 月 5 日电，内蒙古自治区文物专家组近日对正镶白旗公安局破获古墓被盗案追缴的珍贵文物进行了鉴定，初步认为这 200 余件文物具有丰富文化内涵，是鲜卑文化研究领域继呼伦贝尔嘎仙洞后的又一重大发现。经专家组鉴定，收缴文物中的鎏金高浮雕四人头像纹银钵、天蓝玻璃碗文物定为一级文物，三足饰鹦鹉铜盆、鎏金银耳杯定为二级文物。

近年来，随着公安机关打击和文物执法力度的加大，群众法律意识的增强，以及"草原神灯"等高科技安全防范工程的实施，盗墓及其他人为毁损文物的现象有所收敛，但面对的形势仍不容乐观。

第二节　保护措施

物质文化遗产展示的是人类创造力的体现，是历史沧桑的见证。不但凝聚着先人智慧的结晶，还负载着民族的精神，为我们提供了借鉴、继承和发展的物质精神能源；同时又历尽坎坷和磨难，十分脆弱。保存、保护和永续利用好这些有生命的特殊能源，是创造历史的先辈、续写历史的我们和子孙后代的共同心愿。我们要尊重前人的劳动创造，抱着对历史负责、对后人负责的态度，承前继后、薪火相传，延续我们的历史，延续我们的文明，延续人类的生命。全国政协副主席孙家正曾严肃指出："文物保护绝非只是出于文物工作者的个人爱好，更不是因为这是赚钱的品牌和古董，保护文化遗产就是保护和珍惜我们民族的历史，保护、珍惜人民群众的心理归属和情感需求。作为文化建设的重要组成部分，文化遗产保护的最重要的价值在于精神层面。丢失了文化遗产，我们就会心无所依，怅然若失，难以找到回家的路。"① 内蒙古自治区文化厅文物处处长王大方

---

① 参见李舫《部分地区用文物提升景区周边商业地价遭质疑》，人民网，http：//paper. people. com. cn/rmrb/html/2010 – 10/22/nbs. D110000renmrb_ 03. htm。

说："不可移动文物是祖先留给我们宝贵的文化遗产和历史的重要见证，是一个国家和民族文脉的延续，是留给后代的精神财富，毁掉和失去这样的文物就等于隔断了历史。在我们这样的民族地区更应该珍视文物，从而加强文物保护工作。"① 自治区文化厅厅长王志诚说："保护民族文化遗产，就是保护我们的精神家园……发展繁荣文化，保护是前提，保护是基础。"②

自治区文化厅文物处处长王大方说："当前自治区文物保护重点应该在古代文物保护和近现代文物保护上，关于古代，一个是古代北方游牧文化，它是怎么发展起来的？比如说早期的聚落文化；另一方面，它是怎么和西方、东方、南方、北方文明进行交流的，都产生了哪些新的文化形态？需要对一些特别大的古代城址、道路、墓葬进行研究，得出结论。近现代文物包括几个少数民族文化，革命时期特别是新中国成立前后，一直到当代历史的逐步发展，内蒙古自治区是怎样一步一步走过来的？这方面的文化遗产也是很丰富的，也要注意保护和搜集。既要后补也要后进，既要保护少数民族文化遗产也要保护革命文化遗产，把保护和利用结合起来，保护和展览结合起来，保护和旅游结合起来。这样才能做到全面保护，科学保护。"③

物质文化遗产在保存、传承过程中，经受着两种因素的破坏：一是人为的破坏，如古建筑、石窟寺、古墓葬等或被战火焚毁，或被拆除、改造、盗掘，或因维修不当、环境破坏等失去原貌；铜铁器、书画、竹木漆器、陶瓷等因保护、搬运不当被损坏。二是风、雨、雷、电、火、地震、光线、虫害、霉菌等自然因素对文物造成的破坏。

文物保护应遵照预防为主、维修为辅的方针。针对不可移动文物自然损坏的防潮、防漏、防火、防雷、防震等，主要依靠工程技术来解决，而防虫害、防鸟害等，则主要采用工程技术与化学处理相结合的办法。针对可移动文物的防护，应首先注意博物馆库房和陈列室中的防潮、防震、防霉等防护措施，然后再对不同质地的各类文物分别进行防护，如铜铁器的

① 参见《内蒙古重视不可移动文物分级进行保护》，天津文化信息网，http://www.tjwh.gov.cn/wwbl/wbjw/1203/12 - 03 - 26 - nmgz.html。

② 参见雪竹《草原文化，从远古走向未来》，《内蒙古晨报》2011 年 11 月 3 日。

③ 参见张昊文《内蒙古文物墓葬遗址可安好?》，《内蒙古晨报》2009 年 12 月 8 日。

防锈，砖石质地文物的防风化，丝绸纸张的防霉、防蠹、防老化等。但不论是不可移动文物，还是可移动文物，针对人为的破坏，必须通过宣传教育提高认识，加强法律法规约束和惩戒来解决。

一　法律保护

中国是一个具有 5000 年文明史、蕴藏着极为丰富的物质文化遗产的国家。为了保护这些人类珍贵的文化遗产，从中华人民共和国成立之日起，经过数十年的努力和探索，基本上建立起一套比较适合中国国情的保护物质文化遗产的法律体系。

第一是法律，包括宪法、基本法律、专门法律和国际公约，由全国人民代表大会或其常务委员会和国务院公布施行或批准。1982 年第五届全国人民代表大会第五次会议上公布施行的《中华人民共和国宪法》第二十二条规定："国家保护名胜古迹、珍贵文物和其他重要历史文化遗产。"全国人民代表大会常务委员会 1982 年公布施行并于 2002 年重新修订的《中华人民共和国文物保护法》，就是根据宪法的这一规定制定的。迄今为止，中国已经签署了保护世界遗产的全部国际公约。第二是行政法规，由国务院和国家级行政机关制定和颁发的规范性文件。第三是地方性法规，由省、自治区、直辖市人民代表大会常务委员会根据国家法律结合本地实际情况制定、审议、颁布实施的规范性文件。全国各省、直辖市、自治区根据《中华人民共和国文物保护法》，都已制定颁布了相应的地方法规。第四是行政规章，由中央国家行政机关和地方国家行政机关制定颁发的位于法律、行政法规、地方法规之下的具有一定法律效力的规范性文件。它具有很强的针对性，比较详细具体，更加便于执行操作。

内蒙古自治区十分重视物质文化遗产保护的法规建设工作，在认真贯彻执行《中华人民共和国文物保护法》的同时，在全国较早出台了地方文化遗产保护法规——《内蒙古自治区文物保护条例》，并适时作了修改。围绕建设民族文化大区的目标，在全国各省市区中率先设立文化遗产保护日——"内蒙古草原文化遗产保护日"，并要求各级政府把文物保护工作纳入当地经济和社会发展规划、城乡建设规划和各级领导责任目标，切实做好文物保护与利用工作。

中国已有的文物保护法等法律法规，联合国保护世界遗产的全部国际公约，内蒙古自治区新修订的文物保护条例等，是保护自治区物质文化遗产的法律依据，也是全社会保护自治区物质文化遗产的行为规则。

可以说，内蒙古自治区物质文化遗产的保护工作已走上了正常的法制轨道。但是，在履行法律职责，加强法律法规的执行，按照法律法规规范保护物质文化遗产方面还任重道远。

1. 制定地方遗产保护的具体实施办法或管理细则

2005 年 12 月新修订的《内蒙古自治区文物保护条例》颁布实施以来，各地区在制定物质文化遗产保护管理细则并实施方面，存在着不平衡。自治区各盟市、旗县（特别是遗产集中的地区）政府应高度重视物质文化遗产的保护工作，根据当地的遗产情况，在符合国家和自治区的相关法律法规的前提下，制定地方遗产保护的具体实施办法或管理细则。

2. 制定可行的单体遗产保护的科学规划及实施步骤

自治区各级政府应切实履行起在物质文化遗产保护中的责任，组织各方面力量，针对境内某一具体的物质文化遗产，制定切实可行的近、远期科学规划目标及具体的实施步骤。对于比较重要的遗产，要确定其保护区的范围、建设的控制地带、环境协调区，以及每个区域内的可为与不可为行为，明确具体负责和配合部门的职责，对单体遗产的每一个保护细节予以完善，以及保护与利用的原则、程度、范围、资金投入和分配、权利与义务、违反保护条例的惩罚给予确定。

在这一方面，锡林郭勒盟就元上都遗址开展的依法保护工作就是非常成功的案例，其经验值得推广。

中华人民共和国成立以来，元上都遗址得到国家、自治区和遗产所在地党委、政府的有效保护。1964 年，元上都遗址被列为内蒙古自治区第一批文物保护单位，1988 年，元上都遗址被国务院批准为第三批全国重点文物保护单位。2005 年，元上都遗址经国家文物局重新确定被列入中国政府申报世界文化遗产预备名单。

（1）在法律法规建设方面，在联合国教科文组织《保护世界文化与自然遗产公约》及其《操作指南》、《威尼斯宪章》以及《奈良真实性文件》等国际公约的指导下，以《文物保护法》、《内蒙古文物保护条例》、《内蒙古元上都遗址保护管理办法》等法律法规为基本准则，初步建立了遗址保护的法律法规体系。

（2）在保护规划体系方面，目前已有的保护规划包括《元上都遗址保护管理规划》（2009—2015 年），是针对保护管理所制定的总体管理规划；《元上都遗址保护总体规划》（2010—2015 年），是针对元上都遗址文物本体所制定的文物保护规划；《元上都遗址周边蒙古民族文化遗产及生态环境保护规划》（2006—2026 年）和《元上都遗址生态环境与自然景观保护规划》（2010—2020 年），均为元上都遗址所在地的自然生态环境和人文环境保护规划。

（3）在保护管理机构方面，经过多年的努力，目前已建立了自上而下的自治区—盟—旗县—基层逐级管理，包括行政和业务两套的保护管理机构体系。

（4）在保护、监测、展示、服务方面，对元上都遗址本体、周边墓葬群、草原特色景观和人文环境等要素，采取多种措施，科学、规范地开展保护管理，在保护管理的重点工作——遗产监测方面采取了卓有成效的措施，进行了系统的建设，具体表现在明确监测对象、划定监测内容、完善改进监测方法、建立监测预警系统等方面。特别是在结合考古研究，办好元上都博物馆、人才培训、旅游服务等方面做了大量的工作。

正因为如此，元上都遗址这座草原都城遗址的整体价值及承载的全部要素，使其真实性和完整性得到有效保护和传承。2012 年 6 月元上都遗址成功申报世界文化遗产。为了认真履行承诺，遵守国际公约，深入贯彻执行我国文物保护法规，进一步做好对元上都遗址的保护、管理、监测、考古和展示、服务等工作，内蒙古自治区元上都遗址申报世界文化遗产领导小组制定了"六大措施"。

（1）为做好元上都遗址全面的保护和管理工作，为元上都遗址全部遗产要素提供最高级别的文化遗产保护与管理，在国家文物局的大力支持下，决定将元上都遗址保护范围内的 12 座敖包、铁幡竿渠、一棵树墓葬群等文物遗产，报请国务院公布为全国重点文物保护单位。

（2）严格按照国际公约、中国法律法规、保护规划，加强遗产保护管理工作，继续办好元上都遗址博物馆。制定《元上都遗址旅游规划》，加强遗址现场的游客导览、讲解服务，尽快完善必要的旅游服务设施，提高服务质量，保障游客和文物的安全。在元上都遗址缓冲区内，适当增加具有民族特色、与元上都遗址文化背景相适应的文化旅游活动，使游客能够更加感受到元上都遗址这一优秀世界文化遗产的魅力，以及遗产地人民的民族文化特点。

（3）设立元上都遗址文物保护监测中心，加强遗址保护、监测人员的力量。同时，加强元上都遗址的消防工作。做好正蓝旗草原工作站、气象观测站和环境监测站的监测工作，坚持定期对遗址区内的空气、水样进行取样、分析，以便更好地对元上都遗址周边环境进行监控，实时掌握环境变化。

（4）在继续深入进行对元上都遗址的考古发掘的基础上，进一步加强与国际上同类遗产地的遗产保护机构、专家学者的联系，共同探索元上都遗址的丰富内涵，共同研究，互相交流，取得长远的发展和进步。

（5）根据元上都遗址遗产地政府制定实施的《元上都遗址周边生态环境保护规划》，继续在元上都遗址所在地正蓝旗、多伦县开展整体环境监测、治理和保护的工作。要根据京津风沙源治理工程整体方案，聘请专业机构制定本地区实际的防沙、治沙方案，并结合围封转移、草畜平衡等地方政策，保护元上都遗产区优良的生态环境，遏制沙化趋势。

（6）在世界遗产利益相关者理论和实践的思路指导下，充分考虑元上都遗址周边农牧场群众干部职工们在对元上都遗址遗产保护中所起的重要作用，因为他们是元上都遗址最直接的利益相关者，他们属于长期生活在元上都遗址附近的周边居民，对元上都的历史文化传统具有较高的认同感和参与度，更是蒙古民族传统文化的传承者和守护者。要最大限度地充分发挥各利益相关者的作用，把元上都遗址的保护管理工作做得更好。

3. 引入国外的文物登录制度

内蒙古自治区是中国的文物大省，在严格执行《中华人民共和国文物保护法》等法律法规，完成国家指定的遗产保护工作的前提下，可以引入国外的文物登录制度（世界遗产名录采用的就是登录制度）。借鉴法国、日本等国家的经验，实行"指定制度＋登录制度"双重并存的保护体系，报国家文物局批准后试点施行。将保护对象从国家指定制度下确认的遗产精品，扩展到普通的、未被指定的历史遗物或遗迹，如各地的特色民居和近现代建筑等。将保护方式从单一、僵硬的文物古迹保护，过渡到全面、柔性的历史和生态环境保护，与综合性的文化遗产资源的合理利用慎重结合起来。将保护与利用的规划管理从静态、消极管制的干预模式，转向动态、积极引导的参与模式，在保护观念和规划思想上与国际接轨，建立健全遗产保护的法律体系，创新遗产保护的模式和体制。

4. 统一领导、协调配合，依法保护是基本手段

在政策、法律法规制定之后，关键是要执行。不可否认，内蒙古自治区和其他地区一样，在落实物质文化遗产的保护工作中，也存在着一些行政部门不作为、利益冲突、责任推诿及扯皮现象。这对于文化遗产保护是非常不利的。目前，自治区虽然在 2004 年就成立了文物局，但与文化厅合署，由自治区文化厅副厅长兼任文物局局长，实际上就是隶属于自治区文化厅，这是自治区文化遗产保护的主要负责部门。在某种程度上，很难调度、协调关涉文化遗产保护的各盟市级政府及文化、旅游、公安、财政、建设等自治区职能部门。为此，建议自治区有必要成立"内蒙古自治区遗产委员会"，包括物质、非物质及自然遗产，至少由自治区的一位副主席任委员会主席，统一领导、部署自治区遗产的保护与利用实施计划，协调各盟市级政府及自治区各相关职能部门，认真履行各自在保护文化遗产中的责任，依法查处，加强打击力度，坚决遏制破坏文化遗产的犯罪活动。待条件成熟后，成立"内蒙古自治区遗产管理局"，全面管理自治区境内的遗产的保护工作。

5. 执法与监督有效结合

文化遗产的保护，在立法的同时，也要将执法与监督有效结合起来，真正做到有法可依、执法必严、违法必究，才能改变目前文化遗产保护过多地依靠行政管理手段而不是法律手段的现状，使文化遗产保护在法律化轨道上健康发展。

文化遗产保护政策的执行情况应该严格处于监督之下，有效的监管能够推动保护工作的健康可持续发展。文化遗产保护的监督机构应独立于文化遗产保护部门。这一机构应设在各级人民代表大会，由人大代表、文化遗产保护专家、社会公众三部分组成。每年对文化遗产保护的情况进行考察、验收，具有一定行政执法权力，对于保护不力的单位，依法进行处罚，并责令其进行整改。

二 分级保护管理

分级保护管理是中国物质文化遗产保护管理的重要原则。中国历史悠久，保存至今的各类物质文化遗产异常丰富，它们的价值又高低不一，不可能都由国家直接管理。根据物质文化遗产价值高低，区分等级，保护重点，把最重要的物质文化遗产管理权归中央政府掌握；地方

各级人民政府对自己行政管辖范围内的重要物质文化遗产负有保护责任，同时负责保护管理其他物质文化遗产。这样才使分级管理、重点保护落到实处。

《中华人民共和国文物保护法》的许多条款都对文物分级管理作出了明确规定。对于不可移动文物，文物保护单位就是根据其历史、艺术、科学价值的高低，分别确定为不同等级，由县级、省级人民政府和国务院公布为县级、省级和全国重点文物保护单位的。对不同级别的文物保护单位，保护管理的要求也有区别。中国自 1985 年 12 月加入"保护世界遗产公约"成为缔约国后，积极申报世界遗产并取得了明显成效，由此在物质文化遗产的保护方面又增加了国际级保护。内蒙古自治区物质文化遗产可分为国际级、国家级、自治区级、地市级四个级别，应采取相应的保护措施。

目前，根据《中华人民共和国文物保护法》，自治区已经开始对第三次全国文物普查工作中核定的 21099 处不可移动文物实行分级保护，实在够不上级别的就实行挂牌保护。全区已拥有 1 处世界文化遗产，已公布的国家级保护文物 79 处、省级保护文物 315 处、地市级 700 处，还有 400处是已经挂牌的，其中仅呼和浩特市地区挂牌的就有 70 余处，满洲里、扎兰屯等地的俄式建筑如木刻楞等，也挂牌数十处，剩余的分级整理工作还在进行当中。①

1. 国际级保护

内蒙古自治区物质文化遗产的保护不仅是国家和自治区的课题，也是全人类的课题。内蒙古的文物，它是代表中国古代北方游牧文化和中国内地的农耕文化的碰撞和融合，所以它的文化，特别是考古出土文物在国内外考古界是很受关注的，主要是它呈现出来的民族多样性和文化多样性。在一个契丹古墓葬里头可能会发现波斯传过来的玻璃、罗马的金器、中原的丝绸以及本地游牧民族发明使用的武器和马具等。这些文物既不同于中国内地也不同于西方，还不同于一些过去常见的，它有自己文化的特点。内蒙古地区早期的青铜器也叫鄂尔多斯青铜器，国际上称之为"野兽风"，这些青铜器上可以看到草原上的一些飞禽走兽特别是猛兽或猎杀的形态，非常生动；中期的文物主要是以蒙古文化里的皇

---

① 曹一仆：《内蒙古重视不可移动文物分级进行保护》，《内蒙古晨报》2012 年 3 月 22 日。

家文化为主,因为元代是横跨欧亚的,所以它有很多的器物在国际上都是很有影响的。

内蒙古自治区政府十分重视物质文化遗产保护工作,积极推进自治区物质文化遗产中重量级的、保护任务艰巨的项目,申报世界文化遗产,以求得国际性保护。成功的案例就是元上都的申遗。1992 年,经国家文物局批准,内蒙古自治区文物考古研究所对元上都羊群庙祭祀遗址进行发掘,出土了一批珍贵文物。同年,国家文物局负责同志在北京与锡林郭勒盟领导共同畅谈元上都的重大价值,认为应当开展元上都遗址申报世界文化遗产的准备工作。1996 年,经国家文物局批准,内蒙古自治区文物考古研究所对元上都大安阁遗址进行考古发掘,出土了汉白玉雕龙角柱等一批珍贵文物。5 月,国家文物局通知内蒙古自治区文化厅,请将元上都遗址的准确地理坐标、历史沿革、自然情况、考古调查、文物保护等,以中英文两种形式上报国家文物局,以便将元上都遗址列入中国政府向联合国教科文组织世界遗产委员会申报世界文化遗产的预备清单。6 月,内蒙古自治区文化厅按照国家文物局的要求,以中英文两种形式,向国家文物局上报了《元上都遗址简介》,包括元上都遗址的地理位置、历史沿革、周边环境、考古发掘等项内容。1996 年 7 月,国家文物局将元上都遗址列入中国政府向联合国教科文组织世界遗产委员会申报世界文化遗产的《预备清单》,元上都申报世界文化遗产的工作正式启动。10 月,内蒙古自治区人民政府成立了"内蒙古自治区元上都遗址申报世界文化遗产工作领导小组"。2006 年,经国家文物局研究,确定了中国政府今后几年内向联合国教科文组织世界遗产委员会《申报世界文化遗产名录》,元上都遗址被列为重点申报项目,并且计划在 2013 年左右正式申报。在国家文物局的大力支持下,经过各级政府、文物部门和遗产地广大干部群众的不懈努力和辛勤工作,最终在 2012 年 6 月元上都遗址成功申报世界文化遗产。申报世界文化遗产是国际级保护的理想状态,元上都的成功申遗,使其获得了国际性的地位,得到国际级的保护,对于内蒙古自治区国际形象的提升、经济文化的振兴、民族自豪感的增强、中外旅游者的吸引等,其意义是难以估量的。

内蒙古自治区在元上都遗址申报世界文化遗产的基础上,又开展了阴山岩刻遗址群、辽代大遗址群、红山文化遗址申报世界文化遗产的工作。2012 年 3 月,自治区人民政府与文化部在北京签订《关于加快内蒙古文化建设合作协议》，这对推动内蒙古地区文化遗产保护工作，特别是加强赤峰市、巴彦淖尔市的文物保护起到重要作用。

通过申遗，可以让国际社会认同内蒙古自治区物质文化遗产的价值，提高遗产的知名度和认可度，寻求国际资金、技术、人员的合作保护。成功自然欣喜，但即使申报不成，也没有失败。一可以认清差距，继续努力；二是申报过程本身就是遗产的保护过程，毕竟保护是第一位的。

2. 国家级保护

内蒙古自治区现有 79 处国家级重点文物保护单位。国家级的遗产保护除制定作为保护依据的法律法规、政策外，还要投入大量的人力物力，建立系统的管理机构，培养专业人才，制订具体遗产的保护方案。在"十一五"期间，内蒙古先后对元上都遗址、辽上京遗址、成吉思汗陵、阿尔寨石窟等几十处国家级文物保护单位进行维修保护，编制文物保护方案 20 个，制订文物维修抢救方案 60 个，取得了非常好的保护效果。目前，很多国家级遗产的保护仍面临这样四个问题：经费短缺，人才缺乏，重申报、轻保护意识，重遗产个体的保护、轻遗产周边环境的协调性保护。如何破解这些难题？对于保护经费短缺，可以学习发达国家成立"文化遗产基金"的做法，资金来源采取以下途径：一是来自国内外企业、机构、团体或个人的捐助，给予捐助者一定的激励政策；二是征收文物资源税，并将税款层层落实为文化遗产保护基金，依法专款专用；三是发行"遗产彩票"筹集资金。内蒙古自治区可以借元上都申遗成功，建设民族文化大区的有利时机，率先向国家申请作为发行遗产彩票的试点地区，筹集资金专项保护自治区内的国家级遗产和自治区级遗产。对于专业人才缺乏，一可以通过加强区内高校考古学与博物馆学专业建设，培养文化遗产保护方面的专业人才；二是对现有的从业人员进行全员、全面的培训，提高他们的业务能力；三是积极与国内著名高校合作定向培养部分考古学与博物馆学专业高级人才。对于重申报、轻保护意识，一方面要加强申报准入门槛，加强申报前期的保护；另一方面要加强申报成功后的遗产保护工作的督察，特别是保护经费的使用状况。至于重遗产个体保护、轻遗产周边环境的协调性保护，目前是一个非常严重的问题。笔者曾带领学生多次到第六批全国重点文物保护单位包头市麻池古城和召湾汉墓群进行实地考察，其周边道路不平、标识不明、垃圾成灾、汉墓上建有现代人墓葬等问题十分严重。该遗址位于城市近郊，保护程度尚且如此，其他地方更难以预见。

另外，呼和浩特作为内蒙古自治区唯一的国家历史文化名城，因为它有着厚重的历史文化、文物古迹和人文遗存，更重要的是它有着相连成片、相对完整的居民古建筑和古城区，其保护应该是整体性的。

然而，非常严酷的现实是，据记者鲁蒙海报道：为打造文化新市区，呼市的89处"不可移动文物"古建筑已经所剩无几，呼市文物处宣传科的赵志刚接受记者采访时说："旧城已经变得面目全非了，没有了当年的历史文化底蕴。这就出现了城市规划和文物保护之间的对立矛盾。文物保护给城市规划让步吗？虽然我们在尽自己最大努力加以保护，城市规划要拆除这些具有文物价值的古建筑，我们也没办法。古建筑拆除了，文化载体不存在了，还有什么历史文化底蕴？还谈什么历史文化名城？"自治区文物局王大力处长对此表示："现在大肆地毁灭城市的古建筑，让我们今天找不到呼和浩特灿烂文明存活的证据了，我们问一问自己：我们城市的魂哪儿去了？原因是我们太多的古建筑在无人理睬的寂寞中已死或将死！""我们应该像保护平遥古城那样保护呼和浩特的古建筑。呼和浩特的城市规划和文物保护应该并重，进行合理城市规划的同时应该大力保护文物。"内蒙古著名史学家赵振方："呼和浩特召庙以喇嘛教召庙为主，曾有七大召、八小召、七十二个免名召，随着旧城拆迁改造，巧尔齐召、乃莫齐召、太平召也不存在了。由于城市的建设，呼和浩特的很多古建筑都被拆除了，令人心痛。"内蒙古某高校教师陈进："这些召庙和四合院拆掉多可惜，政府为什么不考虑为子孙后代留下点文物遗产？正如我们无法改变历史车轮前进的方向，我们老百姓也阻挡不了政府行为。因此，我只能用照相机来定格过去的岁月。"[①] 呼和浩特的历史文化名城保护与发展，应该注重城市建设与整个城市的历史文脉相一致，注重历史发展的延续性。

3. 自治区级保护

内蒙古自治区目前有自治区级文物保护单位315处，其中部分将会不断上升为国家级保护单位。自治区级的遗产保护，可以在国家文物保护法的框架内，按照《内蒙古自治区文物保护条例》，进行比较灵活有效的保

---

① 鲁蒙海：《呼市古建筑所剩无几，难当历史文化名城重任》，《内蒙古晨报》2007年3月27日。

护。也可以在此法规构架下，制定单一的遗产保护条例。另外，作为遗产指定制度的补充，可以在自治区范围内引入遗产登录制度，在第三次文物普查结果的基础上，将自治区的各类文化遗产进行彻底、全面的登记。一经登记，所有者就不能随意处置，但经过审批可以适当改动，并给予保护以一定的政策激励。这样就不会使得某些遗产，特别是近现代的遗产遭到破坏而追悔莫及。同时能起到一定的宣传作用，加强民众的保护意识。自治区在保护经费上除依靠财政外，要主动想办法，多渠道、多种方式筹措资金，不能因为资金问题而使遗产毁坏或消失。自治区各级领导要充分认识到物质文化遗产的不可再生性，其他地方的现代化，内蒙古将来肯定会有的，而内蒙古独特的物质文化遗产，其他地方不可能拥有。

4. 地市级保护

内蒙古自治区现有地市级保护文物 700 处，还有 400 处够不上级别但已实行挂牌保护。这些文物虽然级别较低，但由于内蒙古的文物，代表中国古代北方游牧文化和中国内地的农耕文化的碰撞和融合，呈现出来的是民族多样性和文化多样性这样的独特性，其价值不能低估。地市级遗产的保护要在自治区政府、文化厅、文物局的统一领导下，各地政府、文物保护及相关部门积极配合，地市级遗产的保护基础植根于广大群众，要取得好的保护效果，必须加强对群众的宣传教育，争取得到群众的支持与配合。地市级遗产保护得好的可以积极争取申报自治区级保护单位。

三 博物馆保护

2007 年 8 月，在维也纳召开的国际博物馆协会第 21 届全体大会通过的《国际博物馆协会章程》中，对博物馆的定义是："博物馆是一个为社会及其发展服务的、非营利的永久性机构，并向大众开放。它为研究、教育、欣赏之目的征集、保护、研究、传播并展出人类及人类环境的物证。"2010 年 11 月 7 日，国际博物馆协会第 22 届大会暨第 25 届全体会议在上海召开，时任中共中央政治局委员、国务委员刘延东出席开幕式并讲话说："博物馆作为收藏、传承人类文化遗产的殿堂，真实记录着人类文明发展进步的足迹，在保护、研究、展示文化遗产方面发挥了不可替代的作用，为人类文明的薪火相传、持续发展作出了重要贡献。"大会筹委会主席、文化部部长蔡武同志在开幕致辞中指出："博物馆是人类文明记忆、传承、创新的重要阵地；是大众启迪智慧、陶冶情操、欣赏艺术、文化休闲的理想场所；是普及科学文化知识，提升公民素质，提高社会文明程度的重要平台。"① 这是对博物馆社会服务功能的高度概括。博物馆的基础功能就是对文化或自然遗产进行收集、整理、陈列、保管、修复、研究及满足观众的观赏、教育等精神需求，其核心功能就是展示。

中国的博物馆从 1905 年张謇在江苏南通开办第一家博物馆起，已经 100 多年了。中国的传统博物馆主要是可移动文物的陈列展览场所，是遗产保护的最行之有效的办法之一。自 1957 年内蒙古历史上第一座博物馆——内蒙古博物馆落成开馆后，至"十一五"期末，具有内蒙古特色的博物馆体系初具规模，各级各类国有、民营、行业博物馆、纪念馆的数量已达 144 座。2008 年初，中宣部、财政部、文化部、国家文物局联合下发通知，全国各级文化文物部门归口管理的博物馆、纪念馆、全国爱国主义教育基地向社会免费开放。2008 年 6 月，自治区财政补助资金 700 万元，对各盟市、旗县宣传文化部门管理的 75 家博物馆、纪念馆率先实行免费开放，比国家要求提前了一年。"截至 2012 年 4 月底，全区 96 个博物馆、纪念馆陆续向社会免费开放，约占文化文物部门归口管理的公共博物馆、纪念馆总数的 88%。年接待观众 600 余万人次，比免费开放前增长了 50%。"② 但随着社会的发展，人们观念的改变，博物馆的发展有了新的方向。各类博物馆特色鲜明，在内蒙古自治区物质文化遗产的保护中发挥着重要的作用。

1. 藏品类博物馆

此类博物馆以收藏和展示藏品为主，属于传统的形式，包括内蒙古自治区博物院在内的各盟市博物馆都属于此类，为自治区的遗产保护作出了重大贡献。

内蒙古博物院，位于呼和浩特市东二环与新华东街交汇处西北侧，与内蒙古乌兰恰特建筑毗邻，是自治区唯一的"国家一级博物馆"，于 2007 年对外开放，其前身为成立于 1957 年的内蒙古博物馆（全国少数民族地区最早建立的博物馆）。博物院主体建筑面积 5 万余平方米，造型独特，设备先进，由陈列展厅区、文物库房区、观众服务区、业务科

---

① 刘修兵：《国际博物馆协会大会在沪开幕》，《中国文化报》2010 年 11 月 8 日。

② 《内蒙古博物馆事业蓬勃发展，免费开放惠及各族人民》，《内蒙古日报》2012 年 5 月 18 日。

研区及多功能厅等各部分组成。博物院内珍藏品达10万余件（套）。古生物化石标本的藏品跨越时代较全，所属门类较多，为世界所瞩目；还有中国古代北方游牧民族的多种文物，可使游客充分了解古老草原文化的特色和魅力。在民族文物中，蒙古族藏品居全国博物院之首。反映内蒙古近现代革命历史的文物，是博物院藏品的又一特色。博物院展览内容立足于自治区丰富的古生物化石、现代生物、历史文物、民族文物等，以"草原文化"为主体思想贯穿全部基本陈列和专题陈列。其中，"远古世界"、"草原雄风"、"草原日出"等基本陈列和专题陈列全方位、多视角，纵横交错，点面结合，从宏观到微观系统展示了内蒙古的完整风貌，个性鲜明，引人入胜。内蒙古博物院集合了强烈的现代元素、地域表征与民族特色，是浓缩了中国北方亿万年来生态变迁史与草原文明发展史的一部"百科全书"，也是自治区经济社会发展水平和文明程度的标志。

内蒙古赤峰地区是中国北方古代历史文物富集地区，以红山文化为代表的新石器时期文化，以夏家店文化为代表的北方草原青铜文化，以契丹文化为代表的辽代文化，以蒙古民族文化为代表的草原民族文化在赤峰地区保存非常丰富。2010年8月8日，占地近70亩，总建筑面积3万多平方米的内蒙古赤峰博物馆新馆落成开放。赤峰博物馆新馆造型设计上吸收了唐代、辽代的建筑特色，借鉴了中国传统宫殿建筑中轴对称、主从有序、中央殿堂、四隅崇楼的布局手法，形成古朴典雅、博大雄浑，具有赤峰悠久历史和灿烂文化象征的建筑风格。赤峰博物馆展陈设计以历史脉络为线条、精品文物为脊梁、景观复原及多媒体手段为亮点，构成陈列的主要表现形式，着重突出赤峰地区的四个历史文化发展高峰，即日出红山——以红山文化为代表的新石器时期文化；古韵青铜——以夏家店文化为代表的北方草原青铜文化；草原帝国——系统阐释赤峰地区的契丹文化；黄金长河——赤峰地区金、元至清代的文物及民族风情。

包头博物馆成立于1998年12月。2007年7月，位于包头市阿尔丁大街友谊广场东南侧，占地3.5公顷，建筑面积2.4万平方米，展厅面积1.5万平方米的博物馆新馆落成开馆。博物馆整体建筑以"草原上的巨石，巨石上的文化"为主题，造型恢弘，既深含文化底蕴，又极具现代韵律，象征着草原文明、黄河文明融会贯通、源远流长。包头博物馆是一座立足于包头文物展品涵盖内蒙古西部地区的综合性博物馆，现有历史文物 2657 件，其中一级文物 25 件，二、三级文物 140 件。博物馆现设有包头地方史文物、内蒙古古代岩画、藏传佛教唐卡艺术、稀土之乡等陈列。其中，包头地方史文物陈列展示了包头地区从新石器时期至清代 6000 多年的历史，荟萃了包头 20 余年的考古成就和研究成果。内蒙古古代岩画陈列是包头博物馆最具特色的专题陈列，系统展示了内蒙古中西部地区新石器时期至元代的岩画精品，岩画以丰富翔实的文化内涵和古朴童真的艺术手法，描绘了北方草原民族发展的艰难历程和连续篇章，被史学界誉为"形象的语言，艺术的史诗"。在陈列形式上，大胆突破传统的设计理念，利用原展厅空间和斜坡式屋顶的特点，通过独具匠心的艺术创意，设计出"天似穹庐，笼盖四野"的展厅效果，四壁再配以巨型彩色喷绘灯箱，将广袤的草原、巍峨的青山和浩瀚的沙漠等美丽景色移植到展厅，再现了岩画的生成环境，营造出"天苍苍、野茫茫"的草原文化氛围，突出了"返璞归真"、"天人合一"的设计思想。

2. 遗址类博物馆

遗址博物馆是在发现了遗址后，通过发掘研究确认有价值，必须原地保留，建立的博物馆，位置是不可能选择的，移动就会对遗址造成破坏，导致某些价值的丧失，因此是不可移动的。遗址博物馆是博物馆学和考古学密切联系的产物，遗址的展示，即忠实原状地将遗址展示在观众面前，通过博物馆具备展示的手段将研究成果给予说明，利用博物馆的功能充分展示考古的成果。

保护好遗址是遗址类博物馆的根本，是开展其他一切工作的基础，因此必须尽一切可能，借鉴相关科学的研究成果，研究科学的手段把遗址保护好。借鉴的同时要因地制宜进行科学分析，得出适合本遗址的科学保护方法，达到保护的目的。①

遗址具备极高的历史文物价值，遗址博物馆对保护物质文化遗产作用甚大，但是生存空间受到了一定的限制。它是由博物馆的特征决定的，其一，遗址性博物馆不具备其他类型博物馆的广博性和多样性，不能满足多种类型观众的要求，体现在这些博物馆参观人数寥寥上；其二，遗址博物

---

① 卢迎红：《关于遗址类博物馆发展的思考》，北京博物馆网，http://www.bjww.gov.cn/2004/7-27/3020.html。

馆地点的不可选择性，这些博物馆都地处偏远，交通不便，也是致使参观人数少的原因；另外遗址博物馆专业性强，也使许多不具备专业知识的观众敬而远之。

目前，内蒙古自治区首个古遗址博物馆——位于呼伦贝尔市海拉尔区的哈克遗址博物馆，2010年7月2日正式开馆。总投资4800万元人民币，总建筑规模6991平方米的元上都遗址博物馆建设项目于2010年5月获内蒙古发改委批准，至2011年底博物馆的地下一、二层主体及防水工程完工，地上一层主体完成40%的工程量。元上都遗址是世界上草原游牧民族建立的为数不多的几座都城之一，是中国游牧民族遗存保存最为完好的文化遗产，元上都博物馆旨在多方面展示其历史文化内涵。

3. 移筑类博物馆

移筑类博物馆是将某类或某一处的文化遗产集中移筑于一处，而形成的一个博物馆或博物馆群。世界上第一个移筑类博物馆，是位于瑞典斯德哥尔摩吉尔卡登岛上的斯坎森露天博物馆，筹建于1880年，1891年建成。它汇集了瑞典各地100多处（种）建筑、设施，并严格按原状进行复原陈列。建设移筑类博物馆在地域辽阔的内蒙古自治区文化遗产保护中具有可行性和实际意义。比如目前草原、荒漠里的遗址、墓葬被盗现象严重，政府和文物部门又无力进行有效保护，可以先进行抢救性科学发掘，再建立移筑类博物馆予以保护和利用。再比如草原上的零散分布的突厥石人像，难以一一保护，在建立每一块石人像原始档案的前提下，可将其集中起来，修建博物馆加以保护。

4. 生态类博物馆

生态博物馆初兴于法国，是现代环境意识与博物馆行为相融合的产物。被称为生态博物馆之父的法国博物馆专家乔治·亨利·里维埃这样定义生态博物馆：

通过探究地域社会人们的生活及其自然环境、社会环境的发展演变过程，进行自然遗产和文化遗产的就地保存、培育、展示，从而有助于地域社会的发展，生态博物馆便是以此为目的而建设的博物馆。另一位法国博物馆学家雨果·黛瓦兰则说：生态博物馆是居民参加社区发展计划的一种工具。法国的《生态博物馆宪章》把生态博物馆定义为，生态博物馆是在一定的地域，由住民参加，把表示在该地域继承的环境和生活方式的自然和文化遗产作为整体，以持久的方法，保障研究、保存、展示、利用功能的文化机构。①"生态博物馆"概念，表达了人、遗产、环境必须紧密结合的新思维，非常突出走与社区发展相结合的道路。此类博物馆的建造要求高，强调在文化的原生地保护该文化及其赖以存在的环境，展示其地域或民族传统文化。

中国在十几年前开始了建设生态博物馆的历程，首先选址于贵州省六枝梭嘎乡，是中国和挪威文化合作项目，也是中国第一座生态博物馆，该馆于1998年10月31日正式落成开馆，使梭嘎苗族（长角苗）原始、古朴、独特的文化习俗得到有效的保护，也吸引了海内外众多的人士前来参观考察。目前，在贵州地区已出现了由多座生态博物馆组成的生态博物馆群，一些研究者将其称为"社区精神文化的家园"。安徽黄山脚下的西递、宏村两生态类居民博物馆已经于1999年12月成功登录为世界文化遗产。在《内蒙古自治区文物保护条例》里明确规定处在游牧文化形态、狩猎文化形态以及交错文化形态下的村、树木等都要成片地进行保护。各地有特色的村落、传统民居通过挖掘，也是可以建设成为生态博物馆的。自治区各个少数民族都要有自己本民族的博物馆，可以通过构思国家公园这种形式，让民族文物、民族文化不仅在博物馆里，而且是在生活和生产的发展过程中动态地呈现给大家。让人欣喜的是，"内蒙古自治区目前唯一的生态博物馆——达茂旗敖伦苏木古城蒙古民族生态博物馆已于2005年开馆。敖伦苏木古城位于达茂旗都荣敖包苏木乌兰察布嘎查，在旗政府所在地百灵庙镇东北约35公里处的艾不盖河畔。这座古城是历史上著名的汪古部落的世居之地，在元代曾经显赫一时，是古代丝绸之路上的重镇和中西文化交汇的枢纽"。②

5. 专题类博物馆

专题类博物馆就是只做某一主题方面的陈列，比如说瓷器、钱币、青铜器，科举、军事、农业等。专题类博物馆能作出自己的特色，尤其是地方独具特色的文化。专题类博物馆也是国家文物局号召各个地区，尤其是地方市、县根据各自地区专题特色而建的博物馆，这样可以更好地为广大

---

① 尹绍亭、乌尼尔：《生态博物馆与民族文化生态村》，《中南民族大学学报》2009年第5期。

② 张晴心：《达茂旗敖伦苏木古城蒙古民族生态博物馆开馆》，《北方新报》2005年6月16日。

百姓展现更多更充分的中国的历史文化，也能充分利用文化资源。成功的例子如：（1）位于内蒙古鄂尔多斯市成吉思汗陵旅游区的蒙古历史文化博物馆，它是内蒙古地区大型博物馆之一，建筑面积 5800 平方米，馆藏文物 1000 余件（套），其中有大量蒙元时期珍贵的历史文物精品和近现代蒙古族各部落民族文物的典型代表。博物馆展览的文物中还有蒙古汗国的铁制兵器、铜火炮、皮制弓服箭囊、板耳金杯和银杯、贵族妇女姑姑冠头饰、回鹘文石刻；有元代的铜火铳、锁子甲、织锦袍服、女奴顶灯石雕像、莲花纹石臼、石螭首、鎏金龙首铜辕饰、玉壶春瓶、褐釉葡萄瓶；还有明清以来的蒙古族妇女头饰、龙柄马头琴、蒙医药包、马驼用具、狩猎工具、蒙古式木雕、彩绘家具，等等。一件件文物描绘着蒙古民族的历史进程、草原放牧、游牧生活、文化娱乐、风俗礼仪、宗教信仰，展现出了蒙古族悠久的历史和灿烂的文化。（2）位于内蒙古鄂尔多斯市大秦直道文化旅游景区的匈奴文化博物馆，是国内外首座综合展示匈奴历史文化的博物馆，也是弘扬传承、收藏保护和展览展示匈奴文化的专题性博物馆。匈奴文化博物馆整合了匈奴文化在历史遗存、文献记载、汉匈关系、草原特征、游牧民俗等方面的实物和历史资料，重点突出了早期游牧民族文化的特征。展览以匈奴文化的世界性、匈奴文化对中华文明历史贡献两大内容为主题，丰富而多彩地展示了匈奴的历史文化，重估了匈奴作为世界民族所具有的历史价值，阐明了匈奴对于人类文明的完善所产生的历史贡献。（3）位于呼和浩特市的内蒙古元代瓷器博物馆，由内蒙古元代瓷器研究会创办。馆藏面积达 1800 平方米，展出瓷器有元瓷 39 件、明瓷 16 件、清瓷 9 件，均为国家一级文物。馆内最珍贵的文物有暗刻龙纹大罐、釉里红松竹梅瓶等。

内蒙古自治区地域辽阔，民族众多，文化具有多样性，专题类博物馆建设应该成为自治区博物馆建设的新趋向。

6. 私立博物馆

近年来，内蒙古自治区在私立博物馆的建设方面已取得了一定成绩。譬如，2006 年内蒙古自治区首家个人投资创办的企业文化博物馆——草原明珠博物馆在呼和浩特市落户。草原明珠博物馆是由从事草原文化研究及瓷器研究的内蒙古收藏家协会理事、中国文物学会会员白利琴个人投资创办的。博物馆现已拥有不同时期草原文化展品 1000 多件，如纯金驴饰件（战国）、鄂尔多斯青铜鎏金神牛牌（东汉）、建窑兔毫盏（宋代）、龙泉窑玉壶春（元代）、鄂尔多斯蒙古妇女头饰（隋代）等，透过一件件精美的展品似乎可以看到蒙古民族从远古到现代不断繁衍生息的各种生活场景，也似乎可以感觉到人类前进的步伐。① 2008 年经内蒙古自治区文物局批准，翁牛特旗文物收藏爱好者张军个人出资建设的赤峰市首家私人博物馆翁牛特旗古代艺术博物馆建成开馆。该博物馆占地 30 亩，展厅面积 1200 平方米，馆藏文物 4000 余件，其中包括玉器、陶器、石器和青铜器等，大多是红山文化时期的史前文物，并首次向观众展出。这些具有重要历史价值的文物得以搜集和保护，对于挖掘和传承历史文化具有积极意义。② 但是，内蒙古自治区的私立博物馆起步晚，在数量上偏少，与其他省市相比是比较滞后的，难以发挥其在保护文化遗产工作中的作用。

2011 年在赤峰市举行的内蒙古文物工作会议暨文物管理干部培训班上，自治区文物局局长安泳锝做工作报告，在报告中明确提出，在"十二五"期间构建特色鲜明、布局合理的博物馆体系，按照"公益、均等、便民"的原则，构建以国家一、二、三级博物馆为骨干，以国有博物馆为主体，以行业、民营博物馆为补充的博物馆体系，加强博物馆文化产品开发，推动博物馆从数量增长走向质量提升。自治区文物部门应该拓宽办馆渠道，以多种方式兴办博物馆，对各种文化遗产进行保护。

7. 数字博物馆

数字博物馆是运用数字、网络技术，将现实存在的实体博物馆的职能以数字化方式完整呈现于网络上的博物馆。具体来说，就是采用国际互联网与机构内部信息网信息构架，将传统博物馆的业务工作与计算机网络上的活动紧密结合起来，构筑博物馆大环境所需要的信息传播交换的桥梁，使实体博物馆的职能得以充分实现。与实体博物馆相比较，数字博物馆具有信息实体虚拟化、信息资源数字化、信息传递网络化、信息利用共享化、信息提供智能化、信息展示多样化等特点。在这里，最为关键的是信息实体虚拟化，即数字博物馆的一切活动，都是对实体博物馆工作职能的虚拟体现，都以实体博物馆为依托，同时又反过来作用于实体博物馆，它突破了空间和时间的藩篱，能在更广袤的范围、任何时间、任何地点上网

---

① 王丰：《内蒙古首家私人博物馆——"草原明珠"落户呼市》，《内蒙古晨报》2006 年 7 月 28 日。

② 郑颖：《内蒙古赤峰市首家私人博物馆建成开馆》，中广网呼和浩特 10 月 7 日消息。

参观，利用方便；它能对实体博物馆数字资源（包括文字、图像、声音等）进行整合、加工、提升和频繁更换，并运用多媒体手段营造逼真、形象、生动的展示效果，使提供的知识、信息丰富多彩，是对实体博物馆职能的拓展和延伸。

中国数字博物馆建设从 20 世纪 90 年代起步，逐步进入快速发展阶段。近年来，在数字博物馆建设方面取得了可喜的成绩，一批数字博物馆开通运行，突破时间和空间的限制，方便快捷地为社会公众提供公益性信息资源服务，成为展示中华历史文化的舞台。目前，随着以"文物调查及数据库管理系统建设项目"、"数字故宫"等为代表的一批文博信息化项目的开展，数字博物馆的应用得到很大发展，具体表现为：国家文物局颁布了博物馆藏品信息指标体系规范；山西、辽宁、河南、甘肃四省 300多家文博单位完成了 38 万多件珍贵藏品数据采集，故宫博物院、上海博物馆等单位也完成了 10 万件以上文物数据采集；全国有近 200 家博物馆建立了互联网站；几十家博物馆建立了内部局域网并使用了各种版本的藏品信息管理软件、图书资料管理软件和办公自动化系统；故宫博物院、首都博物馆、上海博物馆、南京博物馆、成都金沙遗址博物馆等单位充分利用信息技术在馆内进行辅助展示，并开展了三维数据采集和利用；一批深入解读遗产价值的数字文化产品（如《故宫》、《圆明园》）广泛传播，并取得良好效益。数字博物馆的应用已经起步，但相比于全国 2300 多座博物馆（其中文物系统 1500 多座）、1600 多万件馆藏文物（其中珍贵文物 320 多万件、一级文物近 5 万件）、数十万处文物保护单位（其中 2351处全国重点文物保护单位），以及其他大量的物质文化遗产，仍具有非常广阔而且日趋增长的需求。①

数字博物馆集藏品数字信息资源的采集、管理和展示于一体，服务于文物保护、管理和利用工作，成效显著，得到普遍认可。但就内蒙古自治区各博物馆来看，数字化建设存在着不平衡和建设水平低的问题，更有甚者没有跟上形势，还没有启动数字化建设。作为自治区文化厅、文物局要积极争取经费、引进人才，支持各博物馆的数字化建设进程，让数字化博物馆在自治区文化遗产保护和价值、风貌展示方面作出贡献。

---

① 《数字博物馆》，百度百科，http://baike.baidu.com/view/1528687.htm。

四　科技保护

近年来中国文物科技保护已有显著进步，然而文物保护科技意识还相对薄弱。其突出表现是宏观保护（防止人为丢失、人为毁坏）重于微观保护（防止文物本身自然的毁坏），对造成文物丢失、人为毁损的单位或个人严加追究（当然，这是非常必要的），而任文物自然毁损甚至消失就无须承担责任。随着法制的完善、高科技监控手段的运用和多年来的宣传教育，人们保护意识的加强，人为破坏相对减少，但自然破坏的程度比较严重。

1. 树立科学的保护意识，减少文物自然损坏

物质文化遗产的科技保护，首先要有科学的保护意识，保护遗产的原真性、完整性，使用材料必须坚持其可逆性、可再处理性、可识别性和最低程度介入的原则。中、美、澳三国合作编写的《中国文物古迹保护准则》，对中国的遗产保护工作制定了行业规范和评估标准，对保护条款进行了专业性解释，对于内蒙古自治区物质文化遗产的保护具有指导性意义。基于文物是一类极其特殊的物质，文物科技保护处理必须要遵循下面这些基本原则："（1）尽可能采取预防性保护措施，尽量减少对文物的干预；（2）保护处理不能改变文物原貌，保护处理除对文物有害的部分处理外，保护其古色古香的外观；（3）保护处理不能留隐患，不能使文物经过一段时间后发生不好的或不可预料的变化；（4）不能破坏文物信息或残留对今后进一步研究有影响的因素（如有机防霉剂等在文物上的直接使用会影响文物的年代测定，金属材料的加热整形等会影响文物原有的金相组织等）；（5）对于某些施用的材料，如加固剂和表面封护剂要强调其可逆性，以备将来科技发展有更新更好的材料可以替换；（6）保护材料尽量有综合效益，即使用材料既能改变文物目前状态，又对今后有积极的影响（如纸张脱酸中的残留碱等）；（7）因器物各异设计保护方案；（8）新的方法或材料要确保经过大量的实验及长期的时间验证对文物无害，无隐患，方可使用。"①

2. 引进高科技设备和技术，加强对馆藏文物的保护与利用

近年来，内蒙古自治区博物院在全国率先引进高科技的博物馆藏品

---

① 潘路、马燕如：《中国文物科技保护事业发展中问题的思考》，新浪博客，http://blog.sina.com.cn/s/blog_55ae6913010008xq.html。

3D 激光扫描设备，对馆藏的吐尔基山辽代古墓及出土文物进行了扫描拍照，建立了数字化的文物藏品系列。博物馆藏品 3D 激光扫描技术，其核心的理念就是将三维技术应用到文物摄影上，对文物进行真实完整的扫描拍照，把文物本体的各种数据全面系统地用信息储存的方法永久保存下来。这项技术提高了文物的安全度，简化文物的搬动量，扩展研究人员的研究面，也更加贴近了老百姓，数字文物的播放能使观众增加兴趣。研究显示，这项技术还可以运用搜集到的信息，对文物本体进行"病害分析"和"技术分析"。由于其广泛的摄取量，这种技术也可以对文物大遗址及古代建筑的内外情况进行分析。同时，还可以开发精美的文化产品，按照文物的信息制成模型或礼品，特别是可以制造出极为高、精的文物仿制品。

3. 推广"草原神灯"等高科技安全防范工程，加强对田野不可移动文物的监控和保护

根据内蒙古地区文物保护的实际，从 2006 年开始，自治区文物局在国家文物局支持下，实施"草原神灯"安全防范工程，引进了高科技监控报警设备——"草原神灯"，并由地方出资在文物遗址上建立了小型文物监测站，由监测员全天候运用电子设备监控文物遗址，发现盗墓和破坏情况立即向草原刑警 110 报告，此举迅速扭转了内蒙古野外文物保护不力的局面。

此项高科技的文物保护项目，先在奈曼旗辽代"陈国公主墓及萧氏家族墓群"进行试点，由于实验效果良好，从 2007 年开始，内蒙古文物保护部门又陆续在耶律羽之墓群、乌兰察布市四子王旗元代城卜子古城与古墓群等处安装了"草原神灯"。2008 年自治区文物局积极实施"草原神灯推广计划"，在全区 9 个国家级重点文物保护单位加以推广。草原神灯安全防范工程，从技术上实现了对田野不可移动文物的监控和保护，从舆论上也达到了对犯罪分子的震慑作用，有效地保护了草原和田野上的不可移动文物。

阴山岩画主要分布在内蒙古巴彦淖尔市境内南北 40 公里至 100 公里、东西 350 公里的阴山山脉和草原山礐岩壁上，创作年代可以追溯到 1 万多年前。迄今为止，自治区已发现阴山岩画分布群 153 个，较密集分布区 19 处，发现岩画 5 万余幅，总数居中国之首。在过去的很长一段时间，由于自然和人为的原因，阴山岩画没有得到应有的保护和利用，损失破坏

较大。初步估算，毁损近 5000 幅。因为阴山岩画分布范围广且分布区交通不便，也加大了阴山岩画的保护难度。从 2007 年以来，自治区先后投入 1200 多万元，启动了阴山岩画大型抢救性普查与保护工程，组织文物考古、自然生态、环境监测等多方面专家，采用摄影、摄像、卫星定位等高科技手段，对阴山岩画的数量、分布、题材、范围等进行全方位科考普查。据新华网呼和浩特 2010 年 10 月 14 日电，在中国七大岩画宝库之一的内蒙古自治区阴山岩画密集区，一套先进的太阳能电子视频监控系统已经建成并使用。这个投资 200 万元建成的"电子眼"，监控范围达到 3 平方公里，可监控岩画 3000 余幅。巴彦淖尔市磴口县格尔敖包沟阴山岩画区的一位工作人员说："这个监控系统可以保护岩画免遭人为毁损，如果遇到紧急情况系统能在第一时间提示保护点值班人员，并按照预案进行及时处理。"为进一步加大对阴山岩画的保护与研究，自治区还于 2010 年正式启动了阴山岩画申报世界文化遗产工作，并围绕阴山岩画内容开展了一系列学术研究考察及研讨活动。[①]

因为阴山岩画都是刻在一种含铁和锰比较丰富的岩石上，铁和锰随着时间的递推会逐渐老化，颜色也会逐渐变成咖啡色，甚至更深达到黑色。比如说几百年的岩画表面是比较浅、带有黄点的，3000 年前的岩画可能是咖啡色的，1 万年前就变成了灰色的了，所以通过对比，建立了阴山岩画的色谱数据库，由浅到深，随着年代逐渐变化。特别有意思的是在一个地方发现一块岩石上面正好画着"大德十年"的岩画，我们就把这个"大德十年"作为一个时间标准，跟电脑上的色谱数据库一对，正好是700 多年的年代，这也可以对我们的研究工作起到校验作用。色谱数据库是内蒙古独有的方法，这个方法只适合运用在含铁和锰比较丰富的岩石上岩画年代断定，它也获得了国家科学进步奖的三等奖，并在逐步地推广。总的来说，在岩画的断代判断上已经突破了过去通过看造型、笔画或者是刻画方法等凭感觉，不完全科学的限制，而色谱断代的方法应该说是真正从科学角度出发的，在全国也受到了一些专家的好评，从而认可了色谱学的可行性。

阿尔寨石窟位于鄂尔多斯市鄂托克旗阿尔巴斯苏木辖区内，以保存有

---

① 勿日汗：《电子眼全天候监控，高科技保护濒危阴山岩画》，新华网，http：//news. xin-huanet. com/shuhua/2010 – 10/15/c_ 12658810. htm。

西夏、蒙元、明代的精美壁画而博得"草原敦煌"的美称，是内蒙古自治区境内发现的规模最大的石窟寺建筑群，也是目前世界上发现回鹘式蒙古文榜题最多的一处遗址，具有很高的历史、文化和旅游价值。近年来，随着游客的不断增多，阿尔寨的安保工作也显得更为重要。据新华网呼和浩特 2010 年 11 月 2 日专电，一个具有纵深防护体系和防入侵、防破坏、防抢劫功能的信息化安防工程在阿尔寨石窟遗址保护区内启动实施。该工程是国家文物单位重点安保工程项目，经国家博物馆审批，由内蒙古文物部门组织设计施工，总投资 140 多万元。据阿尔寨石窟研究院院长苏德力格尔介绍，根据地形特点，工程共设置了三道安保防线，第一道是沿着山脚下草牧场网围栏布设了长约 2.1 公里的"高压脉冲电子围栏"屏障；第二道是在石窟半山腰上设置类似火车轨道的"埋地式线路电缆"，形成禁区跨域报警系统；第三道是在 14 个重点石窟内全部安装集微波探测、声音监听、视频监控于一体的远红外线探测器，采用有线、无线手段相结合的信号传输系统，对石窟实施全天候全覆盖探测和实时视频管控。

五　全民保护

1. 各级政府要担当起保护文化遗产的责任

保护物质文化遗产，首先是内蒙古自治区各级政府的责任。各级人民政府的重视，是保护好物质文化遗产的关键和保证。内蒙古自治区各级政府要从国家、民族的利益出发，从今后长远发展的战略角度出发，重视物质文化遗产的保护工作，把物质文化遗产保护放在应有的地位，在社会经济发展的总体布局中，在城市建设规划中，在财政预算安排上，都应将其放在适当位置。要改变把文化纯粹作为手段的现象。高度发展的文化与高度发达的经济同样是我们奋斗的目标。人不仅追求物质生活的丰富，也追求精神生活的丰富。所以，发展文化是我们各级政府义不容辞的责任。当然，文化对经济发展有手段的功能，应当为经济建设服务，但同时文化又要以经济为基础，经济也是文化发展的手段。文化与经济相辅相成，这一点已经被历史实践所证明。如果把文化遗产以至文化仅仅当成发展经济的手段，不注意保护，甚至进行破坏性开发，其损失是无可挽回的。等到若干年我们觉悟后，必然会无限悔恨。这种教训在我们过去的历史中已经不少。所以，我们各级政府必须牢牢把握好，坚持科学的可持续的发展观，而不能贪一时之功，以损毁文化为代价求得经济的发展。

2. 加强遗产保护宣传

为了进一步加强文化遗产保护，继承和弘扬中华民族优秀传统文化，国务院决定从 2006 年起，每年 6 月的第二个星期六为中国文化遗产日。内蒙古自治区是草原文化的主要发祥地和承载地之一，这些草原历史文化和民族文化遗产，记载着草原历史，传承着草原文明。它是草原文化的根，寄托着草原人民的情感，牵动着草原人民的灵魂。丰富的草原文化遗产也是自治区社会主义现代化建设的重要基础资源，更是全区各族人民的宝贵精神财富。保护草原文化遗产，弘扬草原文化传统，对于丰富中华文化内涵，促进民族团结，维护祖国统一，都具有重要的现实意义和深远的历史影响。为了进一步增强各级政府和广大群众保护草原文化遗产的意识，动员全社会力量切实保护和建设草原文化，早在 2005 年，自治区人民政府决定每年的 9 月 6 日为"内蒙古草原文化遗产保护日"，这是在全国各省市区中设立的第一个文化遗产保护日。根据草原文化遗产的现状和亟待保护的内容，每年确立一个"草原文化遗产保护日"的主题。这一举措充分表明内蒙古自治区党委和政府对草原文化遗产保护工作的重视，同时，也反映了自治区党委和政府对建设民族文化大区的决心和坚持经济和社会协调发展的高度自觉。这一决策，对内蒙古的文化建设以至各方面的发展，都将起到积极推动作用。

3. 探索人才培养新模式，培养大量合格的文化遗产保护专业人员

文化遗产的保护，需要大量合格的专业人员。而目前，文物保护专业人员匮乏，大量文物得不到及时、有效的保护。特别是近些年，随着一些传统修复方面"人亡技绝"，更使文物保护事业雪上加霜，文物生存受到根本性的威胁，文物保护面临着严峻的困境。通过与大学联合举办文物保护专业、古建筑专业，文物保护工程专业学习班，或与国外大学和专门机构合作选派专业人员深造等多种方式，针对不同对象培养、培训文化遗产保护工程管理和技术人员，将是一个文化遗产保护的必然选择。在国外，培养文化遗产保护专门人才的学校已经屡见不鲜，但在中国至今尚未形成一个专家培养制度，专业人员的缺失，已给文化遗产保护带来了忧患。

目前，自治区内内蒙古师范大学开设有考古学、博物馆学本科专业，赤峰学院开设有考古学本科和文物鉴定与修复专科专业。在研究生培养层面，内蒙古大学设有考古学及博物馆学硕士学位点，并于 2006 年开始招收内蒙古文物考古、博物馆学 2 个研究方向的硕士研究生；赤峰学院经国

务院学位委员会审核，被批准确定为在文物与博物馆硕士专业学位类别开展学士学位授予单位培养硕士专业学位研究生试点工作建设单位，这是自治区唯一一所被国务院确定为可以培养文物与博物馆硕士专业学位研究生的高等院校。赤峰学院在考古领域承担"服务国家特殊需求人才培养项目"任务，经过建设，2013 年文物与博物馆硕士专业学位研究生已实现正式招生。但由于目前就业方面的种种制约因素，三所学校在硕、本、专三个不同层次上每年的招生状况也不容乐观，虽然也曾举办过一些专门的培训，但与实际需要还有差距。

鉴于此，自治区一方面要出台必要的扶持政策，加强区内高校考古学与博物馆学专业建设，培养文化遗产保护方面的专业人才；另一方面，要对现有的从业人员进行全员、全面的培训，提高他们的业务能力。同时，自治区文物局应积极与国内著名高校合作，定向培养部分考古学与博物馆学专业高级人才，而且应将这种模式推广到如建筑、文化、旅游、房地产、经营管理和行政管理领域，使他们能够成为历史文化遗产保护的复合型人才，打造自治区文化遗产保护的团队。此外，在文化遗产保护工作中，老同志的经验非常重要。目前，大多数年轻同志不缺乏理论知识，而是接触实践较少，因此，可采取"以老带新"的方式，由有经验、有成绩的老同志教授年轻同志，将其在工作中的实践经验传授给年轻同志，起到传帮带的作用。

4. 积极引导公众参与保护文化遗产

公众是文化遗产保护的主体。人们往往以为保护文化遗产是政府的事情，应该是政府行为，与自己无关，这无形中削弱了对文化遗产全面保护的力度。例如，在许多文化景点，都存在着人们随意破坏的现象，比较突出的就是乱写乱画等情况。诸如"某某到此一游"此类的词语。因此，政府部门、文化遗产保护部门应当通过大量的宣传，引导公众形成保护文化遗产的习惯，更重要的是将文化遗产保护成果惠及人民群众。目前，公众参与文化遗产保护已成为世界各国的共识。国际古迹遗址理事会全体大会第八届会议于 1987 年 10 月在华盛顿通过的《保护历史城镇与城区宪章》中明确指出："为了使保护取得成功，必须使全城居民都参加过来。应该在各种情况下都追求这一点。并必须使世世代代的人意识到这点，切记不要忘记，保护历史性城市或城区首先关系到他们的居民。"同时又指出"为了保证把居民吸引到保护工作中来，必须从学龄开始就对他们进行普遍的教育"。①

因此，应当认识到公众参与文化遗产的保护并非是被动的了解和接受，而是对保护过程的主动参与。

六　征收文物资源税，建立物质文化遗产保护基金

资源税的征收范围应当包括一切开发和利用的国有资源。目前中国主要征收矿产资源税。然而《文物保护法》第十一条讲：文物是不可再生的文化资源。自然资源作为非劳动要素参与到生产活动当中，国家保护它的使用、收益的权利。那么文化资源同样作为非劳动要素参与到旅游这项生产活动当中去，无论从非劳动要素角度看，还是从所有权角度看，国家都应当向文物的使用单位征收文物资源税。文物具有使用价值，已被开发利用的不可移动文物和国家允许流通的文物具有商品性，经营文物可以得到经营超额利润，但是由文物创造的价值并没有很好地用于文物保护。要改变目前文物保护所面临的被动局面，理顺文物管理体制，解决文物保护资金不足，行之有效的办法就是向获得经营超额利润的单位或个人征收文物资源税，并将税款层层落实为物质文化遗产保护基金，依法专款专用。更何况近些年国家在文物保护上投入了巨额的资金，而被修缮的文物单位也大多用于旅游开发，国家也应当保留对这部分投资的收益和处分的权利。

---

①　中国文化遗产网，资料信息栏，政策法规，http：//www.cchmi.com/tabid/129/InfoID/506/Default.aspx。

第四章

内蒙古物质文化遗产的利用

改革开放 30 多年，中国经济社会发展取得了举世瞩目的巨大成就。为进一步推进社会主义和谐社会的发展进步，落实科学发展观和实施可持续发展战略，2011 年 10 月，中央出台了《中共中央关于深化体制改革推动文化大发展大繁荣若干重大问题的决定》，提出"优秀传统文化凝聚着中华民族自强不息的精神追求和历久弥新的精神财富，是发展社会主义先进文化的深厚基础，是建设中华民族共有精神家园的重要支撑。要全面认识祖国传统文化，取其精华、去其糟粕，古为今用、推陈出新，坚持保护利用、普及弘扬并重，加强对优秀传统文化思想价值的挖掘和阐发，维护民族文化基本元素，使优秀传统文化成为新时代鼓舞人民前进的精神力量。加强文化典籍整理和出版工作，推进文化典籍资源数字化。加强国家重大文化和自然遗产地、重点文物保护单位、历史文化名城名镇名村保护建设……繁荣发展少数民族文化事业，开展少数民族特色文化保护工作。"① 在这样的背景之下，发展内蒙古地区民族特色文化事业，推动物质文化遗产的保护和利用，成为内蒙古自治区今后工作的重点。

内蒙古地区物质文化遗产是在长期的历史发展演变过程中，生活在内蒙古地区的山戎、北狄、林胡、楼烦、匈奴、东胡、鲜卑、乌桓、突厥、柔然、回鹘、契丹、室韦、女真、党项、蒙古、满、汉等许多民族在漫长的历史过程中留下的历史文化遗存，这些从石器时代到近现代所保留下来的珍贵物质文化遗产是内蒙古草原历史文化的有形反映。随着社会的发展，大量的物质财富随着历史的演绎而消亡，保存下来的仅是沧海之一粟。内蒙古地区在历史上是多民族共同生活的区域，但由于游牧经济和农

---

① 《中共中央关于深化文化体制改革的决定》，新浪网，http://news.sina.com.cn/c/2011 - 10 - 26/001923361344.shtml。

业经济的冲突，草原游牧经济本身的落后，战乱频仍，导致本地区留存下来的物质文化遗产更是难能可贵。唯其如此，才显得这些文化遗产是多么珍贵。而其中的部分物质文化遗产仍在面临不断流失的危机。如何保护并利用好这些珍贵的物质文化遗产，成为当代内蒙古人的历史责任。这不仅是对历史负责，也是对子孙后代负责。

利用的前提是保护，保护的目的是为利用。在保护好本地区有限的物质文化遗产的同时，如何合理利用和开发这些物质文化遗产，为内蒙古地区的经济和社会发展提供强大的历史文化支撑，促进民族区域经济发展，成为内蒙古自治区政府和人民义不容辞的职责。陕西省长袁纯清在谈到大明宫建设和利用时说："保护历史，彰显人文，创造未来，造福人民。"①这样的精神同样适合内蒙古物质文化遗产的利用和开发。

2011年2月，《内蒙古自治区国民经济和社会发展第十二个五年规划纲要》出台，其中第8章"传承创新，推进民族文化强区建设"提出："加强文化遗产保护，加快历史和民族文化挖掘，做好文物保护和文化典籍整理，加强少数民族文化遗产和非物质文化遗产整体性保护。支持元上都遗址等文化遗产的申遗活动。……加强古建筑、革命纪念建筑的维修保护和古文化遗址、古代城址的抢救保护。积极申报建设一批国家级文化生态保护区，扩大保护区范围，构建草原文化核心保护区。"保护的目的是为利用。"世界遗产与可持续发展包括两层含义：一是世界遗产自身的可持续发展，一是世界遗产对人类可持续发展的贡献。"②

在国家推动文化强国的战略背景之下，内蒙古自治区拉开了实施文化强区的大幕。对内蒙古自治区历史文化遗产进行重点保护，合理利用，成为今天内蒙古地区社会和经济发展的时代背景和紧迫任务。

第一节　内蒙古地区物质文化遗产的功能分析

物质文化遗产与非物质文化遗产一样，其本质都在于这些文化遗产所蕴含的精神，所蕴含的"文化基因"。外观上的古生物、文物和古建筑等物质文化遗产，透露出来的文化精神，体现出特定时代和特定民族的精神

① 袁纯清：《保护历史，彰显人文，创造未来，造福人民》，《中国文化遗产》2009年第4期。
② 参见董明康《保护世界遗产，谋求可持续发展》，《中国文化遗产》2012年第5期。

意识，是我们利用物质文化遗产的基本依据。比如内蒙古地区分布有各个时期的长城遗址，通过这些遗址，我们可以认识到内蒙古地区是历史上民族交融的重要场所，是中原农耕文明和北方草原文明的过渡地带，可以感受到中华民族防御性而非侵略性的处世意识及追求恢弘远大的艺术意趣。从红山文化的玉器，我们可以认识到内蒙古地区也是中华文明的发源地，认识到中华先民高超的玉石雕琢技术和审美意识。从成吉思汗陵、美岱召和五当召等古建筑的观瞻，可以感受到内蒙古地区蒙古民族的文化特色和草原民族的精神信仰。因此，对内蒙古地区物质文化遗产的利用，应首先从对这些物质文化遗产的功能分析入手。

同时，我们应坚持马克思主义"批判地继承"的观点。"人们自己创造自己的历史。但是他们并不是随心所欲地创造，并不是在他们自己选定的条件下创造，而是在直接碰到的、既定的、从过去承继下来的条件下创造。"① 注重对物质文化遗产的利用，是建设和发展内蒙古重要的历史依据，是维系内蒙古地区民族特色的文化支撑。

一　内蒙古地区的物质文化遗产是开发内蒙古有形的文化资产

物质文化遗产同环境、物产、矿藏一样是社会发展的有形资产之一，只不过物质文化遗产的价值主要在通过其历史价值进而开发其精神价值、艺术价值和科学价值。但我们也要注意到，矿物资源的价值是相对的和暂时的，会随着环境的改变和过度的开发而改变和枯竭，而物质文化遗产的价值却是长久的和无穷的。塔拉先生在其主编的《草原考古学文化研究·总序》中说"内蒙古草原文化史是历史上多民族、不同的经济生产方式、传统和现代相结合的复合型文化形态"。② 这一论断表明，内蒙古地区拥有独具区域特色的草原文化体系。而这些从石器时代到近现代漫长的历史时期所保存下来的物质文化遗产是塔拉先生形成自己论断的基本依据，因为这些物质文化遗产是内蒙古历史演化过程的缩影和记录，是内蒙古草原历史文化的有形反映。

亿万年前的大量古生物化石，如目前已知的亚洲最大的白垩纪恐龙化

---

① 马克思：《路易·波拿巴的雾月十八日》，《马克思恩格斯选集》（第1卷），人民出版社1975年版。

② 塔拉主编：《草原考古学文化研究·总序》，内蒙古教育出版社2007年版，第2页。

石查干诺尔龙、猛犸象骨骼化石等，是探索内蒙古古地理、古气候珍贵的科学依据，具有极其重要的科学价值。

大窑文化开启了内蒙古地区文明的曙光，红山文化的玉器、鄂尔多斯的青铜器、阴山岩画等，则揭示了内蒙古地区文明的内涵和发展特色。著名考古学家苏秉琦先生经研究认为，"大体位于内蒙古境内长城地带，是探讨古代不同文化传统南北关系的'中间环节'"①，分布在内蒙古境内的各个时期的长城建筑遗址便是证明。

红山文化中的玉器，代表了西辽河流域史前玉文化发展的鼎盛，与环太湖流域并列成为中国史前时期两大雕琢和使用玉器中心之一，诸多优势因素被夏商周三代融合吸收，成为中国主流传统文化中的核心要素。玉器是红山文化的一个重要组成部分，雕琢精美，工艺精湛，具有很高的艺术价值，反映了中华文明黎明时期人的哲学观念，在很大程度上象征着中华民族的文明，独具特色，有力说明红山文化是中华文明源头之一。

"鄂尔多斯青铜器"多为实用器，按其用途大体可分为兵器和工具、装饰品、生活用具及车马器四大类，以短剑、铜刀、鹤嘴斧、棍棒头、各类动物纹饰牌、饰件、扣饰等为主，因以大量动物纹装饰器物而最具特征。动物纹的种类有虎、豹、狼、狐狸、野猪、鹿、马、羊、骆驼、刺猬、飞禽等，多采用圆雕、浮雕、透雕等装饰手法，内容丰富、造型生动、工艺娴熟，部分器物使用先进的"失蜡法"工艺铸造而成。"鄂尔多斯青铜器"以复杂巧妙的图案构思、独特的艺术和优美的造型而享誉海内外。

坐落在呼和浩特市的昭君墓，宛如北方草原上一颗璀璨的明珠，已成为名扬世界的旅游胜地。这里不仅是历史悠久的文物古迹，还有鸟语花香的自然情趣和独具特色的人文景观。昭君出塞，表现了一个弱女子不顾边塞荒凉，不畏北地风寒和毡帐之苦的非凡胆识和勇气。和亲符合当时汉匈两族人民多年的愿望，所以汉元帝下诏将这一年的年号改为"竟宁"，意为和平安宁。呼韩邪单于封昭君为"宁胡阏氏"。呼和浩特市和包头市附近西汉晚期墓葬中出土的"单于和亲"、"千秋万岁"、"单于天降"、"长乐未央"等砖瓦，正是昭君出塞的历史明证。昭君出塞以后，汉匈出现了半个多世纪的和平局面。"琵琶一曲弹至今，昭君千古墓犹新。"王昭君及昭君墓已成为民族友好的永恒象征。

---

① 《苏秉琦考古论文选集》，文物出版社 1984 年版，第 272 页。

内蒙古的长城资源，无论是时代之多还是体量之大，在中国 16 个有长城分布的省、自治区、直辖市中，都位居第一。内蒙古境内的长城可划分为鄂尔多斯市战国秦昭襄王长城、战国赵北长城、燕北长城内线、阿拉善右旗汉长城、鄂托克前旗隋长城、金界壕主线、鄂尔多斯市明长城等 26 个分布单位。[①] 包头市境内的秦长城累计长度为 120 公里左右，多半修筑在山峦北坡，依山就险，因坡取势，山谷隘口及平川地带多用夯土筑成，山地则多用石砌或土石混筑，一般石砌长城遗迹保存尚好，现存的一般为外壁高度在 4 米以上，基宽 4 米，顶宽 2 米左右。站在高处，依然可见长城顺着山势上下，状若游龙，每隔一段尚能辨清古代烽火和障城的遗迹。在包头秦长城内外，留有 8—9 座古城遗址，周围常可找到秦国至西汉初年的陶片。透过这些被历史风雨侵蚀的断壁残垣，我们可以看到内蒙古广阔的大地曾经发生的一幕幕历史剧，明确内蒙古在中华文明史上的地位。

内蒙古地区这些物质文化遗产蕴含着丰厚的历史文化，是自治区历史文化的缩影，我们可以借助它们，传承内蒙古一以贯之的文化特色，塑造新时代的内蒙古。

二　内蒙古地区物质文化遗产是民族斗争和融合的见证

内蒙古自治区在历史上就是一个多民族聚居的广阔天地，众多民族在这里生存斗争。作为农耕经济和游牧经济的过渡地带，这里曾发生过多次激烈的斗争，一次次的民族冲突，带来的也是一次次的民族融合。今天以各种方式存留下来的物质文化遗存则是这种多民族斗争和融合的见证。

从春秋战国开始一直到明清时期，历朝历代修筑的长城和烽燧亭障，都是两种不同经济方式、不同民族斗争的明证。秦直道遗址则是秦控制河套地区，开发"新秦中"，沟通南北的古代高速公路。金"界壕"则是金政权为防止蒙古族南下的防御隔离手段。北方少数民族政权和中原内地汉族政权之间，无论是进攻，还是防御；是反击，还是避走；是阻隔，还是沟通，或农或牧，或战或和，或封贡或互市，在历史的风云变幻中，都是过眼烟云，今天我们可以触及的，只有这些有形的历史文化

①　勿日汗：《内蒙古长城资源占中国长城资源总量近三分之一》，新华网，http：//www. nmg. xinhuanet. com/xwzx/2012 - 01/01/content_ 24459252. htm。

遗产。

阿拉善盟出土的 3 万枚居延汉简，5000 卷黑水城文书，阿拉善左旗水泵厂院发现的几千枚以宋代为主的古钱币，是内地中央政权对这一地区进行有效行政管理、经济开发和经济交流的历史见证。

昭君坟青冢兀立、巍峨壮观，被文人誉为"青冢拥黛"，是呼和浩特的八景之一，是匈汉和平的象征。公元前 60 年，匈奴发生内讧。造成"死者以万数，畜产大耗十八、九，人民饥饿相燔烧以求食"[①] 的悲惨局面。呼韩邪单于在匈奴内斗中权衡利弊，最终选择了"事汉而安"的道路。公元前 51 年呼韩邪单于入汉觐见，宣帝宠以殊礼，"匈奴单于称藩臣……其以客礼待之，位在诸侯王上"，"赞谒称藩臣而不名"。汉宣帝承认呼韩邪单于为匈奴最高首领，正式颁发黄金质"匈奴单玉玺"、绶、冠带、衣裳并赐安车、驷马、黄金、锦绣、缯絮等，表示了汉天子对臣下的册封。这次册封无疑是汉匈关系史的一次重大历史事件，它确定了匈奴呼韩邪政权是隶属于汉朝中央政权之下的藩属地位，是中国多民族统一国家形成过程中的一次重大历史事件，具有极其深远的影响和历史意义，同时也对匈奴历史的发展产生了重大影响。呼韩邪单于和匈奴民族对中华统一多民族国家形成、发展作出了杰出的历史贡献。册封后单于北归。"闻郅支占据北庭，自请愿留居漠南光禄塞（今东起自五原郡北面的阴山后面，西北伸延至庐朐河）的汉长城下，有急保汉受降城（今内蒙古乌拉特中旗东阴山北）。"[②] 元帝初，汉遣车骑都尉韩昌、光禄大夫张猛送呼韩邪单于侍子与呼韩邪盟约："自今以来，汉与匈奴合为一家，世世毋得相诈相攻。有窃盗者相报，行其诛，偿其物；有寇，发兵相助。汉与匈奴敢先背约者，受天不祥。令其世世子孙尽如盟。"[③] 盟约进一步表达了双方世代和好的愿望，客观上起到加强汉匈君臣约束的作用。从此"边城晏闭，牛马布野，三世无犬吠之警，黎庶无干戈之役"。[④] 1981 年包头召湾汉墓群 47 号墓中出土了"单于和亲"、"单于天降"、"四夷尽服"、"千秋万岁"等文字瓦当，以及"单于和亲千秋万岁安乐未央"十二字砖。1984

---

① 《汉书·宣帝纪》。

② 参见李逸友《内蒙古历史名城·光禄塞的城障》，内蒙古人民出版社 1993 年版。

③ 《汉书·匈奴传》。

④ 《汉书·匈奴传》。

年清理 86 号墓也出土了"单于天降"残瓦当和"四夷尽服"瓦当。召湾位于秦直道之上。是昭君出塞时和亲队伍渡河北上的必经之地。召湾汉墓所发现的这些文字瓦当应是西汉晚期这次重大政治事件纪念建筑的废弃物。①

西汉在长城沿线修筑了许多边防城池，设置郡县，移民实边，实行有效管辖。汉长城沿线的边城，目前已发现百余座。有的边城城内有官署、民居、街道，城外有墓地，与内地县城相差无几。其中有许多是当时郡县治所。这些古城除托克托县云中、和林格尔县盛乐、凉城县沃阳、准格尔旗美稷、宁城县平刚和奈曼旗沙巴营子古城城址是沿用战国及秦代的以外，大多数是西汉时期，主要是汉武帝及其以后建立的。这些城址成为内蒙古地区最早的一批城镇，表明内蒙古地区与内地文化的联系进一步加强。②

在包头市连绵起伏的大青山深处，有一座气势磅礴，规模宏大的藏式喇嘛庙，这就是国家重点文物保护单位、4A 级旅游景区、闻名遐迩的五当召。它与西藏的布达拉宫、青海的塔尔寺和甘肃的拉卜楞寺齐名，是我国喇嘛教的四大名寺之一。此外，内蒙古地区著名的寺庙如美岱召、昆都仑召、梅力更召、汇宗寺、宝善寺、灵悦寺、福会寺、库伦三大寺、贝子庙、开鲁佛塔、万部华严经塔、金刚座舍利宝塔等是内蒙古地区宗教文化的象征，这些建筑、壁画、雕塑是研究蒙古民族史和民族艺术的宝贵史料，具有较高的历史、科学和艺术价值，并有深刻的民族文化内涵。

从《史记·匈奴列传》开始的历代正史、野史，对北方各族都有翔实记载，这些历史文献成为我们认识内蒙古各民族历史的珍贵记录。如成书于 1240 年的《蒙古秘史》，是蒙古民族现存最早的一部历史文学典籍，被中外学者誉为解读草原游牧民族的"百科全书"，1989 年被联合国教科文组织列为世界名著。从成吉思汗二十二代先祖写起（约公元 700 年），至 500 多年后成吉思汗儿子窝阔台汗十二年（公元 1240 年）为止。书中记载了蒙古民族发展的历史脉络。《蒙古秘史》以其特有的历史价值、文学价值、文献价值，以及完整系统的文化价值，引起了世界很多研究人员的关注，在国际学术界引发了持续至今的研究热潮，形成了一个专门学

---

① 张海滨：《包头汉墓若干问题论述》，《内蒙古文物与考古》2000 年第 1 期。

② 曹永年：《内蒙古通史》（第 1 卷），内蒙古大学出版社 2007 年版，第 101 页。

科——"秘史学"。

上述材料说明，保存下来的这些物质文化遗产是内蒙古地区各民族长期斗争和融合的历史记录，虽然它们不能开口说话，但告诉了我们许多过往的行程。

三 内蒙古地区物质文化遗产是内蒙古草原区域文化特色的象征

内蒙古地处北方游牧草原和南方农耕文明的过渡地带，广阔的地理空间、两种不同经济方式的兼容，众多民族次第兴起，先后南下建立政权，使得这里成为在历史上直接对内地中央政权有着举足轻重影响的区域。因此，内蒙古有着与其他地区迥然不同的文化特色，拥有丰富多彩但特色鲜明的物质文化遗产。这里既是古代北方游牧民族活动的重点地区，又是多民族共同生活的区域。从遍布全区地上地下文物中所反映的文化内涵看，这些文物对研究我国北方各民族关系，研究中华文明起源，研究中国古代北方游牧民族发展史等，都具有非常重要的价值和意义，是进行爱国主义教育，增强民族团结，发展有特色的文物旅游事业的宝贵财富和资源。

内蒙古文物考古工作者通过长时期的辛勤努力，发掘并整理了内蒙古的考古学谱系。"通过对辽河流域与河套、岱海地区的考古工作，初步确认旧石器时代、新石器时代至青铜器时代的一系列考古学诸文化，大窑文化、河套人文化、扎赉诺尔人文化、兴隆洼文化、富河文化、红山文化、赵宝沟文化、夏家店下层文化、庙子沟文化、阿善文化、朱开沟文化、西岔文化、鄂尔多斯青铜器文化、夏家店上层文化等文化序列。"[1] 这些考古学成就反映了内蒙古早期历史的演进序列，在定性、定量分析的基础上确定了内蒙古文物考古的"区系类型"，说明内蒙古是中华文明曙光升起的地方，是中华龙文化、玉文化、礼仪文化的发祥地之一。

阴山岩画以图画形式承载着阴山河套地区中国北方各族特有的经济生活情况，文化价值和思维方式，不仅是河套文化的源头之一和重要标志，同时也是河套文化不可分割的重要组成部分。考察研究和开发利用阴山岩画，进一步深挖其深厚的文化内涵及其与河套文化和草原文化的内在联系，对于认识中国北方各族历史发展脉络，探索中国北方远古先民生活方式和精神世界，具有重要的意义。

---

① 塔拉：《草原考古学文化研究》，内蒙古教育出版社 2007 年版，第 3 页。

包头汉墓群、凉城县崞县窑子春秋战国墓群、察右后旗鲜卑墓群、辽陈国公主驸马合葬墓、辽耶律羽之族墓，等等，反映了各个时代不同族属在这里建立政权，维系统治，生生不息的历史场景。如崞县窑子墓地，"出土了种类繁多的青铜工具、武器和大量的动物纹铜饰牌，并普遍存在殉牲习俗。男性墓，殉马、马鹿、羊，女性则以殉牛羊为主，晚期殉猪、狗。毛庆沟墓地殉马、牛、山羊及羊肩胛骨，其中殉山羊最多，也有殉狗的。男性除殉牲随葬青铜工具、兵器外，还有在头部放置马具的习俗。说明了牧猎生产是当地居民生活资料的重要来源和占主导地位的经济部门。鹿类、野猪、狍等是他们猎获的主要对象，羊、马、牛、猪、狗则是饲养最普遍的家畜，青铜冶铸是这时期手工业发展进步的重要成就"[1]。这些文化与内地中原农耕文化有显著区别，独具特色。

"由于各种原因，在现代化的经济发展过程中，越来越失去了自己的本来特点，失去了足以体现本地区特点的文化主体，接受了别的民族的文化形态，这不是文化交流，是文化替代和同化。"[2] "全盘西化"式的过度引进背离民族交流的宗旨，实践上对民族文化的损害巨大。这已是一个世界性的问题。我们只有在保护好民族共同体的基础上，才能更好地继承和弘扬民族优秀文化。内蒙古自治区首府呼和浩特市的规划与建设开始体现民族特色的内容。在这一趋势之下，物质文化遗产无疑可以发挥重要的功能。我们可以通过参观博物馆、召庙、遗址直接感受，也可以通过影视剧、报告会、学术讲座、文化交流会、文化公园的方式，去领略民族文化的历史风采，去追忆内蒙古的民族风貌。

四　内蒙古地区物质文化遗产是内蒙古社会文化发展的宝库

在创新自治区草原文化的过程中，我们应当应用这些存留的物质文化遗产，在当代与古代之间搭建起一座桥梁，让今人与祖先对话，促使我们更好地思考历史与现实、传统与变革的关系。

"城市文化是城市的灵魂，也是城市能够长期保持发展动力和吸引力的重要因素。城市发展不仅体现在经济规模日益扩大、产业合理、社会福

---

[1]　曹永年：《内蒙古通史》（第1卷），内蒙古大学出版社2007年版，第63页。

[2]　乌日娜：《保护和开发游牧文化遗产从基础做起》，《内蒙古科技与经济》2011年第11期。

利提高等方面，更应突出城市精神的形成和城市文化的传承。城市应该具有凝聚力，应该让每一位居民因为能够成为城市的一员而感到骄傲和自豪。文化遗产正是发挥这一功能的重要保障。"①

"人类保护文化遗产的最终目的，是为现实生活提供服务。文化遗产是凝结在历史文化遗迹和遗物中的一般人类劳动；是人类智慧结晶和历史发展、进步的标志；是社会重要的财富。它是一个国家、一个民族核心价值体系建设的重要组成部分，是进行爱国主义教育、凝聚民族精神的活教材，是历史发展长河大浪淘沙的结晶和自然增值的珍品，是现代经济社会发展的独一无二的新平台，是有形价值和无形价值的统一，因而是社会不可多得而且永远升值的财富。"② 因此，我们应该把内蒙古物质文化遗产进行合理开发利用，是把昨天的财富变成今天的财富，把自治区的文化遗产部门作为生产力部门来看待、来支持，使之成为表现自治区民族特色的载体，成为激励人民的不竭动力，成为满足各族人民精神需求的财富。这些宝贵的文物古迹，应在全区人民的共同努力之下，不仅使劳动者增进历史文化、科学艺术等知识，提高审美和鉴赏能力，提高生产技能，而且用以陶冶情操，培养良好的道德品性，振奋精神，提高生产积极性。从这些意义上说，文化遗产就是生产力的构成要素。

随手掇拾的这些依然光亮的文明碎片，已令我们目不暇接。内蒙古还有近4万枚居延汉简，3万余幅精美的岩画，数不清的古城遗址、古墓群、壁画葬、石刻、古树……在中国共产党领导下，内蒙古的革命先驱及各族人民为民族解放和新中国的成立浴血奋战不懈努力所留下的革命文物、革命遗址、烈士故居，已成为青少年及各族群众接受爱国主义教育的基地。当我们掌握了文化资源的所有权，用来满足需要、获取利益时，这种文化资源成为了文化资本，成为我们建设城市文化取之不尽的富矿区。

内蒙古自治区通过博物馆体系的建设，对文明城市建设、普及科学文化知识，作出了很大贡献。如从2005年开始，内蒙古博物院针对青少年开展的品牌活动"欢乐大课堂"知识竞赛，前3年举办了240期，参与学生7万余人；与自治区党委宣传部联合举办的"博苑"讲坛，已举办

① 童明：《物质文化遗产与都市的演进》，《上海城市管理》2011年第1期。
② 刘江：《文化遗产：我们应当继承什么？——以马克思主义的眼光考察文化遗产的继承问题》，《长江师范学院学报》2011年第1期。

38 期 43 场讲座，2011 年被自治区党委宣传部授予"十大宣传品牌"之一。① 各盟市旗县博物馆也都开展了丰富多彩的社教活动。如赤峰市把博物馆纳入当地民众教育的体系，设立中小学生培养基地；鄂尔多斯市各博物馆每年都要举办数次进校园专项讲座活动，利用重要节日开展宣传、专题讲座等活动；包头市博物馆在每年寒、暑假期间，举办"小小讲解员"培训班；兴安盟博物馆在每年的"5·18 世界博物馆日"免费为市民鉴定文物藏品；锡林郭勒盟各博物馆不定期邀请中、小学校组织学生来博物馆参观学习，或博物馆深入到各校园进行宣传教育。这些富有特色的教育服务项目，达到了让观众"走进历史、感悟人生、开启心智、传承文明"的目的，得到了社会公众的广泛好评。②

五 内蒙古地区物质文化遗产是内蒙古社会可持续发展的文脉

随着全球一体化、城乡一体化速度不断加快，文化多样性面临越来越严峻的挑战，草场植被破坏，人与自然的和谐关系紧张；城市文化面貌趋同、历史记忆消失、生活环境恶化等问题日益凸显，成为制约整个社会健康发展的主要因素。内蒙古自治区如何改变这一现状，促进社会可持续和谐发展，途径之一便是充分利用自治区的物质文化遗产，把住文脉，继承先民的传统，弘扬先民的精神。

"认识文化遗产的经济价值，有利于发现文化亮点，形成新型产业样式，对文化遗产进行研究和挖掘……培育出一些新的产业，为经济发展提供一些新的增长点。文化遗产范围广、涉及面大，能产生效益。对于其中的许多价值，现在的人们还未做到全面、系统地了解和认识。但一旦认识，就可能为经济发展创造出意想不到的效果。文化与经济一体化，文化与经济双向作用，形成相辅相成的发展机制。"③ 遗产本身储存着十分丰富的信息，对这些信息价值的认识不是一蹴而就的，随着研究的深入，对文化遗产价值的深层次认识也会愈来愈多。

保护物质文化遗产，为自治区增添深厚的文化底蕴。如内蒙古地区把

---

① 富永军、马晓丽：《草原博物馆事业惠及各族民众》，《中国文物报》2012 年 12 月 9 日。
② 内蒙古自治区文物局：《内蒙古博物馆事业蓬勃发展，免费开放惠及各族人民》，《内蒙古日报》2012 年 5 月 18 日。
③ 孙刚：《论科学的文化遗产发展观》，《中国文化遗产》2011 年第 5 期。

玉龙、鄂尔多斯匈奴王冠、阴山岩画的图案等，作为旅游开发的图标和各种场合如会议、刊物的封面等使用，正是把物质文化遗产与当代文化建设充分结合的体现。

内蒙古自治区是中国的民族文化大区，其丰富多彩的文物古迹是中华民族宝贵的财富，是开展爱国主义和民族团结教育最为生动、形象的教材。保护和弘扬内蒙古的物质文化遗产，对于促进内蒙古文化大区建设事业，具有十分重要的意义。

第二节　内蒙古地区物质文化遗产的利用方式分析

《2011 年内蒙古自治区政府工作报告》指出："繁荣发展文化事业……加强文物和非物质文化遗产保护，继续实施国家自然文化遗产地、历史文化名城名镇名村、抢救性文物保护和重点旅游景区建设工程。"[①]人类保护文化遗产的最终目的，是为现实生活提供服务。这就需要我们把文化遗产部门当做生产力部门来看。自治区在遵循"妥善保护，合理开发"原则的前提下，如何发挥物质文化遗产的最大社会效益，值得我们认真探讨和深思。

内蒙古物质文化遗产作为经济资源，遗产本身就具有极高的经济价值，是带动内蒙古现代旅游业发展重要的文化背景和依托。但就文化遗产自身的价值而言，它是内蒙古的先人智慧和情感的结晶，万劫余生，作为千万分之一流传下来，今后只会一天天减少或自然消失，具有随着时间流逝而自然增值的属性，因而具有比旅游价值更高的历史价值、科学价值、艺术价值和经济价值。尤其是其中某些对自治区发展具有特殊意义的珍品，其价值是无法估量的。我们应利用文化遗产是在特定区域内、由特定群体创造的、具有民族性和区域性这些特性，在市场竞争中，做到人无我有、人有我优、人优我特的强大竞争优势。

一　经济开发中的利用

我国《文物保护法》中明确规定了"保护为主、抢救第一、合理利用、加强管理"的文物工作方针。也就是说利用的前提是保护，但最终

---

① 《内蒙古时报》2011 年 1 月 24 日。

是如何利用并发挥文化遗产的价值，为当代社会经济发展服务。物质文化遗产最终都要围绕这一主题展开。

内蒙古自治区提出要变文物大区为文物强区，今后将重点保护一批文物大遗址，维修一批明清古代建筑和近代工业遗产以及革命纪念建筑，征集、保护一批少数民族文物，抢救、保护、维修一批古代墓葬、岩画、古代长城遗址。① 内蒙古先后对元上都遗址、辽上京遗址、成吉思汗陵、阿尔寨石窟等几十处文物保护单位进行维修保护，编制文物保护方案 20 个，制定文物维修抢救方案 60 个。

这些举措无疑会为内蒙古自治区经济发展提供强大的支撑。

1. 用于旅游资源的开发

旅游业现在已经成为世界各地经济发展的支柱产业，而文化旅游是旅游业的两大支柱之一，文化旅游的基础则是当地丰厚的传统文化资源。那达慕大会、昭君文化节、包头秦长城热气球节，内容丰富，特色浓厚，是非常宝贵的发展旅游业的资源，这一点已越来越为人们所重视。而且随着西部大开发，旅游业将进一步发展，更能体现文化遗产的价值。物质文化遗产是民族地区社会经济发展的必需手段，其中对旅游业的作用尤其明显。旅游的发展需要文化旅游项目，文化旅游项目需要群众基础。这只能根植于原有的传统文化资源，而不能凭空生造，否则没有生命力。

内蒙古的文化旅游业已有了一定程度的发展。从 1978 年起步的内蒙古旅游业，一开始就将草原文化、民族文化融入旅游业之中，经过多年的扶持和培育，已发展成为公认的高附加值产业。到 2012 年，内蒙古主要旅游城市已实现同全国主要旅游城市航班直达，拥有星级饭店 300 多家、旅行社 800 家、A 级旅游景区 241 家，接待游客能力明显增强。2012 年内蒙古旅游总收入超 1128 亿元，多条精品旅游线路，基本涵盖了内蒙古所有以文物、史迹、遗址、古建筑等为代表的历史文化层以及现代文化层和民俗文化层等。与此同时，牧户游、农家游、蒙牛工业游、鄂尔多斯羊绒游、北重兵器城游、河套酒业游等牧区乡村和工业旅游项目也在悄然兴起。2006 年内蒙古共接待国内旅游人数 2451.7 万人次，旅游业总收入 279.71 亿元。"2012 年，内蒙古接待国内游客人数达 5887.31 万人次，同

---

① 王欲鸣：《内蒙古提出要变文物大区为文物强区》，新华网，http：//news. xinhuanet. com/local/2011 - 01/20/c_ 121005327. htm。

比增长 13.7%，接待旅游人数和旅游业总收入增速连续 5 年保持快速增长。"① 旅游业已成为内蒙古国民经济中发展最快的产业之一。

但是内蒙古旅游业仍存在以下一些问题：旅游产品开发整体水平不高，对文化内涵挖掘不够，旅游精品项目少。从旅游产品开发的总体看，围绕草原风光、民族风情开发的旅游产品档次低，重复开发严重，依托草原、沙漠、湖泊等开发的旅游产品均体现民族风情这一主题，但在开发中对以蒙古族为代表的民族文化内涵的挖掘不够，表现在各旅游景区民俗文化表现形式单一，低水平重复；普遍缺少展现蒙古族日常生活的内容或只注重形式而忽略内涵；体现民俗文化的方式过于程式化，参与性较低。

因此在旅游开发中，旅游线路的规划要突出反映本地区民族特色的文化景观。现在内蒙古著名旅游文化景点，历史类的如呼和浩特地区的白塔、昭君墓、五塔寺、将军署衙、大小召庙等；包头地区的秦长城、赵长城、五当召、美岱召等；鄂尔多斯的成吉思汗陵；锡林郭勒盟的元上都遗址；阿拉善盟的胡杨林旅游景观与居延遗址相结合的旅游路线。

有的学者提出大窑文化遗址旅游资源十分丰富，以古人类文化遗址和陈列品为主要资源，结合风景、地质、地貌和森林景观，通过对交通、景象地域组合、市场旅游容量、市场客源、投资、施工等 6 个条件的可行性分析，认为开发这些资源势在必行。提出在开发时应突出古人类文化遗址为主要开发方向的指导思想。认为开发利用后，这些旅游资源所产生的经济效益，社会效益和环境效益都将有十分广阔的前景。②

2. 提供旅游特色服务

内蒙古自治区积淀深厚的红山文化、蒙元文化、辽文化等历史文化资源，所拥有的森林、大漠、草原自然风光，以及原始、纯朴的民族风情等特色优势旅游资源，正好符合现代旅游的需求和发展趋势，从而使内蒙古与我国东部发达地区具有了资源和市场上的双重互补。

召庙是内蒙古宗教文化的象征。自治区有许多闻名全国的召庙。如已成为内蒙古旅游的标志性建筑的五塔寺，始建于 1727 年，1732 年朝廷命

---

① 《2012 内蒙古旅游接待国内游客人数近 6000 万》，内蒙古旅游网，http://www.nmlxs.com/Travel/news/news/3168.htm。

② 魏永明：《内蒙古呼和浩特市大窑文化遗址旅游资源及其开发利用》，《干旱区资源与环境》1997 年第 3 期。

名为慈灯寺，位于今呼和浩特市境内，因庙宇颓败，以寺后所存五塔、即"金刚座舍利宝塔"而得名。塔座是一个长方形高台，上有五个方形小塔，塔为砖石结构，塔身下半部镶嵌着蒙、藏、梵三种文字书写的金刚经文；塔身上半部为千佛龛，千佛龛中有 1119 个鎏金小佛像。塔身南面正中开券门，门上方有满、汉、藏三种文字所写的塔名匾额。五塔寺"金刚座舍利宝塔"后照壁上的蒙古文石刻天文图，是现存的世界上最完好的用蒙古文标注的天象资料，已将外国天文知识融于中国传统的天文学体系中。

古代北方各民族生活在广阔的内蒙古草原上，勒勒车曾是草原游牧民族重要的交通工具，现在逐步退出历史舞台。但勒勒车已深深地扎根于草原人民的心中，被视为牧民心中的"草原列车"、"草原之舟"。早在2300 多年前，阿尔泰山北麓的斯基泰人就发明和使用了这种车。成吉思汗时代，蒙古人已普遍使用这种车，蒙古语称为特尔格，并把它带入中原。由于频繁搬迁，必须要有适用的运输工具，而勒勒车就是最适合游牧民族使用的车辆。这种车一般车身长达 4 米或 5 米，车辕长达 4 米。双轮，每个轮高都在 1.5 米左右。使用桦木作原料，桦木质地坚硬，耐磕碰，车体轻，着水受潮不易变形。全车没有铁，都用木制，便于取材，也便于修理。由于车轮高和车身长，在草原上行车比较平稳，车速也快。勒勒车的车身上有用柳木条弯曲成半圆形的车棚，棚四周用毛毡包上，既可遮风挡雨，又可防雪御寒。勒勒车根据车的大小和车上的载重量来确定用几头牛来拉。头车的后面有二车三车，长长地串成一大串，一个人就可以驾驭好几台车。有的以家族为单位，有的以部落为单位，一长串勒勒车在草地上走过，被今人称为"草原列车"。勒勒车是蒙古族牧民流动的家，一家人在车上，"行则车为室，止则毡为庐"。牧民们称它为"草上飞"，无论是深草、积雪还是沼泽地，它都能畅通而行。今天的旅游项目，完全可以让游客乘坐一下，体验牧民的生活情趣，感悟游牧民族的艰辛和生活情调。

通过对旅游纪念品基本设计元素，如材质、造型、图案色彩、功能等符号的加工与整合，构建出一系列可以承载地方特色的物质和精神文化价值的符号产品——旅游纪念品。人们对旅游纪念品的认知，实际上是一个信息加工处理的过程，旅游纪念品通过各种符号化的信息来刺激人的感官，从而反映出旅游纪念品设计系列化的实质是对工具与用具的现实需求作出的响应。①

旅游商品化不断推进，旅游标志物开始替代旅游资源而发挥市场作用。旅游标志物逐渐转换成为旅游吸引物，随着时间的推移，旅游产品的不断开发与丰富，旅游标志物被演化为符号，符号被贴在各种旅游商品上，旅游者可将更多的时间和金钱花在这些旅游吸引物之上。

"利用物质文化遗产的传承性，在保证文化遗产原真性和可持续发展的同时，在遗产地附近（保护区外）设计建造与遗产密切相关的、和谐的、经过科学论证的延伸项目，以满足教育、旅游、参观的需求，这也可以为后代留下新的财富，实现遗产的发展。"②

正如全国的旅游标志是马踏飞燕一样，内蒙古旅游也可以设计自己的标志。阴山岩画、鄂尔多斯青铜器、红山玉器等许多器物具有丰厚的历史文化内涵，完全可以利用。历史文物中各民族的生活用具，如蒙古族的酒器、佩饰等，很多历史文物都可以用来复制、仿制、印刷，用于纪念品的开发。

"应立足于西部的基本区情，立足生物多样性、民族文化多样性的资源优势，建立区域性的特色经济。"③　内蒙古旅游景点随处可见的蒙古大营，具有蒙古族特色的雕塑、绘画、服饰等物质文化遗产，正是自治区特色的直接反映。在旅游的开发中应突出这些特色。

3. 用于商业开发和商机的引进

内蒙古地区有许多众所周知、能吸引游客的特色产品。"这些有地方特色、民族特色的东西，大多深深地根植于民族传统文化，来源于内蒙古地区各地特有的原料、特有的技法、特有的造型、特有的构思。"④　有的本来就是当地的生活实用器具，随着旅游业的发展，逐渐变为了旅游产品，如蒙古刀，蒙古服装和配饰，皮制酒囊、酒具。因此，对优秀文化遗产的继承和发展，不仅是对它的有效保护，也能促进当地的经济、社会发展，这是从经济的角度看待民族文化。从文化遗产的角度看，则是文化遗产要在经济的发展中发挥作用。如果能够科学处理好这一关系，就既能使

①　周永振：《基于符号特征的内蒙古旅游纪念品的系列化设计》，《包装工程》2010年第18期。

②　樊传庚：《新疆文化遗产的保护和利用》，中央民族大学出版社2006年版，第184页。

③　胡鞍钢：《西部大开发的新模式与新原则》，《民族团结》2000年第9期。

④　刘瑞：《西部大开发与文化遗产保护》，《边疆经济与文化》2006年第12期。

文化遗产得到继承和发展，又能促进当地特色经济的建立。

历史文化旅游资源开发的内容应包括远古人类遗存、匈奴文化、鲜卑北魏文化、突厥与回纥文化、契丹辽文化、西夏和金文化、蒙古族文化等，以及其他有旅游开发价值的历史遗存。在开发民俗和历史文化旅游产品时，要注意动静结合，可通过舞台演绎、场景模拟、文化展示等多种形式开发系列旅游产品。扶持发展工艺品产业，建立健全以文物复制品生产销售、文物展览及各类民族民间艺术品开发为主体的工艺品生产产业体系。扶持培养工艺品优秀人才。规范艺术品交易行为。

2009 年 8 月 12 日至 8 月 18 日由包头市人民政府、中国航空运动协会主办，固阳县人民政府、上海东方会展公司承办的"中国·包头秦长城热气球节"，是迄今为止在中国举办的规模最大、国际化最强和最具有专业水准的热气球节。此次热气球节有来自日本、美国、新西兰、荷兰、英国和中国等 8 个国家的近百个热气球参与。充分利用了内蒙古资源、气候、交通和旅游资源的优势。首届的主题是加强民族团结，发展地方经济。大会位于昭君出塞前停留半个月的地方，地势舒缓，植被丰富优美。公园内的制高点上，是昭君亭和昭君碑，永远纪念这位为民族团结作出非凡贡献的伟大女性。余秋雨先生为昭君亭和昭君碑亲笔题词。包头热气球节组委会整合各种现代户外休闲运动，使得固阳热气球公园真正成为中国北方野外休闲运动的大型基地，最终包头被冠上"中国热气球之都"的响亮名称。包头市将体育文化事业和秦长城历史文化遗产相结合，把秦长城热气球节打造成为传承先进文化、弘扬民族精神的文化体育旅游盛会，成为文化体育旅游精品展示、经贸交流的重要平台，成为在自治区乃至国内外具有广泛影响力的节庆品牌。

世界文化遗产的保护提倡"科学保护，惠及民生"，充分调动社会民众的积极性，让保护区的民众受益，从而使物质文化遗产保护成为民众的自觉行动，实现文化遗产的永续利用。对内蒙古地区长城的保护，完全可以将长城的保护和开发结合起来，让长城遗址附近的居民受益，这样，他们就会自觉保护长城，防止破坏长城的事件出现。

近几年来，内蒙古共举办大大小小集文化娱乐、经贸洽谈、旅游观光为一体的群众节庆文化活动上千次，知名的大型节庆文化活动 30 多个。如分别在呼和浩特、包头、鄂尔多斯三市举办的八届中国内蒙古国际草原文化节，在呼和浩特市举办的六届昭君文化节，在呼伦贝尔市举办的四届成吉思汗草原文化节，在阿拉善盟举办的国际生态旅游文化节，在通辽市举办的七届科尔沁艺术节，在乌兰察布市举办的三届全国蒙古族服装服饰展，等等，都在国内外产生了较大影响。这些招商引资活动，对活跃经济、繁荣文化事业，发挥了积极的作用。

二　发展文化事业

文化是民族的血脉，人民的精神家园。"今天，我们提出要深化文化体制改革，推动社会主义文化大发展大繁荣，是在中国和平崛起于世界的大背景之下作出的一个重大的战略决策。也就是说，我们讲文化自觉和文化自信也好，讲文化体制改革也好，讲开创文化建设新局面也好，都不仅仅是为了解决国内的文化建设问题，一个重要的任务，是要在世界范围的综合国力竞争中进一步增强我们国家的文化软实力，努力把我国从一个文化古国、文化大国建设成为一个社会主义文化强国。"[1]

2003 年 11 月 2 日，内蒙古党委、政府根据自治区经济、社会发展的需要，提出建设民族文化大区的战略决策，相继制定并颁布了《内蒙古自治区党委、内蒙古人民政府关于进一步加快文化发展的决定》、《内蒙古自治区人民政府关于支持文化事业和文化产业发展若干政策的通知》，在这些文件里提出，构建符合全面建设小康社会和经济社会协调发展要求的民族特色浓郁、地区特点突出、文化精品纷呈、优秀人才辈出、设施功能健全、文化体制完善、文化市场繁荣、文化遗产保护得当、文化产业效益显著的民族文化发展新格局。

丰富的文物古迹是内蒙古民族文化大区建设的重要人文资源和民族文化遗产，必须切实按照文物保护法的有关规定加强保护、开发和利用，使丰厚的文物资源优势变为现实的文化生产力优势。至少我们可以从以下几方面进行探讨。

1. 发展和完善博物馆体系，推动文化事业的发展

大力推进文博事业，积极保护文化遗产，是进行物质文化遗产利用的前提；文博事业本身就是对文化遗产利用的最基本方式之一。近年来，自治区按照文博事业"科学规划，合理布局，多元投资，重点建设"的发展思路，通过不懈努力，初步形成了以内蒙古博物院为龙头，盟市博物馆

---

[1]　李君如：《从文化古国、文化大国到文化强国》，《北京日报》2011 年 11 月 7 日。

为骨干，重点旗县博物馆为基础，以民间收藏和企业投资为补充的各地方、各行业和各种所有制博物馆协调发展的博物馆体系。

内蒙古博物院集合了强烈的现代元素、地域表征与民族特色，是浓缩了中国北方亿万年来生态变迁史与草原文明发展史的一部"百科全书"，也是自治区经济社会发展水平和文明程度的标志。内蒙古博物院立足自治区丰厚的古生物化石、历史文物、民族文物等资源优势，以"草原文化"为主题思想贯穿全部基本陈列和专题陈列，形成"草原文化系列展览"，从宏观到微观系统描述了内蒙古的完整形象，个性鲜明，引人入胜。

"远古世界"为内蒙古自然古生物化石陈列，展示自 30 亿年前到 1 万年前起落恢宏的内蒙古远古生态环境巨大变迁，尤其突出中生代恐龙和第三纪、第四纪哺乳动物化石标本，不负内蒙古"化石之乡"的美誉。"草原烽火"为内蒙古现代革命斗争史陈列，展出自 1919 年五四运动至 1949 年中华人民共和国成立期间内蒙古的社会状况和革命文物，重点表现内蒙古各族人民在中国共产党的领导下，前赴后继，英勇悲壮又具民族特色的革命斗争史。"草原天骄"为古代蒙古族通史陈列，以成吉思汗和大元王朝为亮点，根据从蒙古族起源到蒙元时代再到明清时期近千年的完整脉络，表现蒙古民族的聪明才智、辉煌创造和波澜壮阔的历史，是最具世界关注性的特色展览。"草原雄风"为内蒙古古代民族史陈列，展出草原先民、东胡、匈奴、鲜卑、突厥、契丹等古代民族的文物精品，其中突出新石器时代红山文化和辽文化的历史，娓娓讲述草原文明的起源、形成、发展与辉煌历程。"草原日出"为内蒙古新石器时代文物专题陈列，展示中国古代北方草原先民新石器时代的农耕、狩猎、制陶、琢玉、居住、饮食、服饰、婚育、丧葬、文化、宗教和社会组织等内容，表现草原文明为中华文明的发展作出的不可磨灭的贡献。"风云骑士"为内蒙古古代鞍马文物专题陈列，展示了中国古代北方草原游牧民族驯养的马种、马具，以及马的牧放驯养、马对中原经济文化的影响，历代骑兵兵器等内容，充分体现了北方草原民族的智慧与创造，以及马背民族的英雄气概。"草原服饰"为内蒙古古代服饰文物专题陈列，用跳跃串珠式方法反映北方草原民族和森林民族特有的服饰风格，表现了中国古代北方游牧民族的审美价值取向。"苍穹旋律"为内蒙古古今歌舞艺术专题陈列，反映北方草原数千年生生不息的歌舞传统、深厚的文化底蕴和独具风采的民族艺术创造力，可与观众直接互动，极具趣味性和吸引力。"草原华章"内蒙古古代文化美术文物专题陈列，展现新石器时代至清代数千年来北方草原民族的岩画、碑石、石雕等文物，体现北方草原民族思想文化创造中的特有风格。"古道遗珍"为内蒙古古代草原丝绸之路文物专题陈列，展示自战国时期至清代 2000 余年间从中原传入草原的文物、西方传入草原的文物、受东西方影响产生的草原文物精品，反映出中国北方草原民族的开放意识和在沟通东西方文化交流中的重大作用。①

中国目前唯一的秦直道遗址博物馆位于鄂尔多斯市东胜区西 35 公里处的一段秦直道遗址上。博物馆占地 2000 多平方米，主要展示秦直道沿线挖掘出土的近 100 件文物以及秦直道全线的图片，博物馆内的沙盘模型按 1：12 万的比例做成，以一个浓缩的整体全面展示了秦直道的交通走向及路线分布。秦直道是公元前 212 年，秦始皇命大将蒙恬修筑的一条快速驰往北方边境的道路，北起九原郡（今内蒙古包头市西），南抵秦都附近的云阳（今陕西淳化县北），全长 700 多公里，路面平均宽度约 30 米。这个古道被今天的学者称为中国历史上最早的一条"高速公路"。对我们今天了解内蒙古地区与内地的紧密联系，提供了可靠的历史依据。

内蒙古酒文化博物馆是内蒙古第一家由企业兴办的行业性博物馆，这里陈列着从远古时期以来的各类酒器、酒皿以及跟酒文化有关的各类雕塑，浓缩了河套酿酒文化和传统酿造工艺的精华，也展示着河套酿酒文化在中国酿造史上所占的重要地位，也是宣传河套酒业的重要手段。

1992 年 12 月 23 日落成的乌兰夫纪念馆，是一座具有独特民族风格的巍峨建筑，时任国家主席杨尚昆同志为纪念馆题写馆名。纪念馆占地面积 3 万平方米，建筑面积 2100 平方米。由主馆、纪念广场、塑像平台、升旗台、碑亭、牌楼 6 个部分组成。整体建筑群将传统建筑风格与现代化建筑技术融为一体，在松柏绿茵的环绕下，形成了以人文景观为内涵，园林绿色为载体，相互衬托的旅游胜地。纪念馆展馆面积为 1500 多平方米，整个陈列分为序厅和 9 个展室。整体陈列采用了现代化的声、光、电技术和先进的布展材料，以乌兰夫同志的生平事迹为主体，同时又体现了内蒙古老一代领导群体的业绩。整个展览共展出文物 160 件、文献资料 58 件、照片 305 件，内容与形式珠联璧合。乌兰夫纪念馆是中宣部命名的"全国爱国主义教育示范基地"。建馆 20 多年来，先后被命名为全国百家红

① 《内蒙古博物院简介》，内蒙古博物院网站。

色旅游景点景区、全国民族团结进步教育示范基地、全国国防教育示范基地、全国廉政教育示范基地以及全国红色旅游工作先进集体，成为党员干部了解党史、加强党性锻炼的重要场所，是广大青少年陶冶情操、培育民族精神的重要课堂，是内蒙古自治区和呼和浩特市宣传思想教育工作的重要窗口。

这些博物院和博物馆不仅是内蒙古物质文化遗产的保存之所，承担着文物保护的重任，同时也是普及内蒙古文物知识，进行热爱内蒙古的历史教育，传承内蒙古民族文化传统的重要场所。今后应进一步发挥其功能，为内蒙古经济和社会发展作出贡献。

目前具有内蒙古特色的博物馆体系虽已初具规模，但与文化发达地区相比还存在着一定的差距。因此内蒙古还要在构建以国家一、二、三级博物馆为骨干，以国有博物馆为主体，以行业、民营博物馆为补充的博物馆体系上继续做文章。

2. 进行科学研究，推进学术文化水平的提高

内蒙古自治区大量的物质文化遗产是揭示本地区历史文化的凭依，但物质文化遗产本身不会说话，必须经过专家学者的精心研究，才能揭示其背后的历史秘密，才能让文化遗产说话，并为当今社会服务。因此，对物质文化遗产的学术性研究和探讨成为繁荣自治区文化的必要基础和保证。近些年，经过自治区社会科学工作者的不懈努力，已经取得了不菲的成绩。

自治区提出"重点围绕草原文明起源研究、草原岩画研究、草原青铜文明研究、蒙元考古与历史研究、馆藏文物保护与藏品研究、文物安全体系建设研究等重大课题，开展科研攻关。所有这些工作和努力，都为经济发展提供可靠的历史物质文化遗产的资源保证"。①

多年来，在内蒙古的科学工作者的辛勤耕耘之下，全区对物质文化遗产的研究工作取得了许多优秀的成果，考古成就举世瞩目，产生了《内蒙古文物资料选集》、《和林格尔汉墓壁画》、《阴山岩画》、《黑城出土文书》、《北方考古研究》、《内蒙古出土瓦当》、《内蒙古历史文化名城》、《辽陈国公主墓》、《岱海考古》、《北方游牧民族历史文化研究》、《草原

---

① 《内蒙古提出要变文物大区为文物强区》，新华网，http：//news. xinhuanet. com/local/2011－01/20/c_ 121005327. htm。

考古学文化研究》等一大批优秀科研成果。物质文化遗产研究成为内蒙古科学文化繁荣的促进动力和内在保证。

如考古工作者在锡盟发掘出的查干诺尔恐龙化石骨架高达 12 米、长 16 米，为亚洲恐龙之最，证明内蒙古是恐龙之乡。内蒙古也是马的故乡，在距今 1000 多万年前，锡盟通古尔盆地就已生活着马的始祖三趾马了。几十万年前，内蒙古还是大象的乐园。考古工作者在呼伦贝尔多次发现猛犸象化石，其中一具体长 9 米、背高 7 米，为中国目前最大的古象化石。

考古成就证明内蒙古是亚洲古人类文明的发祥地之一。呼和浩特市保合少乡大窑村，是内蒙古远古人类的摇篮。大窑遗址发现了距今 70 万年前的人类打造石器的制造场。在扎赉诺尔、萨拉乌苏河畔，也都发现了多处旧石器时代人类的化石及生产工具。内蒙古是中国最早出现原始农业文明的地区之一。在赤峰市敖汉旗兴隆洼村发掘的距今 8000 年的人类聚落遗址，是内蒙古地区以及东北地区时代最早的新石器时代遗址。出土的大型石锄、陶罐以及成排的房屋遗址，昭示着草原上原始部族社会、宗教和农耕生产的诞生。赤峰市林西县白音厂汗房屋遗址中出土的距今 7000 余年的圆雕女神立像，被中国考古学界尊称为"中华老祖母雕像"。乌盟凉城县园子沟出土的距今 5000 年的窑洞，也许是中国历史上最早的窑洞。凉城县老虎山上新石器时代人类垒建的石城遗址中出土的各种三足陶器，证明当时的人类已开始迈入文明的门槛。在红山文化遗址中发现的距今 6000—5000 年的翁牛特红山碧玉龙，已被列为国宝级文物，并尊其为"中华第一玉龙"。

大兴安岭密林深处发现的"嘎仙洞"是鲜卑人先祖的石室，巴林左旗林东镇附近的辽上京遗址、国内现存最高大的辽塔——辽中京大塔、上都城遗址等，这些发现都对研究内蒙古地区的历史文化提供了坚实的历史佐证。

近年来，内蒙古保护和维修了一批著名的遗址和古建筑：辽上京遗址、元上都遗址、应昌路遗址，汇宗寺、喀喇沁亲王府、呼和浩特公主府、清将军衙署等。在国家公布的"20 世纪中国 100 项重大考古发现"中，自治区共有 5 项重大发现荣列其中。辽陈国公主墓、兴隆洼遗址、耶律羽之墓、宝山辽墓的发掘，均被评为当年的全国十大考古发现。元代集宁路遗址考古发掘获 2002 年全国十大考古发掘提名。内蒙古文物考古研究所对集宁路古城遗址进行了抢救性考古发掘，发掘面积达 22045 平方米，共发现房址 91 组、灰坑（包括窖穴）822 座、灰沟 110 余条、水井 22 眼、道路 9 条、窑址 23 座、墓葬 11 座、瓮棺葬 4 座、窖藏 34 座，出土了大量不同质地的各类器物。其中完整瓷器 200 余件、可复原瓷器 7416 件、陶器 877 件、金银器 10 件、铜器 351 件、铁器 268 件、骨器 456 件、铜钱 36849 枚，其他石器、木器等各类器物 2000 余件。这些遗迹、遗物的出土，为研究元代的城市制度、经济文化生活提供了翔实可靠的实物资料，令世人瞩目，极具研究价值。

1982 年呼和浩特元代丰州白塔上发现了"中统元宝交钞"纸币。这张被尘封了几百年的纸币，是迄今为止世界上发现的最早的纸币实物。

2003 年 6 月 12 日内蒙古吐尔基山辽墓彩棺开棺现场所展示的契丹文物之珍奇，令亿万观众叹为观止。吐尔基山辽墓，是内蒙古自治区文物考古研究所发掘的一座未被盗掘的千年古墓。该墓为石室墓，由墓道、墓门、甬道、墓室及左右耳室组成。墓道为长斜坡，长 48 米，两壁石墙残高约 10 米。墓葬中出土了大量的铜器、银器、金器、漆器、木器、马具、玻璃器和丝织品。该墓的发现，是近年来辽代考古的重要发现，在研究辽代的社会风格、风俗习惯、服饰、艺术以及丧葬习俗等方面都有十分重要的意义。纠正了人们认为契丹是"羊犬之邦"的偏见和无知，也为内蒙古草原文明宝库增添了一笔宝贵财富。该考古发掘，可以引导我们穿越千年时空，去感悟契丹的历史和风情。

由于内蒙古的文物保护和科技水平较低，许多珍贵文物难以得到有效的保护和维修。在吐尔基山辽墓发掘中，积极引进外援，邀请国内著名专家，共同参与重点文物保护，促进了自治区文物保护技术的进步，这是 21 世纪内蒙古文物保护事业的新景观。

2011 年《美岱召壁画和彩绘》一书在包头市出版发行。该书首次公布了美岱召壁画和彩绘的资料，特别是成功拼接完成了美岱召大雄宝殿佛殿四壁壁画全图，全面拍摄了殿顶彩绘，为美岱召壁画研究搭建了平台；首次对美岱召壁画和彩绘做了全面的解读研究；首次对美岱召以往的研究做了梳理概括，理清了美岱召城址考证、城门石刻等问题，为今后的研究奠定了基础。内蒙古博物院院长塔拉认为，该书的出版是内蒙古文化遗产保护事业的一件盛事，为人们深刻理解蒙古族历史文化传承和藏传佛教提供了丰富资料。

这些年来对阴山岩画的研究，也已取得丰硕的成果。现在阴山岩画和贺兰山岩画联合申遗。它们完全符合"代表一种独特的艺术成就，一种创造性的天才杰作"、"可作为一种建筑或建筑群或景观的杰出范例，展示出人类历史上一个或几个重要阶段"、"与具特殊或普遍意义的事件或现行传统或思想或信仰或文学艺术作品有直接或实质的联系"这些申遗标准。

2009年6月22日"内蒙古蒙古族文化遗产保护与发展基金会"在人民大会堂开会成立，人大常委会原副委员长布赫为基金会成立题词："保护和继承蒙古民族文化遗产，促进社会主义文化发展和繁荣。"内蒙古自治区有关领导和在京蒙古族文化专家学者、艺术家及海内外各界人士出席会议。内蒙古蒙古族文化遗产保护与发展基金会是经自治区民政厅批准成立的省级非公募基金会性质的民间社团组织。该基金会的宗旨是继承、保护和发展蒙古族文化遗产，开展蒙古族文化的理论研究，推进民族文化产业化进程，带动民族文化人才培养与各项民族文化事业。成立大会上，该基金会公布了其第一期文化产业开发项目——位于鄂尔多斯市伊金霍洛旗、占地3000亩的内蒙古蒙古族文化产业基地规划设计。有关企业在会上向基金会首批捐赠了文化遗产保护资金共计325万元，其中，基金会理事长、内蒙古鄂尔多斯旅游文化艺术品有限公司总经理伊拉图代表公司捐赠220万元。[①]

考古和科学研究证明，内蒙古的先民们曾经创造过十分辉煌的古代文明，这些文明成果曾在很长时间内走在了时代的前列。内蒙古人因此要树立起这样的信念：内蒙古草原游牧文化并非就是毡帐腥膻、茹毛饮血，我们的祖先是中华文明的最早缔造者之一。

3. 进行文化交流，拓展民族文化的影响

充分利用内蒙古地区丰富多彩的物质文化遗产，加强对外文化交流，对扩大内蒙古地区的知名度，促进民族文化发展，宣传内蒙古经济和社会现代化建设成就，具有重要的作用。我们要充分利用国家在少数民族地区文化艺术对外交流方面的优惠政策，大力扶持与自治区物质文化遗产相关产业的开发，通过多种渠道、多种形式，积极开展自治区与国外及港澳台地区的文化交流活动，有计划地组织国外和港澳台地区的展览；组织出版单位参加重要的国际性书展，通过书籍，介绍自治区物质文化遗产。只有

---

① 《内蒙古蒙古族文化遗产保护与发展基金会成立》，《中国民族》2009年第7期。

实施文化"走出去"战略,加强对外交流,才能更好地利用文化遗产,吸引世界对内蒙古地区的关注和兴趣。

2012 年 6 月 29 日,元上都遗址列入《世界遗产名录》。世界遗产委员会认为,元上都遗址作为草原都城遗址,展示了文化融合的特点,见证了北亚地区游牧文明和农耕文明之间的碰撞及相互交融。元上都遗址满足遗产真实性和完整性要求。世界遗产委员会充分肯定元上都遗址的保护管理状况,并认为遗址管理效率正在得到持续强化和提升。①

元上都遗址成功列入《世界遗产名录》,对于内蒙古地区而言是零的突破,对于内蒙古地区物质文化遗产的利用和保护,意义非凡。不仅丰富了世界遗产的价值和类型,而且促进了我国世界遗产事业发展的区域平衡。极大地提高了自治区在全国乃至全世界的知名度。

以红山文化为代表的西辽河流域的原始社会文化、中国古代北方游牧民族历史文物、恐龙等古生物化石、少数民族文物和革命文物已成为自治区重要的文物类别,在国内外均有鲜明的特色和不可替代的重要地位。这些宝贵的文化遗产是促进内蒙古地区和其他地区进行文化交流的有力媒介。

为增进中外文化交流,自治区举办了以"成吉思汗故乡文物展"为主题的对外展览,先后在欧美多国展出。内蒙古的恐龙化石展览所到之处无不叫绝。2002 年 11 月,在国家历史博物馆举办的"契丹文物精品展",以及几年前内蒙古文物在上海、河南、香港、澳门的展出,让更多的人了解了内蒙古的历史和文化。

为了进一步加深海峡两岸的文化交融,增进台湾同胞对我国草原文明的了解,内蒙古博物院携手台湾时艺多媒体传播有限公司,联合举办了《黄金旺族——内蒙古博物院大辽文物展》,展览于 2010 年 2 月至 2010 年 5 月在台北故宫博物院展出。展览主要以中国古代北方草原游牧民族——契丹民族的文化遗存作为主要展示内容,共展出文物 118 件(套),其中一级文物占 44.9%。这眩人目光、动人心魄的黄金展览以其雍容华贵与强烈的视觉震撼,为台湾观众带来了一场极尽奢华的黄金盛宴,受到了台湾各界及众多媒体的广泛关注,吸引大批观众前往参观,充分展示了"草原文明"厚重的文化积淀及丰富多彩的人文内涵。这一享誉世界的人

---

① 《沟通中国与世界的元上都》,《中国文化遗产》2012 年第 3 期。

类文化遗产，让台湾同胞充分领略了草原文化的博大精深及中华文明的流光溢彩。①

2011 年 11 月 17 日，《草原遗珍——包头市博物馆文物精品展》在广西民族博物馆开幕。两馆联合为广西观众献上精彩的草原古文化展示。②该展览共展出 100 多件珍贵历史文物，分为 3 个展区。其中，"历史文物"展区展出包头地区从新石器时期到清代跨度 6000 多年的历史文物；"藏传佛教唐卡"展区陈列了明清时代的唐卡作品，表现佛像、菩萨像、护法神像、佛教故事等画面；"岩画"展区荟萃内蒙古中西部地区新石器时期至元代的岩画精品。这些文物中，有北魏贵族妇女佩戴的镀金步摇冠，刻有"单于和亲"等字样的瓦当。其中，阴山岩画与采用颜料作画的广西花山岩画不同，内蒙古草原岩画使用的是雕刻、凿钻的手法。题材有"狼捕羊"、"鹰犬逐猎"等，展现了浓郁的塞外风情。在众多佛教题材的唐卡中，有一幅绘有成吉思汗的唐卡最引人注目。画面中的成吉思汗骑白马，左手牵缰右手举旗，画面还有蒙文书写的"成吉思汗"。唐卡主要为佛教绘画，因此这幅成吉思汗画像十分罕见。包头市博物馆负责人介绍，包头作为中原王朝的边陲重镇，自古有"塞外鹿城"美誉。历朝历代在此逐鹿开疆、和亲修好、互市通商、屯垦戍边，交汇游牧文化、大漠文化、农耕文化、阴山文化于一体。为广西观众打开一扇通向草原历史的窗户。

从 1984 年以来，内蒙古自治区文物展览走向世界，先后在美国、日本、法国、加拿大、新西兰、新加坡、比利时等国展出，受到了热烈欢迎和高度评价。对外文化交流成果显著，为在全世界宣传内蒙古灿烂的历史文化，提高中国内蒙古在全世界的知名度作出了贡献。在中国驻外使领馆的大力支持下，文物展览成为自治区改革开放和对外宣传的一大热点。这些将对自治区的改革开放、社会发展和文化、旅游事业，带来巨大的社会效益和经济效益。

4. 借助文化传统，塑造城市形象

现在中国城市化的速度相当迅速。每座城市都在进行旧城区的改造、

---

① 《黄金旺族——内蒙古博物院大辽文物展》，内蒙古博物院网站，http：//www. nmgb-wy. com/showtest. aspx? id = 6&&name = 外展风采。

② 《市博物馆举办草原拾珍——蒙古族文物精品展》，包头广播网，ttp：//www. btra-dio. com. cn/view. asp? / = 27144。

新城区的扩张，但一座座拔地而起的高楼大厦是如此的相似，置身城市的高楼群中，四顾茫然，让人不知所措。钢筋水泥的大楼挤占了城市的大部分空间。中国建筑是世界三大建筑体系之一，然而现在人们谈起中国当代建筑时，很少有人想起既有地域色彩又有让大家记住的地标性建筑。不仅如此，有人甚至惊呼，中国的城市越来越像了，面对这些高楼大厦你很难分辨自己身处何方？中国的建筑学会把以上种种问题归结为中国建筑丢失了文化。当我们描述自己曾经去过的一座城市，首先会谈到那里的建筑。北京城充满生活气息的胡同，苏州小桥流水的江南园林，安徽白墙黑瓦的山水人家，都曾经是中国建筑中的代表。然而最近几十年中国的建筑似乎失去了中国特色的"精气神"，中国房地产协会名誉会长宋春华说：当前我们建筑缺乏个性，建筑的个性越来越模糊了，以前我们看一个建筑，一看就知道这大概是个什么建筑，现在你看了以后不知道是什么东西。原因是这些建筑缺乏个性，因为设计师喜欢眼睛盯着国外的大师，看看人家最近玩什么，自己立刻跟风，追求所谓的时尚，所谓的漂亮。①

有鉴于此，我们必须在城市规划和建设的过程中注重本区域的文化特色，传承本地区的民族精神。内蒙古地区的政府机关和一些标志性建筑，在讲求实用美观的同时，一定要注意在设计风格上具有民族特色。首先做到自己觉得我们这里是民族地区，然后让远方的来客也能感受到民族地区的风格。蒙古族的建筑风格、装饰图案、色彩等，都是可以充分利用的宝贵资源。在今后自治区城市建设中，甚至有必要通过地方政策法规，规定一些大型建筑必须融入民族元素，具有内蒙古地方风格。从内蒙古走出去的大学生在学习建筑设计期间，应多从自治区的物质文化遗产中学习了解自治区的建筑风格和民族特色，培养为家乡建造有地方特色的经典建筑的意识。

近些年内蒙古的经济社会发展取得举世瞩目的成就，但经济的高速发展往往是以耗费资源，破坏环境为代价的，鄂尔多斯就是典型的事例。在城市快速发展的同时，缺乏城市文化的支撑。宽阔的马路，明亮的高楼，富裕的财政，背后却充斥着过度的消费和市民精神的缺乏，体现出城市文化的苍白。因此大力发展文化事业成为当务之急，当地的历史文化遗产必

---

① 季苏平：《工程院院士：中国建筑与艺术无关，只与 GDP 有关》，新浪网，http://news. sina. com. cn/o/2012－01－06/205023759319. shtml。

将成为城市长远发展不可或缺的精神食粮。鄂尔多斯青铜器、成吉思汗陵、萨拉乌苏文化等大量的文物古迹，鄂尔多斯民族风情，都将成为鄂尔多斯市建设城市文明的重要保障。决不能让成吉思汗陵所在地成为一座毫无特色的新兴城市。

巴林右旗在城镇建设中对文化遗产的利用是一个范例。考古发现旗境内古代文化遗址 206 处，国家重点文物保护单位 3 处，自治区级保护单位 1 处，市级保护单位 7 处。目前，已经被确认的馆藏文物有：国宝文物 4 件，占内蒙古全区国宝文物的 30%，国家一级文物 181 件，占全区一级文物的 41%。其中馆藏的红山玉器、辽代文物等具有独特的史学研究价值，在国内外享有较高的声誉。近些年来，巴林右旗充分利用文物的历史文化和科学研究价值，重视文物的保护和抢救工作，积极采取措施，落实文物保护工作。通过民间募捐、招商引资、政府投入等多种融资渠道，切实发挥文物的经济和社会效益。巴林右旗政府投资 420 万元，对自治区级重点文物保护单位清代荟福寺进行了抢救性维修，为保护和抢救全旗历史文化遗产，开发利用旅游文化资源起到带动作用。针对博物馆地处偏僻，陈列面积狭小，文物利用率不高等问题，旗里又筹资 200 万元，对博物馆实施了整体搬迁。博物馆搬迁后在办公条件、陈列面积、安全防护设施等方面都有了明显的改善。本着"保护为主，合理开发利用"的原则，巴林右旗通过将大量的辽代文物进行资源配置，打破了落后的通史展格局，聘请专家指导，推出了"契丹——皇陵出土文物陈列"展，展出辽代文物精品 300 余件。展览对外开放后，观众、文物界人士给予了很高评价。

旗政府还筹资 80 多万元，重建了格斯尔庙。为充分利用好全旗历史文物遗址，已将历史悠久的清代荟福寺、辽庆州白塔、巴林亲王府、清康熙行宫、辽黑山祭祀遗址等古代建筑作为对外开放的场所，纳入了全旗旅游景点建设规划。2005 年巴林右旗筹资 160 万元，完成了康熙行宫、沙巴尔台巴林亲王府修复的一期工程。2006 年，完成了康熙行宫、大板巴林亲王府、沙布台巴林亲王府修复二期工程。同时积极开展以蒙古族文化、辽清文化为主线的民族民间文化遗产的挖掘、整理、开发工作，对那些具有浓郁的区域文化色彩、有较高知名度和影响力，有较高开发价值的文化资源、文化现象，进行提炼、加工、逐步开发，培育市场，精心打造巴林历史文化品牌。

把物质文化遗产转化为文化广场，转化为市民身边的精神家园。城镇文化广场和主题公园建设方兴未艾。内蒙古地区各地兴建的主体公园，其风格和总体格调、名称、栏杆、雕塑、宣传图片等，都可以从自治区物质文化遗产中寻找灵感，确定方案，整体规划。这些用文化遗产元素建立起来的生活设施，必将推动整体社会文化氛围的活跃。

2005年12月，国务院决定从2006年起，每年6月的第二个星期六为中国的"文化遗产日"。2006年的主题是"保护文化遗产，守护精神家园"；2007年的主题是"保护文化遗产，构建和谐社会"；2008年的主题是"文化遗产人人保护，保护成果人人共享"；2009年的主题是"保护文化遗产、促进科学发展"；2010年的主题是"文化遗产在我身边"；2011年的主题是"依法保护，重在传承"。这些活动和主题都在告诉我们，文化遗产是社会发展的资源，必须认真保护，积极开发。

第三节　内蒙古自治区物质文化遗产
利用过程中应注意的问题

内蒙古自治区在物质文化的利用过程中，还存在诸多问题，如民族文化产业仍面临着认识不够深刻、观念落后、体制不完善、政策与法规跟不上、引导监督不协调；存在发掘与保护不到位和开发模式不合理现象；生产规模偏小，产业特色不鲜明，资金短缺，人才匮乏和粗放式经营管理；资源优势不凸显，工艺技术滞后，产品文化内涵浅薄，欠创意；缺乏产品展示平台，宣传力度欠缺，市场狭窄，秩序紊乱；产业体系不完整，行业发展不协调，科技开发力度薄弱。

物质文化遗产利用的方式有多种多样，但利用的过程中一定注意对那些稀有的、不可复制、不可再生、易遭损坏的文化遗产进行合理的保护。利用但不可滥用，开发但不能毁灭。内蒙古自治区的物质文化遗产丰富多样，但我们在利用的同时，必须从以下几个方面加以注意，避免出现盲目开发和滥加利用。

一　处理好物质文化遗产利用和保护的关系

"保护和开发游牧文化遗产必须正确处理保护与开发、先进与落后、文化交流与文化同化的关系问题。积极开展文物旅游，正确处理文物保护与旅游发展的关系。大力发展旅游等第三产业，是我区西部大开发中的一项重要内容。"① 依托自治区丰富的文物资源优势，发展具有民族特色的旅游事业，将会有效促进自治区的社会发展和对外开放，自治区有关部门必须重视这项工作。对自治区的文物遗产，要实行保护性开发，对于区内各少数民族的文物古迹，首先要重点加以保护，坚持"有效保护，合理利用，加强管理"的指导思想，走可持续发展之路，既要满足当代人需求，又不能损害子孙后代的长远利益。应当着眼于文物古迹本体的保护，而不应当去花钱制造"假古董"、"假景区"。对那些遭受破坏的文物古遗址或古代墓葬区，应当加强保护，并将其列入退耕还草的范围，把文物保护与生态环境建设紧密地结合起来。

新中国成立后，绥远、包头、莎拉齐等地的城墙被拆毁，让人不堪回首。笔者的家乡乌兰察布市卓资县大榆树乡大围子村，新中国成立前曾是驻军城堡。城墙东西 150 米，南北 120 米，墙高 2.5 米，墙厚 1.5 米，土夯。四角有炮楼。城墙外是 60 米的开阔地，之后有二道城壕，深 2 米多。之外是平坦的原野。笔者小时常在城墙上玩耍，常可以抠出子弹头。现在遭村民取土破坏，仅剩残缺的几段，让人痛惜不已。改革开放后，在经济建设过程中，破坏物质文化遗产的事件屡有发生。如 1999 年，包头市交通部门建造绕城公路，造成距今已有 2300 年的赵长城部分遗址被夷为平地。

内蒙古是全国长城遗址最丰富的地区，但保护工作十分落后。多数内蒙古人不知家乡有长城，宣传工作不到位，是长城保护工作中最突出的问题。迄今为止，内蒙古的长城在很多人那里几乎都是空白的和未知的概念。抽样调查显示，绝大多数人不知道内蒙古境内有长城。在一些村民的眼里，这些 3 米多高的"土石楞子"不像长城，更像是自家的院墙。不少人认为长城是高墙耸立，而低矮的土石长城没有什么价值，破坏了也无所谓。实际上万里长城是由高墙和土垅共同构成的。

黑水城位于额济纳旗，是"丝绸之路"上现存最完整的古城。中国考古工作者在黑水城进行的科学调查和合理发掘，发现了大量的珍贵文物，特别是发现了中国最早的活字印刷品和最早的元代纸币。在发展胡杨林生态旅游的过程中，我们必须加紧保护这座"丝绸之路"上现存最完整的古城黑水城。国家文物局大遗址办公室、国家文研所、内蒙古文物局

---

① 乌日娜：《保护和开发游牧文化遗产从基础做起》，《内蒙古科技与经济》2011 年第 11 期。

等单位联合进驻居延遗址，先期对黑水城进行抢险加固保护。① 这样的工作对黑水遗址今后的长远发展必将发挥积极的作用。

二　借鉴国外利用物质文化遗产的经验

在物质文化遗产的利用过程中，国外的一些经验和做法无疑具有重要的启示作用。如我们的邻国日本和韩国在物质文化遗产的利用方面做得就非常好。

日本对文化遗产的呵护是"心细如发"。例如，大阪古城是日本历史上著名的古城堡，入夜后，灯火辉煌的大阪古城是大阪的夜景之一，但只有古城四角多层探照灯照射古城。街道尽量减少内部安装电路时对古堡结构的损坏。奈良的东大寺完全用木料建成，已有1000多年历史，至今保存完好，甚至建筑物的外墙上都很干净，手摸上去竟无灰尘，经常有人保养。日本许多寺院都在高高的屋檐和大梁间安装了细密的网，以防鸟儿飞入造成损坏。许多寺院和纪念地要脱鞋进入。京都的金阁寺等只供游人远眺。日本人认为"城市即历史"，即所有伟大、和谐和美丽的城市，都必然与历史有关，有着丰厚的文化遗产。②

文物所在地的居民多会因"落后"而生活不便，甚至享受不到现代化的便利，政府如何对此补偿和鼓励，是一个难题。日本为此想了不少办法，例如，古都京都和奈良一直坚持少建高楼，少拆古民居，对老民居有困难的家庭，实施政府援助，生活在文物旧居的居民有"文物维护补贴"等。又如，京都规定凡是穿日本国服——和服出门的女子，打的可享受九折，购物享受九五折，进任何公园都免费等。因此，在京都等地随处可见身穿色彩鲜艳和服的女子，从几岁娃娃到白发老人，羞涩含蓄，款款而行，形成了一道独特的风景线。在日本，穿和服不仅是着装，而且对穿者的言行举止和精神气质都有严格要求，鼓励女子穿和服就是要保护日本传统的服饰文化。

正是对物质文化遗产的这种精心保护，使得日本的这些地区在全球现

---

① 包秀文、李德民：《重点文物保护单位黑水城抢险加固保护工作全面启动》，新华网，http：//news. xinhuanet. com/newscenter/2008 –08/19/content_ 9494844. htm。
② 《日本对文化遗产的保护心细如发》，中国新闻网，http：//www. chinanews. com/hr/2011/04 –19/2983157. shtml。

代化的浪潮中保留下浓厚的历史情调，使得这些地区具有深厚的历史底蕴，成为人们到日本旅游参观的动因，成为日本延续民族精神的象征，成为利用历史文化遗产的杰出典范。

近年来韩国的文化产业突飞猛进，在短期内韩国成为了文化产业强国，为世人瞩目。韩国文化产业在世界范围内取得的成功使其成为全球化语境下研究文化产业发展的一个样本。韩国政府非常重视民族文化遗产的保护与利用，其管理体制形成了从中央到地方的一整套严格的管理系统。韩国民族文化遗产的最高责任人是大韩民国的总统，文化遗产保护工作的主管机构是中央级行政机关——文化财厅，负责人为文化财厅厅长。职责为承担有关文化财产的保存、管理、利用、调查、研究以及宣传的事务。[1] 韩国民族文化遗产的保护工作得到了全民的支持与参与，形成了全民文化遗产保护意识。在韩国的首都首尔建立了众多的民俗博物馆，全面展示了韩国的各种民俗场景和实物，凡是韩国人独有的东西几乎都有博物馆进行保护与利用。[2]

1998 年韩国政府提出了文化立国的战略，把文化产业作为韩国世纪经济发展的战略性支柱产业和新的经济增长点，文化产业的成长和崛起使韩国加速成为文化出口大国，不仅给韩国带来了巨大的外汇收入，更潜移默化地宣扬了韩国民族文化，加强了国内民众的凝聚力，对韩国民族文化遗产的保护和传承具有积极的作用。

欧洲法国的里昂，至今仍完好地保留着 12—16 世纪建筑的古街巷区，区内有 250 栋"保护建筑"，如 12 世纪的大教堂以及大量的住宅、商铺等古建筑构成了古老街区的历史风貌。19 世纪以后建设的建筑，在风格上也与古建筑十分协调，从而使整体风貌古色古香。基于此，这里被批准为世界文化遗产，专家特别指出，里昂"不同时期的建筑协调共容无矛盾，是使它成为世界遗产的重要原因之一"。据介绍，政府为了保护这个历史街区，在改善居民生活环境、增加地区活力方面开展了一系列工作：先是对所有住宅进行整修，将 19 世纪的纺织厂及工人的住宅作为历史景观加以保护，按原样整修，外部加以粉刷，室内加建厨房、卫生间，通过改善条件使其可以继续居住，留住了原来的居民。接着改善交通，围绕老

---

① 苑利：《韩国文化遗产保护运动的历史与基本特征》，《民间文化论坛》2006 年第 6 期。
② 董金菊：《韩国民族传统文化的保护及其启示》，《边疆经济与文化》2009 年第 2 期。

城区修环路，建停车场截留外来车辆，减少古城区的交通流量，只允许居住在老城区的人开车进城；同时修地铁，实行红绿灯控制，既减少地面交通，提高通行效率，又不拓宽旧有古街道。这些保护措施之所以能得到贯彻落实，最根本的是法律的规范保障。将有价值的历史地区划定为历史保护区，制定保护、利用规划，纳入城市规划严格管理，对区内建筑不准任意拆除，维修改建等也要经过"国家建筑师"的咨询、评估和同意，符合规划要求的修整国家给予资助，并享受税赋减免优惠。正因为保护的对象不是一个个的文物古迹，而是一片有生命的正在使用的街区，所以，这些古朴凝重、遗风犹存的街巷里依然处处洋溢着蓬勃生机与活力，每天都像磁铁般吸引着世界游人。不难看出，法国里昂城市建设与历史文化遗产之所以保护成功，是因为政府高度重视、法律法令严格、新旧建筑共融、交通设施完善、生活习俗延续。①

法国文化遗产法规定文化遗产的开发和利用并非完全建立在市场化的基础之上，国家在这个过程中始终扮演着主导角色。例如，法国将国家及公共机构所有的历史古迹低价对外开放；对个人所有的历史古迹通过税收优惠政策鼓励其对外开放；设立免费参观日、文化遗产日，25 岁以下的公民以及教师可免费参观文化遗产，等等，如卢森堡公园是法国参议院所在地，公园免费向公众开放，参议院所在地也可定期免费参观。应当说，法国政府为民众参观和了解民族文化遗产提供了各种便利和机会，在一定程度上提高了民众参与文化遗产保护的意识和热情，同时也宣传了法国的历史文化，促进了其旅游业的发展。②

中国应吸取的经验是：民族文化遗产的保护与利用必须具有完善的法律保障，政府应充分重视民族文化遗产的保护与利用，理清管理体制，落实责任制。建立保护与利用的管理模式，确定责任人制度，改变多头管理体制。实施多渠道的财政支持，鼓励企业或个人投资民族文化遗产的保护与利用项目。培养民族文化遗产保护与利用的机构、团体、组织，提高全民对民族文化遗产保护与传承的自觉性。保护历史文化遗产本身其实就是延续民族文化，这是对历史文化遗产最好的利用。

---

①　谢国森：《法国的历史文化遗产保护》，《防灾博览》2007 年第 6 期。

②　叶秋华、孔德超：《论法国文化遗产的法律保护及其对中国的借鉴意义》，《中国人民大学学报》2011 年第 2 期。

三　借鉴其他省市的做法

在物质文化遗产的开发利用过程中，国内一些文物大省和经济较发达的省份在这方面已走在内蒙古前列，他们的一些成功经验值得我们借鉴。

西安大明宫考古遗址与周边环境整治项目，有效改善了这个地区十万人的生活环境，使当地居民得到了实惠，也激发了他们自觉爱护身边文化遗产的热情。考古遗址公园建设从全局角度协调考古目标与城市发展目标，保证了文化的多样性，彰显了城市特性与个性，成为促进现代城市全方位、多层次和谐发展的一种有效方式。

地方领导要有物质文化遗产的保护意识。2002 年 1 月 2 日《中国文物报》第五版刊登了《关于耿彦波的民居博物馆》一文。山西晋中有一位叫耿彦波的人，他在灵石县当县长时，先修复了闻名全国的"王家大院"。后来到榆次市当市委书记，又修复了一个更大规模的"常家庄园——晋商文化博物馆"。耿彦波很有历史意识，能从过往岁月的遗物中识得文化的意义以及未来的价值，还有很好的文化鉴赏力，从中看得出历史的美感。耿彦波说过这样的话："保护文化遗产，关键是创造性的思维，还有一种热爱与尊重文化的精神。"正是这种保护和开发意识，使得这些深宅大院成为山西旅游的重要资源。

云南许多民族地区的城镇建设，设计者们从服饰、房屋形制中提取一些元素，如线条构图、色彩搭配等，使之符号化，然后用于新的建筑设计装饰中，创造出一种新的民族风格来。云南的沧源县、新平县等地方都可看到这样的风景。新的民族服饰的设计也大多是这种思路。

山东省加强历史文化名城、名镇、名村的保护利用，突出齐鲁城乡风貌，塑造齐鲁文化特色，促进经济文化强省建设。[①]

深圳虽为改革开放后由一个小渔村发展起来的新兴城市，但也确定了其历史文化遗产保护重点：历史古城（南头旧城、大鹏所城）、史前遗址（大黄沙、咸头岭、大梅沙、小梅沙等）、客家民居、工业遗产等。特别提出"改革开放时期的历史文化遗产"。[②] 深圳的经验告诉我们，要注重

---

① 《山东省加强城乡文化遗产的利用和保护工作》，《城市规划通讯》2010 年第 23 期。

② 赵中枢、胡敏：《深圳历史文化遗产保护——从专题研究到规划》，《城市规划通讯》2006 年第 3 期。

当代对地方有特别重大意义的建筑、厂房、牌匾、文件、纪念物品等有形物质的保护，这些既是对重大历史事件的见证，也是为子孙后代创造物质文化遗产。

上述事例告诉我们，在现代化浪潮的冲击下，应该处理好文化遗产的继承与创新，既不失自己的根基，又能适应现代的发展，这的确是我们所面临的巨大课题。

四　加强政府的主导作用

《2011 年内蒙古自治区政府工作报告》提出繁荣发展文化事业。加强物质文化遗产保护，继续实施国家自然文化遗产地、历史文化名城名镇名村、抢救性文物保护和重点旅游景区建设工程。

内蒙古自治区的文物保护责任重大，任务艰巨，关键在于各级人民政府对其重大意义要有充分的认识。因此，各级人民政府在建设民族文化大区中，要把文物保护列入议事日程，主管领导具体负责，听取文物专家的建议。要加强全区文物管理的队伍建设，建立专门的管理机构，以适应文物保护的迫切需求。每年财政要有专项支出用于文物保护，各盟市财政也应对文物保护工作予以投资。

领导干部要改变认识和观念。那种认为文化是一种虚无缥缈的东西，属于精神层面，只具有政治教育功能，是活跃群众生活的娱乐活动，或者说是改善投资环境的一种手段，和物质的增长相比实在难以衡量，不容易出成绩的想法是不正确的。这是一种急功近利的思想，没有认识到文化是综合国力的重要组成部分，对提高全民素质具有重要作用，更没有看到文化的产业属性。文化本身也可作为产业来运作，是新的经济增长点。

内蒙古自治区政府和文物管理者在已有成绩的基础上，下大力气进一步推进自治区的物质文化遗产的保护和利用。内蒙古文物局局长在 2011 年 1 月内蒙古文物工作会议暨文物管理干部培训班上概括了自治区已经取得的文物保护和利用的成绩。并提出 2011 年是"十二五"的开局之年，内蒙古要变文物大区为文物强区。会议强调，一是要做好"十二五"时期内蒙古文化遗产保护工作，重点保护一批大遗址，维修一批明清古代建筑和近代工业遗产以及革命纪念建筑，征集、保护一批少数民族文物，抢救、保护、维修一批古代墓葬、岩画和古代长城遗址；二是加强对长城的保护力度，做好考古遗址公园的规划与建设，提高内蒙古文化软实力；三是构建特色鲜明、布局合理的博物馆体系；四是加强文物行政执法机构和队伍建设，提升执法能力，把保障文物安全放在首位；五是加强科学研究，开展文物保护科研攻关，发展和繁荣草原文化研究，开展对外文化交流事业，重点围绕草原文明起源研究、草原岩画研究、草原青铜文明研究、蒙元考古与历史研究、馆藏文物保护与藏品研究、文物安全体系建设研究等重大课题，开展科研攻关并申报科研课题，与高等院校和科研机构加强合作，开展国际间有关文物展览、考古、保护维修的学术交流。[①]

政府应充分认识到强化经营管理型人才培养工作的重要性。物质文化遗产的价值只有经过研究、开发和利用，才能产生相应的社会价值，而且这种开发利用的前景广阔，空间广阔。但挖掘物质文化的价值，必须有相应的人才基础。因此，培养既懂文化又懂经营管理的人才，培育和发展市场中介组织，将成为有效开发民族文化资源，推进文化体制创新，加快文化产业发展的前提。一方面要通过大学和科研机构培养研究性学术性的人才，同时也要培养文化产业人才，培养和造就一批文化产业企业家，把学术成果转化为社会效益和文化生产力。把人才、文化遗产、市场三者有机结合，在实践中不断建立和完善制度。"高校应以文化遗产学科建设为突破口，以解决我国文化遗产保护的迫切任务为目标，以全力打造国家文化人才战略为己任，充分整合学术文化资源，突出学科特色，形成文化遗产学科和国家文化遗产战略统筹发展的新局面，切实履行高校文化遗产学科的社会责任。"[②] 以此转变目前研究者埋头搞研究，不问有用无用；利用者盲目开发，只是装点门面的局面。科研人员和文物工作者应当主动走向市场，把自己的知识转化为技术，转化为生产力。

此外，也需要清除过去在体制上、制度上的障碍，推进民营文化产业的发展，重点扶持民族文化创意产业和高科技开发行业。同时还应该用法律、政策、金融等手段，调动社会各方面的力量参与文化遗产的保护。

五　处理好仿制、复制与文物利用的关系

物质文化遗产的本质在于它的内蕴精神和思想意识，物质文化遗产的

---

① 《内蒙古拉开文物大区建设序幕》，中华人民共和国文化部网站，http：//www. cc-nt. gov. cn/xxfb/xwzx/dfdt/201101/t20110117_ 86440. html。

② 陈理娟、赵荣：《高校在文化遗产发展战略中的作用》，《社会经纬》2011 年第 3 期。

外在形态是它的载体。在这一意义上，保护文化遗产的内涵，包含着两个方面：一是保护文化遗产的外部形态，包括文物、建筑群和遗址的外观，二是保护其内蕴精神，使之不致被歪曲讹误。

反对以经济利益为目的，把文化遗产保护视为获取经济利益的手段，如在遗产的近旁大建餐饮和娱乐设施，破坏文化遗产的文化氛围，影响参观者感受和体会遗产的内在精神。更不能建造假古建筑，编造假遗产。我们不能随意对古建筑、遗址进行改造，破坏文化遗产的外部形态，使之无法体现遗产的内在精神。《参考消息》刊文《过度商业化损害文化遗产保护》，其中提到："过去十年中，中国每年都不止一处地方被列入联合国教科文组织世界遗产名录，全球这样的国家只有中国一个，然而分析家警告说，官方对跻身该名录的痴迷是出于经济利益的考量，这有可能有损中国遗产保护的努力。""中国的许多地方政府将这些遗址变成了五星或六星级旅游目的地，或打造出高端的度假胜地。"① 自治区元上都遗址已经申遗成功，在其开发和利用中，必须注意到这个问题。

保护与开发关系应当是相辅相成的，如处理失当，就会顾此失彼。从清末到现代，对内蒙古地区的开发一直在持续大规模地进行，但开发总是多于保护，保护跟不上开发。尤其是大规模的农业、矿产开发和大批内地汉民的迁入，导致了草原生态环境的严重破坏和游牧经济的衰退。实际上，草原生态环境也是内蒙古地区物质文化遗产的一部分，开发应当是有计划、有步骤的，在开发文化遗产的同时，还要保护好这些文化遗产赖以存在发展的土壤和环境。"退耕还草"、"退耕还林"和"退牧还草"，可以为民族文化的传承和发扬，源源不断地注入活力。

在物质文化利用的过程中，既要追求效益的最大化，又切忌过度开发。市场化追求的是经济效益，而效益往往需要规模化经营，但是我们的文化遗产保护不能搞过度经营。如在特定时间、地点为特定的目的而进行的文化活动，若单纯为满足游客的需要，过度开发，就失去了神圣性和固有的意义。② 一个古镇一天涌进上万的游客，不仅古镇的风韵荡然无存，古镇的建筑及自然环境都会遭遇到无情的破坏。

---

① 《参考消息》2013 年 1 月 2 日，第 15 版。
② 施惟达：《论文化遗产保护与利用》，《昆明理工大学学报》（社会科学版）2009 年第 6 期。

物质文化遗产放在博物馆里向观者展示是一种利用，放在研究机构供科学家研究也是一种利用。直接利用如商业性展演、文物交易、文物仿复制品出售等。间接利用如以文化遗产为核心带动文化旅游及相关产业发展、地区文化品牌打造等。除了在文物交易中作为商品外，绝大多数文化遗产并不是能直接交易的商品。即使在商业性展演中，消费者购买的也并不是文化遗产本身，而是观赏文化遗产的相关服务。说得形象些，在经济活动中，它仅仅是"钓饵"，而不是"鱼"。① 真正的直接的经济效益，要靠生产和提供吃、住、行、娱、购的商品和服务来实现。文化遗产的经济价值绝大多数不是通过文化遗产的直接交易来实现，而是由此带来的旅游及相关服务业的发展，对地区文化品牌的打造和地区知名度、美誉度的提升，从而带动整个地区的发展。世界著名的旅游目的地多数都是依赖人所向往的文化遗产而兴起的。因此，我们在开发利用文化遗产的时候，不能只注重文化遗产本身，而应在注重保护好并尽力提升其品质的同时，注重相关产业的发展及地区性的整体发展布局，使文化遗产利用的经济和社会效益最大化。

六　文化遗产的继承与创新

对文化遗产的保护与利用、继承与创新包括精神意义方面和形式元素方面。精神意义方面的继承与创新是对一个民族的精神、传统、特性的延续和发展，如内蒙古草原文化中的豪爽、淳朴、开放、勤劳、勇敢、天人和谐等，我们在物质文化遗产的利用过程中要充分向人们展示这些品性，使所有来到内蒙古参观、学习和旅游的人都形成一种直观的印象：这就是内蒙古，就是内蒙古人，就是内蒙古人的风采。

"形式元素方面的继承与创新，要求我们把握其精神内涵，抽取其中的某些形式要素，创造出新的文化样式来。"② 但这种式样决不能走样，无论具体形式怎样，都要让人看一眼，就知道这是内蒙古特色的产品。我们可以从历史文化遗产中寻找灵感，把物质文化遗产中所包含的信息，如线条、图案、色彩、结构加以符号化、模式化、定型化，运用到建筑、装

---

① 施惟达：《论文化遗产保护与利用》，《昆明理工大学学报》（社会科学版）2009 年第 6 期。

② 同上。

潢、服饰、装帧、包装、宣传、艺术品等各个方面。这个过程就是历史文化信息的放大扩充，就是发展和创新。

如果从新的角度加以利用，还能发挥新的间接的作用。例如，台湾辅仁大学织品服装系，前几年在贵州等地采集了不少少数民族的服装，采集的主要目的就是让教师、学生从中吸取营养，激发创作灵感，改变长期追随西方设计理念的状况，走出具有自己特点的道路。最终目的则是增强台湾纺织业的竞争力。其主观上是为纺织、设计服务，客观上则起到了保护文化遗产的作用，同时也是从一个新的角度对文化遗产的利用。① 这样的事例对我们应当有重要的启示作用。

只有这样，才能使每一个走进内蒙古的人，感受到内蒙古人民的精神风貌，体验内蒙古的文化风采，享受内蒙古的生活风情。

---

① 杨正文：《鸟纹羽衣：苗族服饰制作及技艺考察》，四川人民出版社 2003 年版。

第五章

内蒙古非物质文化遗产的价值分析

在漫长的历史长河中，中华民族创造了光辉、灿烂的华夏文明，为绵亘不绝的千秋后代，留下了誉满寰宇的非物质文化遗产。内蒙古非物质文化遗产是其中一朵艳丽的浪花。内蒙古自治区是中华文明的发祥地之一，在这片辽阔的土地上，居住着蒙古、汉、鄂温克、达斡尔、鄂伦春、满等各族人民，各个民族不仅共同开发建设了美丽的内蒙古，还创造了具有鲜明特色的民族文化。其中，非物质文化遗产绚丽而丰厚，与物质文化遗产一样见证了草原文明的历史发展。

内蒙古非物质文化遗产文化资源积淀深厚，形态繁多，几乎涵盖了当前我国非物质文化遗产保护项目中涉及的所有门类。2005年内蒙古公布了首批自治区级非物质文化遗产项目140项，2009年内蒙古第二批非物质文化遗产名录"出炉"，共有十大类111个项目入围。目前，内蒙古拥有国家级非物质文化遗产63项，自治区级非物质文化遗产299项，世界级非物质文化遗产名录有2个。其中蒙古族长调民歌已经于2005年11月申报为世界非物质文化遗产，2009年9月30日在阿布扎比召开的联合国教科文组织保护非物质文化遗产政府间委员会第四次会议，呼麦与蚕桑丝织技艺、福建南音、南京云锦等22个中国申报的项目也列入《人类非物质文化遗产代表作名录》。

作为人类文化遗产的一个重要部分，非物质文化遗产与物质文化遗产同样宝贵，二者的必要性和重要性是同样的。正如联合国教科文组织世界遗产委员会主席章新胜所指出的那样："非物质文化遗产与物质文化遗产一样，反映了一个民族和国家对自身特性的认同和自豪感，以及被世界认可的程度。它不仅是一个国家和民族历史成就的标志，也是反映今天文明

的标志，具有重要价值。"① 2003 年联合国教科文组织通过的《保护非物
质文化遗产公约》给出了非物质文化遗产的最新定义，强调非物质文化
遗产是指"被各群体、团体、有时为个人视为其文化遗产的各种实践、
表演、表现形式、知识和技能及其有关的工具、实物、工艺品和文化场
所。各个群体和团体随着其所处环境、与自然界的相互关系和历史条件的
变化不断使这种代代相传的非物质文化遗产得到创新，同时使他们自己具
有一种认同感和历史感，从而促进了文化的多样性和人类的创造力"。②
从这个定义也可以看出非物质文化遗产具有历史传承价值、审美艺术价
值、科学认识价值、社会教育价值等多方面的重要价值。根据该《公约》
和中国国务院颁行的《国家级非物质文化遗产代表作申报评定暂行办
法》，我们将内蒙古非物质文化遗产分为四大类：民间文学类（神话、诗
歌、民间故事、祝赞词等）、民间表演艺术类（民间音乐、舞蹈、戏曲、
民歌等）、民间风俗类（人生礼俗、民间医药、民间信仰等）、民间传统
手工技能类（传统手工艺、民间美术、民间竞技等）。

　　内蒙古非物质文化遗产承载着内蒙古各族人民丰富的历史文化，生动
地记录着各族人民的聪明才智和杰出创造成果，表现并存活了各民族独特
的文化传统，大量的伦理道德，以及崇尚和谐自然的文化资源，它不仅是
建设民族文化大区的重要资源，也是全区各族人民宝贵的精神财富，具有
重要的历史价值、艺术价值、科学价值与社会价值。因此，探析内蒙古非
物质文化遗产的价值，可以揭示其在当今内蒙古科学研究、文化建设、构
建和谐社会中的重要作用，对于增强公民的非物质文化遗产的保护意识，
保证其持久传承、发展也有着积极的意义。

第一节　内蒙古非物质文化遗产的历史价值

　　"非物质文化遗产"是优秀传统文化的精华，是中华民族文化、民间
文化、民俗文化的集中呈现，也是民族智慧的象征和民族精神的结晶。非
物质文化遗产的历史价值是其在帮助我们认识历史的过程中所体现出来的

---

　　①　杨骏：《教科文组织通过〈保护非物质文化遗产国际公约〉》，新华网内蒙古频道，ht-
tp：//www.nmg.xinhuanet.com/xwzx/2003 - 10/18/content_ 1072563.htm。

　　②　王文章主编：《非物质文化遗产概论》，文化艺术出版社 2006 年版，第 10 页。

认识价值,它是非物质文化遗产价值体系的核心价值、价值准则。非物质文化遗产的历史价值主要体现在:首先,从根源上来说,非物质文化遗产是"一种集团或个人的创造,面向该集团并世代流传,它反映了这个团体的期望,是代表这个团体文化和社会个性的恰当的表达形式"①,是我们了解、认识各民族历史的重要资料。其次,非物质文化遗产以其民间的、口传的、野史的、活态的存在形式,可以弥补官方历史之类正史典籍的不足、遗漏或讳饰,有助于人们更真实、更全面、更接近本原地去认识已逝的历史及文化。② 第三,非物质文化遗产传承了民族文化、民族精神的精华,这些世代相传沉积下来的民族的思想精髓、文化理念,是包括了民族的价值观念、心理结构、气质情感等在内的群体意识、群体精神,是民族的灵魂、民族文化的本质和核心。③ 它使民族文化的精神在多元化世界中以其独特性得到了世界的认可。

作为中国非物质文化遗产的组成部分,内蒙古非物质文化遗产反映了内蒙古各民族民众集体生活及长期得以流传的人类文化活动及其成果,深深蕴藏着所属民族的文化基因、精神特质。这些在长期生产劳动、社会实践中积淀而成的民族精神,是积累而来的发展的经验、生存的智慧,是历史地形成的有凝聚力、号召力的民族意识,具有重要的历史价值。

一 内蒙古民间文学的历史价值

内蒙古民间文学是由内蒙古各族人民直接创造的、在民间广泛流传的文学,主要指口头文学,如神话传说、英雄史诗、叙事诗、民间故事、祝赞词、寓言、谚语等。作为内蒙古非物质文化遗产缔造者的各民族都有着内容丰厚的民间文学,而蒙古族作为内蒙古地区的主体民族,其民间文学在内蒙古民间文学史上占有重要的地位。

神话传说在内蒙古民间文学中是最古老的形式之一。它是远古时代的人们创造的反映自然界、人与自然关系以及社会形态的具有高度幻想性的故事,内容涉及天地星辰的产生,民族、氏族的起源,以及人与自然的斗争、社会习俗的形成等。蒙古族神话产生于蒙古族早期社会,一般可分为

---

① 《中芬民间文学搜集保管学术研讨会文集》,中国民间文艺出版社 1987 年版,第 18 页。
② 王文章:《非物质文化遗产概论》,教育科学出版社 2008 年版,第 71 页。
③ 程辉:《非物质文化遗产的价值》,《经济观察报》2006 年 6 月 12 日。

族源神话和神灵神话。族源神话传说是讲述本氏族历史、始祖神的来历、社会组织的起源以及谱系等内容的神话传说，也是祖先崇拜观念的反映，带有很深的历史真实性痕迹。蒙古族源神话里，流传较为广泛的有《化铁熔山》、《天女之惠》。《化铁熔山》是关于蒙古族起源的古老传说，客观上反映了突厥兴起后征服和控制蒙古各部，对蒙古部落残酷统治和镇压这一历史真实。《天女之惠》是有关杜尔伯特部落祖先的古老神话。这一则神话通过优美动人的语言，想象丰富的故事情节描述了杜尔伯特部落酋长祖先的来历，表达了人民希望天赐英明的首领来领导部落，组织生产生活，保卫部落人民的生命财产安全的愿望。这些神话传说虽然在《蒙古秘史》、《史集》等蒙元史籍中有所记载，但主要靠"活态载体"即各类传承人口传心授使其在民间广泛流传，这就保持了古神话传说的原始面貌，在一定程度上真实地再现了当时蒙古族祖先所处的自然环境和具有的生产、生活实践经验与知识，具有更可靠的原始文化史价值。其他民族民间也流传着很多神话传说，如达斡尔族的《关于萨吉尔迪汗的传说》、《代尼乌因和莫日根》等神话，体现了他们对自己民族远古时代历史的朦胧意识，以及达斡尔先民在远古时期母系氏族社会向父系氏族社会转化的历史。鄂温克族的《舍沃克神与铁神》、《狐狸姑娘》等神话，则反映了鄂温克族动物崇拜和传统狩猎生活的文化景观。这些神话传说对于这两个没有文字的民族来说，其史料价值更显珍贵。

　　史诗是一种古老而源远流长的韵体叙事文学样式，在内蒙古民间文学中，蒙古族史诗影响最大。英雄史诗是蒙古族民间诗歌的经典，也是蒙古族远古文学中最重要的民间文学体裁。它产生于原始社会末期，是赞美本民族的英雄、讲述民族早期历史的长篇诗歌。蒙古族英雄史诗的特点是偏重于浪漫主义的幻想，描写的是传奇式的英雄同人格化的自然力或丑恶社会势力之间的斗争。史诗作品的主人公通常是有"巴特尔"或"汗"称号的氏族或部落首领与英雄，其敌人一般是蟒古斯（魔鬼）。长篇代表作有《江格尔》、《格斯尔》。其中《江格尔》被中外学者誉为"蒙古民族史诗发展的顶峰"，同藏族史诗《格萨尔》、柯尔克孜族史诗《玛纳斯》一起，被誉为"中国三大英雄史诗"。它主要流传于卫拉特蒙古部居住区。《江格尔》围绕着婚姻、征战和部落联盟三个主题，讲述了圣主江格尔为首的6012位勇士们为保卫以阿尔泰圣山为中心的家乡宝木巴国，同来犯的形形色色凶残恶魔进行艰苦斗争并最终取得胜利的故事，在更加广阔的历史背景上深刻地反映了蒙古氏族制度瓦解、奴隶制度确立的过程。从中可了解远古蒙古社会的经济文化、生活习俗、政治制度等诸多方面的真实情况。《江格尔》从产生到定型经过历代民间艺人江格尔奇的千锤百炼，内容不断丰富，篇章日益扩展，最终发展成为长达60余章、10多万行的英雄史诗。这样内容深广、人物众多的鸿篇巨制，不但在远古时期的蒙古族文学中首屈一指，在整个蒙古族文学史中也不多见，其史料价值更是尤为突出。

在内蒙古民间文学宝库中，民间故事是普通民众最为喜爱和广为流传的文学体裁形式，独具风韵，悦人耳目。民间故事是蒙古族口头文学中最大的一种散文形式的创作，数量浩瀚，题材广泛，有《兄弟大战蟒古斯》、《乌那根布日都》等反抗压迫和欺辱的英雄故事，《巴拉根仓的故事》、《沙格德尔》等风趣幽默的系列人物故事，有《老山羊和狼》等寓意性的动物故事和《金钥匙》等生活故事，也有《陶都莫日根帝王》等富有幻想的浪漫故事以及革命斗争故事。这些故事以活的艺术语言记录了蒙古族人民的社会生活和斗争，表达了他们美好的理想和愿望。如《沙格德尔》是以沙格德尔为主人公、以沙格德尔的诗为主题的民间故事群。这组故事主要讲述现代蒙古族杰出民间即兴诗人沙格德尔不畏强权，他的诗作主要以政治讽刺诗为武器，无情地揭露和鞭笞了维护封建利益的格鲁派藏传佛教的伪善，大胆抨击封建王公的贪婪、残酷和愚昧的事迹，赞颂了蒙古族人民的勇敢和斗争精神，具有鲜明的反帝反封建的时代特色。动物故事通过人格化的动物，曲折地反映了人们的社会关系和道德观念，主题鲜明，寓意深刻。革命斗争故事中《席尼喇嘛》的故事生动地描绘了"独贵龙"的领导者——席尼喇嘛从自发走向自觉、横跨新旧两个民主主义革命阶段的斗争经历，是风起云涌的反帝反封建革命运动的形象记录。这些鲜活的记录情感真实，客观地展现了蒙古族人民艰苦卓绝的斗争历史和爱憎分明的阶级情感，可以弥补封建时代官方历史的讳饰与不足，有助于我们更全面地认识这些已逝去的历史的原貌。

蒙古族人民不但是改造自然的英雄，而且是民族文化的创造者、发掘者和开拓者。祝赞词就是蒙古民族在生产生活实践中创造的吟诵式的民间口头文学体裁。蒙古民族天性豪爽，乐观豁达，热情奔放，历来有崇尚诗歌的传统，不论是出征狩猎、祭祀大典，还是喜庆节日、酒宴聚会，包括新婚嫁娶、竞技比赛、婴儿诞生、毡包落成，都要用各种美好的诗句称颂一番，久而久之，就形成这种特有的民间文学形式，蒙古语称为"仓"。蒙古族的祝赞词主要来自古代萨满教的祭祀歌，也有当场即兴创作的。如《祝酒词》、《献哈达祝词》、《祭火祝词》、《迎亲颂》、《心神颂》、《摔跤手颂》、《献牲羊祝词》、《新娘新郎赞》、《蒙古马赞》、《弓箭赞》、《庄稼赞》、《公马祝词》、《打马鬃祝词》、《剪羊毛祝词》，等等。祝赞词来自蒙古族人的社会生活，普遍用于各种仪式，所以祝赞词作为蒙古族最早的语言艺术之一，无疑是他们现实生活的反映，是蒙古族生活和生产斗争的重要组成部分。它不仅以草原人特有的语言述说着蒙古民族对历史文化、人文习俗、哲学和艺术的感悟，抒发着人们对于生产、生活、宗教信仰、伦理道德等方面的思想感情和美好愿望，还用独特的形式体现和传承着该民族的文化传统和民族特质，为我们全方位认识蒙古族历史文化提供了重要的资料。

　　内蒙古民间文学是富有地域特色的民族文化的活态文化遗存，它以口传心授的形式真实地记载了内蒙古各民族发展的历史、文化活动与成就，极大地丰富了内蒙古各民族文化的内容，构成了内蒙古非物质文化遗产最重要的组成部分。

二　内蒙古民间表演艺术的历史价值

　　表演艺术是指通过说、唱、器乐演奏、肢体动作以及表情来塑造形象、传达情感从而表现生活的综合艺术形式，如音乐、舞蹈、曲艺、戏剧等。其中音乐又包括民间歌曲、民间器乐、说唱音乐和其他民俗音乐形式。内蒙古是一个多民族聚居地区，辽阔的草原、无垠的沙漠、宽阔的林海以及蓝蓝的天空、洁白的云朵，赋予了生存在这片土地上的各个民族丰富的情感，也激发它们无限的艺术创造力，使他们在长期生产和生活中创造了形式多样的表演艺术式样。

　　内蒙古民间音乐十分发达，民歌作为其重要的组成部分更是异彩纷呈。如蒙古族的长调、短调，汉族的爬山调、鄂伦春的赞达仁、鄂温克叙事民歌、达斡尔族的扎恩达勒以及蒙汉艺术结合的漫瀚调等都具有不同的艺术特点与内涵。

　　在民间表演艺术中，民歌是流传最为普遍的一种民间文艺体裁，也是一个民族历史的见证和民族精神的直接体现。爬山调是流行在内蒙古中西部地区的具有代表性的汉族民歌，属于农耕文化与草原文化碰撞而产生的艺术形式。它产生于明清放垦以来，当时大批汉族等移民从山西、河北、陕西等地迁来，在融合了河北民歌、山西大秧歌、陕北信天游语汇和形式基础上，又吸取了蒙古族长调的某些因素，产生了具有当地独特风格的爬山调。所以，爬山调是蒙汉文化交融的见证，它的形成凝聚着晋陕人民走西口垦荒谋生的厚重历史。爬山调的题材内容很丰富，从歌唱劳动生活、赞美家乡、歌颂领袖到花鸟鱼虫、五谷六畜、世态炎凉、儿女情长、婚姻爱情，以至于表达理想和愿望，反映喜怒哀乐等皆能成颂。代表性曲目有《想亲亲》、《阳婆里抱柴瞭哥哥》、《大黑牛耕地犁黄土》、《井儿沟就是咱们久走的路》等。而且爬山调歌词朴实无华，演唱者遍及民间劳动者，如耕地人、收割人、牧羊人、赶车人。所以它既是塞北劳动人民心声的自然流露，又是这个地区的社会历史、风土民情的真实写照。爬山调是一种具有原生态性的民歌形式，是劳动人民感情与智慧的结晶，它保存了汉族民歌古老的传统价值和特征，又接受了流传地域民俗、民风和文化的影响，以其自身深厚的艺术底蕴、原汁原味的表演方式堪称"活的民俗文化"，是研究内蒙古中西部地区移民历史、民俗等重要的史料。

　　民间器乐也是内蒙古民间音乐的不可缺少的组成部分，蒙古族素有"音乐民族"之美称，蒙古族乐器在内蒙古民间音乐中占有主导地位。蒙古族乐器主要有马头琴、四胡、火不思等。马头琴是蒙古民族最具草原特色的民间乐器，也是蒙古人民最喜爱的民族乐器。马头琴，蒙古人称为"莫琳胡儿"，因其琴杆的上端雕有一个很精致的马头，所以叫"马头琴"。蒙古族马头琴历史悠久，在蒙古族形成时期，马头琴就已存在。在长期的历史发展中，马头琴形成了带有鲜明地域色彩的不同流派，这些流派又与蒙古族内部和外部的聚散离合以及历史变迁密切相关。可以说，马头琴伴随着蒙古族从草原和历史的远处一路走来，其中承载了丰富的历史文化信息。

　　马头琴的演奏特点是以指甲从弦侧触弦发音，具有独特的音色，柔和、浑厚而深沉，能够准确地表达出蒙古人的生活，如：辽阔的草原、呼啸的狂风、悲伤的心情、奔腾的马蹄声、欢乐的牧歌等。因此，马头琴所演奏的乐曲，具有深沉粗犷，激昂的特点，体现了蒙古民族的生产、生活和草原风格。传统曲目如《朱色烈》赞喻男女爱情的坚贞；《凉爽的杭盖》是描写水草丰美的山林和牧场的夏日风光；《四季》曲调悠扬流畅，描绘了锡林郭勒大草原一年四季自然景色的变化和牧民对家乡的热爱等。

另外，还有赞颂新时代、新生活的优秀创编乐曲，《草原新歌》是一曲草原和牧民的赞歌。《草原连着北京》表现了蒙古族人民身在草原、心向北京的炽热豪情。《万马奔腾》描绘了内蒙古千里草原的壮阔建设图景。除此，《蒙古小调》、《鄂尔多斯的春天》、《清凉的泉水》、《走马》和《新春》、《草原赞歌》等也是优秀的曲目。马头琴旋律悠扬婉转，富有草原特色，满含真情地表达了牧人的情感，展示了蒙古族对草原生活的赞美和对美好理想的追求。不仅如此，在古代狩猎、游牧的蒙古人心目中，马头琴具有神力。当牲畜遭受天灾或瘟疫时，弹奏马头琴，演唱古老的英雄史诗和镇压蟒古思的民间故事，希望能够驱除祸殃，化凶为吉。而且在内蒙古草原民间，每诞生一把马头琴，都要举行隆重的仪式，仪式结束后，牧人就开始举行马头琴试奏音乐会，这是内蒙古草原上的一段古老文化遗风，同时也说明了马头琴在草原上人们心目中的崇高地位和割舍不断的依恋。所以，对于蒙古民族来说，一首马头琴曲的旋律，远比画家的色彩和诗人的语言更加具有魅力。马头琴是蒙古族音乐文化的典型代表，无论是它的造型、制作材料，还是它的音质音色、音乐表现风格和演奏方法，均体现着蒙古族的性格内涵和民族气质，充分反映了蒙古族游牧生活的历史形态，表达着蒙古族对自然宇宙哲学性的思考和独特的审美意趣，有着重要的历史价值。

内蒙古民间歌舞如潮如涌，各个民族都喜欢以舞蹈的形式来表达对生活的热爱与感悟，汉族双墙秧歌、达斡尔族鲁日格勒、鄂温克族萨满舞以及各种蒙古族舞蹈，汇聚成内蒙古舞蹈艺术的海洋。蒙古族自古就以能歌善舞著称，呼图克沁、查玛舞、安代舞、筷子舞、盅碗舞等是其主要的舞蹈形式。查玛是广泛流行于内蒙古的一种宗教庆典舞蹈。查玛原是一种民间舞蹈艺术，后被藏传佛教吸取，并注入佛教内容，成为藏传佛教寺庙舞蹈。并于16世纪后半叶随同格鲁派（黄教）喇嘛教传入内蒙古，至今已有400年的历史。查玛系蒙藏宗教文化艺术交流的产物，在长期的演变发展过程中，逐渐与蒙古社会紧密结合，成为一种具有蒙古族风格和特点的舞蹈。因此，它反映了藏族寺庙舞蹈在蒙古草原的演变、发展和蒙古藏文化交流的史事。查玛舞是藏、蒙人民智慧的结晶，也是我国民族文化宝库中的瑰宝。它是一种以演述宗教经传故事为内容的面具舞，主要表现祛灾除祸、保佑万物生灵平安、祈祷世间安康吉祥的美好愿望。舞蹈中人物繁多，形态各异，舞蹈语汇的运用多以所表演人物的个性划分。一般是

"大查玛"动作沉毅坚定，庄重徐缓，"小查玛"动作乖巧多变，灵活敏捷。表演时，各种角色身穿藏传固定服饰，手执法器或降魔宝剑，从服饰到动作都形象地塑造人格化了的鸟兽神灵，具有原始性、模拟性、表演性和宗教性。如却吉勒（阎王）舞动作犷悍，举手投足都极富雕塑性；鹿神舞动作矫健奔放而有气势，技艺性颇强，带有竞赛性质；好扣麦（骷髅）舞动作灵活洒脱，时而随鼓声颠跑跳跃，时而故作威风状进行喜谑表演，身体的起伏，头部的昂垂，手的绕动与舞步的踏跳配合融洽，很有韵味。充分体现了蒙古族、藏族人民在舞蹈艺术上超凡的创造力和想象力。查玛作为一种宗教仪式舞蹈丰富了蒙古族艺术的内容和形式，绝大多数寺庙均于宗教节日时表演。其舞蹈形式也影响甚广，至今仍在蒙古族舞蹈的创作、表演和教学中发挥一定的作用，是认识、了解蒙古族宗教文化、蒙藏文化交流等重要的活态史料。

说唱又叫曲艺，说唱音乐是用来讲唱历史、传说故事及文学作品的艺术体裁，是音乐、文学和表演相结合的综合艺术形式。内蒙古民间说唱艺术源远流长，蒙古族的好来宝、乌力格尔，达斡尔族的乌春（乌钦）等都是其中的代表。

乌钦是达斡尔族以口传心授的方式创造并流传下来的宝贵的说唱艺术，也称"乌春"，本是在清朝年间由达斡尔族文人用满文创作并以吟诵调朗读的叙事体诗歌，后来民间艺人口头说唱表演这些作品，遂演变成一种达斡尔族传统的民间"说唱"艺术形式。"乌钦"至今有几百年的历史，经过了漫长的发展，已形成了明显的特征。首先它的吟诵曲调比较灵活，没有固定的曲谱，每四句为一段，每句押头韵，句与句对称，数字对数字，花名对花名，近似汉族的律诗，是一种讲究头韵的吟诵体韵律诗，但与汉族的曲艺演唱或蒙古族的好来宝有很大的区别。其次，乌钦内容十分丰富，它用生动的语言、充满魅力的说唱和丰富的故事、鲜明的人物形象，记载着达斡尔族历史和民俗。如《达斡尔人的生活》、《达斡尔人的家园》讲述了古代达斡尔人生活的变迁与悲欢离合；《齐三告状》、《少郎与岱夫》歌颂了近现代英雄；《寻鹰》、《放排》、《赴甘珠尔庙会》则反映达斡尔习俗和伦理道德等方面内容；《送夫从军》、《在兵营》、《湖北行》诉说了人民苦难；还有表达情感的《额热·我的妈妈呀》、《妈妈的教诲歌》、《想念妈妈》以及描写人民生产劳动的《四季》、《放木排》、《打鱼》等。其中《少郎与岱夫》是达斡尔族民间长篇乌钦中的经典代表作，已列入中华民族文苑之林，为国内外学术界所重视。《少郎与岱夫》是达斡尔族第一部长篇乌钦，该曲目反映达斡尔族人民反抗阶级压迫、抗击残暴的英雄气概，使达斡尔人民有了本民族引以为荣的英雄和楷模。80多年来一直流传在齐齐哈尔地区。

每个民族、种族的文化都具有其独特的创造性和迥异于其他民族的特有价值，都是不可重复、不可替代的独立生成的体系，都是具有独特价值的独立文化传统。乌钦具有鲜明的民族风格和地域特色，是古老达斡尔族民间说唱艺术的遗存。长期以来，它广泛流传于达斡尔民间，在古代达斡尔民俗活动中起着重要的作用，以说唱艺术形式反映了达斡尔人民的生产劳动和思想情感，是深受达斡尔族人民喜爱的说书形式。所以，乌钦作为达斡尔族的传统文化的瑰宝之一，在没有文字的现实情况下，用乌钦说唱的方式传承达斡尔族宝贵的民族精神和文化历史，是认识和研究古代达斡尔社会的重要文化遗产。

内蒙古民间表演艺术源于民间，并且具有鲜明的民族特色，它们以极强的艺术感染力反映了各民族的历史、文化、生活以及内心的情感，是进一步认识各民族历史、文化交流、社会生产发展等方面生动形象的文化遗产。

三　内蒙古民间风俗的历史价值

习俗是人们在长期的社会生活中所形成的一些行为方式，其中包含了人们对自然、社会自身的认知，也体现了人们的价值取向、生存智慧及与生态环境的良好互动关系。内蒙古民俗是指内蒙古地区各民族在长期生产生活和社会交往中形成的民间风俗，主要包括服饰、饮食、婚礼、节庆祭奠、民间信仰以及传统生产方式与知识等内容，并因多民族也呈现出多样性的特点。如蒙古族民俗、鄂温克族驯鹿文化与萨满服饰、满族服饰、达斡尔族昆米勒采食习俗等都是其重要体现。蒙古族是内蒙古自治区的主体民族，自古以来生活在广袤的蒙古高原上，在特定的自然、地理环境和历史条件下形成了自己独特的民俗文化，在内蒙古民俗文化中占主导地位。

服饰是一个民族内心精神活动的外化，也是民族文化最直观的体现。内蒙古各民族的服饰都有自己风格与特点，都是各自民族文化的产物和印记。

蒙古族服饰是我国传统服饰文化中最具特色的组成部分，也是蒙古族文化艺术成就最集中、最经典的体现。蒙古族服饰历史悠久，从上古到蒙古汗国，从元、明、清到现在，随着历史的发展，历代蒙古人民在长期的生活和生产实践中，发挥自己的聪明才智并不断吸收其他游牧民族和中原汉族服饰之精华，形成了多元、丰富、独特、完整、经典的服饰文化体系。蒙古族服饰具有浓厚的草原风格，记载着厚重的蒙古族历史文化。因为长期生活在塞北草原，蒙古族人不论男女都爱穿长袍，长袍下摆大多不开衩，只有东部蒙古区由于受满族的影响，其长袍下面开衩。红、绿绸缎做腰带，男子腰带多挂刀子、火镰、鼻烟盒等饰物。蒙古族靴子分皮靴和布靴两种，蒙古靴做工精细，靴帮等处都有精美的图案。蒙古族男子多戴帽，也有的用绸子缠头。女子多用红、蓝色头帕缠头，冬季和男子一样戴圆锥形帽。未婚女子把头发从前方中间分开，扎上两个发根，发根上面带两个大圆珠，发梢下垂，并用玛瑙、珊瑚、碧玉等装饰。因受满族的影响，清代蒙古族未婚女子也常梳单辫，扎红辫根。所以，蒙古族服饰能综合反映出蒙古族的生活环境、生产方式、婚姻习俗以及历史变迁。蒙古族的服饰表达了蒙古民族的审美追求，是蒙古族的族徽。从服饰的颜色上看，蒙古族特别地偏爱鲜艳、光亮的颜色，尤其崇尚白色、天蓝色这样一些纯净、明快的色彩。因为，蒙古人认为，像乳汁一样洁白的颜色，是最为圣洁的，多在盛典、年节吉日时穿用；蓝色象征着永恒、坚贞和忠诚，是代表蒙古族的色彩；红色是像火和太阳一样能给人温暖、光明和愉快。蓝天白云，绿草红衣，反映了蒙古人追求一种天然的和谐。另外，从蒙古民族服饰的款式看，褒衣博带，既能体现人体的曲线美，又能体现蒙古牧人宽厚大度、粗犷坦荡的性格。因此，在重大节日和盛会上，蒙古族人都要穿着最好的服饰参加，显示了蒙古族服饰巨大的凝聚力。蒙古族服饰是蒙古族人民在长期的生产生活和社会实践中发展和演变而来的，受地域、生产生活方式以及民族审美心理影响，具有独特的地域性、民族性、传统性，其结构类型，色彩观念，审美情趣、图案寓意等文化内容，是千百年来传承下来的财富，是民族文化的重要体现。它直观地彰显着民族的个性和群体特征，形象地记录着蒙古族的智慧和文明历史，通过蒙古族服饰可以了解蒙古族历史文化的丰富内涵。

蒙古族是一个爱美的民族，也是一个讲究饮食的民族，其饮食习俗也具有浓烈的民族风味和地方特色。蒙古族的饮食主要分为白食、红食。白食"查干伊得"即奶食，食品有白酥油、黄酥油、奶皮饼、奶豆腐、奶酪、奶果子等；饮料有奶茶、酸奶、奶酒等。蒙古族的奶制品特别著名，如奶皮饼是用熟牛奶凝固的奶油制成，营养丰富，味美可口，常用于待客及馈赠礼品。马奶酒清凉爽口、富含多种维生素，对肺病、胃病、神经衰弱等病症有较好疗效。红食"乌兰伊德"即肉食，以羊肉、牛肉为主。羊肉的吃法有"手扒肉"、羊背子、烤全羊等，这是蒙古族的传统佳肴，也是他们常用的待客佳品。蒙古族的饮食习俗是蒙古民族珍贵的民族记忆，原生态地反映着蒙古民族的文化身份和特色，体现出该民族独具特色的文化发展踪迹。诈马宴被称作蒙古族第一宴，在蒙古族饮食风俗中，具有突出的文化价值。

诈马宴是蒙古族特有的庆典宴飨整羊席或整牛席。"诈马"是蒙语，其意是烤全羊、烤全牛，"宴"则是汉语中的宴席，诈马宴的名称可以说是蒙汉融合。诈马宴是古代蒙古民族最为隆重的宫廷宴会，也是元代宫廷最高规格的食飨。赴宴者必须穿戴质孙服，一日一换。质孙服意思是"一色衣"，做工精细，用料名贵，其中以用绣金锦缎或天鹅绒制作的最为讲究。所以，诈马宴又称质孙宴。周伯琦《近光集》对此也有记载："国家之制，乘舆北幸上京，岁以六月吉日，命宿卫大臣及近侍，服所赐只（质）孙珠翠金宝衣冠腰带，盛饰名马，清晨自城外名持采杖，列队驰入禁中，于是上盛服御临观，乃大张宴为乐。惟宗王、戚里、宿卫大臣前列行酒，余各以所职叙坐合饮，诸坊奏大乐，陈百戏，如是诸凡三日而罢。其佩服日一易……名之曰只（质）孙宴。只（质）孙，华言一色衣也，俗呼为诈马宴。"蒙古族的诈马宴是历史中的皇家盛宴，其宗旨是纵情娱乐，增强最高统治集团的凝聚力。所以，历史上的诈马宴规模宏大，热烈隆重。据《蒙古食谱》记载，诈马宴是蒙古全羊席之一种，全称叫绵羯羊整羊诈马宴，欢宴三日，用羊二千，牛三头，音乐歌舞，百戏竞技，是融宴饮、娱乐、游戏于一体的豪华盛宴。据元代文献记载，它都选择在公历的七八月举行，此时正是草原水草丰美、牛羊肥壮、气候宜人的季节。元代举行诈马宴的准确数次没有明确记载，但是每年夏天，元上都（现锡林郭勒盟正蓝旗境内）都举行盛大的诈马宴，成为元代的定制。元朝实行两都制，每年春季皇帝会带领大批属僚从大都（今北京）北幸上都进行理政、避暑、祭祀等活动。在此期间，皇室要大摆宴席招待宗王大臣等，宴上，皇帝常赏赐大臣，得到者无上光荣。君臣有时也在筵宴上商议军国大事，故此活动带有浓厚的政治色彩，这在古典筵席中非常独特。

蒙古族诈马宴包含着丰富的文化内涵。它是集民族文化仪式、宗教文化仪式、军事文化仪式、饮食文化仪式于一体的盛礼，生动地保留了蒙古族重武备、重衣饰、重宴飨的习俗，从中我们可以了解到元代的礼仪制度、军事制度和政治制度等方面的内容。

节日是某一固定时间的特殊活动，它集中体现了一个民族的社会文化，具有传承历史文化，增强认同感和凝聚力的功能。蒙古族那达慕、鄂伦春族篝火节、俄罗斯族巴斯克节等都是内蒙古民俗中重要的节日。那达慕是蒙古族重要的传统节日，在蒙古族人民生活中占有重要的地位。那达慕有久远的历史，最初是为表示团结友谊和庆祝胜利而举行。据铭刻在石崖上的《成吉思汗石文》载，早在 1225 年成吉思汗西征战败花刺子模后，就在布哈苏齐海地方，举行过盛大的那达慕大会。多少个世纪以来，蒙古族人民相沿成俗，每逢庆祝战功、祭旗点将、军民欢聚、盟旗聚会以及敖包祭祀等都举办那达慕活动，已成为蒙古族为表达丰收喜悦之情而举行的一年一度的传统盛会与节日。

那达慕是适应蒙古族人民生活的需要而产生的，每年定期在水草丰美，牛肥马壮之夏末秋初举行，并以摔跤、射箭、赛马即蒙古族传统的"男儿三艺"为主要内容，有着鲜明的民族特色和浓郁的地区特点。射箭是那达慕大会最早的活动内容之一，蒙古族自古崇尚弓箭，喜好骑射，把它视为男子汉的象征和标志，当作他们随身携带的武器和吉祥物。射箭源于蒙古族狩猎时代的生产技能，有骑射和步射两种。其中，骑射者精神抖擞，张弓搭箭，在规定的距离，骑马连射，最为精彩。摔跤比赛是那达慕大会最引人注目的项目。摔跤手，蒙古语叫"布赫沁"。他们多是身材魁梧的小伙子。布赫沁上身穿镶有铜钉的"卓铎格"，下身穿肥大的摔跤裤，足蹬传统的布利阿耳靴，头缠红、蓝、黄三色头巾。两者对垒时，色彩翻腾，龙腾虎跃，场面十分壮观。再现了蒙古族勇猛刚武、能征善战的民族文化精神。赛马也是一项很吸引人的活动。蒙古族人是在马背上长大的，对马有着特殊的感情。赛马不仅需要平日把马驯得十分熟练、得心应手，而且要有娴熟、高超的骑术和顽强勇猛的精神。除了"男儿三艺"外，传统的那达慕通常还要进行大规模的祭祀，喇嘛们要焚香点灯，念经诵佛，祈祷神灵保佑，祝福草原牛肥马壮，人畜两旺。夜间，在辽阔的草原上，人们围着篝火，伴随着悠扬激昂的马头琴声，翩翩起舞，放声歌唱。所以，那达慕上的各项活动是力与美的显现、体能和智慧的较量、速度和耐力的比拼，也是蒙古族精神文化的充分展示。那达慕是具有广泛群众性和娱乐性的传统民俗文化活动，一直在草原上流传和发展，至今已有近八百年的历史。那达慕也是源远流长、历久弥新的草原文化的重要组成部分，它以节日民俗的形式，反映了古代蒙古族社会的生产方式、生活风貌、蒙古族的价值观和审美观，成为传承蒙古族文化传统的重要载体。

蒙古族作为内蒙古的主体民族，有着独特而完整的语言文字、风俗习惯和宗教信仰，形成了以畜牧经济和草原文化为主要内容的民俗。这些风俗是蒙古族历史发展的产物，承载着蒙古族的历史，也是蒙古族历史发展和变迁的重要历史遗存。

四　内蒙古民间传统手工艺技能的历史价值

民间传统手工技能是指在日常生产、生活中创造并体现其独特审美情趣的制作技术与艺能。内蒙古传统手工技艺分民间手工艺、民间美术、民间竞技三类。其中民间手工艺指各民族手工制作技术，如民居、饮食、交通工具等制作技术；民间美术是各族人民创造的各种视觉造型艺术，如剪纸、刺绣、图案、绘画、雕塑等；民间竞技包括智力竞技和体育竞技，如象棋、赛马、摔跤比赛等。这些种类繁多的民间手工技能体现了内蒙古各民族人民独特的创造力，是各民族历史发展变迁的有力见证。

民间手工技艺是各民族传统文化的重要组成部分，如鄂温克族的桦树皮制作技术、汉族莜面饮食制作技艺、鄂伦春族兽皮制作技艺、达斡尔族车制作技艺等，在各民族的生产生活中占据着很重要的位置。蒙古族尤以民间手工艺见长。蒙古包制作技艺、勒勒车制作技艺、蒙古族马具制作技艺、阿拉善地毯制作技艺，烤全羊技艺等都是其精湛的手工技艺的具体体现。

勒勒车制作技术是蒙古民族非常宝贵的传统工艺。勒勒车是蒙古牧民自己制造的、传统的交通工具，蒙古语叫"杭盖特日格"（意为木制车），因常以牛拉动，故也叫蒙古式牛车。勒勒车的制作特点是车轮体高大，轮子直径可达 1.4 米左右，相当于牛身的高度，车身小而轻便，对于草地、雪地、沼泽地等有较强的适应能力，载重可达数百斤乃至千斤，被称为"草上飞"。在结构上，大体上包括车辕、车轮两个部分。哈玛特日格，又叫特日格（蒙古语意为车上房子或家），是蒙古高原上游牧部落在交通设施方面又一大创举。他们在巨轮上用细木杆折弯当篷条，上面罩盖毡子做成哈玛特日格。这种车的遮风挡雨的功能好，所以蒙古人把它当做远征的主要车辆和游牧式的房屋来居住。勒勒车通常主要以草原上常见的桦木为原料，车轴、车轮、车瓦、辐条、轮心、车辕、车架，都用桦木做成，也有用松木、柳木、榆木、柞木、樟木等。桦木质地坚硬，耐磕碰，车体又轻，着水受潮不易变形，适宜在草原、沙滩上通行。勒勒车整车不用铁件，结构简单，便于制造和修理。正是由于勒勒车具有很强的适应性和修理的便捷性，所以才能一直沿用下来，成为草原牧人最重要的交通运输工具。勒勒车有"草原之舟"之称，在蒙古族的生产生活中发挥着巨大的作用。迁徙搬家，在战争中托运军队的辎重，婚礼、葬礼等都以勒勒车为交通工具，牛拉勒勒车排成长长的队缓缓远行，显示了牧区特有风情。可以说勒勒车是牧民流动的家，"行则车为室，止则毡为庐"。勒勒车也是蒙古人进入游牧时代的标志。从这个意义上讲，勒勒车是蒙古人创造悠久历史的桥梁，在整个蒙古族文化中占据着重要的地位。蒙古人的游牧业就是在勒勒车上创造出来的，蒙古人的游牧文化是用勒勒车拉出来的，蒙古民族是在勒勒车上生长和发展起来的。因此，作为蒙古文明的一个代表，勒勒车在蒙古族的发展史上起了十分重要的作用，是古代蒙古族社会生活的真实写照，为我们提供了了解古代蒙古社会的生产方式、历史发展、生活内容等实体资料。

　　民间美术是在广大劳动群众社会生活中发生、发展、传播的，有着深厚的群众基础和不同的表现式样。剪纸是民间美术中特有的一种艺术式样，也是中国人特有的祈福和祝福的方式，包含着深刻寓意。内蒙古民间剪纸艺术主要有科尔沁蒙古族民间剪纸、鄂尔多斯剪纸、开鲁县剪纸等，和林格尔剪纸是其中的精品，在中国民间剪纸园地里占有重要地位。和林格尔民间剪纸是由生活在本地区的广大劳动人民创造的，深为当地人民群众所喜爱的民间艺术之一，有着悠久的历史。在其形成和长期的发展过程，因和林格尔地处内蒙古中南部的半农半牧区，随着北方游牧文化与中原农耕文化的频繁交融，逐渐形成粗犷、简朴，具有强烈生命感的风格。深厚的历史文化积淀，也孕育了和林格尔剪纸丰富的文化内涵。其表现形式名目繁多，有广为流传的窗花、刺绣花、顶棚花、礼花等，各具特色。表现内容广泛，有骆驼、鱼、狮子、鹿、凤、十二属相、双鸟、蝴蝶、荷花、寿字、喜字、如意回纹、扣碗等作品，表达人们对长寿、幸福、丰收、富裕、爱情的期盼。《二妞牧羊》、《山丹丹》、《炒莜面》、《抬花轿》等再现了这一地区农耕、放牧生活的场景，生动真切，泥土气息浓厚。

《骡驮轿》、《扎高跷》、《走西口》、《放风筝》、《过腊八》等表现丰富多彩的民俗生活。还有些剪纸蕴含着北方原始民族图腾崇拜的意义，如《蛟龙食鱼》、《人骑龙》、《鸡蟾御蛇》等。另外，有些内容也是人们喜闻乐见的民间故事和传说，如《牛郎织女》、《昭君出塞》等。目前，还出现了不少反映现实生活，并具有强烈时代特色的新剪纸，如《草原风情》、《套马》、《欢悦的搏克手》、《敕勒川》等作品。民间艺人们用最为纯朴、真挚的情感来抒发自己的审美理想，或质朴、或深沉、或粗犷、或浪漫，展示了他们极为丰富的内心世界和积极的人生态度。

和林格尔剪纸经过1000多年的发展，世代传承，原生态特点是其强大的生命力。它不仅在艺术与图样上保持着原生态，其中还沉淀了民族民俗文化、伦理观、历史等方面的珍贵资料。已故百岁剪纸老人张花女，其《蛇盘鸡》、《牧羊图》、《蒙汉和亲》等作品，不仅散发着泥土的芳香和对生活的热爱，还是反映远古时期仰韶文化与红山文化、中原文明与草原文明在和林格尔碰撞、交流、融合的历史遗存，具有很高的艺术考古价值。除张花女外，和林县还有如被著名作家冯骥才称为"剪纸界的毕加索"的康枝儿和刘金莲、李三女、崔青梅、柴梅女等一大批民间艺人，她们的剪纸艺术特色虽然不尽相同，但都表现出强烈的生命意识和浓郁的生活气息，构图奇巧、纯朴自然，充分展示了和林格尔地区民间剪纸艺术的地域性、民族性、独特性和创造性。和林格尔原生态民间剪纸，是一部蒙汉民族共同创造的地域性的农耕与草原历史文化的生动画卷。它风格粗犷厚重，古朴深沉，具有北方民族崇拜生命、崇拜图腾的深邃文化内涵，被专家学者誉为"民族历史文化的活化石"，具有不可替代的历史和文化价值，是草原文化的重要组成部分。

刺绣也是民间流行的一种表达理想、情感的民间美术形式，具有淳厚、质朴、积极乐观的感情色彩，散发着浓郁的乡土气息。蒙古族刺绣、达斡尔族的刺绣、扎鲁特刺绣、科尔沁右旗什业图王府刺绣等是内蒙古民间刺绣艺术的重要组成部分。达斡尔族的刺绣有着独特民族文化内涵，典型地反映了达斡尔族独特的民族心理、审美价值观念和文化艺术风格。达斡尔族刺绣主要有妇女服饰、枕头绣片、荷包、鞋面、手帕、儿童摇车背枕、钱搭袋等物品。这些绣品手工艺高超，从技法上看，除了平绣、贴补绣外，以折叠绣最有特色。针法多样，有错针、乱针、网针、锁丝、纳丝、平金、盘金、铺绒、刮绒、挑花等。而且不论在色彩上还是在造型上，都形成了自己的民族特色。其图案明快生动，自然朴实，调色和谐，层次清晰，给人以动感和生态感。内容多取自与农耕、鱼牧、狩猎有关的自然界的花鸟、鱼虫、禽兽、植物、山水等题材内容，也涉及民间故事等方面的题材内容，同时还绣有大量的几何纹饰。一般多具吉祥、如意、幸福、富贵等表达美好祝愿的寓意，反映了达斡尔族妇女对大自然和美好生活的向往与热爱。刺绣是达斡尔族民族传统文化的重要部分。它反映出一种率真淳朴之美，表现了达斡尔族妇女丰富的想象力和创造力，体现出达斡尔族豪迈、奔放、热情的性格特征和情感基调，具有鲜明的民族特色，对于体现中华民族艺术多样性，具有特殊意义。不仅如此，达斡尔族刺绣手工艺蕴含丰富的达斡尔族民风民俗、思维和观念等，是研究达斡尔族民族及其文化发展史的形象资料和北方少数民族的活化石，具有重要的文化、历史价值，可以弥补考古发掘和历史研究文献研究的不足。

内蒙古各民族都有着自己传统的体育竞技活动，蒙古族的摔跤、赛马、赛驼、射箭、象棋比赛等，鄂温克的抢枢、鹿棋，达斡尔族的曲棍球、颈力赛等。这些活动不单单是一种娱乐休闲方式，与其他非物质文化一样，传递着本民族独特的历史文化信息，有着重要的价值。"抢枢"是鄂温克人在大自然斗争中流传下来的一种古老而又珍贵的民间传统体育项目。"抢枢"中的"枢"，鄂温克语"销子"之意，是指游牧民族所使用的勒勒车的车轴上固定车轮，防止车轮从车轴上脱落而定位的木制卡销。"抢枢"比赛用具是一辆勒勒车的两个车轮和一个轴销，围绕"枢"进行争夺，最后以夺"枢"者，将"枢"敲打在终点的车轮上为胜。"抢枢"是一种具有思想性、教育性、娱乐性的民族传统体育竞技项目。它源自一个美丽的民间传说，为纪念故事中这个家庭勤劳勇敢、聪明灵慧的优良品质，鄂温克人把"抢枢"成功演化成鄂温克人民喜爱的体育活动，成为鄂温克人民增强体能、丰富文化生活的重要形式。"抢枢"是鄂温克文化代表形式之一，蕴含着深厚的文化内容。首先，赛场设计具有深刻的象征意义，其平面图是一个上窄下宽的梯形图，既如一个高高的萨满教祭坛，又如一只展翅的雄鹰，场地头部是一颗星星，尾部是圆月，体现了鄂温克人崇尚自然的古老信仰，也保留了古老传说的色彩。其次，比赛过程也是鄂温克人日常生活和狩猎生活的表现形式。它集合了鄂温克人在日常游牧、狩猎过程中的众多技能。既有"橄榄球式"的争抢，也有"角力士"的摔抢，队员需具有较快的奔跑能力，敏捷的反应，较强的臂力、握力和摔跤技巧，才能取胜。整个比赛过程紧张激烈、扣人心弦，展现了鄂温克人在日常生活中与大自然抗争，与野兽搏斗的技能和勇气，也反映了鄂温克民族不畏艰险、奋勇争先的生存意识。如今在鄂温克族人民中，"抢枢"已成为独具特色的体育运动项目，其中蕴含的精神传承教育后人，使他们在现实生活中团结一致，战胜困难，再接再厉不断发展。"抢枢"是鄂温克族民族优秀的文化遗产，它不仅仅是一个娱乐性和搏击性较强烈的体育运动，还是鄂温克民族文化重要载体，深含着该民族文化的精髓，为我们提供了直观了解鄂温克历史的条件，具有重要的历史价值。

任何民族的文化、文明都含有独特传统的因素、某种文化基因和民族记忆，这是一个民族赖以存在和发展的"根"。内蒙古非物质文化遗产鲜活地记载了各民族的历史，是各个民族的生命动力、精神依托，是民族文化复兴、民族文化整体可持续发展的源泉，具有传承民族文化和民族精神的重要作用和价值。

第二节　内蒙古非物质文化遗产的艺术价值

非物质文化遗产的艺术价值是指非物质文化遗产呈现给我们的独特的认识价值和审美价值。联合国教科文组织十分重视非物质文化遗产的艺术价值。《保护世界文化和自然遗产公约》明确规定：凡列入《世界遗产名录》的文化遗产项目，必须符合下列意向或几项标准方可批准。其中便包括"代表一种独特的艺术成就，一种创造性的天才杰作"的艺术作品，所以，进入世界和各国非物质文化遗产名录的文化遗产，首先在相当程度上都与该遗产是否具有艺术价值有关，艺术价值决定着非物质文化遗产价值体系的价值取向。非物质文化遗产的艺术价值主要体现在：非物质文化遗产中有许多天才的艺术创造，无与伦比的艺术技巧，独一无二的艺术形式，能深深打动人类心灵、触动人类情感。[1] 其次，非物质文化遗产是不同地区、不同时代、不同民族的文化史、艺术史的活化石，是这些民族的艺术存在的活的见证，反映和表现了不同民族杰出的艺术才能和天才创造，是这些民族乃至全人类值得骄傲的宝贵财富。[2]

---

[1]　贾银忠：《中国少数民族非物质文化遗产教程》，民族出版社 2008 年版，第 24 页。

[2]　王文章：《非物质文化遗产概论》，教育科学出版社 2008 年版，第 91 页。

　　内蒙古地区是一个以蒙古族、达斡尔族、鄂温克族、鄂伦春族为自治民族，包括汉、满、回、锡伯族等 49 个民族共同生活的自治区。内蒙古非物质文化遗产富含了内蒙古各民族在不同的历史时期和不同的地域的独特的审美需求，对于研究内蒙古各民族在不同时空环境下审美观念的变迁是相当重要的。因此，内蒙古非物质文化遗产在折射出民族历史的同时，也体现出了绚丽多姿的艺术价值。

一　内蒙古民间文学的艺术价值

　　民间文学作为一种民间语言艺术，是民族化、群众化的艺术。内蒙古民间文学源远流长，在文学史上起了巨大的作用，是民族文化的土壤。它集中了各民族集体的智慧与才华，达到了高度思想性与艺术性的统一，具有旺盛的艺术生命力，流传至今。

　　神话传说是各民族文学艺术最早的土壤和宝库，也是各族人民口头传承的文学结晶。许多神话传说艺术表现技巧高超，民族性格鲜明，在世代流传过程中，成为历代民众审美欣赏的艺术对象。如蒙古族先民们在探索大自然奥秘时，围绕着天地起源创作了许多神奇瑰丽又富于特色的神话传说，卫拉特蒙古人当中流传的《麦德儿娘娘开天辟地》和布里亚特民间流传的《冰天大战》等都属于这一类神话。它们在叙述天地形成，解释自然现象时，有着强烈的游牧民族色彩，艺术表现手法雄浑诡秘，博大壮观。如特意着力表现马的神奇功能，按照游牧生活对天象进行解释，表现出原始萨满教的天神观念和游牧民族对天象的依赖。这些优美的神话传说以其浪漫色彩和怪诞神奇孕育了后世的英雄史诗、民间故事等文学形式，成为蒙古族文学艺术形成的土壤与创作的源头。鄂温克族在长期生产斗争和社会实践中，也创造了极富民族特色的民间文学。其神话传说独具艺术魅力，不仅反映了鄂温克族先人在认识世界、改造自然、创造美好生活的朴素世界观和对美好生活的向往，还保存了一系列具有民族特性的人物形象，这些人物形象具有某种特定功能，并融入本民族独有的审美价值取向、哲学意蕴等精神元素，在流传过程中不断丰富、成熟，从而形成具有独特意义的人物形象，如勇猛善战、顽强不屈、足智多谋、力大无比的英雄"莫日根"；凶狠、残暴、可怕、自私的魔怪"满盖"；智慧、先知、善良、仁慈、精明的"白发白胡子老者"等。这些人物形象在鄂温克族英雄神话中反复出现，构成了蕴含民族文化特征和审美情趣的典型人物形象，显示出了鄂温克族富有魅力特征的民族性格和深刻的历史意蕴，为鄂温克族文学艺术提供了用之不竭的创作源泉。

蒙古族人民的诗歌传统源远流长，一部部感人的诗章从遥远的古代口耳相传，流传在民间，迄今保持着它特有的艺术魅力。在蒙古族文学史上，民间叙事诗是一种具有比较完整的故事情节的韵文或散韵结合的民间诗歌。它产生于13、14世纪，到清及近代，艺术上趋于成熟，更具民族特色。主要有《成吉思汗的两匹骏马》、《征服三百泰亦赤兀惕人的故事》、《孤儿传》、《箭筒士阿尔嘎聪》、《嘎达梅林》、《陶克陶胡》等，广为流传。如《征服三百泰亦赤兀惕人的故事》主要讲述成吉思汗与他的六位勋臣同世仇的一场遭遇战，其中六位勋臣的性格品貌、言谈举止、战斗风格，都刻画得活灵活现，栩栩如生。《孤儿传》以对立双方激烈论辩的方式展开故事情节，通过高度个性化的语言，塑造了一个明辨是非、不畏权贵、敢于斗争、机智聪明的孤儿形象。《箭筒士阿尔嘎聪》以主人公与成吉思汗之间的尖锐矛盾为线索，结构严谨、文辞优美、善于暗喻，被称为蒙古族古典叙事诗的精品。《成吉思汗的两匹骏马》则采用寓言体，巧用拟人手法，将对照、反衬、烘托、比喻熔于一炉，不仅突出两匹骏马和成吉思汗三个生动的形象，也彰显了故事的传奇色彩。这些早期的叙事诗与英雄史诗相比，虽没有雄浑瑰丽、铺叙夸张极为浓重的格调，却通过比兴、夸张、排比、拟人、重叠等艺术手法，刻画出鲜明的人物性格，并以寓意性和借事抒怀为特点，显示出长久的生命力。

民间故事是内蒙古民间文学史上一宗丰富多彩的文化遗产。它以活生生的生活语言讲述普通人的生活经历和理想，不仅给人以思想上的启示，还以质朴、明朗的基调，浓厚的浪漫主义色彩；独特的形象画面和清新隽永的语言风格，显示出鲜明的艺术特色。《巴拉根仓的故事》是蒙古族民间故事的代表作，它和藏族的《阿古顿巴的故事》、维吾尔族的《阿凡提的故事》同为中国少数民族民间讽刺文学中的精品。该故事由一组以虚构人物巴拉根仓为主人公的故事组成，主要讲述巴拉根仓以机智幽默与凶残暴戾、腐朽没落的僧俗统治者斗争，为勤苦牧民伸张正义的事迹。作品常常运用夸张和怪诞的手法展开，中间穿插着诗歌、俗谚、格言、祝词、赞词，对美好事物加以赞美，对丑恶势力进行抨击。这种散韵结合的表现形式，是善于歌唱的蒙古民族心理的形象反映，显示出独特民族风格。长期以来，巴拉根仓作为蒙古族的机智人物广泛地流传于蒙古族民间，几乎达到了家喻户晓的程度。《昂格尔莫日根》、《阿波卡提莫日根》、《孟贡胡》等民间故事也是达斡尔族口头文学的代表作。它们多以美与丑，正义与非义的矛盾斗争为主题，歌颂正义者，鞭挞贪婪自私者。并且普遍采用夸张、幻想、比喻和拟人等艺术手法，像神箭人在疾驰的快马上能射断交战对手坐骑的一根致命的马尾；为衬托主人公英勇无比的形象，在征途中设置不停张弛的天箭和地铡等凡人难以逾越的险关，而后让勇士凭借其勇敢和智慧，安然闯过。这些艺术特点赋予这些民间故事浓厚的浪漫主义色彩和较强的艺术感染力，使其深深根植于达斡尔族民间。鄂伦春族民间故事也具有鲜明的倾向性和现实性，带着长期狩猎生活所赋予的浓郁民族特色、淳朴而浪漫的气息，人物形象鲜明。如《嘎仙洞的传说》讲述的是民族首领"恩都力·柯阿汗"驱走嘎仙洞里的魔鬼"满盖"，为民除害的故事。还有《图库热山的传说》、《达尔滨湖的传说》等。这些故事结构紧凑，语言生动活泼。而且美与丑、善与恶、智与愚等强烈的对比，以及夸张等手法的运用，形成巨大的艺术感染力。

民间文学是一种特殊的文学，是一种用语言以及兼用表演的艺术，必然在某些方面具有艺术的特点。华丽优美的祝赞词是蒙古族民间口头文学的瑰宝，在艺术上颇具特色。它以吟唱者的即兴吟诵（口头赞美诗）为主，经常运用比喻的手法，语言凝练、自然流畅，音韵铿锵，尤其讲究节奏对仗、抑扬顿挫，吟唱时舒展流畅，常常是一气呵成。新郎新娘在拜火时，祝词家便说拜火祭词（《祭火神之歌》）："永存的敖包上，燃起了向上腾飞的火，燃烧吧，永生的火，有火啊，就有生活。疾病和灾难会焚成灰烬哟，火焰烧的是恶魔。把心中的祈祷念出来吧，但愿过上似火的生活。"富有浓郁的生活气息和鲜明的民族风格。并且在祝福和赞美一切美好事物时，祝赞词善于从不同视角进行全面赞美为基本特征，极具表现力。如赞马词："它那飘飘欲舞的青美长鬃，好像闪闪发光的宝伞随风旋转，它那炯炯发光的两只眼睛，好像结缘的鱼儿在水中游戏，它那宽敞而舒适的胸膛，好像天上甘露滴满了宝瓶，它那聪颖而灵敏的双耳，好像山顶上盛开的莲花瓣，这匹马具备了八吉祥徽，无疑是一匹举世无双的宝马。"充分体现了蒙古人民豪迈情感和独特的审美情趣。祝赞词是一种具有鲜明游牧文化和地域文化特征的独特形式，是蒙古族抒情诗的起源，随着时代的变迁，祝赞词所祝福与赞美的内容变得更加丰富多彩，也从以往的只融会于生产、生活诸仪式的形态中，渐渐趋于在舞台艺术与现实生活中并存发展，并且已成为蒙古族传统语言艺术的典范，深深扎根于蒙古族民间。

谚语是一个民族语言的精华，也是一个民族智慧和艺术的结晶。蒙古族民间谚语以生动的形象性和音乐性、精美活泼的艺术形式，在蒙古族文学中占有特殊地位。蒙古族的民间谚语包括多种形式，三句谚语即《世界三宝》是蒙古民间谚语中一种别具特色、艺术风格的形式。《世界三宝》用诗一样的语言对世间事物的变迁及其规律进行高度概括，含着精辟的真理。如"群星之中月亮美，百鸟之中孔雀美，万木丛中杜杉美"指出自然界中"美之首"；"世界上山峰永存，地球上水土永存，宇宙中太阳永存"对自然规律进行了艺术总结；"牛羊是草原的点缀，树木是花草的点缀，骆驼是隔壁的点缀"描绘了散发着浓郁的草原气息的生活；"严冬时节冰雪白，千里草原羊群白，万里天空云朵白"表达了蒙古人传统的审美心理。《世界三宝》不仅语言隽永、凝练，还有着独特的艺术形式。在韵律上，强调头韵和脚韵，在结构上，讲究对仗，即词对词、格对格。这样就形成既有头韵，又有脚韵；既顿拍匀称，又对仗整齐的形式。如"迟到者赶早难，衰落者兴旺难，倒退者前进难"、"燃烧的火热，烧开的水热，进去的心热"、"勤奋的人事多，勤快的人汗水多，贪吃的人口水多"等，都是通过运用排比修辞方法，采用对比、衬托、夸张和比喻的艺术手法，使其达到句式匀称，音律铿锵，节奏鲜明等艺术效果，让人从中悟出道理。蒙古三句谚语以凝练、精辟的语言放映出深广、复杂的社会生活，还以诗的语言、诗的表现手法，道出了富于哲理的思想。一条谚语如同一首好的哲理诗，意境深远，优美隽永，给人以强烈的感染和深刻的印象，历来深受蒙古人民的喜爱，具有极高的审美价值。

总之，作为非物质文化遗产重要内容的内蒙古民间文学，反映了历史上各民族的审美观念和艺术情趣，艺术特色鲜明丰富。在世代流传过程中，许多民间文学作品以生动丰富的文学形象，技巧精湛和优美动人的艺术篇章，成为历代民众审美欣赏的艺术对象，显示出内蒙古非物质文化遗产较高的审美艺术价值。

二　内蒙古民间表演艺术的艺术价值

内蒙古素有"歌乡"、"舞海"的美称，民间表演形式众多，艺术风格独特，为中华民族艺术宝库又增添了鲜活的内容。并且许多艺术精品以其高超的技艺与水平在中国艺术史上，甚至在世界文化史上也产生了很大的影响。

内蒙古民歌历史悠久，长期在民间流传，同人民生活密切结合，其结构虽然简单短小，但包容了极其丰富的深刻的感情，是人民心底声音的艺术体现。漫瀚调就是浩如烟海的内蒙古民歌中一个风格殊异并极其珍贵的歌种。它是蒙汉劳动人民在长期的生产和生活交往中，在文化艺术方面的相互融合中产生的一种独特的民歌歌种，所以漫瀚调又叫"蒙汉调"、"蛮汉调"，象征着蒙汉两族人民和睦相处、团结互助。主要流行于蒙、汉杂居的鄂尔多斯市准格尔旗、达拉特旗，另外包头市土默特右旗、呼和浩特市土默特左旗等地也有传唱。

作为一个独特的民歌歌种，漫瀚调具有极强的民族特色和地方特点。其旋律以鄂尔多斯蒙古族短调民歌为主，多大跳，七度、八度大跳较多见，九度、十度甚至十一度、十二度的大跳也时有所见，跌宕起伏，同时又吸收了汉族爬山调等民歌的旋法特点；唱词以汉语为主，但又吸收了蒙语词汇，使两种风格的旋律互相糅合，两个民族的语言混合使用。如漫瀚调的曲名有40多个，除大多数仍保留着蒙古曲名，如"广林召"、"韩庆达哇"等；部分为汉名，如"白菜花"、"双山梁"等；部分为蒙汉音合成，如"哈岱沟"、"合彦梁"等；有的则保留蒙汉两种称谓。这就突破了蒙古曲儿定调定词的固定格式，成为一种一曲多词、一词多曲的特殊表现形式。另外，漫瀚调的演唱形式也富有地方特色，主要是男女对唱，并配以民族传统乐器四胡、粗管笛子（俗称"梅"）、扬琴、三弦等伴奏。演唱时，一般采取即兴填词，歌手见景生情，即兴编词，既能显示歌手的聪明才智，又能表达自己的思想感情，为人们喜闻乐见，并得到了不断的发展。"漫瀚调"腔调热情豪放，感情炽热直率，语言朴素无华，加之节奏明快，又融合准格尔乡音土语，散发着浓郁的乡土气息和山野风味，形成了独特的艺术风格。因此，它以具有极强的群众性、娱乐性，深受人民的喜爱，100多年来久盛不衰。

蒙古民族有着悠久的历史和深厚的文化底蕴，蒙古族音乐在内蒙古民间表演艺术中占有重要的地位，被称作蒙古民族"远古心声"的呼麦是蒙古族的骄傲，也是蒙古族人民对世界艺术发展史的杰出贡献。呼麦是蒙古民族一种古老而特殊的"喉音"艺术，是一种有乐曲名称而无歌词的演唱表演艺术，从其音乐风格来说，呼麦以短调音乐为主。呼麦也称"浩林潮尔"，是蒙古族复音唱法潮尔（chor）的高超演唱形式。它是在特殊的地域条件和生产、生活方式下产生的，其发声方法、声音特色比较罕见，有时声带振动，有时不振动，是用腔体内的气量产生共鸣，即运用特殊的声音技巧，一人同时唱出两个声部，形成罕见的多声部形态一根音与泛音旋律的持续。从发声原理来看，呼麦应是人声潮尔的特殊形态，是"浩林·潮尔"合唱艺术发展和升华的必然结果。因此，它的产生和发展，是蒙古族音乐发展的产物，标志着蒙古族在声学规律的认识和掌握方面出现了质的飞跃，被音乐界誉为"天籁之音"。呼麦是神奇的草原给予人类的珍贵礼物，与蒙古族长调民歌、马头琴并列为蒙古族最典型、最精美、最有代表性的文化表现形式。而作为一种技艺高超蒙古民族声乐艺术，呼麦也是蒙古族杰出的创造。它传达着蒙古族人民对自然宇宙和世界万物深层的哲学思考和体悟，表达了蒙古族追求和谐生存发展的理念和健康向上的审美情趣，具有极高的艺术价值。

木库莲是达斡尔民族音乐史上唯一古老的乐器，在丰富人类音乐听觉感觉，提供独具特色音乐音响结构式样方面作出了自己独特的贡献。它产生于达斡尔民族长期信仰的萨满教文化中，它由簧片振动发出声响，在口腔中发生气柱振动，产生一种金属和人体复合振动的特殊音响，这种奇特的音响十分适合于描摹林涛摇曳、风雨呼啸、流水潺潺、禽兽长鸣、百鸟鸣叫等大自然的各种声响，加上其游移飘忽的旋律、变幻莫测的律动即以空灵而悠长的颤音与滑音，构成其特有的音乐风格。达斡尔人民通过演奏木库莲对这种神秘、充满灵性的天籁声响的模拟创造，表达了淳朴自然的"万物有灵、人神相和"的思想感情，从而实现自己并发展超乎生命本身境界的文化审美理想。木库莲是达斡尔民族音乐文化瑰宝，神秘的音响色彩及其深厚的萨满教文化意蕴，成为我国民族音乐史上一朵独放异彩的艺术奇葩。[①]

在内蒙古自治区民族大家庭中生活的蒙古、汉、满、回、达斡尔、鄂伦春、鄂温克、朝鲜等各民族，都有自己引以为豪的音乐和舞蹈艺术形式。双墙秧歌是明末清初在托县地区的民间社火活动中形成的内蒙古西部区汉族民间舞蹈形式。

双墙秧歌是大型的民间舞蹈，表演时规模可达数百人，节目 100 多个，唱段数百首。其内容丰富，大多反映伦理道德、男女爱情、下层人民

---

① 晨炜：《达斡尔传统乐器"木库莲"的文化价值探悉》，《中国音乐》2005 年第 1 期。

生活，以及古代英雄人物，有一定的民间艺术价值。而且唱词简单，自编自演，通俗易懂，生动形象，又融入了当地的方言俗语，有一种自然的亲近感。音乐采用码头调，吸取了蒙古曲儿、山曲儿等民间艺术特色，锣、鼓、铙、唢呐伴奏；还吸取了晋、陕、冀民间艺术之营养，有浓郁的乡土气息，深得农民朋友的欢迎和喜爱。《海蚌戏鱼翁》是双墙秧歌中最为精彩的一个节目，反映了黄河岸边老渔民的生活，讴歌了大自然给人们带来的欢乐情景。这个节目从清代至今，一直流传在托县河口村。该舞以舞蹈和哑剧相结合的表演形式，通过海蚌和老渔翁的三次交锋，以诙谐戏剧性的效果，使舞蹈表演起伏、跌宕。并且把海蚌和老渔翁之间幽默风趣的关系活灵活现地表现出来，其中还穿插了渔鸭子的表演，以摹拟渔鸭子飞行，海蚌游泳，渔翁钓鱼、撒网、下水、洗澡等一系列动作，惟妙惟肖，从而塑造了一个感情真挚，动作细腻，幽默诙谐的老渔翁的形象，形象逼真地表达了思想感情。舞蹈构思精巧，画面美丽，老渔翁、海蚌、渔鸭子形象生动，富有戏剧色彩，展现了海蚌在水中游戏，渔鸭子在天空中翱翔，老渔翁在岸边垂钓，一番优雅的生活场景。这个舞蹈没有固定的时间限制，表演每个动作时，民间艺人都可以根据自己对生活的观察和领悟自由地发挥，舞者的情绪可以使动作延长和缩短，整个舞蹈充满了诗情画意，很有艺术感染力。双墙秧歌，大多数内容是就地取材，唱词有几百首之多，其中许多节目取材于戏剧，它借鉴传统戏曲艺术之精华，使戏曲艺术社火舞蹈化，社火舞蹈戏剧化，是诸多地区艺术成分构成的民间艺术。它的艺术价值是同类艺术所不能替代的。这种独特的艺术形式，无论其形成历史、表演形式、艺术风格，以及感染力、社会影响力都不愧为民间的艺术瑰宝。

说唱文学是蒙古族的传统艺术形式，乌力格尔是集蒙古说唱艺术发展之大成的一种曲艺形式，远在成吉思汗时代就有了这种艺术形式，清代中期形成。它是与草原上的蒙古族生活习性一致的说唱艺术，表演形式是胡尔奇（说书艺人）用四胡（或马头琴）伴奏，用蒙古语自拉自唱，并且一人承担故事中的诸多不同角色，通过唱腔、道白和表演，叙述故事情节，塑造生动的人物形象。这种艺术形式以语言生动、形象典型见长。胡尔奇在忠实于原作的主要情节和人物性格的前提下，往往进行很大幅度的加工、改编，在刻画人物形象、性格、心理活动和表现战争等各种生活场景时，常以大量生动的比喻和排比的手法来加以渲染。韵文的唱调也根据书中感情气氛的需要而随时变换，曲调极为丰富；说白也有一定的音调和节奏。唱词长短不一，每句都押韵。许多艺人还能用四胡模拟风声、马嘶声等特技。有的表演者还能使演唱旋律和伴奏旋律形成对比复调关系，极具表现力，深受广大蒙古族人民群众的喜爱。

乌力格尔的艺术积累非常深厚，节目的题材来源非常广泛，有的源于民间故事，有的源于民间叙事诗、叙事民歌，有的根据现实生活中发生的事件创作，还有的从汉族相类形式或文学故事移植改编而来，尤以长篇最为吸引人。《镇压蟒古斯的故事》、《唐五传》、《忽必烈汗》、《西汉》、《元史演义》、《三国演义》和《红楼梦》等都是其中的经典。乌力格尔在蒙古族文化生活中，占有十分重要的地位，是蒙古族人民在漫长的历史发展进程中创造的具有浓郁民族特点和地方特色的优秀曲艺。它善于运用赞颂、讽刺、比喻、重复、夸张等多种形式，表现草原人民的生活和情感，注重突出乌力格尔等民族曲艺形式诙谐、幽默的艺术风格，还具有浪漫开阔的艺术格调：一人一琴，自拉自唱，精彩的说唱、长篇的传奇，成为草原上最受人们欢迎的艺术形式之一。

内蒙古民间表演艺术来自民间，是人民自己创造的，其表现形式最符合人民的欣赏习惯和艺术趣味，长久地活在人民口头。其旋律生动鲜明、清新优美，其风格洒脱，集中了人民集体的天才创造，所以能代代相传，具有长久的艺术生命。

三　内蒙古民间习俗的艺术价值

内蒙古民间习俗既包括内蒙古自治区主体民族蒙古族的民俗，又包括内蒙古自治区境内其他各民族在长期生产生活和社会交往中形成的新风俗。这些不同风格的民俗构成了一幅绚丽多彩的民族风情画卷，也展示了各民族奇特的想象力和艺术创造力。

鄂温克族是一个富有传奇色彩的民族，意思是"住在大山林里的人们"，因长期生活在山林地区，形成了独特民间风俗。鄂温克族崇尚万物有灵，和其他北方少数民族一样信仰萨满教。但由于其部落和历史发展的独特性，其萨满仪式中的服饰与器具形成了其独有的特征，具有浓厚的乡土气息和地方特色，充分体现了鄂温克族文化特点。鄂温克民族萨满（伊达堪——女萨满）服饰包括面具、神服和法具。面具是用红铜制作的，上面粘贴有黑熊毛制作的胡须，生动形象、材质考究。萨满和伊达堪的神服用鄂温克语叫萨玛西卡，包括神帽、神衣、神兜兜和代表神灵的图腾等部分。神帽上的神角代表萨满的威力，有的用鹿角形装饰物——鹿角权，象征着勇敢、灵活，权数越多，神通越大，并饰挂着红、黄、蓝三色布条装饰。神兜兜正中间是代表胸骨的铜铁板，两边是代表肋骨的 26 个铜铁条。神衣上面还挂有代表人体四肢和脊柱骨骼的并专门加工制作的铜铁条。神衣上还有各种用铁片制作的图腾，包括无头神、森林保护神、牛羊、黑熊、老虎、恐龙、蟒蛇与包括太阳、月亮、猎户星座、金星，六个星座、北斗七星座的代表宇宙的图腾灯，造型浑厚有力、个性特征鲜明。神具包括神鼓和鼓槌、神马和神马鞭，神鼓上面刻有 12 个属相的大法镜与用作护身的若干个小法镜等部分，做工精致。萨满文化是鄂温克族文化的一部分，萨满服饰和器具是萨满教的产物，也是古代萨满教崇拜者们的艺术才能标志。鄂温克人萨满服饰和器具的造型和装饰风格既是其远古狩猎时代的信仰仪式和民俗行为在萨满文化中的真实反映，也是他们从真实的狩猎生产中演化而来的生动的造型艺术，有着寓意深刻的象征意义与内涵，具有较高的艺术价值。

婚礼是人生最重要、最幸福的仪典，也是风俗礼仪中最动人的乐章。蒙古族婚礼多姿多彩，充满诗情画意，鄂尔多斯蒙古族婚礼是其中最有特色、最为精彩、最隆重的婚礼形式。鄂尔多斯婚礼发源于古代蒙古汗国时期，形成于蒙元时期。15 世纪，随着蒙古族鄂尔多斯部进入鄂尔多斯地区，祭祀成吉思汗的"八白室"安奉在鄂尔多斯境内的甘德尔敖包上，蒙古族的鄂尔多斯婚礼便以其特有的仪式程序流传在鄂尔多斯民间。700 多年来，鄂尔多斯婚礼以其独特的民族特色，浓郁的生活气息，悠扬的歌舞形式和热烈隆重的场面，逐渐发展演变成为一种礼仪化、风俗化的民俗文化。

鄂尔多斯婚礼素以独特的仪式和生动优美的祝词而闻名。它有哈达定亲、佩弓娶亲、拦门迎婿、献羊祝酒、求名问庚、卸羊脖子、分发出嫁、母亲祝福、抢帽子、圣火洗礼、跪拜公婆、掀开面纱、新娘敬茶、大小回门等一系列特定的仪式程序和活动内容。这些仪式程序和活动内容既不同于其他民族婚礼的程序，也与其他地区的蒙古族婚礼有别，浓缩了蒙古族婚礼风俗的精华。而且，整个婚礼寓情于歌舞，场面热烈欢快喜庆，充满浓厚的蒙古族风情和独特的艺术魅力。如新娘出嫁的宴会上唱《沙恩吐宴歌》，送亲的路程有《送亲歌》；新郎娶亲时，祝颂人端起一碗鲜奶，满怀深情地高声吟诵《弓箭赞》、《骏马赞》三遍后，一行四人的娶亲队伍才策马向新娘家驰去。新娘进入蒙古包，祝词家唱起了《揭帏歌》，新婚夫妻双双跪拜时，要唱《婚仪歌》；最后婚礼仪式结束时，优美动听的《祝愿歌》唱起来，轻盈俊美的舞跳起来，幸福吉祥的人们脸上洋溢着喜悦的笑容。所以，鄂尔多斯婚礼成为迄今保留最完整、内容最丰富的一部蒙古民族风情画卷。鄂尔多斯婚礼集鄂尔多斯蒙古族传统的崇尚文化、祭祀文化、饮食文化、服饰文化、礼仪习俗、民族歌舞之大成，以幸福、吉祥、喜庆、热烈的情绪贯穿始终，突出表现了勤劳、勇敢、智慧的鄂尔多斯蒙古族人们追求幸福生活的美好愿望和粗犷、豪爽、讲究礼仪的民族性格，具有丰富而深刻的文化内涵。如今鄂尔多斯婚礼仍保留着古老的风格和情趣，以其优美的情节成为艺术创作的优秀素材广为传颂。如内蒙古响沙湾民族艺术团以蒙古文化和沙漠文化为创作源泉，吸收民族艺术精华排演的"鄂尔多斯婚礼"，融风俗、礼仪、服饰、歌舞、音乐于一体，寓情于舞，寓情于歌，展示了蒙古族民俗文化的长久艺术魅力。

内蒙古地区自古就是多民族聚集区，也是历史上中原民族与草原民族的结合地带和经济文化的交流场所。在长期的历史发展过程中，各民族人民杂居共处、互融互学，日常生活也相互影响和相互渗透，优秀的民俗文化也得到传播和发展。象征着吉祥、喜庆、平安的脑阁表演就是草原文化与黄河文化的结合体。

脑阁是一种流传于内蒙古中西部地域的独特的民间风俗。这种民俗最早兴起于唐代黄河流域的中原地区，于清朝初期从晋北地区传入内蒙土左旗，至今已有300多年的历史。因此，它既有深厚的黄河文化底蕴，也独具鲜明的民族特色和地区特色。脑阁中的"脑"是晋、陕、内蒙古地区方言，意思是将物品或者人高高地扛起。所谓的"阁"就是一个捆绑焊接得结结实实的特制铁架子。每当春节或重大节庆时，聚会进行表演。内蒙古脑阁是集戏剧、杂技、美术、舞蹈、音乐为一体的综合造型艺术，有着其独特的艺术风格。首先音乐、道具富有民族特色，如表现民族题材故事的道具以马鞭、弓、箭、银碗、哈达、狼头、鹿角居多。将这些马背民族特有的文化符号，伴以安代舞曲、二人台曲子、锣鼓、唢呐、铙镲以及时尚乐曲，规模盛大，蔚为壮观。其次，服饰、造型也颇具地方色彩，因表演故事的不同而不同。如演出从中原地区传入的《天仙配》、《西游记》等故事时，表演者衣着古装，随乐起舞，颇有飘飘欲仙的感觉；表演民族和本土题材的故事则着蒙古族、满族、回族、内蒙古三少民族（鄂伦春族、鄂温克族、达斡尔族）的民族服饰。最能够体现脑阁艺术与草原文化相互结合之表象特征的，是表演者着蒙古族服饰。蒙古族服饰有着显著的特点，比较普遍的是长袍，男袍相对肥大，适宜运动；女袍则比较紧身，显示出女子身材的苗条和健美，着此装表演使得节目锦上添花。另外，内蒙古地区的脑阁选材广泛，丰富多彩。有《梁山伯与祝英台》、《八仙过海》等神话故事、民间传说；有《昭君出塞》等表现内蒙古地区历史、文化、人物的故事；蒙古族男儿三艺（即骑马、摔跤、射箭）则演示草原盛会那达慕的主要活动；表现萨满教题材的，已经从过去的祭神迷信演变为表述祈求风调雨顺、平安团结、国富民强的主题。同时，脑阁在选材上还融入了许多时代的文化元素，如有表现神舟六号飞船的，表现北京 2008 年奥运会福娃的，体现出民间习俗与时俱进的时代感和创新性，增强了其艺术的生机与活力。如今，脑阁随着社会的发展不断改进完善，传承壮大，成为富有草原文化特色和独具艺术魅力的精品民俗，受到内蒙古广大人民群众的喜爱。每年在昭君文化节、国际草原文化节以及元宵节等大型活动和节庆日，都能看到精彩的脑阁表演，它不仅传承着优秀的民间文化，而且也彰显出新的时代魅力。

内蒙古民间习俗有着明显的多元性、包容性和交融性的特征，呈现出极大的想象空间、创造力，在流传的过程中展示出与时俱进的发展趋向和旺盛的生命力，具有特殊的艺术价值和文化价值。

四　内蒙古传统手工艺技能的艺术价值

内蒙古传统手工艺技能是各民族特有的表达情感的方式，广泛存在于劳动人民的衣食住行等社会生活各个方面，充分展示了各民族的创作智慧、古老独特的手工技巧以及审美情趣，尤其优秀的工艺品更是进行艺术研究、审美研究的宝贵资源。

每一个民族的文化都具有其独特性，都蕴含着特定民族的独特的智慧和宝贵的精神财富，是社会得以延续的命脉和源泉。敖鲁古雅鄂温克民族传统手工制作技艺是我国北方游猎民族特有的一种物质文化，也是敖鲁古雅鄂温克狩猎民族的精神文化产物。桦树皮手工制作技艺及桦树皮制品，更是敖鲁古雅鄂温克狩猎民族最直观的民族文化样本，是闪光的民族工艺制作瑰宝。

敖鲁古雅鄂温克族就是驯鹿鄂温克族，"敖鲁古雅"为鄂温克语译音，意为"杨树林茂盛的地方"，由于敖鲁古雅鄂温克族长期生活在盛产白桦树的大兴安岭寒温带地区，对白桦树有着很深的感情与了解，自然形成了用白桦树制作各种各样生产生活用品的习俗。由此，特定的自然环境、生活条件以及来自于自然回归于自然的生存哲学，使桦树皮手工制造产品和艺术逐步发展成驯鹿鄂温克族传统文化的一个重要组成部分。桦树皮制作技艺是敖鲁古雅鄂温克狩猎民族的独特手工技艺，具有浓厚的民族特色和地域性。传统的桦树皮加工技艺有四个步骤：一是剥取树皮；二是加热或入土埋葬将皮子变软；三是剪裁缝合；四是装饰图案。桦树皮具有良好的防水、抗腐蚀性能，以此制成的器具轻便、易携带、不易破碎，是狩猎民族喜爱的生产工具和生活用品。它们形式多样，造型各异，主要有桦树皮船、桦树皮摇篮、桦树皮箱、桦树皮盒、桦树皮装饰品等种类。这些器具都是将桦树皮以兽筋、马尾绳缝制而成，装饰手法有用砸压的，也有用剪贴的，还把象征吉祥、喜庆、平安、丰收的图形装饰在桦树皮制品上。这些桦树皮制品不仅是敖鲁古雅鄂温克狩猎民族生产生活中重要的用具，也是精美绝伦的艺术品。如桦树皮盒，驯鹿鄂温克人称之为"托安卡"，它用途广泛，是生产生活的必需品。其制作充分体现了驯鹿鄂温克人独具风格的思维方式、灵巧手艺、浪漫超然的艺术风格。特别是在制作桦树皮盒时，还在皮盒外侧与盒盖上面，刻上各种各样绚丽多彩的花纹和吉祥如意的图案作为装饰。桦树皮盒上构思新颖的云雾花纹和花草图案十分巧妙而合理地搭配在一起，从而产生非常奇特的艺术感染力和艺术价值。桦树皮制作技艺是敖鲁古雅鄂温克猎民长期从事狩猎生产的结晶，蕴含着敖鲁古雅鄂温克狩猎民族珍贵的文化基因，构成了他们世世代代赖以生存的文化生态的重要内容。长久以来，一直在驯鹿鄂温克人中完好地使用和保存着，具有长盛不衰的生命力，并展现出驯鹿鄂温克人刚毅的性格和独到的审美价值。

民间美术是中国传统美术的丰厚土壤，是我国传统文化的精华。它运用最乡俗的艺术语言和最大众化的色彩、造型、图案、形象，表达普通民众的理想、愿望与信仰，具有独特的艺术魅力。蒙古族服饰刺绣艺术，在艺术价值上被世界公认为是蒙古族民间艺术的精华。

蒙古族的民间刺绣，蒙古语叫"嗒塔戈玛拉"，是具有浓厚的少数民族风格的手工艺。它与中国著名的"苏绣"、"湘绣"、"蜀绣"相比，有着自己鲜明的艺术特色。蒙古族刺绣使用彩色丝线、棉线、驼丝线、牛筋等不同材质的绒线，不仅在软面料上，而且还在羊毛毡、皮靴等硬面料上进行各种精美图案的刺绣。其刺绣工艺繁复精细，有传统手工刺绣、贴花、堆绣等类别之分，采用平绣、结绣、补绣、锁绣、盘金绣、打子绣、拼花等20多种针法，使绣线浮凸于布帛及各类皮革之上，再加上炫奇夺巧的针法，在绣面上形成丰富多变的触觉肌理，有的粗犷、有的细腻，并且以明快的纹样形象凸现出来，产生一种浮雕的视觉效果，显示了蒙古族民间刺绣重要的审美特征。蒙古族的刺绣艺术不以纤细秀丽见长，而以凝重质朴取胜。其另一特点就是色彩艳丽，用色无拘无束，大胆夸张，图案在形式上也具有浓厚的装饰性，善于通过不同题材的造型，运用比喻、夸张、象征的手法寓情于艺术，图案与颜色协调、统一，体现了蒙古族绣品的自然美。

蒙古族刺绣是造型艺术与刺绣技艺相结合的民间手工技巧，也是一种装饰与实用完美结合的艺术形态。刺绣在蒙古族的衣、食、住、行中使用很普遍，尤其服饰最多。蒙古族服饰刺绣主要运用帽子、头饰、衣领、袖口、袍服边饰、长短坎肩、靴子、鞋、摔跤服、赛马服、荷包、褡裢等处。如蒙古族妇女佩挂在袍子右上襟扣子上的饰物，叫"哈布特格"。这种饰物，小巧玲珑，精致华美。"哈布特格"宽约两寸，长约三寸。有月牙、金鱼二蝴蝶、桃、石榴、葫芦、五瓣花朵、花瓶、树叶等多种形状。有椭圆的、长方的、正方的、三角的，还有圆圈的。"哈布特格"是用两块浆过的硬布，垫上棉花，裹上绸缎，缝成的一个空心的小夹子，然后再用五光十色的金银丝线，绣上各种具有蒙古族风格的花纹图案以及花草鸟兽等。"哈布特格"色彩斑斓，金边闪闪，工艺考究，造型美观。"哈布特格"不仅是装饰品，还有实用价值。蒙古族妇女常把针线、香料、翡翠、珊瑚、玛瑙放在里面。"哈布特格"不只是把美点缀在了蒙古族妇女身上，同时，表现了蒙古族妇女的勤劳和智慧。蒙古族服饰刺绣艺术以独特的艺术形式，展现了蒙古族妇女精湛的技艺和蒙古族服饰的无穷魅力，也记载着蒙古族的历史、信念、理想和审美情趣，表现出一个民族一个时代，各个阶层的文化修养和精神面貌。这些充满浓厚蒙古族文化内涵的艺术宝藏，也是我们感受凝聚着蒙古族人民精湛的精神境界的重要财富。

蒙古族以"马背上的民族"著称于世。马曾经是蒙古游牧民的生活保证，在民族的成长发展中起了非常重要的作用。因此，马的身上不仅仅包含着蒙古人的全部感情和热情，而且已形成了蒙古族的一种精神表征，一种生动的有生命的象征。由此，就自然而然地在蒙古民族生活中形成了多姿多彩的马具装饰用品。

马具制作技术主要包括马鞍、马笼头、马鞭、褡裢、车马具等技术，它伴随着"马背民族"自远古一直走到今天。因蒙古人的生活和历史与骑马分不开，而马鞍是骑马所必不可少的用具。所以，蒙古人出于一种爱马和欣赏马的心理，非常讲究马鞍的构造和外观，刻意装饰和美化马鞍，使之成为一件艺术品。据史料记载，早在13世纪，成吉思汗使用的是"银饰鞍辔"。当时还有金制马鞍，1988年在内蒙古镶黄旗出土蒙元时期6件金马鞍饰件，"通体用锤、碟法刻满了精致的图案。主体图案为八曲海棠形边框，内饰半浮雕卧鹿纹，大角卧鹿造型丰满，神态安详。卧鹿前后间以花草纹边框，之外饰缠枝牡丹纹。饰件下部以双连弧纹为框，内饰忍冬草纹。这组金马鞍造型精巧、纹饰华丽，工艺精湛，反映出高超的工艺水平"。① 这是蒙古人对马特殊情感的极致表现，也充分体现了蒙古人精湛的马具制作技术。在民间，人们通常在马鞍前后桥上做各种装饰，绘制图像，骨雕镶嵌或贝雕镶嵌。科左后旗马具制作手工艺人制作的马具，其制作技术精良、用料考究、装饰华丽、使用舒适与其他民族和地区的马鞍具相比有突出的特点。如鞍桥是用科尔沁沙地百年以上树龄的干柳木或榆木的根结部分制成，美观耐用。马笼头、马鞭、褡裢等是用鬃毛、皮革、帆布以及玉石、金属等制作。它的制作涉及木工工具、铁匠工具、皮匠工具、刺绣工具等多种工具，是集木工工艺、金属工艺、刺绣工艺及皮件编织等独特工艺于一身的蒙古族民间手工艺。马具制作技术是反映蒙古族传统文化特色的典型的民间手工制作技术，也是最具有民族文化特色的生活用具，更是从古至今蒙古族对马特殊感情的寄托。它传承着历史上代代蒙古人的理想、追求，在蒙古族民间有着无穷的艺术感染力和永久的生命力。

蒙古民族在长期的狩猎游牧生活中，创造了许多具有民族特点的体育竞技活动。蒙古族的民间竞技包括智能竞技比赛和体育竞技比赛两大类。蒙古族智力比赛的游戏有"吉日格"（鹿棋）、"沙塔尔"（蒙古象棋）、"帕日吉"（贻贝）、"沙哈"（羊踝骨）等。这些游戏反映了蒙古民族的

---

① 苏伊乐：《蒙古族装饰艺术审美初探》，《内蒙古艺术》2007年第1期。

劳动生产、生活状况及思想观念和审美意识。蒙古象棋是蒙古民族在长期的征战和游牧生活中形成的最具代表性的智能竞技游戏，它不仅是智慧的象征，也是一种精巧的民族手工艺制品。

蒙古象棋同国际象棋同出一源，都是古印度的一种称为"却图郎卡"的棋，由四人执棋。7 世纪时这种棋传入阿拉伯，改名为"沙特拉兹"。13 世纪后，随着蒙古汗国的建立，加强了同中亚地区的来往交流，"沙特拉兹"也传入了蒙古地区，并转音为"沙塔尔"，演化为两人对弈。蒙古象棋的棋盘和国际象棋的棋盘一样，有黑白相间横竖排列画着 64 个小方格组成的正方形。棋子也分为黑白两种颜色，一共 32 个，双方各执 16 个棋子。蒙古棋子均以蒙古语命名，棋具外观造型上与国际象棋不同，具有浓郁的草原生活气息。如"诺颜"（汗王）刻成蒙古王爷或牧人骑马的形象；蒙古草原没有"象"，就化成生活中常见的"特莫"（骆驼）；"别尔斯"（王后）用老虎、狮子、公牛等凶猛动物代替；"毛力"（马）、蒙古象棋中的"乎"（兵卒）通常雕刻成猎狗、小鹿、兔子、羊、飞禽等较温和的动物形象；"特日格"或"抗盖"（车）雕刻成勒勒车和拉草车或单匹马拉的载人棚车等。蒙古象棋的做工比欧洲棋子精致美观，均用杏木根或檀香木等雕制成棋子，其人物、兽类、车都是立体造型，形态逼真、栩栩如生，是精美的木雕艺术品。如雕刻的马，就有各种不同的姿态，有奔马、跑马、走马、立马，还有母子马。骆驼有公驼，也有母子驼。这些木雕棋子是蒙古族牧人长期观察和生活体验的生动展现。蒙古象棋，简约而不简单，开放而不放纵，是一种科学博弈竞技棋艺游戏。蒙古象棋是唯一具有中西合璧特点又富有鲜明蒙古族文化特色的中华棋艺，它继承了中国象棋和国际象棋这二者的共同点又独成一派，也生动展现了蒙古族天才的雕刻艺术能力，是中国棋苑中独具特色的奇葩。

非物质文化遗产是珍贵的文化遗产、巨大的精神财富。通过内蒙古非物质文化遗产中的艺术作品，我们可以形象地看到当时不同民族的历史事件、生存状态和生活方式，不同民族的生活习俗，以及他们的思想与感情、艺术创作方式、艺术特点和艺术成就。因此，内蒙古非物质文化遗产中的艺术资源是内蒙古文化艺术创作之源，是不同民族的艺术、文化得以发展的土壤和空间。

第三节　内蒙古非物质文化遗产的科学价值

在联合国教科文组织颁布的《保护世界文化和自然遗产公约》中，对提名列入《世界遗产名录》的诸项目，除强调其历史价值、艺术价值外，还对入选项目提出了科学价值方面的诸多要求。如认为：列入《世界遗产名录》的各项目应该"能为一种已消失的文明或文化传统提供一种独特的至少是特殊的见证"、"可作为一种建筑或建筑群或景观的接触范例，展示出人类历史上一个（或几个）重要阶段"、"可作为传统的人类居住地或使用的接触范例，代表一种（或几种）文化，尤其在不可逆转之变化的影响下变得易于损坏的作品"。也就是说，能够代表一个时代独特成就或最高技术成就的文化事项，方可进入《世界遗产名录》。这也反映出人类对文化遗产所具有的科学价值的高度重视。

科学价值是指非物质文化遗产在帮助我们解决人类历史上所创造各种科技成就，并利用这些成就来创造新科技的过程中所呈现出来的独特认识价值与借鉴价值。它是非物质文化遗产价值体系的价值规范。在国际上，世界各国都十分重视对科技类非物质文化遗产的保护，并将科学价值作为评判非物质文化遗产价值的重要标准。

非物质文化遗产的科学价值表现在：非物质文化遗产作为历史的产物，是对各民族历史上不同时代生产力发展状况、科学技术发展程度、人类创造能力和认识水平的原生态的保存和反映，为自然科学与社会科学研究提供了珍贵的资料。[①] 非物质文化遗产的科学认识价值还指某些非物质文化遗产本身就具有相当高的科学含量和内容，有较多的科学成分和因素，具有科学研究价值，为进行科学的文化研究提供基础。[②] 非物质文化遗产多以口头、形体、记忆流传下来，既形象生动又真实可靠，具有相当重要的科学价值。

一　内蒙古民间文学的科学价值

民间文学往往是不自觉的文艺创造，是为一定实用而创作的。它是人

---

① 王文章：《非物质文化遗产概论》，教育科学出版社 2008 年版，第 79 页。

② 同上书，第 81 页。

民思想感情的自然流露，又是人民生活状况的真实反映。它表现了人民的爱憎情感与理想愿望，反映了社会上的人情世态，记载着人民的历史，包含了人民群众丰富的经验、教训，是人民的百科全书。因此民间文学能为许多社会科学学科乃至自然科学学科提供珍贵的研究资料。

蒙古族神话传说是蒙古族先民自然观和社会观的表现。它的内容十分丰富，除族源神话外，还有自然神话和神灵神话。自然神话主要解释了自然界事物的起因以及与人类的关系，包括讲述天空、日月、星辰、日月食、刮风、地震等的形成和起因。母权制繁荣时期出现的蒙古卫拉特神话《麦德尔娘娘开天辟地》叙说神女麦德尔将人们从洪水灾难中拯救出来，并创造了大地、天空和日月。虽然该作在流传过程中有明显的人为宗教的痕迹，但从其主要内容看，与《女娲补天》是同类性质的作品。麦德尔娘娘造天地、星辰、云雨，并用日月照亮大地的宏伟壮举，说明人们意识到自己的力量，开始歌颂人类本身。由于妇女居于崇高地位，麦德尔这样的开天辟地女神便成为歌颂的对象。这些都表达了古代蒙古人对自然界事物及其运动变化的天真朴实的认识和天神思想，反映了母权社会女性崇拜的观念形态。蒙古神灵神话大都涉及到图腾崇拜，如熊图腾、狼和鹿图腾、牤牛图腾、天鹅图腾、鹰图腾和树木图腾。苍狼、白鹿神话说明了有着姻亲关系的狼图腾氏族和鹿图腾氏族从远古时期就相互依靠，相互融合，共同发展的历史。在布里亚特蒙古人当中，还有熊图腾崇拜神话传说、天鹅崇拜神话传说、鹰图腾崇拜神话传说。在卫拉特部落的一支绰罗斯和卡尔梅克蒙古人当中都有树木图腾崇拜神话。这些神话传说均是远古时期蒙古人对包括自身在内的自然现象和客观世界的认识和解释，对后世蒙古人世界观、思维方式、民族共同心理的形成起到了启蒙和奠基作用，是研究古代蒙古族民俗、宗教信仰的重要依据。

蒙古民间文学中，英雄史诗以其数量多、影响大，占有突出的地位。据不完全统计，目前搜集到的流传在国内外的蒙古族中短篇英雄史诗有300篇（部）之多，《格斯尔》是其中一颗耀眼的明珠。《格斯尔》是蒙古族著名的长篇英雄史诗，与《蒙古秘史》、《江格尔》并称为蒙古族古典文学三个高峰。这部著名史诗规模宏大，思想内容丰富。它通过英雄格斯尔秉承玉皇大帝的旨意，来到人间为民除暴消灾的曲折壮烈的斗争故事，讴歌格斯尔的光辉业绩；赞扬了古代蒙古族人民在阶级斗争和生产斗争中的英雄气魄和乐观主义精神；也反映了古代蒙古纷繁复杂的部族关系；表达了蒙古族人民要求征服自然和社会恶势力的美好愿望和崇高理想；还体现了古代蒙古族人们的道德观念、宗教信仰和风俗习惯，在蒙古族文学史、社会发展史、思想史中都占有重要地位。不仅如此，《格斯尔》又是一部影响巨大、流传广泛的英雄史诗。它不仅在中国内蒙古、新疆、青海、甘肃等省区蒙古族聚居区内以口头或书面形式流传，而且还以同样的形式流传在蒙古国、俄罗斯的布里亚特共和国、卡尔梅克共和国。在其流传过程中还派生出传说故事、好来宝、祭词、民歌、训喻诗等形式。如今格斯尔在蒙古民间不仅是蒙古族英雄和可汗，更是神的化身，内蒙古巴林右旗就有专门供奉格斯尔的寺庙，在这里每年都有固定的日子祭祀格斯尔，形成了蒙古文化中的一道独特景观——格斯尔文化。《格斯尔》成长于蒙古族民间文学古老的神话、传说、故事、歌谣、谚语和中短篇史诗的摇篮之中，是人民大众的集体创作和智慧的结晶。一部史诗是一座民间文学的宝库，是认识一个民族的百科全书。所以，《格斯尔》作为一部英雄史诗，不仅是叙述格斯尔一生征战史的鸿篇巨作，同时，也是全方位地反映蒙古族古代社会生活的文化集成。它不仅是认识蒙古族历史的文化遗产，在民俗学、宗教学、语言学等学科具有不可忽视的研究价值。

蒙古族有着优良的文化传统，诗歌浩瀚如海，祝赞词也最丰富。蒙古族祝赞词涉及蒙古族社会生活的方方面面。《祭火神祝词》是祭祀灶神时诵的祝颂词，反映了劳动人民对火的产生及其作用的朴素理解。《公马颂》用美丽的语言对畜群之王的公马进行称颂，以祈求生活幸福富裕。《肩胛祝词》是牲骨崇拜祝词。通过祝拜这一神圣之物，希冀好运与财富。《场院赞词》是现实生活的直接反映，祝福来年风调雨顺，庄稼丰收。《敖包祭词》是祭祀敖包的祝赞词，主要内容为祭祀大地神灵，祈求大地神灵保佑，让牧人们五畜兴旺，人民过上富裕、安康无灾的好日子。《银碗赞》主要是赞美银碗的精制用料及能工巧匠技艺，预示幸福吉祥到来。《新房祝词》一方面赞美能工巧匠的精湛技艺，一方面预示幸福吉祥的到来。除此，还有《春节拜年祝词》、《蒙古马赞》、《鼻烟壶赞》、《荷包赞》、《顶针赞》、《弓箭赞》、《庄稼赞》等数不胜数的祝赞词，可见其运用范围之广。所以，祝赞词如一部蒙古族百科知识书，它以礼俗的形式和艺术的手段综合反映了蒙古族的历史、民俗、社会、信仰以及衣、食、住、行。不仅是研究古代、现代蒙古族文化不可多得的口传文化遗产，同时也是研究蒙古族传统文学、说唱、音乐等艺术发展史的重要依据。

谚语是一个古老民族的智慧结晶,是"一部口口相传的文明史,一个民族的回想与记忆"。蒙古族谚语的内容十分丰富,它寓意深刻,哲理性强,涉及自然、生产、生活、处世、励志、健康等许多方面。如"奶油不能再熬,水面不能撇奶皮,沙面不能钻眼"、"石头上种菜难,水面上生活难,犄角上积雪难"、"乌云迎落日,大雨将到来"等以精练的语言揭示生活常识和自然规律;"有上就有下,有下就有上"、"白中出黑、黑中生白"道出了朴素的对立统一的哲学思想,等等;"母亲的慈爱纯洁,山间的清泉纯洁,老师的教诲纯洁"、"生我的土地是黄金,养我的泉水是甘霖"表达了蒙古人古朴纯真的情感和审美理想;"办事不诚丢掉信用,居心不良失去朋友"、"远虑利于未来,前思利于后果,助人利于自己"表现了蒙古族人民诚实、善良的优良品质;"骏马的蹄力有限,人民的智慧无穷"、"爬山知山高,趟水知水深,骑马知马力"显示出蒙古人民善于遵循客观规律办事的聪明才智。这些谚语都是直接来自蒙古族人民的生产劳动和日常生活之中的,是他们对自己亲身经验的高度概括。它不仅体现出蒙古族人民的歌颂、赞美、训诫、勉励、贬斥的爱情观和是非观,同时也反映了蒙古族的宗教信仰、政治制度、生产方式、生活方式的内容。它语句虽短小,却能以小见大,从各个侧面反映出蒙古族的风俗习惯和聪明才智。所以,生动形象、精辟而又内容丰厚的蒙古族谚语具有百科全书的作用,对于研究蒙古族民俗、价值观、审美观等,也具有重要的认识作用。

内蒙古民间文学是中国民间文学中富有鲜明地域特色的组成部分,它以不同民族的口头语言记录不同民族发展的历史和文化成就,是研究各民族哲学、伦理观、习俗礼仪等不可缺少的资料,也为中国民族学、宗教学、民俗学研究提供了重要依据。

二 内蒙古民间表演艺术的科学价值

民间表演艺术是一种综合性的非物质文化遗产,它涉及文学、艺术、历史、哲学,甚至自然科学。内蒙古民间表演艺术同样如此,其中许多形式的表演蕴含着丰富的文化资源,为社会科学研究提供了重要的资料,具有重大的学术价值。

在内蒙古民间艺术史上,蒙古族音乐占有突出的地位,尤其民歌在相当长的历史时期内，一直是蒙古族音乐文化的基础，也是蒙古族整个文学艺术的主流。蒙古族民歌具有民族声乐的独有风格，并呈现鲜明的地域特色，充分表现了蒙古族人民质朴、爽朗、热情、豪放的性格。从体裁上，蒙古族民歌可分长调形态的乌日汀哆和短调形态的包古尼哆。乌日汀哆，蒙古语即长调歌曲，是蒙古族民歌中最富有特色的一种体裁。它产生于1000多年前蒙古族的畜牧业生产劳动中，并在相当长的历史时期内，占据了蒙古民歌的主导地位，最终形成了蒙古族音乐的典型风格，对蒙古族音乐的其他形式均产生了深刻的影响，因此，长调是一种古老的文化形式，以它特有的语言述说着蒙古民族的历史，演绎着蒙古民族繁衍生息的足迹。长调民歌是蒙古族音乐之魂，在蒙古族音乐文化中最有代表性。它用蒙古语以真声唱法为主，其旋律悠长舒缓，极富装饰性（如前倚音、后倚音、滑音、回音等），尤以"诺古拉"（蒙古语音译，波折音或装饰音）演唱方式所形成的华彩唱法最具特色，形成深邃的意境。而且演唱者可以根据其特长、爱好、素养和不同的理解，在保持歌曲基本构架的前提下，都可以纵情发挥，使歌曲的每一次呈现，都蕴含着生动的新鲜因素。

蒙古族长调是抒情歌曲，它赞美美丽的草原、山川、河流，歌颂父母、爱情和亲密的友情，表达着蒙古人们对大自然和命运的思索，是蒙古民族游牧生活在艺术上的反映。其基本题材与蒙古族社会生活紧密相连，包括牧歌、思乡曲、赞歌、婚礼歌和宴歌（也称酒歌）等，是蒙古族全部节日庆典、婚礼宴会、亲朋相聚、那达慕等活动中必唱的歌曲，代表曲目有《走马》、《小黄马》、《辽阔的草原》、《辽阔富饶的阿拉善》等。可见，长调民歌不仅承载着蒙古民族的历史，也是蒙古民族生产生活和精神性格的标志性展示。蒙古长调是蒙古民族非物质文化遗产的瑰宝，它集中体现了蒙古游牧文化的特色与特征，并与蒙古民族的语言、文学、历史、宗教、心理、世界观、生态观、人生观、风俗习惯等紧密联系在一起，贯穿于蒙古民族的全部历史和社会生活中，其科学研究价值显而易见。

歌声和舞蹈也是鄂伦春人抒发感情的重要方式。赞达仁是鄂伦春族民歌的主要形式，数量最多，内容最丰富。从节拍节奏上看，它可分为山歌类型和小调类型赞达仁。就其题材而言，包括悲歌、情歌、儿歌、摇儿歌等，内容大量反映的是鄂伦春族的游猎生活和婚姻爱情。除此之外，还有在劝酒、定亲、出嫁、祭礼等场合唱的仪式歌。最具代表性的有《渡口情歌》、《鄂伦春小唱》、《鄂伦春姑娘》等。赞达仁有无词和有词的两种形式。无词的节奏较为自由，只用衬词"哪衣呀，哪耶希哪——斯耶"等填充曲调，喜怒哀乐完全可以通过音调的节奏来抒发。这类歌即兴性强，音调高亢刚健，动人心弦，这种风格与鄂伦春人长期的狩猎生活有着密切的关系，如《各民族欢聚我幸福》、《远方来的鹿》等。有词的节奏规整，旋律悠扬动人，如《打猎归来》等，也很有特点，旋律音域较宽，达十四度左右，多用语调式，较少用宫调式与徵调式。旋律音阶多用五声，鲜有六声。有时鄂伦春人也将这两种赞达仁连起来唱一些叙事性的内容。赞达仁是经过鄂伦春人民千锤百炼而形成的传统民歌，其形式结构虽然简单，表现的内容却很丰富，是鄂伦春人狩猎生活中交流情感的重要媒介。它真实地反映了鄂伦春人社会生产的主要特征和积极的精神面貌，而且它的音乐特点和演唱形式富有本民族的独特风格，为研究鄂伦春族民歌奠定了基础。

蒙古族是一个酷爱生活和艺术的民族，也是一个富有创造力的民族。在蒙古族传统民间乐器中，除了马头琴，还有民族风格浓郁、独具特色的四胡。四胡也叫四弦琴，因有四根琴弦而得名。蒙古语叫它"胡兀尔"。也叫"都日奔齐和图胡尔"，意即"有四个弦轴的琴"，康熙朝编纂的《律吕正义后编》中称之为"提琴"。四胡最早产生于战国时期的北方少数民族东胡，故名"胡琴"。在元朝的蒙古族中已经十分流行。蒙古族四胡形制和汉族地区的四胡相同，用红木、紫檀木制作，琴筒多呈八角形，蒙以蟒皮或牛皮为面，弦轴和轴孔无锥度，利用弦的张力紧压轴孔以固定，有的还在琴干、琴筒上镶嵌螺钿花纹为饰，细竹系以马尾为琴弓，弓杆中部包以10厘米铜皮或镶钢片、象牙，根部装骨质或木质旋钮，张丝弦或钢丝弦。所以，蒙古四胡本身就是一件技艺高超、品质珍贵、造型优美的艺术品。

蒙古族四胡是最具蒙古族特色的乐器之一，分高音四胡、中音四胡和低音四胡三类。高音四胡音色明快、脆亮，多用于独奏、重奏、合奏；中低音四胡音色浑厚、圆润，擅长演奏抒情性乐曲，并主要为乌力格尔和好来宝伴奏。其演奏方法和汉族二胡大致相同，但在为蒙古族说唱艺术伴奏时，就有很大不同：有时用左手中指或无名指从弦下以指甲顶弦来代替按弦，有时还从弦下弹弦，并用弓杆敲击琴筒，增强节奏，渲染气氛，有极其鲜明的民族特点。四胡自产生以来，一直为各种艺术形式伴奏，在蒙古族人民的文化生活中扮演着十分重要的角色，以极富感染力的音乐抒发着蒙古族人民对生活的感悟，代表性曲目有《赶路》、《八音》、《阿斯尔》（以上为大四胡）、《莫德列马》、《弯弯曲曲的葡萄藤》、《荷英花》（以上为小四胡）等。元朝以后，四胡艺术广泛流传，曾一度风靡于内蒙古自治区、辽宁、吉林、黑龙江和华北等汉族聚居地区，对汉族民间说唱产生了深远的影响。蒙古族四胡文化积淀丰厚，表现力丰富，技艺自成一体，旋律悠扬、古朴，是从事半农半牧生产方式的蒙古族人民杰出的音乐创造，在蒙古族历史学、文化学、民俗学、中外文化交流等方面都具有很高的学术研究价值。

中国少数民族的舞蹈丰富多彩，不同形式的舞蹈蕴含着深刻的历史文化内涵。傩舞是人们以戴木质假面扮作鬼神歌舞为特征来表达神的身世事迹，以达到驱鬼逐疫、娱神娱人为目的的一种原生态舞蹈形式。蒙古族"呼图克沁"就属于傩舞，它作为一种独特舞蹈形式流传至今，具有独特的文化价值。

呼图克沁，蒙古语意为"祝福、求子"之意，主要流传于内蒙古赤峰市敖汉旗萨力巴、乌兰召等一带半农半牧地区。该地区蒙、汉族群众长期混居，历史上有着频繁的经济文化方面的交流。这种舞蹈的特殊形态正是这种不同的风俗习惯、不同的文化和宗教信仰长期互相影响、相互融合的结果。呼图克沁是蒙古族民间面具舞蹈中最为典型的代表，距今已有200多年的历史，在长期流传中已经形成了独具一格的民间舞蹈形式。它以蒙古族白老头、其妻曹门代、其义子黑小子、其女花日以及汉族的孙悟空、猪八戒为固定的角色，以驱邪祝福、送吉祥、送子等作为表现内容，每年农历正月十三至十六日进行表演，载歌载舞、幽默风趣，具有浓郁的民俗色彩和喜剧色彩。等到正月十六，仪式结束时，表演者还要燃起熊熊的篝火，围着篝火唱歌、跳舞，举行送神灵归位仪式。并趁着火势在篝火上边奔腾跳跃将假面摘下扔入火中焚烧，篝火燃尽，面具烧完，整个表演程序才算结束。可见，呼图克沁的表演透着傩文化和宗教文化的踪影，同时又具有蒙古族民间音乐、舞蹈、史诗的特征，闪烁着其本民族传统文化的光辉，具有重要的文化价值。

呼图克沁是弥足珍贵的蒙古族民间歌舞艺术形式。它集歌、舞、乐和说唱形式为一体，具有特殊的历史意蕴。如其对白和对唱采用蒙古语，歌曲《敖汉赞歌》、《鸡鸭庙歌》等共18首，并带有农耕文化背景下形成的蒙古族短调民歌风格。其舞蹈动作，与其他蒙古族舞蹈动作相比别具一格，以跳步、耸肩为主，多用绕、甩绸等动作。既有查玛舞的舞步，又有博舞的风格，还有安代舞的韵律。同时表演中又融进了孙悟空、猪八戒的形象以及戏剧性的歌唱、祝赞词。这给呼图克沁的传承和发展，注入了一定的生命力。呼图克沁是多种文化的融合，既有歌舞，又富有戏曲和宗教色彩，它融民俗和信仰，民歌和舞蹈为一体，丰富了蒙古族民俗文化的内涵。并且有关专家普遍认为，呼图克沁的形态，是处于歌舞向戏曲过渡的特殊阶段的歌舞形态，是我国戏曲发展史中的活化石。因此，对它做进一步的研究具有重要意义。

文化交流是文化发展、创新的动力，也是文化多样性形成的重要原因。在内蒙古地区这样一个"五方杂处"的移民地区，多种艺术的汇集交融必然会产生变异，衍生出新的艺术形式，二人台就是蒙汉人民在长期的文化艺术交流与互动过程中产生的独特的民间艺术品类。

二人台是流传于内蒙古、山西、陕西等地区的一种曲牌体地方小戏，因角色只有丑、旦两人，故称之为"二人台"，距今已有300多年的历史。它最初是由走西口的民间艺人带来的一种简单的说唱艺术，后在吸收蒙古族的蒙古曲儿和汉族的爬山调的基础上，逐渐形成了一种集唱、念、做、舞表演艺术于一体，具有独特民族风格的新型地方剧种。二人台是蒙汉人民集体智慧的结晶，也是内蒙古经济、文化、艺术繁荣发展的必然产物。其音乐来源于蒙古族民歌、山西民歌、陕北民歌、江南民歌，还有一些戏曲音乐等，形成了跌宕、辽阔、悠扬、朴实、粗犷等审美特征。这与内蒙古西部地区劳动人民的朴实、乐观的个性有直接关系，它既不像内地民歌那样简朴、细腻，也不像边疆地区少数民族歌曲那样高亢、辽阔，而是兼备二者之长，集中体现出草原文化和农耕文化交融的特征。二人台的道白也极具特色，语言通俗、诙谐、夸张、泼辣、幽默，并引入大量的民间俗语、谚语、顺口溜，最有特色的还是串话，它利用汉语音节铿锵优美的特点，用叠字、叠句增加语言的艺术魅力，有着浓郁的地方色彩。

二人台是中国戏曲宝库中的优秀财富，传统剧目约有120个，多以描写劳动人民的生产生活、揭露旧社会黑暗、歌唱婚姻恋爱等内容为主，也有部分神话故事和历史典故。如《走西口》、《下山》、《小放牛》、《打秋千》、《挂红灯》、《五哥放羊》、《打金钱》、《打樱桃》、《打后套》、《阿拉奔花》、《回关南》、《拉毛驴》、《摘花椒》、《卖麻糖》等。这些剧目内容多取材于劳动人民的现实生活，富有浓郁的生活情趣。例如，《走西口》既是晋陕蒙三地最著名的民歌，也是二人台里最有名的剧目，它反映的是无数山西移民生离死别的悲惨遭遇和真实生活，是山西移民的心灵之歌。二人台艺术是中华民族的艺术瑰宝，堪称"活的民俗文化"，它以独特的艺术形式反映了内蒙古移民地区人民的生活观和价值观，蕴含着清代农耕文化与草原文化交融的深刻内涵，对研究内蒙古移民历史、民俗学、文学都有重要意义。

内蒙古民间表演艺术以各种艺术手法，丰富地表现了各族人民的生活和思想，形象地反映各族人民的世界观、价值观和审美观，生动地显示了各民族的智慧与才能，不仅具有明显的艺术价值，也有着重要的科学价值。

三　内蒙古民间风俗的科学价值

民俗作为一种文化传承现象，它的产生和生成，都是一定历史时期社会、政治、经济、文化的反映。因此，民俗是不同历史时期的重要标志和特征，具有极高的学术价值，是社会历史研究的依据。

鄂温克族有自己的语言，属阿尔泰语系满—通古斯语族通古斯语支，但分别使用海拉尔、陈巴尔虎、敖鲁古雅三种方言。驯鹿鄂温克族指使用敖鲁古雅方言、生活在呼伦贝尔市所辖的根和市的鄂温克猎民。这个族群常年居住在密林深处从事游猎生产，靠狩猎和饲养驯鹿生活，在历史上也被称为"使鹿部落"、"中国最后的狩猎部落"。它是鄂温克族独具特色的一个群体，驯鹿在其生活中占据不可替代的作用，既是他们的衣食来源，又是重要的交通工具，所以他们非常爱驯鹿，把驯鹿看成是最美好的吉祥物，并把对驯鹿的情感，通过宗教信仰、歌舞、婚礼、服饰等形式，渗透和转化到民族心理结构和风俗习惯之中。由此，在他们传统的民俗文化中，形成了内容十分丰富的驯鹿文化。

驯鹿文化是指围绕着猎取和饲养驯鹿而形成的一整套生产技术、社会经验、艺术以及风俗习惯的复合体。[①] 它是敖鲁古雅鄂温克猎民长期从事狩猎生产的结晶，全面反映了这个独特部族的文化特点。如驯鹿鄂温克人的信仰世界及各种祭祀活动中均离不开驯鹿。因为驯鹿鄂温克人认为驯鹿

---

① 卡丽娜：《驯鹿鄂温克人文化研究》，辽宁人民出版社 2006 年版，第 96 页。

是人神之间的媒介，可以代人向神祈福祛祸和治愈疾病。祭天时要杀两头白驯鹿。治病时，要备一白一黑两头驯鹿，杀掉黑色驯鹿用于请"乌麦"（灵魂），杀掉白色驯鹿贡祭"玛鲁"神。为保护驯鹿，驯鹿鄂温克人还有"阿隆"神和熊神分别对付疾病与狼害。可见，驯鹿已成为他们信仰世界的重要组成部分。在驯鹿鄂温克人婚礼中，驯鹿也起着不可替代的作用。鄂温克猎民的结婚之日，新郎在父母亲友的陪同下，带上送给女方的10只驯鹿到女方家去，女方也以同样的队伍到路上来迎接。双方相遇后，新郎新娘拥抱接吻，并互赠礼物。其中女方赠男方一个叫"阿勒玛勒"的桦树皮盒。这个桦树皮盒呈长方形或圆形，上边镌刻有驯鹿头像，象征吉祥幸福。新娘从男方家赠送的驯鹿中挑选两头最好的，新郎新娘各牵一头驯鹿按太阳运行的方向绕女方的"仙人住"三周后走进其中，酒宴开始。第二天，新娘带着娘家的驯鹿群由男方家族人送到婆家，新娘才算正式出嫁了。另外，在敖鲁古雅鄂温克人的日常生活中往往把鹿及鹿角加以神化，认为鹿角是鹿的神灵所在，所以，在驯鹿鞍子、萨满服饰、木制刀鞘等用品上都有驯鹿图案，形成了一种特有的崇拜心理意识。

驯鹿鄂温克族是我国目前唯一饲养驯鹿的民族，在漫长的历史发展进程中，他们在狩猎驯鹿和使用驯鹿以及饲养驯鹿的生产生活实践中，用共同的劳动和智慧创造出了我国独一无二而独具风格的驯鹿文化。因此，驯鹿文化是鄂温克族非物质文化的重要组成部分，也是内蒙古民俗文化中独有和稀缺的内容，它展现了敖鲁古雅鄂温克民族独特的生产和生活方式，蕴含着敖鲁古雅鄂温克狩猎民族珍贵的文化基因，构成了他们世世代代赖以生存的文化生态的重要内容。对研究鄂温克族宗教、世界观、价值观、历史都具有非常重要的学术价值。

人类非物质文化遗产中包括文化空间，它指举行传统文化的场所，民间风俗类的许多项目就属于非物质文化遗产中的文化空间。如蒙古族祭敖包、成吉思汗陵祭典等。这些文化空间多在一些开放式的场所、依附于动态表演且往往有众多民众参与的文化活动或仪式行为，他们常常具有深厚的历史文化底蕴和重大的科学研究价值。

蒙古族原始信仰以万物有灵和灵魂不死作为思想基础，这种思想意识产生了自然崇拜、祖先崇拜、图腾崇拜等。蒙古先民将大地作为宝藏的源泉加以崇拜，蒙古人不仅如此崇拜大地，而且对处于大地怀抱的山川、河流、树木、石头等都予以崇拜。祭敖包就是蒙古族自然崇拜的一种古老仪式。敖包是蒙古语，意为堆子或鼓包。祭敖包是蒙古民族盛大的祭祀活动之一。敖包通常设在高山或丘陵上，用石头堆成的一座圆锥形的实心塔，顶端插着一根长杆，杆头上系着牲畜毛角和经文布条，四方放着烧柏香的垫石；在敖包旁边还插满树枝，供有整羊、马奶酒、黄油和奶酪等。祭祀时，在古代，由萨满教巫师击鼓念咒，膜拜祈祷；在近代，由喇嘛焚香点火，颂词念经。牧民们都围绕着敖包，从左向右转三圈，求神降福。随着社会的发展、科学的进步，牧民观念的更新，今天的祭敖包，在内容、形式方面都有了变化。蒙古族还有祭尚西（神树的意思）的习俗。通常是在一棵孤独的神树下，用五颜六色的花布条把树枝装饰得特别艳丽，一位扮装的尚西老人盘膝坐在神树下，男女老少汇聚在周围拜祭尚西，并推选几名主祭人手捧哈达、美酒、奶食品，向尚西老人敬献。仪式结束，便进行蒙古族人民喜闻乐见的传统文体活动。敖包是山林的象征。蒙古人认为祭敖包是娱神最好方式，因为在象征着山林的敖包上，聚集了山林诸神，既有主司刮风下雨的天神，又有主管生老病死的死神，还有其祖先的神灵。对山林崇拜实际上是对诸神的崇拜。从蒙古族的祭文中可看出，主要是祈求风调雨顺，免除各种灾害，保护赖以生存的草原。所以，祭敖包是蒙古族原始思维的产物，形象地展现了蒙古族的历史与文化，对研究蒙古族哲学、历史、宗教具有重要的参考价值。

蒙古族是一个游牧民族，也是一个智慧的民族。在长期的生产生活中，蒙古族人民依据其认知，积累了丰富的经验，创造出许多具有价值的传统医药知识。酸马奶疗法就是蒙古人在日常生活中发明的饮食疗法。酸奶是用酸奶或酵母的生奶所发酵而成的。蒙古人自酵自饮酸马奶历史久远，即从远古开始从事畜牧业和挤奶劳动，就已发明发酵技术。700 余年前成书的《蒙古秘史》中就有成吉思汗十代祖先索端察尔"每日必至，索求酸马奶喝"的记载。在酿制和食用的过程中，蒙古人发现酸乳具有较好的解毒功能，给中毒的牧畜灌酸奶，或用酸奶清洗被蛇咬的伤口，都能起到很好的疗效。于是，应用于治疗人中毒。在《蒙古秘史》中，亦有元代以前给受伤大出血昏厥的人喝酸马奶以救治的记载。关于酸马奶及马奶之功效，在历代蒙医医籍中均有记载。早在 14 世纪，著名的元代宫廷饮膳太医、蒙古族营养学家忽思慧所著的《饮膳正要》就记载大量的蒙古族饮食卫生及饮食疗法的内容。另外，酸乳马奶酒微酸醇厚，清凉爽口、富含多种维生素，有健脾胃，保护胆囊、肝脏、皮肤的作用，对治疗神经衰弱等病症也有较好疗效。独具特色的酸马奶疗法来自于蒙古族人民实际生活，展示了该民族思维方式、审美方式、发展方式的神韵，也体现了蒙古族人民的智慧，对中华医药的发展具有重要意义。

科尔沁蒙古族正骨术也是蒙古族在长期与大自然的斗争，尤其是与疾病的斗争中，形成的具有本民族特色的医学技术。科尔沁正骨术是200年前产生在科尔沁左后旗的蒙古族民间正骨技术。它是以蒙医药理论为指导，以手法复位、夹板固定为主，辅以按摩、药物、饮食、功能疗法的独特学科，其精髓可分为"三诊"、"六则"、"九结合"。科尔沁正骨术最初是从萨满医术中分化出来的，在其成为一种独立的专门医术之前，它往往被萨满所掌握。萨满的精神医术之本质在于通过各种方式使患者的心理得到平衡，与此同时让患者振作起来，对自己的病情持乐观的态度，确立战胜病魔的信心。从这个意义上讲，萨满并不是靠自己超人的法术去治愈患者，而是有效地调动和发挥了患者本人潜在的自我康复能力和主观能动性而已，它是一种典型的宗教性心理——生理调控术。即萨满医术主要是通过"超自然"取向的民俗心理辅导，从现代自然医学的角度来看，它是一种调整和强化人体自我康复能力的辅助疗法。[①] 与萨满医术密切相关的科尔沁蒙古族接骨医术中常用让患者"对治疗者的信任"的原则，首先在心理上制住患者，最终让患者对治疗者信服。所以，深受萨满医术影响的正骨术，不仅表现蒙古族较高医学水平，对现代精神医学的研究有着的重要启示作用。

民族风俗习惯是一个民族在世代相传的生存环境和文化氛围中，逐渐形成的共同生活习惯、行为活动和情感，是各民族文化形象的再现。内蒙古民间习俗的特殊的形式反映了各民族的物质生活和精神追求，是各民族智慧、思维、才华的结晶，有着不可忽视的科学价值。

四 内蒙古民间传统手工艺技能的科学价值

作为世代传承的民间手工艺往往以物化的形式表现出来，或在日常生活中广泛使用，或在特殊场景中展示，这类技艺包括的范围极为广泛。内蒙古民间手工技艺不仅种类多样，与其他非物质文化遗产一样，还包含了丰富的文化资源，通过各个民族在衣食住行和社会生产中的传统技艺与天

---

① 文日焕、祁庆富：《民族遗产》第二辑，学苑出版社2009年版，第241—243页。

才创造成果，记录了各个民族生产习俗、生活风貌、伦理观念等，具有无可替代的科学研究价值。

莜面制作技艺是内蒙古民间的传统饮食手工技艺，也是汉族人民在独特饮食生活中经验与智慧的结晶，展示了内蒙古多彩的民风民貌。莜麦是内蒙古阴山一带的特产，在包头市固阳县的种植可追溯到北魏年代。清代乾隆年间，大青山放垦后，汉族群众逐渐定居下来，莜麦的种植面积也逐年扩大，莜面制作技艺也不断丰富完善。莜面制作工艺独特，运用"三生三熟"的技法。"三生三熟"就是说从生莜麦到做成能吃的莜面制品，要经历三次生三次熟的过程。"一生"是指收割、脱粒下来莜麦粒是生的。然后，用大铁锅，将莜麦粒炒到黄熟微焦，飘出香味，这就成了"一熟"。将炒熟的麦粒磨成莜面，又成了生的，即所谓"二生"。"二熟"指和莜面时不能用凉水，须用开水（当地人叫滚水）。用滚水和面，所以这就成了"二熟"。和好的面后，要趁热制成莜面制品上笼屉去蒸。制品为生的即"三生"。接下来就是烧火猛蒸至熟，最后为"三熟"。此时的莜面才真正能吃。莜面制品形式多种多样，造型精巧别致，富有情趣。其制品有五大系列，蒸、炸、氽、烙、炒，共有38个品种，17种做法。其中常见的有窝窝、馀馀、钝钝、饺饺、金棍、丸丸等做法，各具特色。鱼鱼是用手将莜面团在案板上搓成细细的面条，称之为"莜面鱼鱼"。这种鱼鱼一般人一次只能用手搓一根，而最能干的主妇能两手同时操作，且一手能搓两三根鱼鱼。制成的莜面鱼鱼形象逼真，象征着年年有余。"莜面窝窝"也是最常见的制作方法，先捏一小团莜面，在一块巴掌大，像搓衣板那样斜搁着的上釉陶板上用右手这么一推，左手拈起一揭，掀起一片薄薄的莜面片，然后就势在手指上绕成如"猫耳朵"似的筒状形，长寸许、薄如叶、色淡黄。做好后，挨个站立并排在笼内酷似蜂窝。充分展示了搓、推、捏、压、搅、揉等娴熟的技巧。莜面手工制作技艺是北方草原游牧文化与中原农耕文化互相影响交融的产物，是一份极其宝贵的民间手工制作技艺。不仅如此，莜面的营养价值很高，钙、磷、铁、核黄素的含量都相当高，尤其含有一种特殊物质——亚油酸，对于人体新陈代谢具有明显的功效，有助于减肥和美容。因此，莜面饮食制作技艺具有工艺价值、历史研究价值、营养保健价值和经济价值。

图案艺术是民间美术的一种表现形式，具有反映生活、美化生活的功能，是社会科学研究重要的文化资源。在内蒙古民间美术中，蒙古族图案艺术最具有代表性，在蒙古族文化中占有不可忽视的地位。蒙古族图案艺术来自于长期的生产和生活实践中，深受蒙古族文化习俗的影响。其图案式样主要有自然纹样、吉祥纹样、组合纹样、几何纹样四种类型，这些花纹图案具有草原民族的独特风格，充满着蒙古族对生命、生活的感性理解。自然纹样包括云纹、山纹、水纹、火纹及蝴蝶、蝙蝠、鹿、马、羊、牛、骆驼、老虎、龙、凤及其他的动物图案等，植物纹样有花纹、草纹、莲纹、牡丹纹、桃纹、杏花纹等纹饰图样。这些纹样起源于蒙古族原始图腾崇拜，蒙古族将其喜爱和崇拜的动物和植物演化成图形纹样，将其应用、展示在自己的衣、食、住、行之中，充分体现了蒙古族人崇拜自然、热爱自然的朴素审美观。吉祥纹样有福、禄、寿、喜字以及盘长纹，法螺、佛手、宝相花等，明显受到佛教、萨满教文化和汉族影响。组合纹样则是蒙古族最擅长运用的纹样，如盘长纹延伸加卷草的云头纹，植物复叶上加以火焰纹，鱼纹加花叶纹，双鱼纹加盘长纹，盘长、双龙、团花、云头组成的纹样等，便于表现不同的寓意。几何纹样是将自然纹样、吉祥纹样及其他纹样的图案化、几何化、简约化、模式化的结果。它来源于对自然形象的模拟和物象的升华与抽象，比如蒙古包的图形、车轮的旋转、河中曲折的激浪、蓝天上的云朵、田野中盛开的花朵等，都是牧民在长期劳动和生活实践中观察和凝练的结晶。蒙古族图案文化的产生与其民族赖以生存的自然环境、历史传承、宗教信仰、审美情趣、心理素质及风俗习惯等诸多因素有着密不可分的联系。它反映了蒙古族千百年来赖以生存的游牧文化的主要特征，同时更多地体现出蒙古族人的宗教信仰、图腾崇拜、审美习俗等内容，是具有重要科学研究价值的非物质文化遗产。

　　骆驼素有"沙漠之舟"美誉，被草原上以牧驼为主的牧民尊为"万牲之王"。生活在大漠戈壁的蒙古人是驯服使用骆驼最早的民族，他们不仅把骆驼用于生产、生活中，而且把骆驼引入竞技比赛，形成了传统的体育运动项目——蒙古族赛驼。蒙古族赛驼属蒙古人最传统的民族体育竞技项目。据文献记载，在骆驼被驯化为交通工具后，骆驼比赛也相继产生。每逢节假日、婚宴、祭祀敖包，以及召开那达慕大会，居住在草原、沙漠戈壁的蒙古族牧民都把骆驼比赛作为一项重要的喜庆活动，它同赛马一样成为蒙古族牧民生活中十分喜爱的传统体育项目。骆驼体型庞大魁梧，行走稳健，具有耐饥渴、耐寒暑、能负重、善于沙漠戈壁行走等特点，骑乘骆驼快者可日行百余里，奋蹄奔驰时可跟飞奔的骏马相媲美，而且比马更有耐力。草原、沙漠戈壁的骆驼比赛分为速度比赛和骑骆驼射击比赛等。骆驼速度比赛赛程有5公里至40公里，以先到达终点为胜，近年来，深受蒙古族及其他民族群众的喜爱和欢迎。蒙古族赛驼集中体现了古老的蒙古族骆驼文化，承载着许多重大文化信息和节庆记忆，是蒙古族服饰、骆驼佩饰、宗教艺术等民间文化的集中展示，对研究蒙古族民俗、服饰艺术等具有一定的价值。

总之，内蒙古非物质文化遗产表现并存活了各民族创造历史的早期行为的精神文化财富，不仅本身具有较多科学内容和因素，而且还为我们提供了极其丰富的史料和极有学术价值的资料，有助于我们从人类学、民族学、历史学、宗教学、民俗学、文学、艺术学、心理学、社会学等多学科领域进行相关的科学研究和认识活动，从而更好地丰富内蒙古的历史文化知识，提高人们的科学认知水平。

第四节　内蒙古非物质文化遗产的社会价值

一个民族的文化是一个国家和民族生存、发展的基础，为一个国家的政治稳定和经济发展提供持久的精神动力，为人民大众提供深厚的道德基础。非物质文化遗产是积累、传承文化并加以创造发展的一种社会文化形态，是规范人们思想观念、行为方式的一种重要力量，它有利于社会的和谐、全面、平衡发展，具有重要的和谐价值。[1] 非物质文化遗产的社会价值就是指其在推动社会发展、调节人际关系过程中体现出的某种特殊价值。联合国教科文组织在《保护非物质文化遗产公约》中也特别强调了非物质文化遗产促进和谐的价值与作用，认为"非物质文化遗产是密切人与人之间的关系以及他们之间进行交流和了解的要素"。

社会价值是非物质文化遗产价值体系的价值目标。它具体表现在：通过非物质文化遗产的保护、传承、研究和发展，可以促进人与自我、人与他人、人与社会、人与自然，以及族群与族群、国家与国家、地区与地区的和谐，调整个体的精神世界，协调人际关系、家庭关系、族群关系、国家关系、地区关系，以及人与社会、人与自然的关系等，从而达到社会安定团结、和谐。

---

① 王文章：《非物质文化遗产概论》，教育科学出版社2008年版，第83页。

　　每一个民族特有的文化形态和文化个性都会在其非物质文化遗产中有所保留和体现，内蒙古非物质文化遗产中的某些传统文化内容，规范着各民族的群体生活方式、思想价值取向，是维系民族团结、巩固社会和谐的黏合剂，是民族凝聚力、社会价值认同的重要载体，是构建和谐内蒙古的重要源泉。

一　内蒙古民间文学的社会价值

　　在绚烂陆离的中国民间文学宝库中，珍藏着浩如烟海的内容健康充实、形式丰富的文学瑰宝。内蒙古民间文学就包含许多这样的富有文化内涵的优秀作品，这些作品不仅表达人民真实的思想情感、愿望心声，还蕴藏和体现着人民的英雄主义、爱国主义、乐观主义、人道主义和献身精神等崇高思想和美德，而这些鲜活的精神文化资源对于群体认同、民族认同、社会认同起着十分重要的作用。

　　神话传说是远古先民自然观和社会观的表现，许多世代相传的古老神话和传说，在传述了一定的历史知识的同时，还培养着民族团结的感情，对后世人们世界观、思维方式、民族共同心理的形成起到了启蒙和奠基作用。蒙古族的神话传说《化铁熔山》在讲述关于蒙古族祖先起源的同时，也赞颂了蒙古先民为了生存和发展，同心同德、团结一致、自强不息的精神。驯鹿鄂温克族有关民族起源神话中也反映了鄂温克族、汉族、蒙古族等相邻民族间亲密交往、友好交融的内容。流传于内蒙古呼和浩特市及湖北省兴山县的"王昭君传说"也有着显著社会教育价值。王昭君传说的思想文化内涵，符合人类社会和平相处、共同发展的时代主题。它通过美丽的汉家女子王昭君进宫、出塞、"从胡俗"等事迹，不仅赞扬了王昭君顾全大局、能吃苦、忍辱负重的民族传统美德，也揭示了民族团结的重要性。并且许多关于王昭君的传说，如《站穿石》、《娘娘泉》、《桃花鱼》、《绣鞋洞》等，都反映了王昭君的善良和勤劳，给人们以真善美的享受。因此，2000多年来，王昭君作为美的化身、和平的使者、民族团结的象征，受到人们的尊崇。这些神话传说凝聚着不同民族特有的社会发展历程、文化生活习俗、宗教信仰以及审美关照等诸多文化因素，并在各自民族的精神世界发挥特殊的认知与导向作用，有助于各民族团结亲善、和谐相处、共同发展。

　　民间文学具有优越的人民性，内容相当广阔，它不仅表现了人民的痛苦和希望，许多作品也表现了典范人格、崇高品质以及爱国主义精神。《嘎达梅林》就是以歌颂英雄为主题的蒙古民间叙事诗，也是近代蒙古民间叙事诗的代表，在国内外享有极高的盛誉。它一改古代叙事歌浪漫主义表现手法，具有现实主义风格，以活生生的社会民俗生活为背景，以真人真事为题，因而洋溢着浓浓的乡土风情和生活气息。《嘎达梅林》主要通过讲述 20 世纪二三十年代蒙古民族英雄嘎达梅林为保护科尔沁草原和百姓，率领各族人民奋起反抗，与封建王爷和军阀英勇斗争的感人故事，展现了绚丽壮美的草原风情和淳朴豪放的蒙古族民情，歌颂了嘎达梅林这一传奇的民族英雄，为祖国、为人民不怕牺牲的精神。《陶克陶胡》同样是反映人民正义的代表性叙事诗。它取材于清末郭尔罗斯前旗陶克陶胡反对王公贵族出卖本旗土地而进行反抗起义的历史事件，讴歌起义者的英雄气概，赞颂陶克陶胡这一为了保卫自己家园和民众利益而反对封建腐朽势力的起义领袖形象。另外，达斡尔族英雄史诗《阿尔坦噶乐布》和《绰凯莫日根》，也歌颂了为保卫部落和家园的安康而战的英雄和达斡尔人追求正义，反对邪恶，勇于进取的精神。蒙古族英雄史诗《格斯尔》和《江格尔》更是不朽的、富有理想主义精神和爱国主义思想的英雄史诗。两部史诗通过一系列瑰丽多彩的画卷和可歌可泣的故事，揭示了一个伟大的真理：英雄人物和全体人民群众同心协力、紧密团结、进行艰苦卓绝的斗争，就能克敌制胜、保卫家乡，创建和平幸福美好的生活。这对于增强各民族的自信心与文化认同，培养崇高的爱国主义精神和发扬众志成城、万众一心的集体主义的优良传统，有着一定积极作用。

蒙古族人民是勤劳勇敢，富于正义感，又具有乐观主义精神的人民。他们善于"歌以咏志"，也常常通过不同体裁民间文学作品，以丰富的想象力、优美的艺术语言，来寄托自己的理想，表达自己的思想感情。因此，不同体裁的蒙古族口头文学作品中还反映了其乐观向上、团结助人，明理诚信、恪守礼法等精神内容，这对于提高人们的心理素质，帮助人们承受起生活的重担和磨炼，培养勤劳友善、以诚相待的良好品质具有一定积极作用。

蒙古族祝赞词是为祈求祝愿赞美一切事物的美好而创造的一种古老而悠久的民间文学形式。其中祝词是献给神和祖辈的口头颂歌，以祈求祝福人丁兴旺、牲畜安泰为主。如《祭火祝词》："杭盖罕山只有土丘大的时候，汪洋大海只有水洼大的时候，可汗用火石击燃，皇后用嘴唇吹旺，以火石为母，以火镰为父，那发明火的火神圣母啊！我们向你敬献醇香的奶酒，我们向你敬献美味的肉食，祈求你赐予最大的福分，让我们在这幸福中永生。"深情地表达了祈求福、禄、寿的愿望。赞词主要是赞美景物的，它充满了人们对一切美好事物，对自己的劳动成果的喜悦和赞赏的感情。如对自己家乡的山川土地，对结婚的新人，对优胜的骏马，新建的房屋，都要进行赞颂。经典名篇《新郎新娘赞》："一个是马背上的勇士，一个是天宫中的仙女；祝贺这天作之合吧，人人都会心中欢喜。新娘如白鹤般温顺，新郎似神驹般矫健；姻缘的线把他们两人连在一起，这是神驹白鹤比翼双飞的伴侣。"一部祝赞词就是一首凝聚着蒙古族人民美好希望和真诚情感的民间长歌。它充满积极向上的精神，能够给人以鼓励与希望，是蒙古族人民对生活、对人生热爱之情的集中体现。如今，它伴随着蒙古族走过了千年的历史，仍有着强大的生命力和感染力，是促使蒙古族人民正确对待挫折与失败，乐观生活，不断进取的精神文化动力。

　　民间寓言是蒙古族民间文学中一种短小的、幻想性质的哲理故事，是历代蒙古族人民生活、斗争经验和思想、智慧的形象体现。它结构单纯，哲理性强，非常集中地、典型地反映出蒙古民族的文化传统。如寓言《白雪和白兔》提出了一个为人之道要与人为善的交往准则，颇有启迪意义。《和睦的四个动物》既反映了农牧民纯朴的伦理道德观，也寄寓了"和为贵，团结变金"的美好理想。《老虎和红花芒牛》揭示了分裂必然失败的真理。《白兔和狐狸》说明了凭借智慧可以弱胜强的道理。这类以彼喻此、品味人生的寓言故事在蒙古族人民的文化生活中是异常丰富的，它们以奇特的想象和巧妙的构思，来表现人的品格以及人与人之间的关系，在构建和谐社会的今天，也具有一定启发性和积极的教育意义。

　　谚语是一个古老民族的智慧结晶，是"人类历史长河里沉淀下来的金子"。蒙古族谚言是蒙古民间文学中的一朵奇葩，是一部生活的宝典。它包含着深切的人生体验，不仅有实用性，其中蕴含着中华文明真善美的因子，还具有归人劝善的社会教化作用。如"鲜花盛开的地方蜂蝶多，心地善良的人朋友多"表示相互尊重、以善为本的处世之道；"享受的后果是痛苦，吃苦的结果是幸福"、"懒瓜的籽多，懒人的话多，懒喇嘛的经多"提醒人们要勤奋努力，不要贪图享受；"真理的威力在后头，谎言的威力在前头"、"野狐红了好，说话真了好"表现出做人要真诚、讲信义；"不放奶的茶是黑的，昧良心的人心是黑的，不透光的屋是黑的"抨击道德不高尚的人。这些经验教训，在充满明快的字里行间，透溢出熏陶人们健康情操的馥郁之香，在今天人们的日常生活、学习和为人处事等方面起着重要的借鉴作用。

由此可见，内蒙古民间文学蕴含着丰富和谐教育资源，它不仅有助于增强人们的心理承受能力，使之成为一个人格健全、心理健康的人，与他人、与社会和谐相融，也有利于滋养民族精神、提高民族文化素养，加强各个民族间团结合作、互利互助，从而促进这个社会的共同进步与发展。

二　内蒙古民间表演艺术的社会价值

民间表演艺术作为内蒙古非物质文化遗产重要的组成部分，是内蒙古各族人民在音乐、舞蹈、戏曲等方面智慧与才能的表现，它不仅表现人民对美的追求，还体现了各民族的精神追求和优秀品性，有着重要的社会价值。

非物质文化遗产是一个民族情感、民族心理的寄托，内蒙古各个民族通过民歌、器乐、舞蹈等艺术形式，表达着对人生、宇宙的思考，其中对草原的珍视、对生命的关爱，表现了强烈的环保意识，对促进人与自然和谐相处，有一定的启示作用。

民歌是鄂温克人表达精神世界的载体，也是传播人生哲理的教科书。鄂温克族是古老的森林民族，主要居住在大兴安岭和呼伦贝尔草原，有自己的语言，没有文字。他们在长期的生产生活实践中，与森林、草原和群兽之间形成了一种亲密和谐的关系，并且以敏锐的洞察力和把自然界的活动当做题材，以口传心授的方式，创造并积蓄了具有森林和草原特色的传统文化艺术，鄂温克族叙事民歌《母鹿之歌》（又名《狍子之歌》）《黄羊之歌》，是具有典型代表性的原生态长篇叙事民歌。这首叙事民歌《母鹿之歌》产生于狩猎时代，歌曲旋律带着浓郁原始风格，富有鄂温克族游牧民歌的舒缓、优美、纯朴的特点，旋律如泣如诉，感人至极。以人类的情感和拟人化的方式，通过动物母子之间生死离别的一段对话，从另一个角度揭示了生态平衡、珍爱生命的意义。《母鹿之歌》是体现人类最为原始环保意识的经典之作，它充分体现着鄂温克人对自然、对生命无与伦比的理解和尊重，凝聚着古老狩猎民族的诚信、善良、智慧的民族精神及人格魅力。

蒙古民歌具有民族声乐的独有风格，长调的表演者穿蒙古长袍，配以马头琴音乐，讴歌母爱、赞美生命、诉说爱情，以接近自然的声音演唱，描写草原、牛羊、白云等。长调牧歌的典范之作《辽阔的草原》，音乐语言、曲式结构都是简洁精练的，全曲只上下两个对偶乐句旋律，但热情奔放，达到形象和意境、人和自然的完美统一，同样给人以辽阔、豪放的阳刚之美。古老的宴歌《六十个美》，仅在一首单乐段淳朴的歌曲中就唱出60个美的事物。歌中列举了草原土地、生命青春、牛羊骏马、候鸟鸿雁、阳光云霭、明月繁星、山的景色、海的风光、怒放的鲜花、清澈的流水、弹拨的琴弦、嘹亮的歌声、父母的恩情、弟兄的情义、长者的训导、天下的太平……这种情景交融、法乎自然、天人合一的独特意境和神韵，在人类进入大工业时代，自然生态环境遭到严重破坏的今天，显示出保护自然、注重环保的重要性。

内蒙古每个民族都有自己独特的舞蹈，舞蹈历来就是草原人民超乎语言和文字的直接情感表达方式，各民族舞蹈中表现出勤劳勇敢的良好品德、积极乐观的精神风貌和至真至善的审美追求，也是陶冶情操、增强民族自信心和凝聚力的重要资源。

蒙古族舞蹈久负盛名，传统的马刀舞、鄂尔多斯舞、筷子舞、盅碗舞等，节奏明快，舞步轻盈，艺术地再现了蒙古族劳动人民纯朴、热情、粗犷的健康气质。安代舞则被称为蒙古族集体舞蹈的活化石。安代舞是一种在蒙古草原广为流传的原生态舞蹈，具有悠久的历史和渊源。它起源于用来治病的萨满教舞蹈，至今已有400多年的传承历史，后经过发展，加入了大量的民歌、好来宝、祝赞词，使舞蹈与歌、说唱等艺术形式有机地结合为一体。到20世纪50年代中期，逐步发展成为自由地表现蒙古人民思想感情和生活的集体舞。安代舞具有浓郁的"民间本色"和"癫狂之舞"的特征，因此，蒙古族爱歌舞，尤爱安代，如今它更广泛地流行于民间，不仅每逢节庆或丰收，牧民们常跳起热情奔放的安代，欢聚一堂，表达心中的喜悦，而且安代还成为蒙古族求雨、祭敖包等宗教仪礼和那达慕盛会上最受欢迎的狂欢之舞。安代舞具有鲜明的民族风格和浓郁的生活气息，是蒙古民族舞蹈艺术殿堂里的一颗明珠。它典型地表现了蒙古民族勇敢洒脱、热情豪爽的民族性格与至真至纯的审美追求，如今它已成为蒙古族最为耀眼的"文化标识"，用它独特的舞姿连接每一个蒙古人的心。

达斡尔族在历史上是个骁勇善战、智勇双全的民族，在漫长的岁月中他们形成了独特的民族风情和民族文化。鲁日格勒是具有典型代表性的达斡尔族民间舞蹈。鲁日格勒在达斡尔语中有"燃烧"或"兴旺"之意，起源于达斡尔人远古的狩猎生活，舞姿多重复多种劳动、狩猎的动作，模仿各种动物的姿态。如表现他们狩猎生产的"熊斗"、"鹰飞"；表现渔业生产的"制桨"；表现田园劳动的"摘豆角"；表现家务劳动的"提水"、"挑水"等形象。所以，它的产生与达斡尔族人民的生产、生活、习俗密不可分的。鲁日格勒是达斡尔族生活、情感的生动写照。其舞蹈以群舞为主，以"哲嘿哲"、"德乎达"等呼号为节奏，充满热烈、欢快的气氛。鲁日格勒是达斡尔族人民欢乐吉祥的缩影，在整个达斡尔人中占有重要地位，对于丰富达斡尔族人民群众的文化生活，促进达斡尔族人民团结友爱，构建社会主义和谐社会，都有着重要的作用。

　　非物质文化遗产是民族文化的精华，是民族精神、民族性格的鲜明体现，而民族精神是以爱国主义为核心的，内蒙古一些优秀的民间表演艺术是爱国主义精神的载体，有利于民族团结和中华文化的认同。好来宝是最受蒙古族人民欢迎的民间说唱形式之一。好来宝又作"好力宝"，蒙古族语意为"联韵"、"衔接"，是蒙古族传统的说唱艺术。它从口头文学发展而成，多在节日、婚礼和喜庆场合演唱，流行于内蒙古自治区，已有700多年的历史。好来宝表演者一般为男性，有三种表演方法：单口好来宝，演唱者自拉自唱；对口好来宝，两个人表演；群口好来宝。表演内容丰富，抒情气氛极浓，曲调豪放、淳朴，有较多的朗诵成分，具有浓厚的草原风味。其中群口好来宝是20世纪60年代由内蒙古自治区乌兰牧骑根据传统好来宝的演唱特点创作的一种曲艺形式，由4—6人齐唱、领唱、对唱等形式表演，其题材内容多以歌颂祖国和故乡为主。如《祖国颂》："悠扬的长调牧歌，响彻这欢乐的草原，舒展婀娜的身姿，兴高采烈舞蹁跹。高举圣洁哈达，捧起奶酒鲜花，放开嘹亮歌喉，献给祖国中华。""东方升起的太阳，我的祖国，中华民族的母亲，我的祖国，震撼世界的巨龙，我的祖国！引领未来的强者，我的祖国！永不倒塌的万里长城，我的祖国，永不干枯的黄河巨浪，我的祖国，永不落叶的兴安松树，我的祖国，永不停息的万马奔腾，我的祖国！"其中包含对祖国炽热的情感，这浓浓的中华情，凝聚着中华民族几千年积淀下来的爱国精神，对于今天的精神文明建设无疑是一笔巨大的无形财富，也是社会主义和谐文化的重要思想基础。

　　另外，内蒙古民间表演艺术中，一些艺术形式具有人类意识和普世价值，还能推动地区间、国家间的文化交流与合作，促进国家与国家之间的和谐与稳定。蒙古族马头琴、长调民歌是一种跨境分布的文化，中国的内蒙古自治区和蒙古国是蒙古族长调民歌最主要的文化分布区。在倡导世界和平，共同发展的世界形势下，利用其共生、共有、共享的特点，积极开展不同地区、国家间的文化交流与合作，充分发挥其民族团结和国际交流凝合剂的作用，使跨民族、跨地区、跨国家的非物质文化保护、传承、发展，成为共创、共有、共享这些文化财富的民族、地区、国家的共同责任与义务，使中国与蒙古国形成良好的交往合作关系。中蒙两国联合申遗的成功，不仅显现蒙古族长调民歌作为一种文化遗产其不可估量的艺术性及世界性的价值，从而也加强了两国的密切联系，促进了两国关系的和谐稳定发展，对国际社会的和谐发展有着积极意义。

三　内蒙古民间风俗的社会价值

民俗从本质上是一种特殊的文化形态，浸透在各民族日常生活中，它源于各民族精神文化的共同体中，又在共同体中保持这种传统，不仅严格遵循，而且对其有着特殊的感情。内蒙古许多民俗事项凝聚着民族的情感，折射着符合文明社会的思考，反映着各族劳动人民的勤劳勇敢与美好向善的优良品德，显示着巨大的和谐作用。

内蒙古自治区民族大家庭中，满族也是一个有着自己独特的语言、文字、宗教信仰和风俗习惯的民族。在其民间习俗中，满族服饰充满着浓郁的民族特点和民族性格的神韵，较典型地体现了本民族民俗文化的特征。满族服饰是在其民族形成过程中一种长期生活积淀的结果，满族服饰主要有四种形式：旗袍（即长袍）、马褂、坎肩、套裤。在满族服饰中，最突出的就是人们熟悉的旗袍。满人又称"旗人"，旗人所着之袍，故称旗袍，满语称为"衣介"。这种旗袍"衣皆连裳"与汉族的上衣下裳的两截衣裳有明显区别。满族男子穿的旗装，也叫大衫、长袍。其样式和结构都比较简单，原为满族骑射时穿用的圆领（无领后习惯加一假领），大襟，窄袖，四面开禊，左衽，带扣绊，束带，适于骑马射猎。满族妇女穿的旗装，是满族妇女传统服饰。传统旗袍的特点是立领，右大襟，衣身、衣袖宽松肥大，造型简洁流畅，讲究精美而繁缛的装饰，在衣裾上都镶有多层宽窄和纹饰都各不相同的花边，有的还要镶上 18 道衣边，因此旗袍又有"京城十八镶"的美誉，能够细腻地表现出东方女性的独特神韵，故深为世人喜爱。有一种女式旗装叫"大挽袖"，把花纹绣在袖里，挽出来更显得美观。满族女子在盛装时会梳被称为"两把头"的旗髻，这是将头发在头顶分成两绺后梳成的横髻与压在脖颈后的扁髻相结合的发型，与旗袍相配，以体现女子的优雅气质。后来，旗装的样式发生了一些变化，收紧腰身，两边开高衩，突出了女性体形的曲线美。如今旗袍因具有东方色彩，能充分显示仪态雍容文雅，被认为是表现女性美的典型，称誉世界。旗袍凝聚了中华民族几千年来服装文化的精华，成为中华民族传统服饰的代表，浸透其中的中华民族共同的审美追求、深深的东方情结，是民族情感和民族心理的寄托，是凝聚整个中华民族的纽带。

　　民俗在形成和传承的过程中形成了强烈的民族性，具有鲜明的民族特征。它作为一种具有内在民族性特征的社会文化现象，在社会中起着维系民族情感的作用。

　　祭成吉思汗陵是蒙古民族最隆重、最庄严的祭祀活动，也是对蒙古族意义重大的传统民俗活动。成吉思汗是蒙古民族崇敬的民族英雄和最杰出的领袖，成吉思汗陵就是他的英灵供奉之地，位于鄂尔多斯市伊金霍洛旗霍洛苏木。蒙古民族祭祀成吉思汗的习俗，最早始于窝阔台时代，到忽必烈时代正式颁发圣旨。规定祭成吉思汗的各种祭礼，并使之日臻完善，明代中叶以后，祭祀设在伊金霍洛。现今鄂尔多斯伊金霍洛旗成陵祭典，就是沿袭古代传说的祭礼。成吉思汗祭奠由圣主宫帐为核心的八白宫祭奠和成吉思汗苏勒德祭奠两大部分组成。圣主祭奠以日祭与奉祭、月祭、米里亚古德祭（点奶祝福祭）、公羔祭、台吉祭、香火（灶）祭和四时大典组成。四时大典为春季查干苏鲁克大典、夏季淖尔大典、秋季斯日格大典、冬季达斯玛大典。其中，春季查干苏鲁克大典于农历每年三月十七至二十四日举行，祭祀仪式包括八白宫聚集仪式、嘎日利祭、祭天仪式、金殿大祭、巴图吉勒祭、招福仪式等，规模最大、最隆重。成吉思汗祭奠在蒙古族文化生活中具有重要的作用，它不仅仅是一种祭祀活动，也是展现民族优秀文化的盛典。在成吉思汗祭祀中，除在祭奠形式上再现了蒙古民族牲祭、火祭、奶祭、酒祭、歌祭等形式外，还有大量的祭奠祭词，这些祭奠祭词是成吉思汗祭祀形成的主体，也是成吉思汗祭祀能够世代相传的载体。它包括祭文、祝颂词、祝福词、祝祷词、祭歌等，主要对长生天、成吉思汗及其夫人、功臣等表示祭祀，赞颂他们的丰功伟绩，以美好吉祥的语言为他们祝福，并祈祷圣主为百姓赐给美好的生活，所涉及的内容涵盖了蒙古民族古老的历史、文化、信仰、观念、风俗、语言、文字、法律等诸多方面，是蒙古民族原始文化的代表，也是中华民族乃至人类珍贵的非物质文化遗产。如在成吉思汗祭奠中应用的祭词，有 50 多部（篇），长达近五千行，形成丰富多彩的长篇韵文，成为蒙古民族珍贵的巨幅文献。所以，成吉思汗陵祭奠寄托着蒙古民族对成吉思汗深厚的敬仰之情，延续着蒙古族对英雄祖先的缅怀之情，也承载着蒙古族辉煌的历史、灿烂的文化，这对于促进蒙古民族人民之间的团结，增强民族自豪感和自信心，有着不可估量的作用。并且，"一代天骄"成吉思汗是蒙古民族共同祖先，成吉思汗陵祭典也有利于居住在不同地区和不同国家的蒙古族之间的文化交流，其作用与社会和谐、国家稳定、世界和平主流相符合。

　　民间信仰是非物质文化遗产重要的组成部分，也是建设和谐社会的重要组成部分。蒙古族民间信仰中隐含着不少有关环境保护、爱护自然的民间生态智慧。首先，古代蒙古族深受萨满教的影响，尊仰树神、土地神。他们认为树神和灵魂、生命紧密地联系在一起，有着"神林"观念。蒙古人对树木的崇拜和供祭，在《蒙古秘史》等典籍以及萨满教的祭仪中均有明显表现与记载。如供奉独棵树、繁茂树、"萨满树"、桦树、落叶松等习俗的产生，从根源上说，无不与树木图腾观念有关。其次，土地神在古代蒙古族的萨满教信仰中也占有一席之地。对土地神的敬奉，在祭山、祭地、祭敖包等祭词中充满了对故土的赞美和爱护之情，并出现了一些对土地的禁忌，"把奶或任何饮料或是食物倒在地上……被认为是罪恶"。① 在日常生活中，蒙古族有不少有关限制乱挖洞、乱动土的禁忌。这种对大地的赞美和爱护传统具有悠久的历史。在古代蒙古族人的观念中，爱护大地的观念和保持清洁卫生的观念紧密地联系在一起。普兰尼·加宾尼在游记中载："把奶或任何饮料或是食物倒在地上，在帐幕里面小便，所有这些，也都被认为是罪恶。如果一个人故意这样做这些事情，他就要被处死。"② 蒙古人这种爱护环境卫生、防止环境污染和破坏的习惯和做法，对我们今天也有一定的启示意义。古代蒙古族还有不少禁止破坏草场的禁忌。《黑鞑事略》载："草生而地者，遗火而草者"都要受到谴责和惩处。至今，在蒙古族民间有很多禁止破坏草场、乱挖草地、保护动

――――――――――

① 道森：《出使蒙古记》，吕浦、周良宵译，中国社会出版社 1983 年版，第 12 页。

② 同上。

物的民间禁忌。蒙古族这些民间禁忌虽然是通过宗教的方式作用于民俗生活中，但其中包含着爱护自然、尊重自然并保护自然的提示，也蕴含着人与自然应和谐相处的朴素的环境哲学和生态伦理观，对于今天环境保护有着积极意义。

蒙古族心胸宽阔、热诚好礼，在生活中非常重视传统。因此，蒙古族民间习俗中还有大量的传统伦理道德资源，是当代社会道德建设的重要源泉。

蒙古民族有尊老爱幼的习俗。祝寿礼是蒙古族人民为老人举行的一个礼仪庆典。蒙古族一般在60岁、70岁、80岁、90岁时才祝寿。祝寿仪式中，来宾们都为老人敬酒、献哈达和礼品。敬酒四、六、八碗的蒙古语称"朱来"。然后叩拜主人，表示感谢主家招待。祝寿的礼品通常有：马、牛、绵羊或羊乌查、皮长袍、棉长袍、夹长袍、靴子、烟、荷包、钱等。礼品品类一般占"三"数。祝寿完毕，祝寿客人不能空手回，主人家要回赠烟荷包、毛巾等。蒙古族祝寿仪式虽然比较简单，但表现了对老人的尊重和爱戴，传承了尊老爱老的优良传统。热情好客、待人诚恳也是蒙古族人民的传统美德。蒙古人一见客人总要握手问好："塔，赛白奴！"（您好）客人进入蒙古包，家庭主妇便向客人双手敬献喷香的奶茶，同时摆上黄油、奶皮子、奶豆腐、奶酪、炒米、奶酒等食品，供客人食用。对尊贵的客人要献哈达、奶酒，以示敬意。客人如住宿、吃饭，即热情款待，没有要求付餐费的习惯。客人离别时，全家走出蒙古包欢送，并祝客人一路平安，再次光临。这些良好的习俗和品德都是促进人与人团结和睦，培养以诚立命、以信立行价值观的重要资源。

蒙古族祭驼习俗也是民间文化活动和人文思想的传承载体。蒙古人认为骆驼集十二属相于一身，是与牧人的生活相伴的吉祥物，每年在驼群膘肥体壮的秋季进行祭祀。蒙古族祭驼，是流传于蒙古族牧驼群众中的一种集宗教信仰、传统生产、人文思想为一体的民间活动。在祭驼活动中有极其丰富的人性化内容，产生了诸如"功臣驼"、"劝奶歌"、"骆驼赞"、"祝颂词"等大量的拟人文化，赞扬了蒙古族忠厚善良、刚正不阿，吃苦耐劳、勤奋顽强的骆驼精神。还传衍着人与自然、人与家畜的和谐，隐含着知恩图报、与人为善、善待环境、崇尚自然的朴素道理，蕴含了因势利导、言传身教的生活态度，传递着温柔敦厚、默契和谐的人生哲理。在促进牧民互助友爱，自然传承共同民族心理，增强民族凝聚力，都有重要作用。

内蒙古各民族的民间风俗是渗透在这些民族的广大民众的骨肉血脉之中，融化到他们日常衣食住行中的民族共享文化。这些不同的风俗反映和表现了一个民族一个时期的社会生活风貌，有益于促进民族共识和认同，是建设和谐社会的重要文化资源。

四　内蒙古传统手工艺技能的社会价值

非物质文化遗产资源是我国各民族保持对祖先的记忆和历史延续性的独特展现，形象地体现了中华民族的内在精神。作为内蒙古非物质文化遗产的传统手工艺技能也是记忆各民族历史、传承民族精神的载体，它融民族性与大众性于一体，是各族人民智慧与文明的结晶，在和谐社会的建设中，具有不可忽视的作用，是社会主义先进文化的重要组成部分。

民间手工制作技术是内蒙古人民表达丰富情感、独特思维方式的重要手段，它保留了各民族特有的心理模式和健康的生活习俗，是一种具有教育意义的活态文化遗产。

别具风情的蒙古包是蒙古族高超的传统手工技能的集中体现，也是蒙古族情感的共同寄托。蒙古包是蒙古民族特有的传统民居，蒙古包古代称作穹庐、"毡包"或"毡帐"，至今已有1000多年的历史。蒙古包结构奇特，拆搭简易，科学环保，是适应游牧经济而出现的一种具有鲜明民族风格的居所。它由哈那（即蒙古包围墙支架）、乌乃、天窗（蒙语"套脑"）、毡墙和门组成。哈那即蒙古包的伞形骨架，它是由交叉形式组合成围墙支架，安全防震。蒙古包以哈那的多少区分大小，通常分为4个、6个、8个、10个和12个哈那。乌乃是蒙古包顶部组成部分，乌乃杆长2米，插入哈那顶端交叉处，与天窗形成一个整体。天窗位于蒙古包顶中央，可以通烟、通气、照明、采光。蒙古包一般顶高10—15尺，围墙高约5尺，蒙古包面向东南，代表朝日之俗，又可以避西北风、防御风寒。蒙古包不仅具有冬暖夏凉、居住舒适、搬动方便等特点，且具有构思巧妙、造型美观的艺术特点。蒙古包呈圆形尖顶，包身用若干个称作"哈那"的木条围成，顶上和四周以一至两层白色的厚毡覆盖，外形美观，似草原上散落的莲花，显示蒙古族极高的审美情趣。所以，从古至今，蒙古族一直以蒙古包为家。它鲜活地展示着蒙古族古老而神奇的历史，是蒙古族共同的心理归属。同时，蒙古包也是游牧民族建筑艺术的主要创造，代表着蒙古族高超的建筑技术与艺术水平，向人们无声地传递着爱护草原、保护环境的绿色概念。

烤全羊制作技术也是蒙古族道德、理想和信念的体现。烤全羊是元朝宫廷御宴"诈马宴"中不可或缺的一道美食，也是蒙古族款待贵宾的传统礼仪。其制作技术极富有民族风格，在《蒙古食谱》书中记载了烤全羊的方法，即以蒙古族人宰杀羊的传统方法为好，把整羊用开水煺毛，剖开胸膛部位，去掉内脏，清理干净，用盐和五香调料腌制腹腔内，然后将开膛处缝好，放入有盖的大海锅或者特制的烤炉中蒸制或者烤制。上席前要弃其角、直肠、四蹄，再用大木盘或者大铜盘把整羊做成站立式或者卧式上席摆宴。羊头朝主客位（一般是年高的长者）献于席面上，以示尊重。通常还要安排专人献祝辞。诵祝前，要向祝辞人敬酒一杯。祝辞人用无名指蘸酒弹爵，然后举杯祝辞。诵祝词的姿势：老年人坐着，中年人单腿跪着，年轻人站着。因此，烤全羊不仅营养丰富，烹调技艺高超，而且还充分体现着蒙古族人民好客、重礼仪的良好传统。这些内容对于协调人与人之间的关系、促进人与自然的和谐相处有着积极意义。

民间美术与各民族的民俗活动和生活理想有着密切的关系，既形象地表达着劳动人民祈求美好、幸福生活的愿望，同时也融汇着人们对自由、和谐、幸福的无限渴望。服饰图案是最具蒙古族特色的民间美术形式之一，深刻蕴含着蒙古族精神追求。

蒙古族自古就有着团结合作、自由勇武的传统。蒙古族服饰图案中很多具有团结的象征。如变化多样的盘长图案，常常与卷草纹结合使用、互相交叉、紧密相连，用线条组成一种肩并肩手拉手，彼此联合，无懈可击的形象，用以作为坚强团结的象征，反映了蒙古人民的一种朴实、诚挚的思想感情。靴子是马背民族最具特色的与蒙古袍配套的民族服饰之一。蒙古靴子种类很多，常见靴帮和靴底有花纹、古币纹、回纹、龙纹、凤纹、云纹、蒙文篆字等作为装饰。云纹含有吉祥之意。回纹代表坚强。这些图腾图案在其服饰中象征勇敢及顽强的生命力。在蒙古族服饰图案中还经常看到马和鱼的纹样，因为马是蒙古族人民主要的生产和交通工具，也是战争中的骏骑和伙伴。因此在服饰中，马的图案使用较多，比如马形荷包，马形银饰等。鱼象征自由，鱼的图案也经常被使用。另外，代表五畜兴旺的犄纹，象征福寿吉祥的蝙蝠，象征爱情的杏花，寓意多子的石榴，表达美好祝福的寿、喜、梅等，也多有使用。由此可见，蒙古族服饰图案无不包含人们对美好生活的愿望，这种美好的理想与愿望也是当今和谐社会建设的追求。

　　总之，内蒙古非物质文化遗产种类繁多，内涵丰富，是内蒙古各民族历史的沉淀和各民族传统文化的精华，是各民族智慧的象征和民族精神的结晶，也是各民族艺术的代表和各民族集体认同的产物。这些宝贵的文化遗产反映了各民族历史发展与变迁，展示了各民族的聪明才智和艺术创造力，凝聚着民族精神与特殊情感，影响着一代又一代的人民，成为他们生生不息的精神源泉，具有丰富的文化价值，在中华民族非物质文化遗产中占有重要地位。

第六章

内蒙古非物质文化遗产的保护

　　非物质文化遗产又称无形文化遗产，主要指人类以口头或动作方式相传，具有民族历史积淀和广泛、突出代表性的民间文化遗产，它被誉为历史文化的"活化石"和"民族记忆的背影"。既是历史发展的见证，又是珍贵的、具有重要价值的文化资源。

　　自古以来，匈奴、鲜卑、蒙古等北方少数民族在内蒙古草原留下了丰富多彩的独具草原特色和浓郁民族风格的民间文学、美术、音乐、舞蹈、曲艺、传统文化活动等非物质文化遗产。其中，蒙古族长调歌曲、马头琴艺术、呼麦、好来宝、乌力格尔和那达慕、祭敖包、赛马、摔跤、射箭等，均有很强的影响力。这些非物质文化遗产是内蒙古人民聪明智慧的结晶，也是内蒙古人民博大胸怀和勤劳、勇敢、善良的高尚品格的浓缩，是内蒙古灿烂历史文化的重要体现和延续。改革开放30多年来，内蒙古的非物质文化遗产保护工作取得了巨大的成就，为内蒙古民族文化的健康发展奠定了基础。但也存在着诸多问题，需要引起有关部门的重视。

第一节　保护现状

　　日本是最早提出"无形文化遗产"概念的国家，1950年首次以法律的形式规定了"无形文化遗产"的范畴；1954年以后日本在保护"无形文化遗产"项目的同时，认定该项目艺术或技术的代表性人物，这些人被称为"人间国宝"；1975年以后日本又规定将有特别重要价值的风俗习惯和民俗表演艺术指定为"重要无形民俗文物"加以保护，日本的一整套系统的做法已在保护方面发挥重要效能。联合国教科文组织在1989年通过《关于保护传统和民间文化的建议案》，1997年第29届大会通过了《人类口头与非物质文化遗产代表作宣言》，1998年制定了《教科文组织宣布人类口头和非物质遗产代表作条例》，2000 年正式启动 "人类口头和非物质文化遗产代表作" 的申报、评估工作，并于 2001 年、2003 年、2005 年分三批公布了 90 项世界人类口头与非物质遗产代表作项目，中国的昆曲艺术、古琴艺术、新疆维吾尔木卡姆艺术和蒙古族长调民歌（此项与蒙古国联合申报）名列其中。1979 年开始，文化部、国家民族委员会、中国文联开始开展编撰对中国民间文学艺术进行搜集、整理的系统工程——十大文学艺术集成志书。通过这项工程抢救性地发现和保存了许多濒临灭绝的民间文化瑰宝。2003 年文化部、财政部等联合启动了中国民族民间文化保护工程；2004 年十届全国人大常委会第 11 次会议表决通过了关于批准中国政府加入联合国教科文组织《保护非物质文化遗产公约》的决定。2005 年以来，国务院先后下发了《关于实施中国民族民间文化保护工程的通知》、《关于加强我国非物质文化遗产保护工作的意见》、《关于加强文化遗产保护的通知》、《关于开展非物质文化遗产普查工作的通知》和《国家级非物质文化遗产项目代表性传承人认定与管理暂行办法》等重要文件，体现了党中央、国务院对非物质文化遗产保护工作的重视和支持，为加强文化遗产保护提供了有力的保证。特别是 2011 年《中华人民共和国非物质文化遗产法》的出台，标志着中国非物质文化遗产步入了依法保护的新阶段。它将党中央关于文化遗产保护的方针政策上升为国家意志，将非物质文化遗产保护的有效经验上升为法律制度，将各级政府部门保护非物质文化遗产的职责上升为法律责任，为非物质文化遗产保护政策的长期实施和有效运行提供了坚实保障。

　　由此可以看出，世界各国对人类文化遗产的认识、发展历程，由最初的为了经济利益的申遗，到现在的为了全人类文化多元化的繁荣，为了每个民族的文化记忆而主动去保护文化遗产。随着对民族非物质文化遗产价值的认识，随着一些文化产业大国在国际事务中的影响力和经济实力的逐渐提升，使得越来越多的国家开始重视对民族文化遗产的保护。

　　随着认识的提高和世界范围申遗热潮的影响，中国也全面启动了保护少数民族非物质文化遗产的各项工作。"现在已经由中央政府拨款 100 亿元人民币，各地政府再相应配套投入资金，开始实施民间传统文化抢救保护工程。几年内，将对全国民间传统文化进行普查、搜集，把它数码化。全国 2400 多个县，每县出版一本民间传统文化集，虽然每县只有 30 万字，但是合起来将是 7 亿多字的大丛书。与此同时，许多学者将依据搜集到的材料进行大规模的深入的研究。这是一项自古以来罕见的文化建设工作。"①

同时还通过开展"民间艺术之乡"、"特色艺术之乡"的命名活动，鼓励各地对传统文化的整理、保护和开发。针对濒临失传的传统工艺、技艺进行记录、整理，给予民间艺人以适当的资助，鼓励其带徒弟传承技艺。对于具有重要价值的传统民间文化遗产，国家采取了重点扶持政策。将长期从事传统工艺制作、自成流派、成就卓越的人员命名为"工艺美术大师"，并给予资金资助。

一 保护非物质文化遗产所取得的成绩

改革开放以来，内蒙古自治区各级政府和文化部门对非物质文化遗产的抢救保护工作高度重视，特别是从 2003 年提出建设民族文化大区以来，加大了非物质文化遗产保护工作的力度，非物质文化遗产保护工作取得了丰硕的成果。

1. 加强了非物质文化遗产保护工作的组织领导

2004 年 6 月 3 日，经自治区政府批准，成立了以自治区政府副主席乌兰为组长，自治区政府办公厅、文化厅、财政厅、民委、文联等有关部门参与的全区民族民间文化保护工程领导小组，并成立了全区民族民间文化保护工程专家委员会，为保护工程的实施提供了组织保障。2004 年 11 月 30 日，自治区人民政府办公厅批转实施的《全区民族民间文化保护工程实施方案》，提出了保护工作的总体目标、方针、原则、步骤、保障措施等。各盟市也陆续成立了有关组织机构，出台了相应的文件，非物质文化遗产保护工作被提上重要议事日程。2005 年，自治区人民政府下发了《关于设立草原文化遗产保护日的通知》，决定每年的 9 月 6 日为自治区的草原文化遗产保护日。这是中国第一个以省级政府名义设立的文化遗产日。它的设立有助于草原文化品牌的塑造和特色文化战略的实施，其作为一项政府组织、社会各界广泛参与的群众性活动，对保护草原文化遗产具有更广泛的意义。目前已举行了八届草原文化遗产日的系列活动，自治区各级文化行政部门组织了丰富多彩的文体活动。马头琴、长调、呼麦、乌力格尔等最具代表性的民间文艺节目和民族传统服饰都在保护日期间集中

---

① 许嘉璐：《中华文化的过去、现在和未来》，《文史哲》2004 年第 2 期。

亮相，专家学者在保护日期间召开了学术研讨报告会。此外，全区各地博物馆、展览馆、文物遗址和文化遗产保护区都免费开放，广大群众饱享了多彩的草原文化盛宴。经内蒙古自治区政府批准，2009 年 3 月 18 日内蒙古自治区非物质文化遗产保护中心在呼和浩特市挂牌成立。该中心将承担制定非物质文化遗产保护技术标准和工作规范、全区非物质文化遗产普查和数据库建设、开展非物质文化遗产理论研究、学术交流、人才培训以及相关业务咨询服务等任务。非物质文化遗产保护中心的成立标志着内蒙古的非物质文化遗产保护工作有了正式的工作机构，对于切实推进内蒙古非物质文化遗产保护工作具有重要意义。目前，该中心主动承担内蒙古非遗保护工作开展以来的国家级、自治区级项目文本、申报片、照片，国际级、自治区级项目代表性传承人资料的分类、归档、统计工作，已整理项目资料 275 卷、传承人资料 202 卷、电子资料 1189 张、音像资料 159 张、DV 带 205 盒、文书档案 92 卷、图书资料 126 册。同时，内蒙古非物质文化遗产名词的规范工作等也正在进行。

2. 全面开展了全区非物质文化遗产的普查

从 2005 年 12 月至 2007 年 12 月，内蒙古开展部署了有史以来首次最大规模的非物质文化遗产普查工作。这项工作分普查培训、田野调查、评估验收三个阶段全面展开。这次非物质文化遗产普查，将全面了解和掌握自治区各地各民族非物质文化遗产资源的种类、数量、分布状况、生存环境、保护现状及存在问题，制定非物质文化遗产保护规划；运用文字、录音、录像、数字化多媒体等方式，对非物质文化遗产进行真实、系统和全面记录；认定和抢救一批具有历史、文化和科学价值的，处于濒危状态的非物质文化遗产项目。凡具有历史、文化和科学价值的非物质文化遗产均在普查范围内，包括口头传统、传统艺术、民俗活动、礼仪、节庆；有关自然界、宇宙和社会民间传统知识和实践；传统手工艺技艺；与上述文化表现形式相关的文化空间等。此次普查工作取得了显著成绩，达到了预期的目的。通过普查，已经发现了近 900 个非遗项目。在普查工作中，各地也培训了工作队伍，抢救保护了一批非遗重要资料和珍贵实物，为下一步的保护工作打下了坚实基础。

近年来，内蒙古在完成全区第一次普查工作的基础上，进一步组织普查试点工作。普查试点工作在鄂尔多斯市鄂托克旗取得阶段性成果，普查组深入该旗苏米图苏木的 10 个嘎查进行实地调查，采访艺人 91 人，采集视频资料 1784 分钟、照片 2296 张，录音 1652 分钟，登记征集实物 1069 件，涉及非物质文化遗产全部 10 大类别。

此外，从 2006 年起自治区还启动了"民族民间非物质文化遗产数据库"建设项目，主要以文字、图片、声像等载体收集蒙古族、达斡尔族、鄂温克族、鄂伦春族的民族民间非物质文化遗产。数据库建成后规模包括不少于 1 亿字的文字数据、8000 张图片数据和 200 部音像数据。

3. 积极开展了申报世界文化遗产和国家级非物质文化遗产名录的工作，建立自治区、盟市、旗县三级非物质文化遗产名录体系

蒙古族长调民歌是自治区民族传统文化最有代表性的形式。因此，文化部门下大力气积极推动长调民歌与蒙古国联合申报"人类口头和非物质遗产代表作"，2005 年 11 月 25 日申报成功。这是内蒙古第一个得到国际权威组织认证的文化遗产项目，开创了不同国家、跨境民族同质文化联合申报"代表作"的成功范例。2007 年 8 月，中蒙两国在乌兰巴托召开了保护长调民歌第二次联席会议，签署了《中蒙两国蒙古族长调民歌联合田野调查协议》，明确了中蒙双方联合田野调查的原则、方法和步骤要求，用两年时间完成两国联合田野调查。2008 年蒙古国境内田野调查人员由内蒙古派出的 5 名专家和蒙古国 5 名专家组成，历时 32 天行走了蒙古国 9 个省 33 个苏木，行程 6250 多公里，采访了 118 名民间歌手，录制了蒙古族长调民歌 246 首。2009 年两国专家在中国境内进行了田野调查，对内蒙古自治区呼伦贝尔市、通辽市、锡林郭勒盟、鄂尔多斯市、阿拉善盟等 5 个盟市 16 个旗县进行了采风。除了对代表性艺人进行单独采访外，还采取了座谈会和演唱回答方式进行了实地考察。行程 12170 多公里，采访 420 人次长调艺人，形成 84 小时视频和 62 小时的音频资料。为抢救、保护、传承长调民歌积累了第一手资料。

呼麦与蒙古族长调民歌、马头琴并列为蒙古族最典型的文化表现形式。随着自然环境、生活方式的变化以及外来文化的影响，呼麦的生存和传承面临巨大挑战。2007 年 8 月，内蒙古就"呼麦"、"申遗"事宜组织专家进行项目调研论证、材料收集整理及比较研究。2008 年 9 月，申报材料通过文化部评审，如期上报联合国教科文组织，成为继蒙古族长调民歌申报成功之后，内蒙古又一冲刺"人类非物质文化遗产代表作名录"的项目。2008 年 12 月 28 日，中、蒙、俄、日等国呼麦专家聚首呼和浩特，共同发出倡议书，呼吁加大对呼麦的保护力度。按照联合国教科文组

织秘书处反馈意见，将补充材料报送教科文组织政府间保护非物质文化遗产委员会。2009 年呼麦于国庆前夕成功入选"人类非物质文化遗产代表作名录"。这是继蒙古族长调民歌之后，内蒙古自治区又一成功入选"人类非物质文化遗产代表作名录"的项目。

　　自治区还采取多种措施积极参与国家级非物质文化遗产申报活动，力求一些重点项目能够最大限度地得到国家的支持。目前有蒙古族长调民歌、蒙古族呼麦、蒙古族马头琴音乐和蒙古族四胡音乐，达斡尔族鲁日格勒舞、蒙古族安代舞，达斡尔族传统曲棍球竞技、蒙古族博克，蒙古族勒勒车制作技艺、桦树皮制作技艺，那达慕、鄂尔多斯婚礼等 63 个项目入选国务院公布的国家级非物质文化遗产名录。26 名民间艺人入选国家级非物质文化遗产名录项目代表性传承人，他们是格萨尔传承人罗布生，嘎达梅林传承人何巴特尔，蒙古族长调民歌传承人扎格达苏荣、阿拉坦其其格、淖尔吉玛和赛音毕力格，潮尔传承人芒来，蒙古族马头琴传承人布林，二人台传承人武利平，鄂温克族抢枢传承人哈森其其格，蒙古族勒勒车制作技艺传承人白音查干，地毯织造技艺传承人刘赋国，蒙古族马具制造技艺传承人陶克图白乙拉，烤全羊技艺传承人赵铁锁，蒙医药传承人乌兰和阿古拉等。2011 年，库伦旗、根河市敖鲁古雅鄂温克民族乡等 10 个地区被命名为 2011—2013 年度"中国民间文化艺术之乡"。自治区此次入选的 10 个艺术之乡都各自具有特色文化品牌，特别以少数民族传统文化、艺术形式为主，其中包括蒙古族安代舞、驯鹿文化、蒙古族长调民歌等。2005 年，内蒙古文联选送的 36 件作品荣获中国少数民族文学"骏马奖"等国家级重要奖项，内蒙古电视台等单位创作的电视纪录片《驼殇》获第八届四川国际电视节"金熊猫奖"，8 集电视连续剧《鸣沙湾》获 2005 年度中国电视"飞天奖"优秀中篇奖，电影《季风中的马》获第 25 届夏威夷国际电影节亚洲电影大奖。

　　建立自治区、盟市、旗县三级非物质文化遗产名录体系也是自治区非物质文化遗产保护工作的一项基本制度。据此，自治区制定了《内蒙古自治区非物质文化遗产名录申报评定暂行办法》和《内蒙古自治区非物质文化遗产名录评审工作规则》，从自治区大专院校、科研院所遴选资深专家，组成了自治区非物质文化遗产名录专家评审委员会。2007 年 6 月 15 日，自治区人民政府确定公布第一批自治区级非物质文化遗产名录共 140 项。它们是：民间文学 11 项，包括祝赞词、王昭君传说、嘎达梅林等；民间音乐22项，包括爬山调、漫瀚调、口簧等；民间舞蹈12项，包括呼图格沁、脑阁、查玛、盅子舞等；传统戏剧5项，包括皮影戏、东北二人转等；曲艺5项，包括好来宝、八角鼓等；杂技与竞技16项，包括冰上阿日嘎、蒙古象棋、蒙古族赛驼；民间美术7项，包括蒙古族图案、和林格尔剪纸等；传统手工技艺12项，包括蒙古族马具制作技艺、蒙古包；传统医药4项，包括蒙医药等；民俗46项，包括蒙古族服饰、诈马宴等。内蒙古第一批非物质文化遗产名录的出炉，标志着自治区政府部门开始全力保护这些非物质文化遗产，使得这些非物质文化遗产得以发展，从而使我们可以长久地享用这些宝藏，也让这些宝藏更好地充实我们的精神家园。截至目前，全区有自治区级非物质文化遗产项目299个、盟市级461个、旗县级1313个；有自治区级传承人323名、盟市级882名、旗县级882名。自治区级文化生态保护区增加到12个，涉及8个盟市，它们是呼伦贝尔市鄂温克族自治旗锡尼河布里亚特蒙古族文化生态保护区、根河市敖鲁古雅鄂温克驯鹿文化生态保护区、锡林郭勒盟东乌珠穆沁旗游牧文化生态保护区、鄂尔多斯市乌审旗蒙古族文化生态保护区、鄂尔多斯市鄂托克旗文化生态保护区和阿拉善盟额济纳旗土尔扈特蒙古族文化生态保护区等。67个民族文化艺术之乡。

4. 搞好试点，发挥示范带动作用

2004年，内蒙古自治区申报的"蒙古族服饰艺术"被文化部确定为中国民族民间文化保护工程项目试点。2006年，重点在区内进行了田野调查，调查组先后走访54个旗县，采录各种蒙古族服饰、配饰4000多件，拍摄照片8000多张，并建立专门的项目资料库，基本摸清了内蒙古境内蒙古族服饰艺术现状。2007年，又重点到黑龙江、吉林、辽宁、河北、青海、甘肃省和新疆维吾尔自治区的蒙古族聚居区进行田野调查。同时，评选命名了首批19个蒙古族服饰艺术传承人、2名蒙古族服饰艺术收藏家、4名蒙古族服饰艺术民间表演团（队）。

5. 积极开展非物质文化遗产展示

2007年，参加了国家图书馆音乐厅主办的中国四大世界级非物质文化遗产展演。随后，参加展演的自治区4名演员作为访问团成员跟随温家宝总理赴日本进行了专项演出。

2008年8月9日至9月17日，"中国故事"文化展示活动在北京奥林匹克公园中心区开展。内蒙古祥云小屋面积100平方米，以那达慕为主题，通过文字、图片、视频、音频、活态展示等多种方式向各国观众展示自治区蒙古族长调民歌、蒙古族马头琴音乐、蒙古族搏克、蒙古象棋、桦树皮制作技艺等 30 多个非物质文化遗产项目，富有民族特色和地方特色的展品向全世界全面展示了自治区丰富多彩的非物质文化遗产保护成果，获得了国内外观众的一致赞赏。在北京奥运会及残奥会期间，日均参观人数达到 1.5 万人以上，总参观人次超过 40 万人。

2008 年 11 月，由自治区重要的非物质文化遗产项目组成的综合晚会，参加了由文化部和江苏省人民政府主办的"纪念改革开放 30 周年——首届中国农民文艺汇演"。蒙古族长调民歌《圣主成吉思汗》获"金穗杯奖"，并作为首届中国农民文艺汇演优秀节目，代表内蒙古自治区参加了晋京优秀节目向中央领导汇报演出活动。

由文化部、国家民委、内蒙古自治区人民政府主办，中国非物质文化遗产保护中心、内蒙古自治区文化厅承办的"全国少数民族非物质文化遗产（音乐舞蹈类）调演"——内蒙古自治区专场《草原欢歌·永恒之火》于 2010 年 3 月 13 日至 14 日，在北京市天桥剧场隆重上演，集中展示了长调、呼麦、马头琴以及祭敖包、那达慕、蒙古族服饰、好来宝、乌力格尔、搏克、安代舞、鲁日格勒舞、鄂尔多斯短调、科尔沁叙事民歌等世界级、国家级和自治区级非物质文化遗产项目，体现民族文化项目的原生态和原真性，从呼伦贝尔、阿拉善、锡林郭勒、鄂尔多斯、通辽等地调集巴德玛、扎嘎达苏荣等各级非物质文化遗产名录项目代表性传承人、民间艺人、牧民、农民、猎民等 200 余人组成演出队伍，取得了非常好的展演效果。①

2010 年 8 月 19 日晚，由内蒙古自治区党委宣传部和自治区文化厅承办的非物质文化遗产保护成果展演晚会"天地草原·永恒薪火"，在内蒙古乌兰恰特上演。2006 年被列入首批国家级非物质文化遗产名录的成吉思汗祭奠拉开展演序幕。演出以蒙古族长调和服饰为主要元素，包括马头琴、呼麦、曲艺、舞蹈和"三少"民族优秀非物质文化遗产项目。晚会以情景表演和情景化舞蹈相结合的方式展示了一场民族风情音舞诗，展现了内蒙古的历史文化渊源、地域风情、生产生活习俗、礼俗、风俗和丰富多彩的非物质文化项目。通过对传统的民族生产生活方式的再现和对传统

---

① 咏梅、杜雅娟：《让非物质文化遗产永续传承利用》，《内蒙古日报》2010 年 6 月 11 日。

的民族文化艺术的诠释，表达了人与天、地、草原和谐相处，优秀的民族
文化薪火相传的主题。①

在文化部和山东省人民政府 2010 年 10 月 15 日至 18 日在济南主办的
首届中国非物质文化遗产博览会上，内蒙古自治区 8 个非物质文化遗产项
目精彩亮相，并取得了好的成绩。它们是蒙古族马鞍具制作技艺、蒙古族
牛角弓制作技艺、桦树皮制作技艺、哈尼卡、蒙古族拉弦乐器制作技艺、
鄂伦春族狍皮制作技艺、蒙医药项目和乌珠穆沁骨雕技艺。其中，蒙古族
马鞍具制作技艺荣获博览会展品奖金奖，蒙古族牛角弓制作技艺、桦树皮
制作技艺、哈尼卡荣获展品奖银奖，蒙古族拉弦乐器制作技艺、鄂伦春族
狍皮制作技艺荣获展品奖铜奖。海河等 8 位传承人荣获首届非物质文化遗
产博览会传承人展示纪念奖。

2011 年 7 月一场全面展示草原文化特色的非物质文化遗产展演晚会，
自 16 日起连续 2 天在内蒙古自治区乌兰恰特大剧院上演。蒙古族长调、
萨满舞、祭敖包等 17 个展示"非遗"项目的歌舞表演获得在场 1200 余
名观众的阵阵掌声。展演节目中，国家级"非遗"项目"安代舞"将整
场晚会推向高潮。身着科尔沁部落传统服饰的姑娘和小伙，双手挥动大红
绸，跳着欢快的舞步，用动人的舞姿"讲述"着内蒙古东部草原上一个
个美丽的传说。此次展演，着眼于草原文化的核心理念和基本内涵，希望
通过"非遗"项目生动的艺术形式，展示草原文化根植传统、面向未来
的品格、风采与价值。

二 存在的问题

内蒙古自治区保护各民族的非物质文化遗产已经取得了丰硕的成果，
不过，也存在不少问题。

第一，非物质文化遗产保护意识不强。虽然近年自治区对非物质文化
遗产抢救工作进行了一定程度的宣传，但是对全民而言，保护理念还远远
没有普及。现在的保护工作，各地重视程度不一，进展不平衡；重申报、
轻保护现象比较普遍，有的保护项目目的不明确；对非物质文化遗产价值
和传承规律缺乏了解，有的保护方式欠科学。

---

① 《内蒙古"非遗"保护成果昨晚展演》，正北方网，http://www.northnews.cn/2010/
0820/254455.shtml。

第二，立法工作相对滞后。针对日益严峻的非物质文化遗产保护形势，将非物质文化遗产保护纳入法制轨道，实施依法管理势在必行。只有立法，才能保证非物质文化遗产保护经费，保证普查、征购、整理、研究、开发、传承、命名表彰活动的正常进行。自治区文化厅2005年以来，会同自治区人大教科文卫委员会、自治区政府法制办先后3次在全区范围内和云南、广西、贵州、福建4省区开展非物质文化遗产保护立法调研，并多次征求专家意见。在此基础上，起草了《内蒙古自治区非物质文化遗产保护条例（草案）》，已由自治区法制办提交人大法工委审议，但目前仍在讨论中。由于缺乏相应的法规，许多有很高价值的非物质文化遗产项目不能依法得到保护。非物质文化遗产工作者无法像保护地下文物一样去保护地上活着的文化遗产。

第三，缺乏财力保障。近年来，文化部对内蒙古自治区非物质文化遗产保护工作给予了大力支持，先后划拨专项经费480多万元，用于资助内蒙古开展中蒙长调民歌联合保护、非物质文化遗产普查、首批国家级名录保护和蒙古族服饰艺术试点。自治区和各盟市、旗县共投入556万多元非物质文化遗产保护专项经费。但这些投入对于浩如烟海的保护对象而言，相对于其消亡的速度而言，仍是杯水车薪。由于自治区经济发展相对落后，财政困难，对非物质文化遗产的投入严重不足，致使大量的普查、记录、整理、宣传及其重点抢救保护工作无法有效开展。

第四，民间艺人的生存状态堪忧。非物质文化主要是依赖口传身授的方式得以延续和传承，而民间艺人是"活态传承"的主体，"人在艺在，人去艺亡"。大部分民间艺人居住偏远、年老体衰，生活贫困，后继乏人，有些民间艺术或传统技艺随着老艺人的离世而失传。如内蒙古广播电视艺术团的著名歌手胡格吉勒图，被誉为自治区呼麦演唱的第一高手。他指出，呼麦被称为"一声能歌两曲"的神奇艺术。几十年前的锡林郭勒草原，随处都能找到在当地颇有影响的呼麦歌手。如今能够担当呼麦传承人重任的歌手，已经是凤毛麟角。"呼图格沁"产生于清代嘉庆年间，世代口头相传，连绵不断，距今已有200多年历史，现在我国仅存于赤峰市敖汉旗萨力巴乡一带。由于历史的变迁、地理环境的改变、后人志趣取向等诸多原因，"呼图格沁"已经失去了继续流传的条件，据了解，现在只有李青龙等三位老人会表演"呼图格沁"了。如果不加以抢救，用不了多久，萨力巴乡土生土长的"呼图格沁"这一优秀文化遗产可能彻底消亡。再如"科尔沁草原具有悠久历史的乌力格尔，传承了几百年，其经典长篇，如《镇压蟒古斯的故事》、《元史演义》、《唐五传》等，流传相当广泛。但进入 20 世纪 80 年代后，随着许多知名艺人相继去世，从事这一行业人员不受重视且收入低，从业人员锐减，乌力格尔后继乏人。乌力格尔的生存和发展体现出的危机实质是资金投入少和从业人员工资收入低的问题"。①

第二节　保护措施

在国家重视和自治区各级政府的努力下，自治区文化遗产的保护工作取得了可喜的成果。然而，在文化遗产的保护中，非物质文化遗产的保护相对比较困难，而对少数民族非物质文化遗产的保护工作更是困难重重。千百年来，少数民族的精神文化成果主要靠口头来传播。如神话传说、历史故事、民歌、谚语乃至生产技艺、生活经验、道德规范等都是口传心记，代代相袭的。口语传播的形式，容易导致传播知识的内容发生变异和失真，也容易造成传播链条的中断，这种方式不利于知识的积累和提高，而且传播的范围也极其有限（不能突破时空范围，只能面对面地传播）。

例如，蒙古族长调主要是通过演唱者的歌喉得以传承，同样的作品不同人演唱可以风格迥异，所以长调常"附着"在传承人身上。现在著名的长调演唱艺人、流派代表人物有的年事已高，有些已相继离世。一旦师承关系得不到延续，独特的演唱方式、方法不及时传承，必然危及长调的保护与发展。所以非物质文化遗产的传承重点是传承人的保护，但受到一些禁忌的影响和通过师傅带徒弟心传口授的特点使得技艺没有系统的整理记录，许多技艺都是人去技亡。加之我们国家现阶段的管理缺位和条件限制等多种因素，导致许多少数民族优秀的非物质文化遗产面临着后继无人，失传直至消亡的危险。

当前对非物质文化遗产应该说保护是第一位的，要保护先要有东西，才能保护，没有就无法保护。因此必须对自治区的非物质文化遗产进行大规模的拉网式普查，在具体的普查记录保护中不能项目化，而应该体系

---

① 娜仁图雅：《内蒙古科尔沁非物质文化遗产法律保护的模式研究》，《东北亚论坛》2011年第 6 期。

化，建立起国家级权威性的少数民族文化数据库，以图片、文字、录音、录像多种技术手段，综合地存录自治区民族文化资料，选择一些有价值可操作的进行经济、文化、社会协调发展试点。取得经验后全面推广，逐步形成严格、严密与科学的少数民族非物质文化遗产保护体系和科学的模式。

国际上保护非物质文化遗产有许多先进的经验、有效的措施、完善的机制，值得我们去学习和借鉴。如法国、德国都颁布了相关的文化保护法案，建立了严密的保护机制，形成了文化遗产保护的法制秩序和良好的人文环境。日本采取了科学的认定程序，用来认定"重要无形文化财产"的项目和"人间国宝"的命名。几十年来，文化激励机制的推行，已经使日本戏剧、乐舞、曲艺等表演艺术，在强有力的保护措施下从濒危到重生再走向新的繁荣。日本还建立了从县市到乡村覆盖全国的保护重要无形文化财产的专业协会，凝聚了千万民俗文化艺术的传人，从事乐舞表演和传承活动。"在韩国，你会看到众多的民俗博物馆，不仅有实物展示，还有实际的演示，而各种形式的传统民族文化遗产学习班也是遍布各地。韩国一年四季都举办各种各样的节庆活动，其中一种是民间代代相传的乡俗，另一种是各种民俗节或民俗文化节，它们构成了韩国民众精神生活的重要内容。像韩国的重要无形文化遗产项目'农乐'，在各地的重大节日和许多民众活动中都有它的演出，甚至各大、中、小学也有学生自己组织的'农乐'队。"①

非物质文化遗产保护工作不可能一蹴而就，不是仅凭热情就可以做好的。内蒙古历史悠久、地域辽阔、民族众多，非物质文化遗产的种类与形态十分丰富，各地各民族各种非物质文化遗产形成的历史现状十分复杂，现今的留存情况也各有不同。另外，我们的人力、财力、物力和智力资源有限，这一切说明非物质文化遗产保护工作任重道远。

一 记录式保护

普查工作是抢救与保护非物质文化遗产的首要任务。普查是对现在还流行的各类非物质文化遗产形态、作品，优秀的非物质文化遗产传承人，

---

① 王文章：《形成广泛参与非物质文化遗产保护的文化自觉》，《光明日报》2007年6月9日。

进行调查、登记、采录、建档工作，并按照全国统一编码进行登记并分级建档。"非物质文化遗产"普查工作的开展，对于进一步唤醒全社会弘扬和继承中国传统文化，加强基层文化建设的自觉意识，激发全社会对"非物质文化遗产"的保护热情，具有重要的意义。"从 2005 年起，文化部开展了首次全国非物质文化遗产普查工作。据不完全统计，各级政府投入普查经费 8 亿元，参与普查人员 50 万人次，走访民间艺人 115 万人次，收集珍贵实物和资料 29 万件，普查文字记录量达 20 亿字，录音记录 23 万小时，拍摄图片 477 万张，汇编普查资料 14 万册，非物质文化遗产资源总量近 87 万项。普查工作不仅认定和抢救了一批濒危的非物质文化遗产项目，而且较为全面地了解和掌握了各地区、各民族非物质文化遗产资源的种类、数量、分布情况和保护现状。"① 内蒙古自治区各盟市、旗县要将普查摸底作为非物质文化遗产保护的基础性工作来抓，统一部署、有序进行。要在充分利用已有工作成果和研究成果的基础上，分类别制订普查工作方案，成立专门的普查工作队开展非物质文化的现状调查，全面了解和掌握当地非物质文化遗产的种类、数量、分布状况、生存环境、保护现状及存在问题。

要通过普查，确定本地非物质文化遗产的主要类别、形态和蕴藏状况、流布地域、传承范围、传承脉络及嬗变情况以及采集历史；通过普查，发现承载非物质文化遗产数量较多的讲述者、传承者、表演者，从他们的讲述和表演中记录、采集有代表性的非物质文化遗产作品；通过普查，记录或录制各类民间作品和民间技艺，以及岁时节日、庆典仪式、风俗习惯、民间信仰等习俗现象。

在普查中，要运用文字、录音、录像、数字化多媒体等各种方式，对非物质文化遗产进行真实、系统和全面记录，建立档案和数据库。要使普查所获资料（文字、图片、音像、实物）得到标准化和序列化的登记、存档、保护。普查成果的规模化、系统化、制度化、档案化是我们真正拥有非物质文化遗产资源的直接体现。

2005 年，通过召开全区非物质文化遗产保护工作会议，举办各种形式的普查培训班等多种方式，积极推进全区非物质文化遗产普查和保护。

---

① 李丹：《非物质文化遗产保护成效显著，传承任重而道远》，《经济日报》2011 年 10 月 12 日。

制订了普查工作方案，逐级分解任务。同时多次派专家和业务骨干深入各盟市、旗县进行培训和辅导，使全区非物质文化遗产普查工作全面铺开。截至 2008 年，阿拉善盟、鄂尔多斯市、呼和浩特市、锡林郭勒盟、通辽市、兴安盟、包头市、巴彦淖尔市等盟市普查工作已基本完成。在保证普查质量的基础上，各地要抓紧搜集整理相关资料，迅速建设盟市、旗县的非物质文化遗产资源数据库，形成自己的平台。文化厅应抓紧《内蒙古自治区非物质文化遗产资源分布图》出版体例的制定工作，着手并加快自治区非物质文化遗产资源数据库的建设和普查图集的编写。2007 年 7 月"内蒙古民族民间文化遗产数据库"建成，并在新落成的内蒙古博物院展示。这是全国第一家少数民族文化遗产数据库，是由内蒙古自治区社会科学院组织实施，内蒙古教育出版社协助制作的。该数据库内容分类为民俗、民间文学、民间艺术、民间文化杰出传承人等，由文字、图片、音像三种形式组成。该数据库具备存储、演示、提取等多种功能，具有开放式、互动式的特点，能够不断扩充新的内容。目前该数据库已经达到文字 1 亿字、图片 5000 幅、音像 150 部的第一阶段的设计规模。该数据库的建成，对于抢救和保护濒临消失或已经消失的宝贵的民族民间文化遗产，利用现代电脑网络技术，以文字、图片、影像形式存储、整合和展示蒙古族、达斡尔族、鄂温克族、鄂伦春族的特色鲜明、丰富多彩的民间文化遗产，进一步激发民族民间文化的传承性和生命力，为自治区民族文化大区建设服务，起到了积极的作用。

二　法律保护

保护非物质文化遗产是一项长期而艰巨的系统工程，需要一代一代做下去。要实施好这项工程，仅有应急性措施是远远不够的，必须有坚实的法律和政策的规约和保障。可以说对非物质文化遗产的法律保护，是保护非物质文化遗产工作的前提和基础。中国对非物质文化遗产保护的立法首先是从地方开始的。20 世纪 90 年代，宁夏、江苏先后制定了保护民间美术和民间艺术的地方性法规或政府规章。[①] 从 2000 年开始，云南、贵州、福建和广西壮族自治区先后颁布了省级民族民间传统文化保护条例。2006 年 7 月 21 日宁夏回族自治区第九届人民代表大会常委会通过了《宁夏回

---

①　王文章主编：《非物质文化遗产概论》，文化艺术出版社 2006 年版，第 368 页。

族自治区非物质文化遗产保护条例》，并于 2006 年 9 月 1 日起施行；2006
年 9 月 27 日江苏省第十届人民代表大会常委会颁布《江苏省非物质文化
遗产保护条例》，并于 2006 年 11 月 1 日起施行；2007 年 5 月 25 日，浙江
省第十届人民代表大会常务委员会通过了《浙江省非物质文化遗产保护
条例》，并于 2007 年 6 月 1 日起施行；2008 年 1 月 5 日新疆维吾尔自治区
第十届人民代表大会常务委员会通过了《新疆维吾尔自治区非物质文
遗产保护条例》，并于 2008 年 4 月 1 日起施行。这些对传统文化保护的立
法所作的有益探索，都为国家的立法提供了一定的经验和基础。

2011 年《中华人民共和国非物质文化遗产法》的颁布，填补了非物
质文化遗产保护国家层面的立法空白。"《非物质文化遗产法》共计六章
四十五条。第一章为'总则'，明确了本法的调整对象，包括非物质文化
遗产的定义，非物质文化遗产的涵盖内容，对不同的非物质文化遗产分别
采取不同的措施进行保存、保护，以及非物质文化遗产的保护原则。第二
章为'非物质文化遗产的调查'，规定了县级以上人民政府开展非物质文
化遗产调查的职责，对境外组织或者个人在中华人民共和国境内进行非
质文化遗产调查做出了规定。第三章为'非物质文化遗产代表性项目名
录'，规定了建立非物质文化遗产代表性项目名录的政府层级、程序规范
以及对名录项目的各种保护措施，并确立了对非物质文化遗产代表性项目
集中、特色鲜明、形式和内涵保持完整的特定区域实行区域性整体保护的
制度。第四章为'非物质文化遗产的传承与传播'，确立了非物质文化遗
产代表性项目的代表性传承人认定制度和支持措施，规定了各级人民政府
及其部门宣传非物质文化遗产、鼓励支持开展相关科研活动、鼓励设立专
题博物馆和传承场所、鼓励支持合理利用非物质文化遗产代表性项目开发
文化产品和文化服务等职责，以及学校、新闻媒体、公共文化机构等在教
育、传播非物质文化遗产方面的责任等。此外，第五章还对违反本法有关
规定的行为规定了相应的法律责任。"① 文化部副部长王文章在十一届全
国人大常委会第十九次会议新闻发布会上表示："《中华人民共和国非
物质文化遗产法》出台，是非物质文化遗产保护的一个里程碑，标志着我
国非物质文化遗产保护将走上依法保护的阶段。"

内蒙古自治区应尽快根据《非物质文化遗产法》制定《内蒙古自治

---

① 龙冠中：《非物质文化遗产传承人法律保护研究》，西南大学 2011 年硕士学位论文。

区非物质文化遗产保护条例》、《自治区非物质文化遗产名录保护暂行办法》和《全区非物质文化遗产代表性传承人认定和管理办法》，争取早日出台，使保护工作有法可依、有章可循，自治区的非物质文化遗产抢救与保护工作才能由无序到有序，并走向层层深入的发展阶段。

三　经费投入的保障

非物质文化遗产田野调查、名录建立、项目保护、传承人补贴、日常保护等都离不开经费的投入，可以说，经费是保护工作可持续发展的重要保证。自 2006 年以来，中央财政专项安排国家非物质文化遗产保护中央补助地方经费，截至 2009 年，已累计投入国家非物质文化遗产保护经费 5.86 亿元，呈逐年增长的态势。保护经费的逐年增长体现了国家对非物质文化遗产保护工作的高度重视。但与其他国家相比，与我国丰富的非物质文化遗产项目资源相比，与物质文化遗产保护的投入相比，非物质文化遗产保护经费还远远不足，特别是在现代经济全球化浪潮的冲击下，在非物质文化遗产濒危程度日益严重的情况下，保护经费的投入显得"杯水车薪"。据有关资料显示，法国自 1975 年以来，每年用于文化遗产保护的投入一直稳定地占国家总预算的 1%；日本每年的无形文化财保护预算均在 100 亿日元左右，其中尚不包括筹集基金几十亿日元。截至 2009 年底，我国两批 1028 项国家级非物质文化遗产名录项目中，受中央财政补助的项目只有 535 项，占项目总数的 52%，尚有近一半的国家级项目没有得到中央财政的支持。内蒙古自治区是非物质文化遗产资源富集区，保护任务十分繁重，需要稳定的经费投入。《国务院关于加强文化遗产保护的通知》明文规定："各级人民政府要将文化遗产保护经费纳入本级财政预算，保障重点文化遗产经费投入。"《文化部、财政部关于实施中国非物质文化保护工程的通知》也明确指出："保护非物质文化遗产，是各级政府的重要职责。不仅要落实资金，还要组织力量，统筹规划，加强指导。中央财政已经设立了保护工程专项资金，地方各级财政部门也要将其纳入财政预算，给予经费保障。"《中华人民共和国非物质文化遗产法》第六条明确规定："县级以上人民政府应当将非物质文化遗产保护、保存工作纳入本级国民经济和社会发展规划，并将保护、保存经费列入本级财政预算。"这是国家首次为了解决非物质文化遗产保护中的资金难题，以法律的形式规定地方政府对非遗保护所应承担的财政义务。

从 2009 年起，内蒙古把非物质文化遗产保护经费纳入了财政预算，每年划拨 100 万元，用于普查、名录体系建设和抢救保护等工作。尽管这点经费对于自治区丰富的非物质文化遗产的保护来说，实在是太少了，但毕竟有了一个良好的开端。而各盟市、旗县尚未把非物质文化遗产保护经费纳入当地财政预算。各级人民政府应当按照国家、自治区有关文件精神，将非物质文化遗产保护经费纳入当地财政预算，并随着经济的发展和财力的增长，逐年加大对非物质文化遗产保护经费的投入。同时积极探索以国家保护为主，动员全社会参与的保护新机制。设立专门的非物质文化遗产保护基金，积极鼓励个人和社会团体资助，尤其鼓励已经形成产业的非物质文化遗产项目传承基地提供捐助，推进全区非物质文化遗产保护工作的全面开展。

四　传承人保护

非物质文化遗产传承人是指"通晓本民族或者本地域有代表性的一种或者几种传统技艺或占有相应的文化艺术表现形式，能够清晰地理解该种文化承载的意义，为一定地域范围内的广大群众所熟知和认可，愿意继续以自身努力推动非物质文化遗产传承和发展的人"。[①]

全国人大教科文卫委员会曾在前些年的调查报告中指出：随着现代社会的发展，我国非物质文化遗产的生存和发展面临十分严峻的形势。主要表现在：一些民族民间传统文化表现形式后继乏人，面临失传危险。许多少数民族语言文字渐渐消亡；一些传统工艺生产规模缩小，市场萎缩，处境艰难；人们的生活方式和观念发生变化，一些民间艺术不再被人欣赏，有的传统习俗在慢慢消失；青年一代崇尚现代文明，对民族传统和文学艺术逐渐失去兴趣，不愿学习继承；那些身怀绝技的民间艺人门庭冷落，而这些民间艺人大多年岁已高，如不及时传承，则会使这些"绝技"随着他们的去世而失传甚至灭绝。例如景颇族妇女的老式筒裙，图案独特美观，织法复杂，现已无人会织；蒙古族独特的发声方式郝林朝尔被誉为古老的音乐化石，现在仅有几位高龄老人掌握，年轻人不愿学习；流行在四川九寨沟地区的南坪小调，所会者也都年过半百；满族的口语处于濒临消亡的状态，全国只有几个偏远村落还保留着说满族口语的习惯，且使用频

---

① 龙冠中：《非物质文化遗产传承人法律保护研究》，西南大学 2011 年硕士学位论文。

率正在逐渐降低；赫哲族《伊玛堪》最后一位传人已于 1997 年去世；鄂伦春族"摩苏昆"演唱者也只剩下一位；辽宁阜新蒙古族自治县最后一位能跳查玛舞的人也已去世；丽江地区绘制东巴文、东巴画的造纸技术，已濒临失传；西藏的唐卡、卡垫、地毯以及金银器和骨制品等传统工艺，在市场浪潮的冲击下，生产规模缩小，市场萎缩，处境艰难，等等。对于这些濒临消亡的民间文学艺术，如不及时抢救、传承和保护，将会造成不可弥补的损失。又据《人民日报》载，20 世纪 50 年代，中国有戏曲戏剧 368 个种类，到 80 年代初减少到 317 个，2005 年只剩下 267 个，其中一半剧种只能业余演出，有 60 个剧种没有保存音像资料。山西孝义市必独村的老艺人武海棠，是孝义皮影戏七世传人，他的戏班也是中国现存最古老的皮腔皮影民间表演团体之一。由于观众锐减，两年前已皮影入箱、鼓乐入库。又如"秦氏绢艺"已有 400 多年历史。第十一代传人、现年 85 岁的秦三杰老先生说，他的绝活——绢蝈蝈，做一个就得 20 多天，单是须子就有 40 道工序。他希望通过更多的人把这些复杂技艺完整地传下去。[①]

国家非物质文化遗产保护工作专家委员会副主任、辽宁大学教授乌丙安指出："非物质文化遗产是无形的、看不见的，它是以人为载体的，它的拥有者、储藏者存在于民间，是他们承载着非物质文化遗产的薪火，失去了传承与传承者，非物质文化遗产就不存在。没有那些老艺人、老工匠、老师傅，就不可能有非物质文化遗产的技艺。如果不对传承人进行保护、抢救，非物质文化遗产保护就只能是句空话。如果说首批国家级非物质文化遗产保护项目的建立，是科学、系统地建立起我们国家的保护体系，那么，对传承人的保护则是将非物质文化遗产保护落到实处。"[②] 王文章先生亦言："非物质文化遗产内涵的丰富性，它体现的民族性、独特性、多样性，决定了保护方式也应当是多样的。但是，保护方式的多样性，是以保持其原态，保持其按内在规律自然衍变的生长过程，不因其特有的脆弱性而导致消亡为前提的。无形文化遗产的不可再生性，决定了我们必须把保护放在第一位。同时，非物质文化遗产作为活态文化，其精粹是与该项目代表性的传承人联结在一起的。对项目传承人的保护也应该是

① 《我国非物质文化遗产处境堪忧，人民难找精神家园》，《人民日报》2007 年 4 月 28 日。
② 徐涟：《传承人：非物质文化遗产的守护神》，《中国文化报》2007 年 6 月 9 日。

保护工作的重点。"①

近些年来，我国非物质文化遗产保护工作日益被重视，支持、保障传承活动的开展也成为政府、社会乃至教育部门一项重要工作。各级文化部门、社会团体积极开展有关保护传承人活动，建立传承人档案，认定与命名传承人等。文化部开展了国家级非物质文化遗产项目代表性传承人的认定与命名工作，分别于 2007 年 6 月、2008 年 2 月和 2009 年 5 月，公布了三批共 1488 名国家级非物质文化遗产项目代表性传承人，并在人民大会堂举行了颁证仪式，此项工作受到了社会的广泛好评。中国文联、中国民间文艺家协会于 2007 年 6 月 6 日"文化遗产日"举行首次"中国民间文化杰出传承人命名大会"，全国 156 个非物质文化遗产项目的 166 位民间艺术家获得称号。中央财政从 2008 年起专门资助国家级非物质文化遗产项目代表性传承人每人每年 8000 元，从 2011 年开始，对传承人每年资助增加到了 1 万元。

内蒙古自治区于 1998 年、2010 年分两批命名了 323 名自治区级非物质文化遗产传承人。一些盟市、县也认定命名了一批传承人。如包头市于 2010 年、2011 年命名了两批共 59 名市级非物质文化遗产项目代表性传承人。非物质文化遗产传承人一旦认定，就应该有切实可行的措施对其进行保护。首先政府应解决传承人的基本生活问题。自治区属于经济欠发达地区，许多非物质文化遗产传承人的生活还十分艰苦。如果没有经济的支撑，让他们安下心来一心一意地传承非物质文化遗产显然不够现实。特别是对于那些年老体弱者来说，更需要政府的扶持与帮助。为其提供的必要的生活补助，使他们能够有较充裕的时间与精力用在非物质文化遗产传承工作上。在这方面日本、韩国的做法值得我们借鉴。"从 1955 年起，日本政府开始在全国不定期的选拔认定'人间国宝'，将那些大师级的艺人、工匠，经严格遴选确认后由国家保护起来，每年他们从政府那里获得 200 万日元（约 14 万人民币）的特别扶助金，用于培养和传承技艺，但须向政府报告该款项的用途。每年由国家认定的'人间国宝'备受珍重。因此，日本的'人间国宝'认定制度对于日本的非物质文化遗产的传承和保存产生了巨大的影响。""1964 年韩国开始启动了'人间国宝'工程，政府制定了金字塔式的文化传承人的制度，最顶层被授予'保有者'的

---

① 王文章：《非物质文化遗产保护步入规范里程》，《人民日报》2005 年 6 月 12 日。

称号，政府还提供每人每月 100 万韩元的生活补助并提供一系列医疗保障制度，以保证他们的衣食无忧。对于能培养出代表性传承人的大师级的人，不仅给与薪水，还给研究经费和传承费。"① 其次授予传承人名誉称号，为其获取生活资源创造有利条件。"对于拥有手工技艺的非物质文化遗产传承人来说，提供生活补贴对他们来说并不是根本解决困难的途径，他们更需要有一套奖励政策，给他们定出身价，比如给杰出的民间工艺传承人以'民间工艺大师'之类的名号，这不仅是一种对才艺的肯定，更重要的是在当前世界文化多样发展的境况下，他们的精心制作就会成为收藏市场的宠儿，就能解决自己的衣食之源，以及传承技艺的经济保障。对于政府来说，不花一分钱，还让非物质文化遗产在生活世界中得到人们的欣赏与流动传承。"②

五　名录体系保护

建立和完善非物质文化遗产保护名录体系，是保护非物质文化遗产的重要举措。"我国非物质文化遗产十分丰富、数量庞大、种类繁多，对非物质文化遗产普查、收集、分类、整理等工作必将是十分的庞杂，只有建立科学合理的名录体系才能使保护有序、规范的运行。通过建立科学的名录，不仅可以展示丰富多彩的民族传统文化，并进一步促进国际间的文化交流与合作，而且还可以引导全社会积极参与非物质文化遗产的保护工作、表彰和奖励有关社区群体及个人对传统文化的传承与发展所做出的贡献。"③ 2006 年、2008 年和 2011 年，国务院先后批准公布了三批共 1219 项国家级非物质文化遗产名录项目。这些经过层层甄选出来的且具有典型意义和杰出价值的优秀非物质文化遗产，成为全民关注的热点，各地随之掀起了前所未有的保护热潮。2006 年 10 月，文化部以部长令的形式颁发了《国家级非物质文化遗产保护与管理暂行办法》。在此基础上，全国各省、自治区、直辖市公布的省（区、市）级非物质文化遗产名录项目共计 7109 项，地级非物质文化遗产名录项目 18186 项，县级非物质文化遗

① 巴桑吉巴：《拉萨非物质文化遗产保护研究》，西南交通大学 2010 年硕士学位论文。

② 祁庆富：《论非物质文化遗产保护中的传承及传承人》，《西北民族研究》2006 年第 3 期。

③ 张德财：《非物质文化遗产法律保护研究》，华东政法学院 2007 年硕士学位论文。

产名录项目53776项，国家、省、市、县四级非物质文化遗产名录体系逐步形成，初步实现了非物质文化遗产的分级保护。在这两批名录中，内蒙古自治区共有63个项目入选。名录公布后，为切实加强保护，自治区落实了项目保护责任单位，细化完善了五年保护计划并组织实施，举办了形式多样的宣传、展示活动。2006年制定了《内蒙古自治区非物质文化遗产名录申报评定暂行办法》，提出自治区级非物质文化遗产名录申报项目的具体评审标准是：具有展现自治区各民族文化创造力和突出的历史、艺术、民族学、民俗学、社会学、人类学、语言学、文学等方面的价值；扎根于相关社区的文化传统，影响较大，世代相传，具有鲜明的地方特色和典型意义；具有促进民族文化认同，维系民族文化传承，增强社会凝聚力，增进民族团结、社会稳定和文化交流的作用；完整地保留了传统工艺和技能，体现出高超的运用水平；具有见证各民族活的文化传统的独特价值；因社会变革或缺乏保护措施而面临消失的危险。要求申报项目必须提出切实可行的5年保护计划，制定相应的保护和传承措施，确保该项目拥有持久的生命力。这些措施主要包括：

（1）建档：通过搜集、记录、分类、编目等方式，为申报项目建立完整的档案；

（2）保存：对申报项目进行真实、全面、系统的记录，并积极搜集有关实物资料，选定有条件的机构妥善保存、合理利用；

（3）传承：通过社会教育和学校教育等途径，使该项目的传承后继有人，能够作为活的文化传统在相关社区尤其是青少年当中得到继承和发扬；

（4）传播：利用多种形式的活动和宣传手段，提高公众对该项遗产的认识、了解和保护意识，促进社会共享；

（5）保护：采取切实可行的措施，保证该项非物质文化遗产及其智力成果得到保存、传承和发展，保护该项遗产的传承人（团体）享有的权益，防止对该项遗产的误解、歪曲、滥用或资源流失。

目前，全区各盟市、旗县均已建立了盟市级、旗县级非物质文化遗产名录，初步形成了国家级、自治区、盟市、旗县四级名录体系。2010年呼伦贝尔市鄂温克族自治旗锡尼河镇政府公布第一批乡镇级非物质文化遗产名录项目，这是自治区第一家公布乡镇级非遗名录项目的乡镇。乡镇级非遗名录的建设属起步阶段，在全区范围内全面铺开，尚需时日。各地要健全职责明确、高效长久的工作机构和比较稳定的专业队伍，进而形成良好的工作运行机制，确保非物质文化遗产保护方针、工作原则、政策法规得以贯彻执行。盟市应建立非物质文化遗产保护中心，县一级应设置非物质文化遗产办公室，分别负责领导、规划、落实本地区非物质文化遗产保护工作，进而全面落实国家、自治区、盟市、旗县四级非物质文化遗产的保护计划。要严格实行非物质文化遗产名录的逐级申报制度，申报上一级名录的项目，必须从下一级名录中产生。非物质文化遗产名录建立后，就要抓好遗产项目保护措施的落实，力争经过一段时间的建设后，能够使其进入更高层次的名录中。特别要鼓励向入选世界级、国家级名录冲刺，一旦获得成功，将有利于争取资金、政策的支持，从而激发人们对非物质文化遗产保护的积极性和主动性，促进非物质文化遗产的保护和传承，将这些非物质文化遗产推向全国乃至世界。

六 教育保护

教育是人类历史发展的重要文化方式，也是人类文化记忆传承的重要方式。借助于教育的途径来传播文化遗产知识，进而起到保护的目的，很有实效性。非物质文化遗产是中华民族优秀传统文化的重要体现和标志，只有植根于人民群众才有生命力，只有与青少年结合才会有希望。因此，抓好非物质文化遗产在青少年学生群体中的传播和教育，对于延续中华文脉、提升民族自豪感和爱国主义情操具有重要的历史和现实意义。抓住青少年学生就抓住了关键，抓住学校就抓住了希望。早在 2008 年，教育部就曾要求各地创建中华优秀传统文化传承学校，并计划首批在全国确定 500 所传承学校，每个省 15 所左右。同年，北京市 22 所中小学成为全国首批"京剧进课堂"试点学校，北京市还研发出全国第一套中小学京剧教材，使京剧成为了北京市的地方课程。"京剧进课堂"是一项全面性的文化普及活动，除音乐课外，在美术课上也会讲授京剧的脸谱和服饰知识，在历史课上也可以了解到京剧的唱段与所描述的历史事件，唱词和韵脚等知识可在语文课中涉猎到。

近年来，许多省市都致力于文化遗产进课堂活动，并涌现出许多成功的模式。例如，山东省多年来，坚持以学生社团和课外活动实践小组为依托，面向全体学生开展非物质文化学习、实践活动。仅济南市各级各类学校文化艺术社团和课外兴趣小组已达 6000 余个，其中，山东省实验中学的"京昆社"、济南馆驿街小学的"曲艺社"均是学校诸多社团中最具吸引力的社团之一。

中国非物质文化遗产保护中心副主任、研究员田青多次提到文化必须要从小培养。儿童时期受的文化，就像母语一样，与你一生血肉相连。我们的非物质文化遗产，要让孩子从小认识。中国昆剧古琴研究会送古琴名家名曲进百校活动是非常值得借鉴的一种模式。请古琴名家给小学生介绍古琴，告诉他们这是世界遗产，世界上最古老的乐器之一，然后再讲几个故事。让孩子弹一弹，听一听这琴音。这些孩子将来不一定都学古琴，但这样的播种和熏陶日后会见到成效。

在大学教育中可以通过选修课或成立各种社团，借助团学活动的平台举办各种民族文化活动，利用周末聘请有关专家学者进校园，定期举办民族文化讲座，传授、解读民族风情以及各种与日常生活密切相关的传统知识，让同学们在亲临其境的真实民间文化空间中感受、领略少数民族非物质文化遗产的艺术魅力，达到广泛、普及的社会教育目的。从2009年10月起，蒙牛联合内蒙古长调艺术交流研究会、中国非物质文化遗产保护中心开展"蒙古长调进校园"活动，先后组织"长调歌后"宝音德力格尔、内蒙古长调艺术交流研究会会长拉苏荣、内蒙古大学艺术学院教授格日勒图为高校学子讲解蒙古长调的特点与演唱规律，并现场演唱《圣主成吉思汗》等长调名曲。蒙牛集团计划在5年内持续在全国20所著名高校举办长调进校园活动，让更多的年轻人了解和传承长调文化，共同寻求解决非物质文化遗产濒临灭绝的办法。蒙牛的长调进校园活动为非物质文化遗产的传承和保护树立了典范，其与大学校园紧密结合的传播方式值得文化工作者学习、借鉴。

内蒙古自治区对民族文化遗产的保护与传承更注重对专业人才的培训，早在20世纪50年代初就设立了中、高等专业艺术教育。以学科课程的方式开设了民族声乐、器乐、舞蹈等专业，开始通过学校教育系统传承民族民俗艺术。1997年后又在原基础上扩展高等艺术教育，至今已有多所高等院校中设置有艺术教育专业课程，以音乐、舞蹈、美术学科为主。在艺术教育中设置特色专业如：长调演唱、马头琴、四胡、三弦等，开展民俗音乐文化的理论研究、民族风格的音乐创作。近年来，新增设了理论作曲专业、民族民间音乐课程，特色专业招生放宽条件，提倡选修民俗音乐，支持特色专业编写教材及出版，鼓励创作，促进对外交流，加强民族音乐的实践等。

经过多年的努力与摸索，自治区在民族文化的传承上取得了一定的成效，例如，"2000 年 3 月，呼伦贝尔学院音乐系聘请宝音德力格尔进课堂，以收集、研究、整理、出版呼伦贝尔地区各民族民间音乐，培养民族音乐的传承人，进行学校间、地区间、国家之间的旨在发展民族音乐的交流活动。成立了呼伦贝尔民族音乐研究培训中心，他们建立'蒙古族民歌演唱大专班'，破格招收巴尔虎蒙古族牧民子女，聘请在国际上很有影响的著名蒙古族演唱家、巴尔虎民歌的代表人物、原内蒙古艺术学校副校长宝音德力格尔为常任客座教授亲自传授蒙古长调"。① 内蒙古大学艺术学院在蒙古族长调的传承上也作了有益的探索。2004 年，孟伊旦扎布受聘担任艺术学院教师。这位民族英雄嘎达梅林的后人，擅长说唱蒙古叙事民歌，靠做木匠活谋生而成为"四胡"大师，被该学院聘为新世纪以来的第一位民间艺人。至今，随孟伊旦扎布学习过四胡和说唱民歌的老师和学生已不计其数，口耳相传的蒙古族古典宫廷名曲等也因此得以传承。随后，能说唱 23 部蒙古史诗的布仁初布拉也成为特聘教师，遗憾的是只录下 4 部史诗，61 岁的布仁初布拉因患病去世，剩下的 19 部史诗由此"失传"。2008 年、2009 年，入选国家级非物质文化遗产项目代表性继承人的蒙古长调名家莫德格、巴德玛相继被艺术学院聘为教师。2010 年，71 岁的蒙古族民间艺人巴德玛为内蒙古大学艺术学院的学生教授蒙古"长调"。如果不是被特聘到校园，蒙古族的 500 多首长、短调，就可能会随着这位老人的离世而在世间消失。② 自治区成立了"内蒙古北方草原音乐文化研究会"，并两次召开"蒙古族长调演唱艺术研讨会"。赤峰歌舞团根据辽墓出土文物及史料，积极复建"赤峰雅乐"，以及蒙古族弹拨乐器火不思的复原研制等。

在喜悦地盘点我们已取得成就的同时，亦应客观地认识到存在的不足。非物质文化遗产的教育传承在自治区中小学和普通高校的推广、普及并没有深入地开展起来。培养的专业艺术人才质量参差不齐，毕业学生缺少对民族传统文化的感知、体会与深层文化内涵的理解，学科建设及专业

---

① 滕腾：《蒙古族传统音乐传承研究》，内蒙古师范大学 2009 年硕士学位论文。

② 邢利宇：《民间艺人登上大学讲堂，传授蒙古族濒临失传的艺术》，中国新闻网，ht-tp：//www.chinanews.com/cul/news/2010/04 - 22/2242870.shtml。

设置目标不够明确且未形成全区艺术教育的特色。学习蒙古族传统艺术的人数逐年减少，教育质量不佳，毕业学生就业形势不容乐观。

教育在提高民族文化素质、塑造民族性格、开放民族胸怀、提升民族理想、推动民族文化创新方面，具有重要的作用。但要使教育在非物质文化遗产的传承、保护中起到实效，除了在教育模式的推广与深入，配套设施的完善上下功夫外，还必须有具备高水准的专业素养和大量的社会实践经验，以及深入民间调研的专业人才，只有真正热爱民族文化，才能把非物质文化遗产的悠久与深邃，深入浅出地介绍给普通民众。早在 2002 年5 月，中央美术学院已率先在原民间美术研究室的基础上成立了非物质文化遗产研究中心，以培养文化遗产专业人才。目前，国内许多高校也都成立了相应的院系，以培养专业的人才。但对文化遗产专业人才的培养，应当打破单一文本式、学院式的学术模式，走进文化遗产地进行田野考察，深入民间收集、整理民族、民间文化遗产，积极参与到社会实践中去。

要形成全社会的广泛共识与参与，单靠学校教育是不够的，必须要形成学校、家庭、社会的良性互动。但目前，在我国，通过社区以家庭为单位，或针对成人的社区教育发展得还很不完善，还不可能完全脱离以经济收益和以谋职为目的的单一教育模式。这样，社会的公益性机构——博物馆，作为文化传播和社会教育的平台可以起到很好的补充作用。

七　博物馆保护

博物馆是一个国家或地区经济、社会发展水平和文明程度的重要标志，也是民族历史文化收藏、保护、研究与展览的基地。作为公益性的文化机构，服务社会、为广大民众传播文化知识，继而提高全民族的文化素养，是博物馆功能的一个重要方面。由于博物馆的开放性和公益性，使其成为社会第二教育系统和民众终身接受教育的社会大学。

随着信息传播途径的多元化，人类休闲时间的增多，以及对多层次文化的需求，博物馆的功能和服务理念也发生了很大变化。2002 年 10 月，国际博物馆协会亚太地区第 7 次大会在上海召开，会议主题就是"博物馆、非物质文化遗产与全球化"，会议发表的《上海宪章》中提到："声音、价值、传统、语言、口述历史和民间生活等应在所有博物馆与遗产保护活动中得到认可与促进。"共列出了 14 个条款。倡导博物馆"以符合地方特色的方式，利用印刷、视听、影视、数字化和电子通信技术等各种技术手段，全面地真实地保护、展示、诠释遗产资源"。《上海宪章》的产生及宪章本身具有重大的意义。首先，宣告亚太地区博物馆开始了保护非物质遗产的国际联合行动，唤起亚太地区国家、社会和博物馆对保护非物质遗产的关注；其次，启动了亚太地区博物馆保护非物质文化遗产的创新实践，提出了博物馆保护与保存非物质文化遗产的工作指南；最后，落实了国际博物馆协会保护非物质遗产的战略部署，为非物质文化遗产保护迎来新的机遇。[①] 2005 年 3 月 31 日国务院办公厅颁布了《关于加强我国非物质文化遗产保护工作的意见》，建立了"部际联席会议"，将文物系统纳入保护机构，确立了博物馆在非物质文化遗产保护工作中的地位。

通过博物馆来传播非物质文化遗产知识，借助博物馆来保护、传承人类非物质文化遗产，已成为世界各国博物馆发展的一项重要内容。有些成功的模式与经验值得我们借鉴。在日本，博物馆对非物质文化遗产的保护、传承起着重要的作用。日本的博物馆种类繁多，有国立的、私人的、民间社团的，其内容繁杂，为一部书、一幅画、一种民间小吃都能建博物馆。别小看这些不起眼的博物馆，它们不但是日本民族文化的载体，更对非物质文化遗产起到了很好的保护作用。

在大阪近郊，有个传统民居博物馆，那里不仅聚集了日本各地的传统建筑，同时博物馆还配合各地节日举办活动，例如：元旦期间，举办"年糕汤总汇"。形式多元的博物馆不仅留住了日本民间艺术和习俗，也透露出了日本人对文化传统的尊重和保护。

从博物馆的发展情况来看，除了利用传统的实物进行直观陈列展览外，更多的是借助现代的科技手段和声光效果，更形象、逼真、多角度地展示其藏品和文化主题。一些国家和地区在传统节日时会通过博物馆开展一些居民参与的文化活动，或者成立专门的民俗博物馆。

北京的民俗博物馆在文化的传承保护与民众的参与互动之间起到了很好的桥梁纽带作用。每逢遗产日期间，博物馆内北京民间艺术家们亮出各自的绝活，剪纸、面塑、泥塑、吹糖人、烙画、毛猴、布艺等近十个民间工艺美术项目的制作技艺，为大家展示传统手工艺术的魅力。在传统节日

[①] 苏东海：《〈上海宪章〉的意义》，《中国文物报》2002 年 11 月 1 日。

还会举办大型活动吸引民众参与,如端午节举办的"端午民俗游"活动,不仅有大型的露天"端午漫话"展览,室内的"荷包收藏展",还有北京民间艺人现场教授包粽子、缠五色丝线粽子、编制中国结、陶艺制作、泥塑、石膏翻模、石碑拓制等丰富多彩的"跟我学"手工制作活动等。寓教于乐的现场表演与民众动手感知相结合,影视功能与静态展览相结合,传授知识与参与活动相结合等,起到了很好的效果。

南京民俗博物馆也有专门手工技艺陈列展示和制作室,有一批南京市民间工艺传承人在馆内展示自己的技艺。贵州的民族民俗博物馆专门陈列民间艺人现场展演,传授手工技艺,展示织绣、蜡染、剪纸、手工银器制作、打草鞋、苗家百褶裙制作、草编、竹编等。

全国各地形式多样、主题鲜明的博物馆正在悄然兴起,而且还在不断发展,已成为我国文化传播的重要载体。近年来,经过努力内蒙古自治区在博物馆的建设方面取得了一定的成绩。"截至 2012 年 4 月底,全区各级各类博物馆总数已达 144 家。其中:国有博物馆 108 家,行业博物馆 10 家,民办博物馆 26 家。按照博物馆评估标准划分,我区现有国家一级博物馆 1 个、二级博物馆 6 个、三级博物馆 11 个。"① 自治区 12 个盟市均建有盟市级博物馆,一些盟市正在兴建新的博物馆。"设计新颖、投资规模较大的鄂尔多斯市博物馆新馆(投资 5.03 亿元、建筑面积 42660 平方米)、赤峰市博物馆新馆(投资 1.9 亿元、建筑面积 3.1 万平方米)、巴彦淖尔市博物馆新馆(投资 2 亿元、建筑面积 3.2 万平方米)、乌兰察布市博物馆新馆(投资 1.1 亿元、建筑面积 2.4 万平方米)等都已建设完成并投入使用。还有一大批县级博物馆如雨后春笋般发展起来,新建馆面积大多在 1 万平方米以上。如:土右旗敕勒川博物馆(投资 3.2 亿元、建筑面积 2.5 万平方米)、鄂托克旗综合博物馆(投资 2 亿元、建筑面积 1.8 万平方米)等。"② 2005 年,内蒙古自治区人民政府办公厅发出通知,提出了《关于全区特色博物馆体系建设的意见》,鼓励和支持社会力量包括各个行业以及私人建立博物馆,并给予一定的保障政策与措施。正是在这一背景下,一些特色博物馆应运而生。如 2006 年莫力达瓦达斡尔族自

---

① 《内蒙古博物馆事业蓬勃发展,免费开放惠及各族人民》,《内蒙古日报》2012 年 5 月 18 日。

② 同上。

治旗建成以展现北方少数民族原始宗教文化为主题的萨满文化博物馆。萨满文化博物馆总面积近 800 平方米，建有一座 21 米高、名为"从远古走来"的萨满铜像，表现了北方少数民族的原始文化信仰。馆内收藏了蒙古、满、达斡尔、鄂温克、鄂伦春等我国北方 8 个少数民族的大量萨满文物，通过实物展示、图片再现、视听等形式全面表现北方少数民族萨满文化，突出体现了达斡尔族萨满文化从狩猎时代转向农耕时代的艺术特征。萨满文化博物馆的建成将为抢救保护少数民族特色非物质文化遗产起到积极作用，也为中国达斡尔民族园增添了新的旅游亮点。

2008 年全国首家乌力格尔博物馆在内蒙古通辽市扎鲁特旗建成开放。这次开放的乌力格尔博物馆，收藏了 150 多件珍贵的乌力格尔艺术文物。该博物馆的建成，填补了国家非物质文化遗产项目——乌力格尔民族曲艺艺术的一项空白。同年，坐落在呼和浩特市的我国唯一的省级电影博物馆内蒙古电影博物馆开馆。博物馆重点选取了内蒙古电影放映收藏家学会各位会员多年来珍藏的各种电影设备 400 余台（套）、电影拷贝千余部、电影胶片数万盘、电影资料数千册。主要运用实物陈列、文字说明和图片剧照，向人们展示了电影的发明和原理、电影放映机结构和类型、中国电影发展史概况、百年来著名中外电影及演员，以及内蒙古电影事业从无到有不断发展的基本情况。

镶黄旗蒙古马文化博物馆建于 2008 年 5 月，建筑面积为 600 平方米。馆内现陈列有 300 多件展品。展区分图片文字区和实物区两部分。即图片文字区主要用浮雕壁画、灯箱图片、文字解说、影像资料等方式全面展现了蒙古马文化的内涵。其中包括外墙浮雕壁画组图《牧马人的四季》，用生动形象的图画展现了牧马人在一年四季里与马密切相关的生活情景；灯箱图片展现了蒙古马的毛色、马的各部位名称、马的牙齿鉴定、马的步伐、相马图和马的印章等多种内容；内墙浮雕壁画中包括成吉思汗的两匹骏马、八骏图、万马奔腾和马头琴的传说等内容，形象的描绘使人产生无限的遐想。实物区内陈列了蒙古人与马息息相关的生活、生产器具，其中包括骑马器具、驾御马器具、马的羁绊、驯服马的器具、比赛用马的器具、骑马着装、有关马的斗智游艺、生产食用马奶产品的用具、马的医疗器械和文艺用品，1988 年在镶黄旗出土的金马鞍（仿制）、13 世纪北京到蒙古国的驿站路线沙盘等。蒙古马文化博物馆是蒙古马悠久历史的一个形象的浓缩，在这里，人们可以很直观、深刻地了解蒙古人博大精深的马文化。镶黄旗蒙古马文化博物馆的落成将成为中国马文化史上的一个里程碑。

2009年中国唯一的桦树皮文化博物馆、呼伦贝尔地区首家私人博物馆——北方狩猎民族桦树皮文化博物馆在内蒙古根和市敖鲁古雅乡成立。博物馆共展出作品300余件，以出土文物，传统生产、生活器具，现代包装和工艺品，旅游纪念品以及现场手工制作表演等，翔实地反映了中国北方狩猎民族桦树皮文化的演变过程，展示了北方狩猎民族绚丽多姿的文化艺术及独具审美与匠心的聪明才智。2010年鄂尔多斯市乌审旗建成中国马头琴博物馆，博物馆面积为282平方米，陈列了108把来自不同地区、不同形制的马头琴，其中大部分都是20世纪中晚期由蒙古族民间艺人制作的马头琴，最早的距今有200多年的历史，还有来自科尔沁的"潮尔"和一些极富蒙古族文化特点的通体彩绘马头琴，这些都体现了马头琴在不同时期和不同地区的发展历程，更能反映出蒙古族文化的历史源远流长、底蕴丰厚。

2011年11月通辽市库伦旗投资4500万元建设的安代博物馆完成配套工程建设和布展工作，正式投入使用并对外开放。库伦旗是国家级非物质文化遗产"蒙古族安代舞"的发源地，早在1996年就被国家文化部命名为"中国安代艺术之乡"，为更好地保护民族文化遗产、传承和弘扬安代文化艺术，库伦旗委、旗政府积极争取文化建设投资，于2009年启动了安代博物馆建设工程。安代博物馆坐落于库伦新城区生态公园北侧，占地面积1万平方米，建筑面积1.2万平方米，由图书馆、博物馆和会展中心三部分组成，融安代艺术展厅、历史文物展厅、民族文化展厅、爱国主义教育展厅及反腐倡廉警示教育展厅为一体，是一个多功能博物馆，也是目前国内唯一一个以安代文化艺术为主题的博物馆。安代博物馆目前展出的历史文物、安代文化艺术相关实物、图片3000余件，库伦旗现正在申报安代博物馆为国家3A级旅游景区，最终将把安代博物馆建设为国家4A级旅游景区。[①]

经过几年的努力，内蒙古已建设了一些非物质文化遗产博物馆，但数量偏少，各地应通过多种途径，加大非物质文化遗产博物馆的建设力度，使其能够在非物质文化遗产传承保护中起到应有的作用。

---

① 李海江：《库伦旗安代博物馆投入使用》，《通辽日报》2012年2月2日。

　　总之，在非物质文化遗产的保护中，政府应承担主导功能，把它纳入政府的议事日程，所需经费列入财政预算，政府要采取切实可行的具体措施，及时抢救一大批濒临失传的非物质文化遗产，并将抢救回来的非物质文化遗产切实保护好，使其得到传承与发展。政府的行为是公民行动的导航，政府保护措施的得当，某种程度上会带动公民保护意识的上扬。应引导社会各界尤其是有条件有资质的团体、企业与个人投身这项工作，使富裕起来的企业家愿意以此作为回馈社会的一种途径和方式，使一批学者和专业人士参与其中，鼓励非物质文化遗产的教学、研究活动。各级图书馆、文化馆、博物馆等公共文化机构要积极开展对非物质文化遗产的传播与展示。教育部门和各级各类学校要逐步将优秀的、体现民族精神与民间特色的非物质文化遗产内容纳入有关教材，开展教学活动。鼓励和支持新闻出版、广播电视、互联网等媒体对非物质文化遗产及其保护工作进行宣传展示，普及保护知识，培养保护意识，努力在全社会达成共识，营造保护非物质文化遗产的良好氛围。

第七章

内蒙古非物质文化遗产的利用

第一节　内蒙古非物质文化遗产保护与利用的关系

如同保护工作面临的问题一样，对非物质文化遗产合理利用同样面临着忽视其所具有的经济功能和产业属性，缺乏一个系统的、完善的面向市场的利用发展机制和实施措施等问题。在市场经济条件下，国家大力发展文化产业的背景中，对内蒙古非物质文化遗产合理利用要处理好以下几个关系。

一　正确认识利用与保护、传承与创新的关系

2005 年文化部部长孙家正说："非物质文化遗产要完全保护原有的形态是不现实的，也是不可能的。""不能为了保护而保护，而要把握重点，按照取其精华、去其糟粕、推陈出新的方针，本着弘扬先进文化、提倡有益文化、改造落后文化、反对腐朽文化的原则，正确处理好保护与发展的关系。"文化部艺术司领导在 2006 年的全国昆曲工作会议上说："昆曲应该生产自救，国家虽然输血了，但仍要造血，国家给钱决不意味着'包养'，不要以为昆曲有了保护工程，就可以不理会市场。""今天谈抢救保护，并不是要让昆曲回到 600 年前传习所、水墨调的年代，而是在抢救、保护、扶持的同时，适时创新。要创新剧目、创新版本、创新演艺、创新机制，用新手段、新方式包装剧目，以争取观众，争取活路。"①

上述这些讲话，给内蒙古非物质文化遗产的保护和利用工作以极好的启示，其主要阐明了两个关系。

---

① 转引自彭建康《非物质文化遗产的合理利用》，《绵阳师范学院学报》2006 年第 6 期。

（一）利用与保护的关系

1. 内蒙古非物质文化遗产保护和利用是共存关系

也就是说，不能丢掉内蒙古非物质文化遗产赖以生存的根基而妄言利用，既要立足于内蒙古当地传统文化的保护，又要"争取活路"，服务于本地区和整个社会文化生活的需要。对内蒙古非物质文化遗产，只有不断合理利用，才能保持其久盛不衰的活力，利用的过程，就是不断拓展其内涵和外延的过程，是不断提升价值的过程。内蒙古非物质文化遗产种类繁多、内容复杂，这也决定了对内蒙古非物质文化遗产保护、利用的复杂性和多样性。对内蒙古非物质文化遗产科学、合理地保护利用，必须建立在对非物质文化遗产特性充分把握的基础上。

非物质文化遗产具备独特性、活态性、传承性、流变性、综合性、民族性、地域性等特征，而最能体现保护和利用共存特性的是其活态性、传承性、流变性。

（1）非物质文化遗产的活态性

非物质文化遗产的"活态性"，一是指非物质文化遗产本身是一种动态的表现形式，需要靠人的语言和行为来表达、表演或操作等，需要在动态的过程中实施，如音乐、舞蹈表演和传统手工艺品的生产等；二是指需要靠人来传承。非物质文化遗产的传承，属于人类行为活动的范畴，需要语言和行为的支持，非物质文化遗产的价值需要依靠传承主体通过各种"活动"来实现；三是指非物质文化遗产本身在不断变化。从产生以来，因为人的需求、审美观或环境等的改变，非物质文化遗产就在与自然、现实、历史的互动中不断变异和创新。所以，就要求非物质文化遗产的保护措施的实施要在动态中进行，对非物质文化遗产实施的保护手段都要融进它的动态表现过程中。

具体到内蒙古非物质文化遗产的保护和利用，就要求在收集各种手工技艺的基础数据以及文学艺术、表演形式等音像资料的采录过程中，一定要现场采集或录制，以获得第一手的基础数据或音像资料。因为许多手工技艺的制作技艺随着时间的推移，技术会改进和提升；各种文学艺术和表演形式会随着时间和环境的改变而变化。所以，内蒙古非物质文化遗产各个时期的传承状态也各不相同。这也就是其活态性的具体表现。

（2）非物质文化遗产的传承性

非物质文化遗产具有"传承性"，即非物质文化遗产必须依靠"传承人"这样一个实施主体才能传承繁衍。一方面一个民族特有的民族精神、民族信仰和文化都要通过传承人在民俗、节庆等仪式或口头文学、音乐、舞蹈、美术作品等来教育、传承和表达。如蒙古族服饰，那些美丽的图案不仅是装饰而且反映了蒙古族的历史文化；鄂尔多斯婚礼则凝聚了蒙古民族礼仪风俗的精华，成为迄今保留最完整、内容最丰富的一部蒙古民族风情画卷。它集鄂尔多斯蒙古族传统的崇尚文化、祭祀文化、宫廷文化、饮食文化、服饰文化、礼仪习俗、民族歌舞之大成，以幸福、吉祥、喜庆、热烈的情绪贯穿始终，展示了民族魅力，具有丰富而深刻的文化内涵。

另一方面非物质文化遗产的传承需要培养一代又一代的传承人。人要经历生、老、病、死这样一个自然规律，如果不培养接班人，一旦掌握某一技艺的传承人不在了，如果没有后继人才，这个项目就会消亡。

（3）非物质文化遗产的流变性

非物质文化遗产的"流变性"，是指通过传承人或群众自发的对非物质文化遗产的学习、传授，随着时代的进步、社会环境的改变，非物质文化遗产能不断地往外传播和创新发展。这种流变，既有继承也会变异，这种变异是它要顺应新的环境和自然而增强生命力的自然规律。非物质文化遗产在其产生发展过程中就是在不断地经历着这种流变，但其文化的主体属性是不会改变的。

非物质文化遗产的以上特征决定了保护和利用在非物质文化遗产发展中的共存关系，二者相生相伴，互为依托。谈保护离不开利用，利用中也缺不了保护，只有充分考虑和处理好二者的关系，才能使内蒙古非物质文化遗产的传承和利用走上健康有序的发展之路。

2. 内蒙古非物质文化遗产要以保护促利用，以利用促保护

（1）以保护促利用

非物质文化遗产的"活态、传承、流变"性特征，要求在非物质文化遗产保护中要把握"传承"这一核心主题。保护的目的是利用，只有使非物质文化遗产得到充分保护，才能最大化地发挥非物质文化遗产的社会效益和经济效益，服务于社会文化发展和经济建设。普查、名录体系的建立是内蒙古非物质文化遗产传承的基础，目的就是推动自治区非物质文化遗产的抢救、保护与传承。传承人的保护培养是内蒙古非物质文化遗产保护的必要条件。传承人是内蒙古非物质文化遗产得以繁衍的决定性因素，传承人的不稳定性决定了内蒙古非物质文化遗产保存状况的不稳定

性。所以，对传承人的保护，是内蒙古非物质文化遗产实施保护的关键环节。国家和内蒙古自治区对传承人开展的系列保护工作，如传承人的认定、命名、传承计划的保障实施等，都是对内蒙古非物质文化遗产的保护措施。其目的是建立起内蒙古非物质文化遗产的传承机制，达到更好保护内蒙古非物质文化遗产的目的。所以，内蒙古非物质文化遗产保护计划、措施的制订，要遵循其流变规律，不能像文物一样"原貌保护"、"修旧如旧"，而要为内蒙古非物质文化遗产的健康成长营造一个宽松的环境，让内蒙古非物质文化遗产适应社会的发展和时代的步伐。

（2）以利用促保护

非物质文化遗产得以传承，是因为它具备使用价值，是人们生产、生活、娱乐的必需品，所以谈非物质文化遗产保护只能是在利用中的保护，在不断地利用中，使之产生经济效益和社会效益，一方面增强自身造血机能，另一方面激发社会各界对非物质文化遗产保护的动力。内蒙古作为非物质文化遗产资源大区，各级党委、政府都做了让非物质文化遗产和文化产业、旅游相结合的很多尝试，最典型的是"草原文化节"系列活动的开展。

但是，在利用的过程中，要遵循非物质文化遗产的发展规律和保持非物质文化遗产的民族性、地域性等特征。如果将之作为藏品，收藏于博物馆、展览馆，束之高阁，仅供观赏，或者为了片面追求经济效益就主观臆造，盲目"添加内容或改版"，人为改变内蒙古非物质文化遗产的原生环境和内涵，都会切断内蒙古非物质文化遗产的生命源泉，使之无所适从而走向消亡，所有的保护都将成为空谈。

根据以上对非物质文化遗产的性质、保护及利用等概念的分析中可见：在内蒙古非物质文化遗产保护和利用工作中，二者具有相生相伴的关系。内蒙古非物质文化遗产的传承是保护的前提，传承的过程也就是利用的过程；内蒙古非物质文化遗产的保护要在传承中保护，也就是要在不断利用中保护。在传承中进行整体性的活态保护是保护内蒙古非物质文化遗产的最好方式。保护能增强内蒙古非物质文化遗产的生命力，生命力强了才能更好地利用。以保护促利用，以利用促保护，保护、利用是内蒙古非物质文化遗产发展的不可缺少的两个方面。因此，在内蒙古非物质文化遗产保护和利用工作中要处理好二者的关系。

（二）传承与创新

时代的变迁、生活的变化，使得一些非物质文化遗产从内容到形式上常常与时代脱节，与广大人民群众的审美情趣不相适应。文化自身的发展规律，也要求在新的时代保持强大的生命力。内蒙古非物质文化遗产的利用，不宜"修旧如旧"，而是要更好地与现代生活融为一体，在现代生活中弘扬发展。

内蒙古地区由于社会的急剧转型、文化的发展，特别是许多民族的本民族语言正在逐渐消失。因此，抢救、保护传承人和大力培养传承人是内蒙古非物质文化遗产传承的关键所在。以蒙古族的乌力格尔艺术为例，传承该项艺术后继无人是最大的制约因素。随着牧区生产生活方式的变化和新的艺术形式的不断涌现，乌力格尔的听众和说唱者逐渐减少，乌力格尔正悄然退出人们的生活。如胡仁乌力格尔的发祥地阜新蒙古族自治县，鼎盛时期有胡尔奇300多人，目前只有2人仍在坚持演唱。通辽市扎鲁特旗是有名的乌力格尔之乡，胡仁乌力格尔史上最重要的7位胡尔奇——朝玉邦、琶杰、毛依罕、扎纳、萨仁满都拉、道尔吉、却吉嘎瓦都出生于此地。直到20世纪80年代，该旗仍有300多位艺人说唱乌力格尔故事，但现在只剩不足百位胡尔奇。

近年来各地举办的"胡仁乌力格尔比赛"或"好来宝比赛"及乌力格尔艺术节，对繁荣乌力格尔起到了积极的作用。但这种舞台演出，对时间的限制要求很严，一般为20—30分钟的选段，不能反映胡仁乌力格尔巨大传统的整体面貌。中国社会科学院民族文学研究所的研究报告显示，舞台对真正意义上的胡仁乌力格尔口头传统的冲击是致命的，它虽然会催生数量可观的、只会演唱一些经典选段的舞台乌力格尔"百米选手"，但会无情地冷落、排挤和埋没掉真正负载弥足珍贵的长篇故事传统的民间乌力格尔"马拉松选手"，最终会加速胡仁乌力格尔传统衰退进程，使其濒临更加危机的状况。[①]

联合国教科文组织的保护公约指出，非物质文化遗产的各要素，有机地存活于共同的社区或群体之中构成非物质的生命环链，并且它还在不断地生成、传承乃至创新。也就是说，非物质文化遗产并不是一个过去了

---

① 额·巴特尔：《乌力格尔艺术：草原文化传承中的再思考》，《内蒙古日报》2007年3月19日。

的，已经死去的东西，而是一个活态的，不断传承、发展、创新的东西。"著名民俗专家陈勤建先生提出，在进行非物质文化遗产的保护中，要从民众的生活出发，坚持'生活相'、'生活场'、'生活流'的立场观点和方法，贯彻原真性整体性的原则，防止出现片面的文化碎片式的保护性撕裂。"①

必须看到，在经历了人类历史各种社会因素的冲刷之后，内蒙古非物质文化遗产的生存环境已经发生了很大的变化，各种形式、内涵的变化显而易见。因此，内蒙古非物质文化遗产的保护重在内涵。一方面是形式与内涵的结合，另一方面是利用方式的多样性：有将非物质文化遗产无形转变为有形的；有在它产生的原形态氛围中保持其活力（如一些礼仪、仪式）的；有保护传承人的；有转化为经济资源并体现为经济效益的。

二　政府主导与社会参与并重

发挥政府的主导作用，鼓励民间艺术企业到国内外参展，推销民间艺术产品和表演，有条件的建立民间艺术节，发挥各级民间艺术协会、政府与企业的桥梁作用；规范和管理文化经纪组织；对积极完成公益性活动，又能大胆走进市场的给予奖励。这些措施都是对内蒙古非物质文化遗产保护和利用的有力措施。而这些保护和利用措施的推行，"政府主导"显然是一个根本性的关键。

非物质文化遗产既具有不稳定性和脆弱性等特征，又面临着外来文化的冲击，单靠民间和社会的力量自发地进行抢救、保护工作将是力所不及、财所不及，难以发动和难以为继的。再加上内蒙古自治区是一个幅员广阔的少数民族聚居地区，各地的经济、文化水平，文化遗产的存留、保护状况存在着极大的差异。因此要全面、深入、持续地开展内蒙古非物质文化遗产的抢救、保护工作，只能由各级政府来领导和推动。

各级政府是各地具有权力的管理者和责任者，它们能够运用政府机制自上而下地发动、组织各种社会力量，克服历史遗留和现实存在的种种障碍，使内蒙古非物质文化遗产的保护和利用工作深入到各个基层。同时很重要的是能调动一定的财力，以保证这项工作能够顺利地开展起来和推广

---

① 额·巴特尔：《乌力格尔艺术：草原文化传承中的再思考》，《内蒙古日报》2007年3月19日。

开去。近几年，内蒙古各级政府已将非物质文化遗产的保护和利用工作提到了政府工作的重要日程中，如拨出一定的财政经费，以自己所属的文化机构为管理、操办力量，组织有关的文化人员开展具体的工作，还将工作落实到各个基层，从而一步一步地深入到民间广大的层面。各级政府不仅加大力度努力挖掘资源，还抓紧时间和时机，加快推进工作，体现出对内蒙古非物质文化遗产以及这一工作的极大热情和进取心。

得益于政府主导，各地相当一批非物质文化遗产得以较快地重现于世，进入了被整理、保护的行列。在这个基础上，内蒙古各地各级非物质文化遗产名录系统正式建立。由于政府对这一名录系统是采取向社会公示的办法，同时又配合了一定力度的宣传，以前许多不为人知的内蒙古非物质文化遗产从此较广地为人所知，人们开始对非物质文化遗产的概念、对内蒙古非物质文化遗产保护及其意义有了一定的认识和热情。可见，通过政府的主导运作，内蒙古非物质文化遗产在社会上获得了合法性，产生了影响力，以一种专门的文化形态重又进入人们的社会生活。因此，在内蒙古非物质文化遗产的保护和利用工作中，政府起到了主导作用。

社会的参与程度，取决于各地各方面的具体情形。这就要求我们必须区分不同情况，分步组织实施、分级开展工作，分类指导、区别对待、有所侧重。可以从政府、社会、企业和艺人几方面进行努力，摸索出一条利用发展的机制。

在内蒙古非物质文化遗产的保护和利用工作中，高校、科研机构及社会文化机构的一些学者专家首先应参与进来。如非物质文化遗产按现行的名录申报门类，包含了民间文学、民间音乐、民间舞蹈、传统戏剧、曲艺、杂技竞技、民间美术、传统手工技艺、传统医药、民俗等 10 大类。涉及民俗学、艺术学、文化学、历史学以及工艺研究、宗教研究、医学研究、体育研究、服装研究、食品研究等许多领域。内蒙古各级政府在启动非物质文化遗产申报工作时，首先应有意识地主动引进一批民俗学者、艺术学者、文化学者、历史学者以及相关各领域的专家，让他们共同参与工作。其意义在于：（1）学者专家以他们深厚的专业知识和人文知识，参与讨论、挖掘，可以与管理部门一起抢救一批确有价值的地方非物质文化遗产。学者们在探索内蒙古非物质文化遗产的历史渊源和完整的传承过程，搜寻、挖掘历史资料（文字、图片、实物）方面，可以起到不可或缺的作用。（2）学者们可以较为客观、全面地（即比较科学地）总结内蒙古非物质文化遗产的内容，从而从理论上提升内蒙古非物质文化遗产的意义，并使之形成正规的项目，确定进入名录系统。（3）帮助论证内蒙古各项申报的非物质文化遗产项目，规范制作要求很高也比较复杂的"非物质文化遗产名录申报书"文本以及录像片，特别是使之在符合要求的基础上，还能做到重点突出、特色鲜明。（4）与管理部门共同探讨、研究内蒙古非物质文化遗产一系列的保护、利用等措施，一起制订出较为可行的非物质文化遗产项目保护计划，为内蒙古非物质文化遗产的持续发展打下基础。

政府与学者专家相互结合，共同开展、推进工作，特别是最终使之形成大量成形的、正规的遗产项目。这一机制的建立和运行，可以使内蒙古各地非物质文化遗产克服历史和现实造成的各种艰难和障碍，较快地进入保护和利用的健康轨道上来。

除专家学者外，内蒙古非物质文化遗产的保护和利用工作还应广泛吸纳其他社会力量的参与。内蒙古非物质文化遗产的种类多，内容丰富，传承人相对较多。只靠政府的投入是远远不够的，必须吸纳其他社会力量，特别是一些企业家、艺人以及各级各类社会活动家的广泛参与。在各级各类非物质文化遗产名录的建立以及传承与保护的具体措施中，都应该发动他们的力量。如可以让他们广泛参与到宣传工作中、具体保护和利用工作中，甚至直接资助非物质文化遗产的传承人等。通过多种手段逐渐形成全社会广泛参与的良好社会氛围。

与此同时，相关部门要制定和出台内蒙古非物质文化遗产保护和利用的相关规章和制度，以规范内蒙古非物质文化遗产的保护和利用工作。必须建立吸纳社会力量长期参与内蒙古非物质文化遗产保护和利用工作的长效机制，如可以成立内蒙古非物质文化遗产保护基金和保护协会，吸纳社会资金和社会力量参与推动该项工作。提高思想认识，整合文化资源，培育市场主体，鼓励社会资本和外资企业共同开发利用内蒙古的非物质文化遗产。

三　成为每个社会成员关心的事情

对内蒙古非物质文化遗产利用水平层次的高低，不仅仅体现在专家的努力上，从根本意义上讲，应该是每个社会成员都关心的事情。正如彭建康在《非物质文化遗产的合理利用》一文中所说："只要中国人还保留过年贴门神、贴窗花的习俗，就自然能留住木版年画、民间剪纸，至于门神是什么样，门神是谁，剪纸的内容还是不是原来那样，则完全可以既保留传统又有所创新。但如果中国人都去过情人节、圣诞节，没有了我们自己的过年的民俗文化，与之相应的所有东西无所归依，又何谈利用传承?"①

当今社会，现代化与传统、全球化与本土化的冲突加剧，文化的多元化，特别是外来文化的大举进入，给予我国传统的非物质文化以极大的冲击。如何使传统文化和本土文化发扬光大，仅靠政府和社会上有识之士的呼吁和努力，效果是有限的。必须发动每个社会成员，特别是要重视对青少年的宣传和教育工作。因为青少年是未来的希望，只有让他们在头脑里树立良好的保护意识，我们的非物质文化遗产保护和利用才充满希望。内蒙古非物质文化遗产的保护和利用工作必须采取有效措施，发挥青少年的积极作用，如可以采取非物质文化遗产进校园活动；各级各类博物馆、展览馆、图书馆等公共场所免费为广大青少年开放；举办各级各类文艺表演，加大宣传力度，使内蒙古非物质文化遗产保护和利用工作深入人心。只有这样，内蒙古非物质文化遗产的保护和利用工作才能有效地、持续不断地推广开来。

第二节　内蒙古非物质文化遗产利用方式探讨

人类的发展，总是在利用自己的文明成果的过程中不断向前进步的，善于利用传统文化的民族，也一定善于吸收别人的文明成果，改进自己的物质和精神生活；也一定会与时俱进，永远立于不败之地，立于世界民族之林。

内蒙古自治区是多民族多元文化共存的区域，是我国非物质文化遗产最为丰富的省区之一。但长期以来，非物质文化遗产的开发和利用被忽视和遗忘。在中国加入世贸组织后，中国的发展纳入国际轨道，全球经济一体化在中国的进程进一步加快。目前，中国正处于深化改革、完善社会主义市场经济体制的关键时期，党中央提出了以人为本的科学发展观和以构建和谐社会为目标的总体发展战略。随着经济全球化发展，文化本土化的

---

① 彭建康：《非物质文化遗产的合理利用》，《绵阳师范学院学报》2006年第6期。

呼声也日益高涨，我国在发展经济的同时，已意识到文化本土化所带来的长远利益和价值体现具有十分难得的现实意义。认识到在发展生产力的同时发展先进文化，把经济开发和文化保护、文化资源的开发同步进行，在建设经济强国的同时，建设世界一流的文化大国的历史必然。2011年，党中央在十七届六中全会上进一步提出：深化文化体制改革、推动社会主义文化大发展大繁荣，是实现全面建设小康社会奋斗目标的客观需要，是推动落实中国特色社会主义事业总体布局的重大举措，是进一步提高我国综合国力和国际竞争力的战略举措，也是加快转变经济发展方式的迫切要求。

　　从国际、国内的总体背景下，中国传统文化以及文化遗产呈现热点复兴趋势，有利于内蒙古非物质文化遗产事业的大力开展。内蒙古的传统文化在工业化进程中，必然面临着文化遗产保留、文化产业化的普遍问题，人们也已经从不自觉地创造文化、自发承载文化转向自觉地去传承文化遗产。所以现在应该是内蒙古非物质文化遗产事业发展最好的时期，也是最关键的时期。

　　当前的问题仍然是民族民间文化遗产"家底"不清，"财富"记录不明；文化产业化基础差；原生态文化遗产保护和可持续利用工作落后，很多优秀的传统民间艺术来不及记录已面临消失，许多老艺人在默默无闻中故去，现代青年人不愿意学艺，许多优秀艺人后继无人，一些传统文化艺术面临断档危险。而非物质文化遗产的保护、利用与物质文化遗产是有所不同的，它是活态的、流动的，是靠人作为主体往下传递的，也是要人去承接的，因而对它的保护和利用应同步进行，没有传承发展就谈不上保护，只有在利用中才能实现它的真正保护。

一　发展旅游业提升利用价值

　　内蒙古非物质文化遗产的保护和利用资金极其缺乏，需要拓宽资金筹措的渠道。若能将非物质文化遗产转化为旅游资源进行开发，取得经济效益，就既解决了内蒙古非物质文化遗产保护和利用的资金问题，又能为旅游开发提供新的旅游资源，促进旅游业的发展。

（一）内蒙古非物质文化遗产利用对旅游开发的作用力

1. 增加旅游资源吸引力和文化内涵

　　非物质文化遗产往往是一个民族、一个时代、一个地域文化艺术的结晶，它博大精深、源远流长，相对物质文化遗产更加神秘、丰富和细腻。

非物质文化遗产与旅游相结合，通过合理有序的开发和利用，形成别具一格、有声有色的旅游产品，必能增加旅游活动的吸引力和旅游产品的文化内涵。

内蒙古非物质文化遗产丰富多样，生动形象，如果能将这些非物质文化遗产的精髓融入旅游活动中，则必然提高旅游产品的内涵，丰富游人的旅行经历，增强旅游景点的吸引力。内蒙古非物质文化遗产中的典型代表如蒙古长调、马头琴、安代舞、祭敖包等，对时间和地域要求并不高，可以穿插在游人旅行中的任何一个环节。此外，内蒙古中西部地区的非物质文化遗产代表如鄂尔多斯婚礼、二人台等则可以与本地域的旅游活动紧密相连，可以在游人参观遗迹或欣赏自然景观时安排专场演出。这样，既可以提高游人的旅行质量，又可以在无形中加大内蒙古非物质文化遗产的影响力，有利于内蒙古非物质文化遗产的保护和利用。

2. 丰富旅游开发项目，提高旅游开发层次

全球旅游趋势已由传统观光游览向度假休闲体验游过渡，引发了在旅游项目设计和开发上的激烈竞争。非物质文化遗产的巧妙运用、与物质文化遗产的有机结合能给旅游目的地带来新的活力，特别是内容丰富、表现形式多样的民俗类非物质文化遗产在促进当地旅游事业发展中起着举足轻重的作用。

内蒙古非物质文化遗产中民俗类内容丰富，表现多样，如能将这些民俗恰当地融入游人的旅行活动中，则必然能提升游人的休闲、娱乐体验，从而达到身心的放松和知识的积淀。内蒙古自治区 1991 年那达慕大会决定，每年的 7 月 15 日—8 月 15 日为"草原旅游节"。首届"草原旅游节"开设了鄂尔多斯的伊金霍洛旗、鹿城包头、锡林郭勒草原、呼伦贝尔草原、希拉穆仁、葛根塔拉等旅游点。举办了成吉思汗祭奠、鄂尔多斯歌舞、鄂尔多斯婚礼、草原那达慕、参观成吉思汗行军大帐、贝子庙马奶酒节、民族美食节、民族服装表演、民俗旅游、庙会、祭敖包等旅游项目。这些活动将内蒙古民俗渗透到旅游环节中，起到了很好的宣传效果。此外，内蒙古地区还有许多独具特色的民俗活动，如呼和浩特地区的满族婚俗、西乌珠穆沁旗的乌珠穆沁婚礼、包头市九原区梅力更召的蒙古语诵经、鄂温克驯鹿文化、阿拉善地区的阿拉善烤全羊、蒙古族祭驼、那达慕大会等。这些内蒙古地区特有的民俗文化，如能采用放大、缩小、变异、嫁接、组合等手法，创造一种少数民族生活的场景、氛围和情境空间，则

可以提高旅游开发层次，迎合当代体验游的趋势。

3. 促进旅游经济发展，提升旅游目的地形象

通过挖掘内蒙古非物质文化遗产的内涵，增加旅游项目，可以增加旅游目的地的价值体验和旅游消费。通过在旅游景点开发地方戏曲如西路二人台和东路二人台；传统音乐舞蹈如马头琴、呼麦、安代舞等以及风俗礼仪和传统手工业技艺等非物质文化遗产，设计文艺表演、技艺表演等项目，一方面可以将内蒙古非物质文化遗产的价值转化为旅游商品出售，增加旅游收入；另一方面以表演形式转化为旅游项目，留住客人过夜消费，延长旅游时间，从而促进旅游经济的发展，提升旅游目的地形象。

（二）旅游开发对内蒙古非物质文化遗产利用的作用力

旅游开发是将非物质文化遗产转化为旅游资源，并对这种特殊的旅游资源进行一系列旅游活动的一种行为。根据国家旅游局 2003 年颁布的《旅游资源分类、调查与评价》（GB/T 18972—2003），非物质文化遗产与物质载体结合，大致可以形成 G 旅游商品类，H 人文活动类如艺术、民间习俗类的人文旅游资源。一般来说，这些可供开发的非物质文化遗产应具备的旅游吸引力有：易参与性（如节日节庆）、艺术魅力大（如舞蹈、杂技表演）、视觉或听觉享受（如戏剧曲艺艺术）、文化内涵深厚（如手工艺绝活表演）、丰富多元性（如少数民族史诗）等。[①] 因此，旅游开发对非物质文化遗产利用的作用力，主要通过对这类旅游资源进行开发的行为发生作用，具体表现为：

1. 旅游开发为内蒙古非物质文化遗产保护和利用注入资金

内蒙古非物质文化遗产数量多，保护资金缺口大，因此需要拓展多种渠道促进其保护和利用。将内蒙古非物质文化遗产转化为旅游资源进行旅游开发，可以为内蒙古非物质文化遗产注入部分资金。随着旅游经济的发展，遗产保护资金会越来越充足，在一定程度上保证其保护措施不会因为资金匮乏而无力施展。

2. 旅游开发促进内蒙古非物质文化遗产价值挖掘

内蒙古非物质文化遗产价值中的经济、文化和社会价值可以通过旅游活动的介入在实践中表现出来。非物质文化遗产经过旅游开发成为旅游产

---

① 肖曾艳：《非物质文化遗产保护与旅游开发的互动研究》，湖南师范大学 2006 年硕士学位论文。

品，首先必须实现其文化价值，即非物质文化遗产得以传承和发展；其次才是经济价值的转化，即促进旅游经济的发展。因此，在旅游开发中，开发者必需自觉地挖掘内蒙古非物质文化遗产的内涵，以提升产品档次；最后才是社会价值的实现，即旅游开发促使内蒙古非物质文化遗产的价值从先被本区域的人们认可，然后发展到被本区域外的游客了解和欣赏，从而提升旅游地的社会地位。

3. 旅游开发推动内蒙古非物质文化遗产的传承、发展和创新

非物质文化遗产属于文化的范畴，因而也具有文化的相关特性。文化既具有稳定性，又具有变化性，即永恒性和时代性。任何一种文化都有其稳定、恒久不变的东西，称为"深层结构"，相对应的是变化的、顺应时代发展的"表层结构"。价值、内涵、个性是非物质文化遗产的深层结构，外在表现形式是其表层结构。[①] 非物质文化遗产同样也是在稳定中变化，在变化的基础上稳定。非物质文化遗产具有活态性，因而是动态的，不断被发展、传承，甚至创新的。内蒙古地区许多非物质文化遗产之所以传承至今，是因为其表层结构不断地与时代接轨，融入新元素，适应社会发展；而某些非物质文化遗产却因为不能适应时代的发展而开始退化，甚至消失。

旅游开发作为一种手段，可以为内蒙古非物质文化遗产的发展注入外在动力，使之适应时代发展。并且随着旅游活动的开展，被开发的非物质文化遗产可以重新恢复生机和活力，从而传承和发展。但是，我们在实施旅游开发对内蒙古非物质文化遗产的作用力中必须认识到：（1）旅游开发只是促进内蒙古非物质文化遗产保护和利用的一种手段和方式，并不是全部或者唯一手段，因而内蒙古非物质文化遗产的保护和利用还需要其他手段和措施的共同实施，合作发展。（2）旅游开发不是针对内蒙古所有的非物质文化遗产，而是有吸引力和旅游开发价值的非物质文化遗产。联合国教科文组织的相关文件也指出，对非物质文化遗产的保护针对的是有极大价值且濒临灭绝的遗产，而不是所有遗产。（3）旅游开发必须是良性、合理的。不能走向功利性、片面性，经济利益驱动下的文化遗产滥用的一面。

①　许明：《文化发展论》，北京大学出版社 2005 年版，第 87 页。

（三）内蒙古非物质文化遗产的旅游开发

因为有了神话、传说、民俗等文化的浸润，山水才有情，草木才传神，旅游才更有意趣。随着旅游者消费水平的提高，他们已经不再满足于仅仅是参观旅游产品，而是追求亲自参与的旅游体验。内蒙古非物质文化遗产旅游资源的文化本质和丰富性等特点，正好能满足旅游者参与体验等多方面的需求，有着巨大的客源市场。由于内蒙古各类非物质文化遗产旅游资源各自有着不同的特点，其旅游价值也是不同的。

第一，表演艺术类资源的旅游开发价值较高。在旅游开发中，表演艺术类遗产资源不论从数量上还是独特性而言，是内蒙古旅游优势资源。它相对其他种类而言，更能与遗产所处的自然与人文环境融为一体，更易于当地民众参与，对游客也更容易形成吸引力。可开发为观赏型和参与型两大类旅游产品。长调、马头琴、呼麦是草原三宝，不仅在全国，乃至全世界都是有影响力的艺术形式。不仅可以让游客感受草原原生态的艺术魅力，又可以使其身心得到愉悦。

第二，民俗类遗产旅游开发市场规模较大。这类资源中，祭祀和婚俗是其两大亮点。祭敖包、祭成吉思汗陵每年都吸引着无数游客。因内蒙古地域广大而形成的多种多样的婚俗，如 2010 年上海世博会上成功上演的《科尔沁婚礼》在国内都有一定的影响力。因其独特性和不可复制性，是旅游开发垄断性的资源，必将有无法估量的市场规模。

第三，手工技艺类资源旅游开发的经济价值较好。传统技艺类旅游资源主要应用于旅游纪念品的开发，如鄂伦春族兽皮制作技艺、桦树皮制作技艺、阿拉善地毯制作技艺、蒙古族拉弦乐器制作工艺、莜面饮食制作技艺等都可以做成具有当地特色的纪念品来销售，既突出了地方特色，丰富了旅游产品的种类，同时又能够激发旅游者的兴趣和购买欲望，带来不菲的经济收入。

第四，民间文学类资源对旅游业有很大的辅助作用。民间文学资源本身不具备独立的立场和价值，但与当地的人文景观和自然景观一联系，就能形成联动的旅游价值，产生规模效应，从而增强影响力。如江格尔、嘎达梅林、王昭君传说，等等。

针对旅游价值不同的内蒙古非物质文化遗产，旅游开发的手段也应有所不同。大致可以分为两类：

1. 旅游商品

广义上，旅游商品是指为满足旅游者的旅游需求而提供的具有使用价值和欣赏价值的有形旅游劳动物品与无形的服务总和，即旅游产品。狭义上，是特指旅游者在旅游活动中购买的以物质形态存在的商品，也即旅游购物品。①

根据定义，内蒙古非物质文化遗产开发形成的旅游商品主要应分为两类：一类是有价值的无形的旅游劳动产品，如经过后人创作传承的二人台表演艺术；用蒙古族传统乐器马头琴演奏的各种曲子等。经过加工和整理将内蒙古的传统音乐艺术以无形的旅游劳动产品形式展示给游客。

另一类是以物质形态存在的，凝结着内蒙古非物质文化遗产价值的旅游购物品。如蒙古包、勒勒车、马头琴以及各种动物模型；蒙古族服饰、蒙古皮画、剪纸、首饰、蒙古刺绣等手工艺产品。这些旅游产品则是内蒙古传统手工艺技艺凝结在纸张、布匹、玉石等物质载体上形成的旅游购物品。这些物品都蕴含着丰富的文化内涵，并且具有收藏价值和纪念意义，深受游客欢迎。

针对目前内蒙古地区旅游纪念品市场上品种少，品位不高，特色不鲜明的现状，旅游纪念品生产企业也应该依托非物质文化遗产特色，挖掘其内涵，借此提升旅游纪念品的品位。

2. 旅游环节中的项目

采用依附式开发模式的内蒙古非物质文化遗产还可以开发为旅游环节中的一些项目，以丰富旅游活动，增加旅游线路的兴奋点。如在旅游环节中穿插蒙古族舞蹈、音乐，地方风俗和习惯，杂技、剪纸等手工技艺表演，增添旅游项目的文化内涵和档次。

（四）内蒙古非物质文化遗产旅游开发原则

原真性保护原则：原真性是国际上定义、评估、监控文化遗产的一项基本原则，也是公认的文化遗产评价标准和保护标准。原真性即保护原生的、本来的、真实的遗产原物、原貌，也涉及遗产的完整性，即任何遗产的保护和利用都是与其环境联系在一起的，与环境共存在旅游开发中。因此对内蒙古非物质文化遗产的利用，切不可破坏其固有本质，也不可片面看待问题，盲目加入不能接受或融合的现代元素，带来负面效应。

---

① 刘伟：《旅游概论》，高等教育出版社 2003 年版，第 53—54 页。

　　可持续发展原则：可持续发展是时代发展的主题，这一理论现在已经运用到各个领域，成为人们进行各项事业活动的指导思想和实施原则。它是指既要考虑当前发展的需要，又要考虑未来发展的需要，不以牺牲后代人的利益为代价来满足当代人利益的发展。可持续发展就是人口、经济、社会、资源和环境的协调发展，既要达到发展经济的目的，又要保护人类赖以生存的自然资源和环境，使我们的子孙后代能够永续发展和安居乐业。

　　一直以来，人们认为"旅游业是一项投资少、见效快、高产出的劳动密集型产业"。这种认识没有把旅游资源消耗纳入旅游成本之中，从而忽视或歪曲了旅游成本的构成，虚增了旅游新创造价值部分。旅游资源并非绝对可再生资源，所谓旅游资源的可再生性是建立在人们适度开发利用和旅游资源、环境资源所允许的负荷以内，因此在旅游开发中，必须本着可持续发展原则，促进内蒙古非物质文化遗产资源的永续利用和旅游业的可持续发展。反对只注重经济效益，忽视社会效益，造成内蒙古非物质文化遗产资源枯竭和破坏的行为。

　　整体性原则：整体性原则强调文化的整体性，认为文化遗产的一大特点是文化的非单一性，人为地把某一类文化撕裂开，单独将其中一部分来保护和开发，形式上实现了保护，实际上是破坏了文化固有的整体风貌和遗产价值。① 因此在旅游开发中，必须杜绝将有吸引力和开发价值的文化遗产剥离原生环境和赖以生存的整体，单独的、部分的、片面的开发行为。有选择的开发不是对某一项非物质文化遗产的分裂式开发，而是对内蒙古非物质文化遗产群体的选择性开发。

　　此外，对内蒙古非物质文化遗产进行旅游开发时还应加大法律的规范和约束，得到大众的支持和社会的认可，加大宣传和教育的力度，提高大众审美水平和文化认知，特别应发挥专家的作用，专家参与是必不可少的一个环节。相关的专家包括文物鉴定专家、史学家、文学家、艺术家、美学家、民间艺人以及旅游规划专家等。这些专家从各自专业的角度，根据经验和标准进行比较论证，系统评价内蒙古非物质文化遗产的价值和等级，为进一步的旅游开发提供智力支持和依据。专家的参与应贯穿于内蒙

───────────────

　　① 肖曾艳：《非物质文化遗产保护与旅游开发的互动研究》，湖南师范大学 2006 年硕士学位论文。

古非物质文化遗产保护和利用与旅游开发互动的整个过程。

二　发展文化产业拓展利用空间

把发展文化产业引入到非物质文化遗产的利用中来，实质是挖掘非物质文化遗产可用的商品属性，进行商业化运作。

（一）以项目为中心，实施企业化运作

事例一：1997 年少林寺注册了河南少林寺实业有限公司，2004 年该公司正式开始申报少林功夫为世界非物质文化遗产，2005 年 1 月由少林寺授权，台湾一家公司开发的大型网络游戏《少林传奇》在香港举行第一次公演，同年 6 月由郑州歌舞剧院编排的大型原创舞剧《风中少林》在北京保利剧院上演，7 月份少林寺在网上公布了易筋经、洗髓经等少林武功秘籍及鲜为人知的少林医药秘方，在国际国内产生了巨大影响。2011 年 7 月 24 日，嵩山少林寺以三年门票收费权质押贷款 1 亿元，用于修缮寺院，通过上述一系列产业化运作，这座集禅宗和武术于一身的千年古刹已走出保护和利用的困境。

事例二：广西桂林广维文华旅游文化产业有限公司投资创作的《印象·刘三姐》，集漓江山水、壮族文化和精英艺术家创意之大成，是我国第一部以山水实景演出的具有首创意义的大制作。它的创意模式是，以素有"桂林山水甲天下"之称的漓江为载体，以刘三姐这一传说中的壮族歌仙为灵魂，以刘三姐所代表的壮族山歌为纽带，寻求文化、人物和自然的结合点即新的文化产品——旅游，来打造全新概念的山水实景演出剧目《印象·刘三姐》。《印象·刘三姐》观众现已超过 100 万人次，而且积极拉动了周边相关的旅游、交通、住宿和餐饮业。

以上非物质文化遗产走产业化道路的成功事例给内蒙古非物质文化遗产的保护和利用提供了极好的借鉴。

内蒙古非物质文化遗产的利用也在逐渐走上企业化的运作模式。据鄂尔多斯市旅游文化艺术品有限公司总经理、内蒙古新科文化信息技术研究中心理事长伊拉图介绍，他们已经在非物质文化遗产产业化方面作出了有益的尝试。他们设计和生产出的带有蒙古族图案的墙砖、地板、壁纸等一系列装饰用品以及灯具、餐具等家居用品赢得了消费者的青睐。下一步，他们将开发带有浓郁民族特色的蒙古族风情小区、鄂尔多斯婚礼影视文化

城等，在非物质文化产业化方面作出更多的尝试。①

民营企业鄂尔多斯东联集团斥巨资2亿多元开发的成吉思汗陵旅游区年接待游客20多万人、年营业额1300多万元，所创大型民族歌舞《圣地古韵》演出已达1000余场、观众达8万多人（次），这就是一个以社会、行业外兼非公有资本进入文化产业领域、兴办民营文艺表演团体最为典型的例子。②

事实证明，尽管内蒙古非物质文化遗产走产业化道路有了长足发展，但以草原文化产业为核心的内蒙古非物质文化遗产还没有成为支柱产业，对国民经济的贡献率还不高。究其原因很多，诸如产业规模偏小、发展地域不平衡、业态结构不尽合理、文化产品科技含量和附加值不高、文化市场缺少活力、发育不足、文化产业从业人员素质参差不齐、文化基础设施仍需加强，等等。

（二）区别差异，分类发展

出版发行业、广播电视业、演艺娱乐业、文化旅游业、民族工艺业、文博会展业等已形成内蒙古文化产业的重点门类和主导产业群，其中每一门类或产业都有成为强势产业的可塑性和可能性，而文化旅游业和演艺娱乐业，尤其具有十分明显的发展强势。我们应对一些既有可塑性又有可能性的发展强劲的门类或产业作出战略性选择，进而按照文化产业高创意、高科技、高附加值、高文化含量、高增长率、低成本、低能耗、低污染、生命周期长、需求弹性大、具有唯一性、不易被模仿替代、能代表区域经济发展方向的原则和特性，优选一批最有价值的项目加以打造，并通过扩散效应、关联效应和外溢效应，初步形成一个以强势产业为核心、向集约化发展的文化产业集群。

数千年来，草原民族不仅在物质文化方面有许多惊世骇俗的创举，而且在精神领域也有不可磨灭的创造。这些精神创造所遗存的非物质文化遗产，由于异常珍稀且有的甚至濒临消失，所以亟待挽救、传承和产业化开发。譬如，草原先民集体创作与流传并保存了民族历史记忆的英雄史诗；草原民族世代口耳相传的文化积淀深厚的神话、传说和民间故事；从形式

---

① 祝汉宾、樊文礼：《内蒙古：保护开发非物质文化遗产前景广阔》，内蒙古新闻网，ht-tp：//commend. nmgnews. com. cn/system/2008/04/29/010031580. shtml。

② 无极：《关于内蒙古草原文化产业化发展的思考》，《内蒙古日报》2011年3月4日。

到内容都彰显出鲜明地域特色的蒙古族祭词、祝词和赞词;不论体裁和演唱一律洋溢着浓郁民族风情的蒙古族长调民歌、短调民歌和长短篇叙事歌;以单口、对口、群口说唱的种类繁多而节奏轻松活泼的好来宝;可与相声相类或比拟的笑呵亚热;舒放飘逸的盅碗舞、剽悍洒脱的筷子舞和欢乐喜庆的安代舞;极具地方情趣和艺术魅力的达斡尔族的乌春、鄂温克族的宁恩阿坎、鄂伦春族的尼莫罕;还有悠扬动人的马头琴、如泣如诉的四胡和极尽庞杂的民族民间器乐演奏;以及庄严隆重的成吉思汗祭典、仪态万方的鄂尔多斯婚礼、热烈欢腾的那达慕……

所有这些非物质文化遗产都是草原文化得天独厚的精神财富,都是草原文化资源深度开发的不可多得的宝贵"富矿",都有着极其宽广的意义、扩展空间和不可置疑的发展前景。由于这些非物质文化遗产的独特秉赋和原创性,它们中的任何一项一经被优选为强势文化产业的特色项目,就完全可能被打造成直接推动区域经济发展的独家文化品牌。鄂尔多斯市文化局集合鄂托克旗乌兰牧骑等7支表演队,在原鄂托克旗乌兰牧骑创作的小型歌舞表演节目《鄂尔多斯婚礼》的基础上重新加工创作,现有9家文艺团体从事演出的大型民族风情歌舞《鄂尔多斯婚礼》,就是以鄂尔多斯民间流行的非物质文化遗产鄂尔多斯婚礼为素材,精心打造和创新的一个成功范例。①

值得注意的是,无论是物质文化遗产还是非物质文化遗产,一旦作为强势文化产业的特色项目来进行产业化开发,都应当而且亟待诸如文物、科技等有关部门或机构对相应的文化资源进行科学评估。所有开发项目必须经过有关部门或机构按照兼备科学性和合理性的评估指标,诸如可行性、时机、方法、程度、种类、结构、过程、规模、水平、经济增长率及其发展趋向与态势,对其文化、经济、社会、消费和可利用度等核心价值进行细化量化,为开发者和决策者提供准确无误的分析、预测与经营管理注意事项等具体数据之后,才能予以立项并进行产业化开发。只有这样,才能有效避免仓促上马、粗放型管理、低水平运转,才能切实中止可能再度出现的掠夺式弊端,杜绝对有限资源片面性开发、建设性破坏、垄断性牟利所必然导致的严重后果。

---

① 无极:《关于内蒙古草原文化产业化发展的思考》,《内蒙古日报》2011年3月4日。

（三）打造文化节庆

最近几年，文化节庆活动方兴未艾，如北京地坛文化庙会、四川自贡灯会、都江堰放水节、潍坊风筝节、沈阳秋歌节、广西民歌节、曲阜国际孔子文化节等，都具有极大的吸引力、凝聚力，对提高地方知名度，促进本地区经贸活动起到了催化剂作用。这其中非物质文化遗产都扮演了重要角色，甚至是主角，发挥了强大的品牌效应。内蒙古地区近几年也举办了许多类似的文化节庆，如呼和浩特昭君文化节、包头鹿城文化节、巴彦淖尔河套文化节、鄂尔多斯文化节和第11届亚洲艺术节、阿拉善的胡杨生态旅游节、乌兰察布的察哈尔文化节、锡林郭勒的元上都文化节、赤峰的红山文化节、通辽的科尔沁艺术节、呼伦贝尔的达斡尔、鄂温克、鄂伦春"三少民族"风情节、满洲里的中俄蒙三国旅游节等，这些活动已成为树立和展示地方形象的重要手段，成为城市的形象名片，促进了与国内外的交流与合作。

此外内蒙古的105个旗县区，也都设立了自己的文化节日。他们以各自地区民族风俗风情为切入点，举办各种文化节庆活动。这些不同特色的文化盛宴，如辽阔的历史文化画卷，在蓝天白云间，展示着草原文化的绚丽多姿，万种风情。这其中各地别具特色的非物质文化遗产成为当地的品牌和形象的代表。

节庆活动蓬勃开展，经济效益初显。内蒙古自治区已经把节庆活动当做展示非物质文化遗产的一个有效窗口，开发出一系列旅游节庆来吸引游客，经济效益和社会效益初步显现。但纵观这些节庆活动还有很多不足，如较分散，特别是东西部地区的交流和合作有待进一步加强。

（四）参与文化贸易

让内蒙古非物质文化遗产走出国门，展示悠久灿烂的民族文化，有利于增进各国人民之间的了解和情感，也有利于增强民族自豪感和民族凝聚力。建立民间艺术网络，积极向世界传播内蒙古民间艺术文化。近几年，内蒙古各地举办了多种形式的文化节庆活动，对推动民族间、国际间的文化交流起到了重要作用。如呼和浩特以昭君出塞为题材，连续举办了10届昭君文化节。这些节庆活动为东西部的经贸往来，为中国与蒙古国、俄罗斯及东欧各国经济与文化的联系和交往架起了桥梁。此外其他各地也都举办了形式多样的经济和文化交流活动，对推动各国人民了解内蒙古，了解内蒙古文化起了重要作用。但我们必须认识到：各种文化节庆活动不但要在本土举办，也要走出去，多参与其他相关国家和地区举办的各种文化和交流活动，即奉行既要引进来，也要走出去的原则，以扩大内蒙古非物质文化遗产在国际上的影响力。

（五）推进园区建设

在文化生态环境保存相对完整的地区建立文化生态保护区，使其成为"活文化"，已被证明是一种较为有效的利用方法。内蒙古地区也有保存相对较好的区域，如内蒙古西部的鄂尔多斯地区和东部的呼伦贝尔地区。这些地区完全可以打造成文化生态保护区。近几年这些地区也做了相关的努力。如鄂尔多斯地区大力发展以拜谒一代天骄成吉思汗、体验蒙古族祭祀文化、观赏鄂尔多斯歌舞，作为吸引游客的手段，特别是创作了歌舞剧《鄂尔多斯婚礼》，集鄂尔多斯蒙古族历史文化、宫廷文化、民俗文化、礼仪文化和服饰文化之大成，成为展示鄂尔多斯之美的世界性文化品牌。呼伦贝尔市则打造出"三少民族"儿童合唱《五彩传说》、原生态民族歌舞诗《天边》、话剧《拓跋鲜卑》、草原实景演出《天骄成吉思汗》、蒙古古乐演奏《蒙兀室韦》等五张文化名片，使中国最美草原更加神韵独具。

（六）实施人才战略

实施人才战略，加快人才资源与市场化配置的步伐是内蒙古非物质文化遗产利用的重要内容。

一是积极培养各类传承专门人才、经营管理人才、研制开发人才、翻译人才。落实人才激励措施，如给予传承人很高的社会地位和相应的经济资助，在大学里开设相应的课程，让年轻人有机会接触和了解内蒙古非物质文化遗产，特别是在职高、中专开设各种手工艺专业，对学生进行定向培养等，这些举措是能够在内蒙古非物质文化遗产传承人培养方面大有作为的。

二是鼓励老艺人对传承人的培养。民间文化的传承人只有采取带徒弟、办培训班等形式，培养接班人，这些珍贵遗产的利用才有可能。我国藏族史诗《格萨尔王》目前就面临无人传唱的困境，原因就是曾经唱过完整《格萨尔王》的说唱老人已去世，而新的说唱人没有形成。北京市工美行业协会创办的"百工坊"，对来自全国各地37个工坊的著名工艺大师一边制作一边传授技艺。为鼓励他们教授徒弟，市政府还拿出300万元，对于一级工艺美术大师每月每带一个徒弟补助800元，二级工艺美术师每月每带一个徒弟补助 500 元，三级则补助 300 元。①

内蒙古非物质文化遗产的保护和利用同样面临上述困境，如非物质文化遗产保护专业人才奇缺，队伍整体素质有待提高，民间艺人的生存状态让人担忧，内蒙古大部分民间艺人居住偏远、年老体衰、生活贫困，有些非物质文化遗产随着老艺人的离世而面临失传的危险。因此，改善老艺人的生活环境和生存质量，鼓励和激励老艺人对传承人的培养成为当务之急的大事，它直接关系到一些非物质文化遗产的生存和发展。

三　运用现代市场运作模式拓展利用手段

在现代信息社会里，要开发利用传统的民族文化，必然要与今天人们的生活方式、消费习惯、审美情趣等紧密结合起来，也要借助当代的文化传播媒介、传播方式如数字传媒、互联网传播等。既要保持民族民间文化的纯正性，又要符合现代的市场运作模式；既要保留传统文化的底蕴，又要学习现代工业技术做工精细、包装精美等人性化设计的优点，以开放的心态，走文化产业化道路。

（一）民间文学的利用

民间文学的种类繁多，因学者们观念上的分歧，致使民间文学的认定范围和类别各有不同，但综合多种定义和概念，民间文学大致包括如下。

散文故事类，如神话、传说、民间故事、笑话等；韵文歌谣类，如仪式之歌、生活歌谣、情歌、劳动歌、历史传说歌、儿歌；谚语，如社会经验类、自然知识类；歇后语；谜语等。

内蒙古的民间文学都是口头创作的，又是通过口头传承的。后来的文字记录是后人的一种辅助的传播形式，也是一种保护方式。所以，现在对民间文学最基本的利用方式还是记录，将口头记录变为现在可能的各种方式，如文字记录、音像记录、数字化记录等。这些记录将是我们取之不尽的文化资源，掌握这些资源，我们就可以寻求区内外、国内外多方面的合作，进行多渠道开发。

1. 出版

整理后的神话、民间传说、民间故事、英雄史诗等，在掌握知识版权的前提下，可以出版或合作出版内蒙古民间文学的初始文本以及相关的研

---

①　彭建康：《非物质文化遗产的合理利用》，《绵阳师范学院学报》2006 年第 6 期。

究资料，以图书、磁带、光盘等形式出版发行。这些出版物具有永久的价值，是可以持续利用的，因此一定要讲究出版物的质量。像史诗及其他弹唱类作品必要时可以到现代录音棚用现代数码技术进行录制。此外，还要注意出版物的整体视觉效果以及包装设计。

在出版物的发行上，一定要多渠道流通。渠道越多，宣传和发行的范围就越大，数量就能大大增加，社会效益和经济效益就会大涨。如可以以赠送的形式与国内外规模较大的图书馆联系，也可以和国内外著名大学进行交流，甚至可以和国内外的大型企业交流。还可以充分利用互联网，建立自己的网站，并与国内外大型网站交流和合作，以便扩大影响，从而使利润最大化。

2. 改编

内蒙古民间文学是靠口头流传的，这是最原始的也是最基本的流传方式，他们的魅力展示主要取决于民间艺人传艺水准的高低。传播形式也是单一的，正因为如此才显得弥足珍贵。但是，现在的传播手段很多，如图书、报刊、广播、电视、互联网等，不必局限于某种单一形式，可以利用一切可以利用的手段，把内蒙古非物质文化遗产的保护和利用工作做好。

可以把口头流传的民间文学改编为其他文学形式。如将史诗、传说、叙事长诗等改编为适合各个年龄层次的人，尤其是青少年读物。青少年正是对故事最感兴趣的时候，现在故事又处于相对贫乏的时代。内蒙古民间文学中传唱千年的史诗《格萨（斯）尔》以及《王昭君传说》、《巴拉根仓的故事》和《嘎达梅林》等都可以考虑改编成系列小人书、漫画系列等形式的青少年读物。这样既是对内蒙古民间文学的传承，也可以培养青少年从小热爱传统文化，提高文化素养。

还可以改编为影视作品。电影和电视是当今社会最流行也是最吸引人的文化表现形式之一，影视作品的宣传效果既快捷又有效。蒙古族民族英雄嘎达梅林的生平事迹被拍成电影和电视剧后，引起极大反响，歌曲《嘎达梅林》成为人人可以吟唱的佳作。由此也带来了一定的经济效益，这样既保护和传承了蒙古族民族民间文化，又解决了内蒙古非物质文化遗产保护和利用的资金问题，可谓一举两得。内蒙古民族民间文化中的好多精品都可以改编成类似的影视作品，如科尔沁地区的蒙古族传说、阿拉善地区的蒙古族传说故事以及鄂尔多斯蒙古族传说故事等都可以考虑运用这种方式扩大影响。

　　此外，内蒙古民间文学中的一些作品还可以改编成网上流行的动漫（Flash）形式和网络游戏形式。一些短小精悍的谚语、谜语等则可以改编成短信的形式在互联网和手机上传播。而那些思想性强，具有较高教育意义的民间文学形式还可以运用史诗演唱的方式，进行爱国主义教育、形势教育、政治宣传等方式加以传承。

　　总之，民间的就是生活的，生活的就是大众的。运用多种传播形式，使内蒙古民族民间文学被最广大民众接受就是对内蒙古民间文学的最好传承。

（二）音乐舞蹈的利用

　　内蒙古是一个多民族聚居的地区，每个民族都有其独特的音乐和舞蹈风格。不同民族的音乐、舞蹈特征与自己的传统生产生活方式、生存环境以及民族性格等有密切关系。在内蒙古地区，甚至可以通过一个人的舞姿、歌声去判断它的民族、地域。

　　内蒙古地区民间音乐文化的代表主要有：蜚声中外的蒙古长调；流行于内蒙古东部地区的蒙古族说唱艺术乌力格尔；流传于内蒙古东西部的东路、西路二人台牌子曲；流行于鄂尔多斯乌审旗的漫瀚调；呼和浩特市武川地区的爬山调。乐器有马头琴、四胡等。蒙古族舞蹈的代表则是安代舞。

　　品种多样、个性鲜明的内蒙古音乐舞蹈和其他文化遗产一样经历了时代变迁和风雨的洗礼，以它顽强的生命力生存下来。在当前经济高速发展的时代，随着国家对传统文化的重视，音乐文化的保护与传承也成为全社会关注的重要内容。

　　音乐舞蹈和民间文学相比较，它的开发和利用比较灵活，其中最重要的方式是各种演出，再加上优秀节目的音像制品的发行，就可以多渠道赚取利润，提高利用的分量。

　　1. 原生态利用

　　本土音乐舞蹈还是要靠本民族去演唱或表演，才能表现出原汁原味来。但随着社会的发展，城市化进程的加快，这种原生态的民族歌舞越来越难见到，传承的人也越来越少，所以要抓紧时间记录下来，有效的手段即用录音、录像的手段记录下来。这些资料就可以作为原始资料保存下来。它们既可以用做艺术院校的歌舞教材，也可以供民族音乐、舞蹈博物馆展览或播放。

　　原生态音乐的开发还需要寻找和发掘一些技艺高超的民间艺人。这方面工作已有一些成功的典范。如内蒙古师范大学青年学者杨玉成博士在2006年的田野调查过程中，获悉穆·布仁初古拉能够演唱多部蟒古斯因·乌力格尔和叙事民歌的信息，之后及时与穆·布仁初古拉取得了联系，并邀请其到呼和浩特市进行采访和录制工作，同时向学校相关部门和校领导汇报了此事。校长杨一江教授高度重视此事，将穆·布仁初古拉聘请为内蒙古师范大学兼职教授，为他传承民间文化，发挥其才华创造了条件，搭建了平台。内蒙古师范大学作为非物质文化遗产保护单位，2007年将"科尔沁潮尔史诗"申报为内蒙古自治区非物质文化遗产保护项目。经过专家论证、评审，内蒙古师范大学申报的"科尔沁潮尔史诗"2008年被列为内蒙古自治区首批非物质文化遗产名录和国家第二批非物质文化遗产名录。根据穆·布仁初古拉先生在民间文化保护与传承方面所作的贡献，2007年内蒙古自治区文学艺术家联合会、民间文艺家协会授予穆·布仁初古拉先生内蒙古自治区民间文化"阿尔丁"奖"终身成就奖"，并命名"内蒙古自治区潮尔史诗艺术大师"称号。随着申遗成功和政府的大力支持，乌力格尔这种说唱艺术逐渐被内蒙古甚至全国人民所熟知。这是原生态音乐初级开发的成功典范。

　　可见，内蒙古民族音乐的开发利用首先是发现人才，包括民间艺术家和市场运作人员；其次是对艺人的宣传包装和市场运作方式要符合文化经济的规律。要让原生态的歌舞尽可能多参加有影响的晚会和大型活动，以提高知名度和经济效益。因此，在内蒙古文化产业化的发展过程中，要有一批既懂传统文化的内涵和价值，又清楚现代国际文化市场运作惯例的现代化经营人物，才能把内蒙古非物质文化遗产的保护和利用事业做大做好。

　　2. 创作改编民族歌舞

　　艺术来源于生活，来源于民间的原始艺术。民族歌舞的创作改编只有在深深悟出民族文化的灵魂后，才能创作改编出既有民族韵味又能适应现代人特别是都市人的审美和消费习惯的民族艺术精品来。

　　为了弘扬内蒙古自治区民族传统文化，提升地区影响力，扩大对外宣传，近几年内蒙古自治区改编创作了一系列脍炙人口的音乐舞蹈作品，其中代表作有锡林郭勒盟民族歌舞团创作的舞剧《草原记忆》，该剧已入选中宣部十台优秀剧目在全国巡演。

此外，内蒙古民族歌舞剧院歌舞团自组建以来，以弘扬民族歌舞艺术为己任，努力把蒙古民族和其他少数民族的音乐、舞蹈介绍给世界各国人民。歌舞团注重培养各民族艺术人才，可称为内蒙古著名歌舞艺术家的摇篮。著名舞蹈大师贾作光先生，著名舞蹈家敖德木勒、敖登格日勒，著名歌唱家德德玛、拉苏荣以及著名电影演员斯琴高娃，著名歌手韩磊等都曾在歌舞团工作过。这些艺术家在内蒙古民族民间舞蹈的传承和发展方面作出了重大贡献。

尽管自治区在民族民间音乐和舞蹈传承方面作出了一系列成果，但距离现代市场运作模式还有一定的距离。如和著名舞蹈家杨丽萍编导的大型原生态歌舞集《云南映像》比起来，距离还很大。《云南映像》将原生态的原创乡土歌舞精髓和民族歌舞经典全新整合重构，让原生、古朴的民族歌舞与新锐的艺术构思碰撞，让人们领略到了少数民族最本色的生活。可以说，这是高层次的艺术审美。这部歌舞集是传统音乐文化与现代市场运作模式的完美结合，既体现了高超的艺术价值，又得到了客观的经济回报。《云南映像》的成功，对内蒙古民族民间文化的开发利用有很大的启发作用，特别是对民族舞蹈的改编创作和现代化运作模式上提供了具体的操作模式。

（三）民间工艺的利用

民间工艺品分实用类和陈设类两种，内蒙古各民族的工艺品以实用类为主。随着社会的发展，工业技术的发达，工业产品日渐丰富起来，但工业产品缺乏人性化色彩，给人以冷冰冰的感觉。而手工艺品包含有人类的感悟，其造型、花纹往往都是一种传统的认同，所以民间工艺品在当今城市居民中越来越受到欢迎，成为城市人追求品位、追求个性的表现。

正是在这样的背景下，民间工艺品有其广阔的发展前景。但在当今市场经济的冲击下，民间工艺的生存和发展，必然受市场经济规律的制约，因此应该积极寻求对策，把民间工艺的发展引入可持续发展之路，让传统的民间工艺焕发新的生机。

内蒙古民间工艺中的手工技艺有蒙古族勒勒车制作技艺、蒙古包制作技艺、蒙古族拉弦乐器制作工艺、莜面饮食制作技艺、蒙古族马具制作技艺、鄂伦春族兽皮制作技艺、桦树皮制作技艺、达斡尔族车制作技艺、蒙古族驼具制作工艺、阿拉善地毯制作技艺等。此外，像蒙古牛皮画、蒙古族服饰、蒙古族刺绣工艺、蒙古族图案以及蒙古族鼻烟壶、蒙古族刀具、蒙古族奶酒壶等都是极具民族特色、广受欢迎的手工艺品。对民间工艺的利用，可以分门别类的进行探讨。

1. 服装服饰

蒙古族服饰具有浓厚的草原风格。因为蒙古族长期生活在塞北草原，蒙古族人民不论男女都爱穿长袍，名为蒙古袍。主要包括长袍、腰带、靴子、首饰等。但因地区不同在式样上有所差异。以女子长袍为例，科尔沁、喀喇沁地区的蒙古族受满族影响，多穿宽大直筒到脚跟的长袍，两侧开叉，领口和袖口多用各色套花贴边；锡林郭勒草原的蒙古人则穿肥大窄袖镶边不开叉的蒙古袍；布里亚特妇女穿束腰裙式起肩的长袍；鄂尔多斯的妇女袍子分三件，第一件为贴身衣，袖长至腕，第二件为外衣，袖长至肘，第三件无领对襟坎肩，钉有直排闪光钮扣；而青海地区的蒙古人穿的长袍与藏族的长袍较为相近。除了青海以外，男子的服饰各地差别不大。春秋穿夹袍，夏季着单袍，冬季着棉袍或皮袍。蒙古族平时喜欢穿布料衣服，逢年过节或喜庆一般都穿织锦镶边的绸缎衣服。男装多为蓝、棕色，女装喜欢用红、粉、绿、天蓝色。

纯正的蒙古族服饰从款式、面料到做工，都保持着原汁原味。这样的服装服饰具有收藏价值，可供研究和观赏；同时也可作为礼物赠送。到内蒙古地区考察、游览的人一般都要带礼物回去，民族服装是重点选择之一。可见纯正的民族服装服饰还是有相当大的市场。如何将传统服饰与现代元素相结合，适应市场经济的需要，需要做如下工作：

款式上可以采用现代设计理念，符合现代流行趋势，但做工特别是刺绣等装饰部分用民族传统的工艺和图案，一定要突出特色和特点，做到现代服装款式和民族工艺完美结合，富有个性；也可以在现代服装款式上，点缀民族工艺，甚至可以在流水线生产的工业产品里，加一些富有特色的民族工艺。

近几年，唐装从突然风行到现在正常流行，证明现代生活中人们对传统文化的回归。新材料、新工艺、传统款式有市场；新款式、传统工艺和面料也有市场。蒙古族的长袍、腰带、靴子、首饰等深受国内外游客喜爱，都可以遵循上述原则进行开发和利用。但真正有生命的民族服饰还是用手工精密制作而成的，因此在融入现代化开发理念的同时，一定要保持民族服饰的精髓。总之，根据市场反馈及时调整，但一定要注册商标，讲究信誉，创立品牌，从一点一滴做起，走向规范化管理和经营。

2. 生活类工艺品

生活类工艺品也有广阔的市场。随着生活质量的提高，人们的家居生活中也多了个性化的设计，家庭装修中往往会用人性化比较浓厚的装饰品来体现。具有民族特性的工艺品成为家居装饰中的首选。如蒙古族工艺品牛皮画就深受居民喜爱。

蒙古族牛皮画工艺的创作灵感来源于古老而辽阔的大草原，祖祖辈辈放牧牛羊的草原人创作了大量精致而有价值的艺术作品。皮画用的画纸是用优质的整张牛皮，经过传统工艺精制而成。皮画最早可以追溯到游牧民族逐水草而居时期，经过漫长的演变，如今皮画除保持古朴韵味外，更加融入现代民族工艺技法，成为一种难得的馈赠佳品和高雅的室内装饰品。

此外，具有蒙古族图案的墙砖、地板、壁纸等一系列装饰用品以及灯具、餐具等家居用品都赢得了消费者的青睐。像蒙古刀、银碗、哈达、牛角制品、毡画、皮笔筒、皮酒壶、动物标本都是现代都市人喜欢的具有极高收藏价值的民族民间工艺品，是适合于馈赠和收藏的极佳产品。这些造型独特、具有民族特色的工艺品既可以实用，又可以当做工艺品收藏，市场前景非常广阔。如果将这些工艺品的开发加入现代化的市场运作模式，则利用空间广阔。

这些民族工艺品大多是手工制作，正因如此更显其珍贵，这一点尽量保持下来。但可以加入现代化的营销模式。如走品牌化道路，以店名或艺人的名字注册商标；与邮局或快递公司合作，满足顾客邮购或托运的需求；在网上注册，建立销售页面，以扩大销售范围等。此外，还要注意细节，如产品的包装、作坊的秩序和卫生状况、店面的布局以及服务的态度等，都是影响产品销售的因素。

除了提高产品质量和改变服务理念外，还应激励民间艺人珍惜荣誉，如可以采取激励手段，对现存民间艺人采用登录制度，进行评比，分级命名，而名誉不是固定的，可以升降，甚至可以取消，以激励民间艺人既热爱自己的名誉又珍惜产品的荣誉和无形价值。

任何一类工艺品都大有文章可做，在做精传统的作品外，还要创新新产品，但不能失去自己的风格，可以进行系列开发，满足不同消费群体的需求。如美国的芭比娃娃，行销全世界，它不但开发本国产品，还用自己的工艺开发他国风味的产品。内蒙古民间工艺产品丰富，如果能认真开发，一定会给国内外人们的生活增添新的色彩和活力，也一定能为内蒙古人民赢得荣誉和不菲的经济收入。

　　总之，内蒙古非物质文化遗产的保护和利用是相辅相成的，保护是为了更好地利用，利用是为了更好地保护。在市场经济条件下，在国家大力发展文化产业的背景中，我们如果能对内蒙古非物质文化遗产的合理利用进行积极的思考，重视内蒙古非物质文化遗产所具有的经济功能和产业属性，制定一个系统的、完善的面向市场的利用发展机制和实施措施，内蒙古非物质文化遗产的保护和利用工作将会做得更好。

结　语

　　内蒙古历史文化遗产的保护与利用研究可以说刚刚起步，还处于探索阶段，本书所研究的问题也有待于进一步深入。但通过以上的研讨，我们至少可以有如下认识：

　　第一，从20世纪80年代起，我国的历史文化遗产保护工作开始步入法制化管理轨道，经历了以个体文物保护单位为主的起步阶段，发展到今天的保护历史文化街区、历史文化名城、非物质文化遗产等全面保护阶段。内蒙古在历史文化遗产的保护方面也经历了这样的发展历程，并取得了一定的成绩，但是，我们也应当看到内蒙古在历史文化遗产保护方面还存在许多尚需努力之处。针对这些不足之处，本书从多个方面提出了解决的办法。

　　第二，要充分发挥政府在历史文化遗产保护中的主导作用。政府之所以应该在历史文化遗产的保护中发挥主导作用，是因为：首先，历史文化遗产的保护是一项十分浩大的系统工程，需要集中大量的人力、物力，花费众多的时间，这不是任何个人和民间团体所能承担、胜任的。只有政府，才有能力开展组织、协调工作，并提供一定的财力支持。其次，历史文化遗产保护是一项公共文化事业，政府作为公共事业管理部门，其起主导作用是其履行公共文化职能的具体体现。再次，从物权的角度看，国家是历史文化遗产所有权的主体，享有对历史文化遗产的占有、使用、收益和处分权。所以，在历史文化遗产的保护工作中，各级政府义不容辞地成了最重要的保护主体。最后，从国外历史文化遗产保护比较成功的经验来看，无论是亚洲的日本、韩国，还是欧洲的英国、法国、意大利等，对历史文化遗产的保护均采取政府主导的模式。因此，在历史文化遗产的保护上，充分发挥政府的主导作用，是一条比较科学、有效的保护路径。

　　要充分发挥政府在历史文化遗产保护中的主导作用，首先各级政府、有关单位的领导，要从思想上充分认识到历史文化遗产的价值。历史文化遗产具有不可替代性，是不可再生的、可持续发展的重要资源。历史无法重复与复制，历史文化遗产一旦损毁就会带来不可挽回的损失，给子孙后代留下永远的遗憾。内蒙古自治区是全国重要的民族文化大区之一，历史文化遗产十分丰富，并且具有浓郁的民族特色和地域风格，体现了中华民族文化的多样性，具有十分重要的政治、经济、科学文化等价值。不仅可以帮助人们认识自己的历史和创造力量，提高民族自尊心和自信心，激发爱国主义热情和革命精神，而且可以为社会主义经济建设提供重要的借鉴作用。因此，保护好这些历史文化遗产具有重要的意义。从主观上认识到保护历史文化遗产的重要性固然必要，但更重要的是通过采取行之有效的措施将其落到实处。这主要包括健全完善的法律体系、基金运作体系、组织管理体系等。特别是要加强历史文化遗产保护的宣传工作，增强全社会对历史文化遗产保护的法制观念。其次，做好历史文化遗产保护工作，仅靠业务主管部门的力量显然是不够的，要发动全社会的力量，通过报纸、书刊、电视、广播电台、网络等新闻舆论部门，以各种方式广泛宣传遗产保护的意义，普及遗产保护的知识。图书馆、文化馆、博物馆、科技馆等公共文化机构和各级各类历史文化遗产保护机构要经常举办展览、论坛、讲座等活动，展示和传播本地有代表性的历史文化遗产，使公众更多地了解历史文化遗产的丰富内涵。支持各级各类学校将历史文化遗产教育列入教学计划，设置相关课程，培养学生从小保护历史文化遗产的观念。鼓励开展文化遗产宣传月和"文化遗产日"等活动，培养广大民众参与的兴趣，使他们能够树立起"保护历史文化遗产人人有责"的观念。要进一步加大《文物保护法》、《非物质文化遗产保护法》和内蒙古自治区《文物保护条例》、《关于加强文化遗产保护的实施意见》等法律、条例的宣传力度，通过多种途径使全区人民了解历史文化遗产事业的发展情况，增强民族自豪感，激发热爱内蒙古，建设内蒙古的热情。

第三，建立合理的管理体系。目前内蒙古历史文化遗产要接受多个主管部门的业务归口管理和地方各级政府的行政领导，如文物保护单位的业务主管部门为文物局、建设厅，其他相关部门有旅游局、环保局；非物质文化遗产的业务主管部门为文化厅。这种分头管理的管理体制，导致政出多门，致使历史文化遗产的规划、保护与开发受到多重制约。为此，应在自治区、盟市建立分别为厅处级规格的历史文化遗产管理局，直接管理历史文化遗产，明确管理权，提高管理的权威性和有效性，与立法部门、司法部门相互配合，加强管理，结束政出多门、管理混乱、保护不力、利用低下的局面。自治区历史文化遗产管理局"指导地方各级文化遗产的开展工作，并制定合理的文化遗产管理政策，保护文化知识产权，维护文化遗产市场秩序，提供信息服务，对遗产保护、开发和利用等重大问题作出科学决策"。[①]

　　第四，建立"政府投入为主，社会广泛参与"的资金保障制度。历史文化遗产的保护需要持续的巨额资金投入，如果保护资金不能得到有效的保障，那么保护工作就会大打折扣。目前，内蒙古历史文化遗产保护资金的最主要来源是国家和地方政府的财政拨款。尽管自治区文化厅在《关于加强文化遗产保护的实施意见》中明确要求"各级政府要将文化遗产保护经费纳入本级财政预算，并要随着财政收入的增长而逐年增加，保障重点文化遗产保护的经费投入"。但由于自治区尚属经济欠发达地区，财力有限，拿不出更多的资金，而社会投资的数额也非常有限，远远不能满足历史文化遗产保护的需要，这就严重地制约了自治区历史文化遗产的保护。为了能给历史文化遗产保护提供足够的资金保障，一方面，各级政府须进一步加大对历史文化遗产投资的力度，在各级财政中按地区年度生产总值的一定比例设立专项历史文化遗产保护资金。另一方面，要制定相关的社会资助政策，积极引导和吸收民间资本参与到历史文化遗产的保护中来，给提供资助的企业和个人在政策和税收方面的优惠，对在历史文化遗产所在地，从事旅游、经商的个人和企业征收一定的历史文化遗产资源税。同时可发行历史文化遗产彩票，或在公益彩票收益中确定一定比例，为历史文化遗产保护募集资金。

　　第五，要正确处理好保护与利用的关系。在历史文化遗产的保护与利用上，必须始终将保护工作放在第一位，开发利用放在第二位。也就是说，保护是开发的基础，有利于遗存的可持续发展；开发利用能发挥遗产的价值，反过来促进保护。文化遗产的利用，具有社会效益和经济效益，在社会效益方面，既可以开展科学研究，又可以满足国民教育和人民大众艺术审美的需求。在经济效益方面，历史文化遗产在旅游产业中日益发挥

　　① 王星光、贾兵强：《中原历史文化遗产可持续发展的问题与对策》，《河南社会科学》2008 年第 4 期。

着非常重要的作用。要杜绝重开发利用、轻保护管理的做法，不能以牺牲历史文化遗产为代价，无限度地开发利用，换取一时的经济利益。要按照国务院《关于加强文化遗产保护工作的通知》的要求，保护好历史文化遗产的真实性和完整性，对物质文化遗产应坚持"保护为主，抢救第一、合理利用、加强管理"的方针，对非物质文化遗产应坚持"保护为主，抢救第一、合理利用、传承发展"的方针。随着我国现代化建设的不断发展，欣赏历史文化遗产，游览名胜古迹，已成为人们精神生活的一种追求。因此，在做好历史文化遗产保护的前提下，应进一步加强对历史文化遗产的合理利用，充分发挥其在社会主义精神文明和物质文明建设中的作用。要大力举办有自治区民族特色和地方风格的历史文化遗产旅游活动，其中，特别要加强对红山文化、草原青铜文化、辽金元文化、蒙古族民族风情等历史文化的综合开发，努力促进保护与开发的同步进行，推出一批有地方特色的历史文化遗产旅游精品项目。这样做既可以在一定程度上弥补历史文化遗产保护经费不足的问题，又可以使人们在接受历史文化熏陶的同时，增强历史文化遗产保护意识，使全社会都重视历史文化遗产的保护工作。

　　总之，内蒙古自治区的历史文化遗产保护与利用工作虽已取得了一定的成绩，但也存在着不少的问题。保护与利用自治区的历史文化遗产可谓任重而道远，既需要各级领导的高度重视，同时也需要向社会进行广泛的宣传，营造一个全社会共同保护历史文化遗产的氛围。只有全社会都增强了历史文化遗产保护与利用意识，才能做好历史文化遗产的保护与利用工作。

参考文献

一 著作

1. 盖山林：《和林格尔汉墓壁画》，内蒙古人民出版社 1978 年版。

2. 《内蒙古文物考古工作 30 年》，文物出版社 1979 年版。

3. 乌兰杰：《蒙古族古代音乐舞蹈初探》，内蒙古人民出版社 1980 年版。

4. 荣祥、荣赓麟：《土默特历史沿革》，内蒙古人民出版社 1981 年版。

5. 文物编辑委员会：《中国长城遗迹调查报告集》，文物出版社 1981 年版。

6. 赛音吉日嘎拉、沙日勒岱：《成吉思汗祭奠》，民族出版社 1983 年版。

7. 特木尔巴根、苏赫巴鲁：《蒙古族婚礼歌》，中国民间文艺出版社 1983 年版。

8. 《鄂伦春族社会历史调查》，内蒙古人民出版社 1984 年版。

9. 中国社会科学院考古研究所：《新中国的考古发现和研究》，文物出版社 1984 年版。

10. 《达斡尔族社会历史调查》，内蒙古人民出版社 1985 年版。

11. 秋浦主编：《萨满教研究》，上海人民出版社 1985 年版。

12. 赵星：《鄂尔多斯民间音乐简述》，内蒙古人民出版社 1986 年版。

13. 《鄂温克族社会历史调查》，内蒙古人民出版社 1986 年版。

14. 林幹：《匈奴通史》，内蒙古人民出版社 1986 年版。

15. 内蒙古文物工作队：《鄂尔多斯青铜器》，文物出版社 1986 年版。

16. 〔英〕马林诺夫斯基：《文化论》，中国民间文艺出版社 1987 年版。

17. 萨音塔娜：《达斡尔族民间故事选》，内蒙古人民出版社 1987 年版。

18. 王丽坤：《鄂伦春传统民歌》，黑龙江省民族研究所 1988 年版。

19. 王士媛、马名超编：《鄂温克民间故事》，上海文艺出版社 1989 年版。

20. 萨·纳日松：《鄂尔多斯风俗志》，内蒙古人民出版社 1989 年版。

21. 包金刚：《好来宝研究》，内蒙古人民出版社 1990 年版。

22. 王迅、苏赫巴鲁：《蒙古族风俗志》，中央民族学院出版社 1990 年版。

23. 韩有峰：《鄂伦春风俗志》，中央民族学院出版社 1991 年版。

24. 赵复兴：《鄂伦春族游猎文化》，内蒙古人民出版社 1991 年版。

25. 巴图宝音：《达斡尔族风俗志》，中央民族学院出版社 1991 年版。

26. 额尔敦昌编译：《内蒙古喇嘛教》，内蒙古大学出版社 1991 年版。

27. 刘守华主编：《文化学通论》，高等教育出版社 1992 年版。

28. 马学良等主编：《中国少数民族文学史》，中央民族学院出版社 1992 年版。

29. 蔡志纯、洪用斌编：《蒙古族文化》，中国社会科学出版社 1993 年版。

30. 徐世明、毅松编著：《内蒙古少数民族风情》，内蒙古人民出版社 1993 年版。

31. 乌热尔图主编：《鄂温克风情》，内蒙古文化出版社 1993 年版。

32. 孟淑珍整理：《鄂伦春民间文学》，黑龙江省民族研究所 1993 年版。

33. 李晓东：《中国文物学概论》，河北人民出版社 1993 年版。

34. 内蒙古体委：《搏克》，人民体育出版社 1993 年版。

35. 周清澍：《内蒙古历史地理》，内蒙古大学出版社 1994 年版。

36. 乌兰察夫、宝力格：《蒙古族哲学思想史》，内蒙古大学出版社 1994 年版。

37. 武国骥主编：《蒙古族哲学史》，内蒙古文化出版社 1994 年版。

38. 伊克昭盟地方志编辑委员会：《伊克昭盟志》，现代出版社 1994 年版。

39. 腾绍箴：《达斡尔族文化史》，辽宁人民出版社 1994 年版。

40．《内蒙古文物考古文集》（第 1 辑），中国大百科全书出版社 1994 年版。

41．张贵：《包头史稿》（上、下卷），内蒙古大学出版社 1994、1997 年版。

42．徐万邦、祁庆富：《中国少数民族文化通论》，中央民族大学出版社 1996 年版。

43．阿木尔巴图：《蒙古族美术研究》，辽宁民族出版社 1997 年版。

44．赛音、托娅：《达斡尔族文学史略》，内蒙古大学出版社 1997 年版。

45．《内蒙古文物考古文集》（第 2 辑），中国大百科全书出版社 1997 年版。

46．伍国栋主编：《民族音乐学概论》，人民音乐出版社 1997 年版。

47．满都呼主编：《中国阿尔泰语系诸民族神话故事》，民族出版社 1997 年版。

48．乌兰杰：《蒙古族音乐史》，内蒙古人民出版社 1998 年版。

49．邢莉：《草原文化》，辽宁教育出版社 1998 年版。

50．吕大吉：《宗教学通论新编》，中国社会科学出版社 1998 年版。

51．魏坚：《内蒙古中南部汉代墓葬》，中国大百科全书出版社 1998 年版。

52．郭立新主编：《考古人类学》，广西民族出版社 1998 年版。

53．内蒙古文物考古研究所、鄂尔多斯博物馆：《朱开沟——青铜时代早期遗址发掘报告》，文物出版社 2000 年版。

54．斑斓、冯军胜：《阴山岩画文化艺术论》，远方出版社 2000 年版。

55．孟慧英：《中国北方民族萨满教》，社会科学文献出版社 2000 年版。

56．郭淑云：《原始活态文化——萨满教透视》，上海人民出版社 2001 年版。

57．胡尔克编：《中国百年考古大发现》，兵器工业出版社 2001 年版。

58．马世雯：《蒙古族文化史》，云南民族出版社 2000 年版。

59．仁钦道尔吉：《蒙古英雄史诗源流》，内蒙古大学出版社 2001 年版。

60．陈兆复主编：《中国少数民族美术史》，中央民族大学出版社 2001 年版。

61．乌云巴图、葛根高娃：《蒙古族传统文化论》，远方出版社 2001 年版。

62. 陈岗龙：《蒙古民间文学比较研究》，北京大学出版社 2001 年版。

63. 赵星：《蛮汉调研究》，内蒙古大学出版社 2001 年版。

64. 哈经雄主编：《民族教育学通论》，教育科学出版社 2001 年版。

65. 刘钟龄、额尔敦布和主编：《游牧文明与生态文明》，内蒙古大学出版社 2001 年版。

66. 田联韬主编：《中国少数民族传统音乐》，中央民族大学出版社 2001 年版。

67. 张贵：《阴山集》，内蒙古人民出版社 2001 年版。

68. 易中天：《艺术人类学》，上海文艺出版社 2001 年版。

69. 戴炳林主编：《包头市文化志》，内蒙古人民出版社 2001 年版。

70. 冯骥才主编：《守望民间》，西苑出版社 2002 年版。

71. 庄孔韶主编：《人类学通论》，山西教育出版社 2002 年版。

72. 邓光华主编：《中国民族民间音乐》，高等教育出版社 2002 年版。

73. 汪立珍：《鄂温克宗教信仰与文化》，中央民族大学出版社 2002 年版。

74. 义都合西格主编：《蒙古民族通史》，内蒙古大学出版社 2002 年版。

75. 盖山林：《内蒙古岩画的文化解读》，北京图书馆出版社 2002 年版。

76. 鄂尔多斯市《蒙古民族通史》编委会：《蒙古民族通史》，内蒙古大学出版社 2002 年版。

77. 姚重军：《少数民族传统体育文化研究》，民族出版社 2003 年版。

78. 韩有峰等：《鄂伦春族历史、文化与发展》，哈尔滨出版社 2003 年版。

79. 陈永志主编：《内蒙古出土瓦当》，文物出版社 2003 年版。

80. 乔晓光：《活态文化》，山西人民出版社 2003 年版。

81. 刘红婴、王健民：《世界遗产概论》，中国旅游出版社 2003 年版。

82. 张实：《体质人类学》，云南大学出版社 2003 年版。

83. 赛音塔娜主编：《内蒙古民俗》，甘肃人民出版社 2003 年版。

84. 刘伟：《旅游概论》，高等教育出版社 2003 年版。

85. 李世相：《蒙古族长调民歌概论》，内蒙古人民出版社 2004 年版。

86. 朝鲁：《蒙古族长调牧歌研究》，内蒙古文化出版社 2004 年版。

87. 乌兰察布盟地方志编辑委员会：《乌兰察布盟志》，内蒙古文化出版社 2004 年版。

88. 陈永志主编：《内蒙古集宁路古城遗址出土瓷器》，文物出版社2004年版。

89. 《内蒙古文物考古文集》（第3辑），科学出版社2004年版。

90. 孙秋英主编：《文化人类学教程》，民族出版社2004年版。

91. 武沐：《匈奴史研究》，民族出版社2005年版。

92. 满都呼主编：《中国阿尔泰语系民族民间文学概论》，内蒙古教育出版社2005年版。

93. 张贵：《河水集》，远方出版社2005年版。

94. 许明：《文化发展论》，北京大学出版社2005年版。

95. 顾军：《文化遗产报告》，社会科学文献出版社2005年版。

96. 刘兆和主编：《草原宝藏》，内蒙古大学出版社2005年版。

97. 王占义、张润光主编：《内蒙古之最》，新华出版社2005年版。

98. 文日焕、祁庆福：《民族遗产》（第1辑），学苑出版社2005年版。

99. 向云驹：《世界非物质文化遗产》，宁夏人民出版社2006年版。

100. 樊传庚：《新疆文化遗产的保护和利用》，中央民族大学出版社2006年版。

101. 苏鲁格：《蒙古族宗教史》，辽宁民族出版社2006年版。

102. 满都夫：《蒙古族美学史》，辽宁民族出版社2006年版。

103. 卡丽娜：《驯鹿鄂温克人文化研究》，辽宁人民出版社2006年版。

104. 王天顺：《河套史》，人民出版社2006年版。

105. 李凤山：《长城与民族》，中央民族大学出版社2006年版。

106. 郝维民主编：《内蒙古通史纲要》，人民出版社2006年版。

107. 倪玉明：《图说巴彦淖尔》，远方出版社2007年版。

108. 包头市地方志编辑委员会：《包头市志》，远方出版社2007年版。

109. 张贵：《黄土集》，内蒙古大学出版社2007年版。

110. 曹永年主编：《内蒙古通史》，内蒙古大学出版社2007年版。

111. 宝力格主编：《草原文化概论》，内蒙古教育出版社2007年版。

112. 晓克主编：《草原文化史论》，内蒙古教育出版社2007年版。

113. 呼日勒沙：《草原文化区域分布研究》，内蒙古教育出版社2007

年版。

114. 塔拉：《草原考古学文化研究》，内蒙古教育出版社 2007 年版。

115. 刘高、孙兆文、陶克套：《草原文化与现代文明研究》，内蒙古教育出版社 2007 年版。

116. 陶玉坤：《北方游牧民族历史文化研究》，内蒙古教育出版社 2007 年版。

117. 包斯钦、金海：《草原精神文化研究》，内蒙古教育出版社 2007 年版。

118. 朋·乌恩：《蒙古族文化研究》，内蒙古教育出版社 2007 年版。

119. 扎格尔：《草原物质文化研究》，内蒙古教育出版社 2007 年版。

120. 王军、董艳主编：《民族文化传承与教育》，中央民族大学出版社 2007 年版。

121. 宋贵生：《当代民族艺术之路：传承与超越》，人民出版社 2007 年版。

122. 王军主编：《教育民族学》，中央民族大学出版社 2007 年版。

123. 郑培凯主编：《口传心授与文化传承——非物质文化遗产：文献，现状与讨论》，广西师范大学出版社 2007 年版。

124. 毅松、涂建军：《达斡尔族、鄂温克族、鄂伦春族文化研究》，内蒙古教育出版社 2007 年版。

125. 王文章：《非物质文化遗产概论》，教育科学出版社 2008 年版。

126. 赛音吉日嘎拉：《蒙古族祭祀》，内蒙古大学出版社 2008 年版。

127. 贾银忠：《中国少数民族非物质文化遗产教程》，民族出版社 2008 年版。

128. 段宝林：《非物质文化遗产精要》，中国社会出版社 2008 年版。

129. 文日焕、祁庆福：《民族遗产》（第 2 辑），学苑出版社 2009 年版。

130. 刘锡诚：《非物质文化遗产：理论与实践》，学苑出版社 2009 年版。

131. 何琼：《西部少数民族文化概论》，民族出版社 2009 年版。

132. 苑利、顾君：《非物质文化遗产学》，高等教育出版社 2009 年版。

133. 张驭寰、林北钟：《内蒙古古建筑》，天津大学出版社 2009

年版。

134. 王磊义、姚桂轩、郭建中：《藏传佛教寺院美岱召五当召调查与研究》，中国藏学出版社2009年版。

135. 马英：《阿拉善长调民歌的生态理想：阿拉善蒙古族长调民歌生态文化解析》，广西师范大学出版社2009年版。

136. 牟延林、谭宏、刘壮：《非物质文化遗产概论》，北京师范大学出版社2010年版。

二　期刊论文

1. 内蒙古文物考古研究所、包头市文管处：《包头西园墓地》，《内蒙古文物考古》1991年第1期。

2. 纳古单夫：《蒙古族那达慕文化考》，《内蒙古社会科学》1992年第6期。

3. 鄂·苏日台：《论"敖包文化"的形成与演变》，《内蒙古社会科学》1994年第3期。

4. 苏俊：《保护利用好内蒙古丰富的文物资源》，《实践》1995年第4期。

5. 乌云巴图：《论蒙古族传统文化的基本精神》，《内蒙古社会科学》1997年第6期。

6. 邢莉：《祭敖包与蒙古族的民间信仰》，《内蒙古社会科学》1997年第1期。

7. 赵永铣、巴图：《那达慕文化的由来与流传》，《内蒙古社会科学》1998年第5期。

8. 孟和宝音：《从阴山岩画看古代北方民族的文化价值取向》，《内蒙古师范大学学报》1998年第3期。

9. 张元、约斯拉图：《蒙古族体育促进社会主义精神文明建设研究》，《内蒙古师范大学学报》1999第3期。

10. 任洪生：《蒙古族敖包习俗的文化渊源考述》，《青海民族研究》1999年第3期。

11. 赵永铣：《那达慕祝词赞词的审美特征》，《内蒙古社会科学》2001年第1期。

12. 计红：《居延遗址保护及文物旅游》，《实践》2002年第5期。

13. 白世君、呼和巴雅尔：《阴山名刹——五当召》，《内蒙古统战理论研究》2003 年第 3 期。

14. 王磊义：《美岱召遗存之我见》，《阴山学刊》2003 年第 5 期。

15. 闵泽平：《昭君故事的流传与演变》，《中南民族大学学报》2003 年第 5 期。

16. 阿·斯琴：《蒙古族婚礼歌曲的种类及其特点》，《内蒙古大学艺术学院学报》2004 年第 2 期。

17. 刘魁立：《非物质文化遗产及其保护的整体性原则》，《广西师范大学学报》2004 年第 4 期。

18. 王乐文：《朱开沟遗址出土遗存分析》，《北方文物》2004 年第 3 期。

19. 王瑞娟、李雪：《浅谈蒙古长调的渊源、发展及应用》，《黑龙江民族丛刊》2005 年第 4 期。

20. 任丽君：《鄂尔多斯蒙古族民歌的保护与传承》，《内蒙古统战理论》2005 年第 3 期。

21. 乔玉光：《"呼麦"与"浩林·潮尔"：同一艺术形式的不同称谓与表达——兼论呼麦（浩林·潮尔）在内蒙古的历史承传与演化》，《内蒙古艺术》2005 年第 2 期。

22. 高娃：《蒙古族传统体育文化发展的现状及其对策研究》，《内蒙古师范大学学报》2005 年第 4 期。

23. 康·格桑益希：《内蒙古阿尔寨石窟八思巴壁画探秘》，《西藏研究》2005 年第 2 期。

24. 王娟：《历史文化名城呼和浩特的保护发展》，《内蒙古电大学刊》2005 年第 9 期。

25. 王文章：《非物质文化遗产保护步入规范里程》，《人民日报》2005 年 6 月 12 日。

26. 祁庆富：《论非物质文化遗产保护中的传承及传承人》，《西北民族研究》2006 年第 3 期。

27. 彭建康：《非物质文化遗产的合理利用》，《绵阳师范学院学报》2006 年第 6 期。

28. 宋俊华：《非物质文化遗产特征刍议》，《江西社会科学》2006 年第 1 期。

29. 李耀丽：《蒙古族婚礼歌中反映的民俗事象初探》，《太原城市职业技术学院学报》2006 年第 6 期。

30. 曹建恩：《内蒙古中南部商周考古研究的新进展》，《内蒙古文物考古》2006 年第 2 期。

31. 乌云格日勒：《试析成吉思汗祭奠的历史变迁》，《兰州学刊》2006 年第 3 期。

32. 彭善国：《内蒙古地区出土的元代瓷器及相关问题》，《内蒙古社会科学》2006 年第 2 期。

33. 宝琴：《昭君形象的类型及其文化内涵》，《西北师大学报》2007 年第 4 期。

34. 王雪峰：《历史名镇黑水城的文化价值》，《西北美术》2007 年第 2 期。

35. 李泽兵、张丽娜：《蒙古族长调——传承保护步履维艰》，《思想工作》2007 年第 11、12 期。

36. 乔布英：《从漫瀚调看鄂尔多斯文化与社会的和谐》，《鄂尔多斯文化》2007 年第 4 期。

37. 白歌乐：《话说蒙古象棋源流》，《西部资源》2007 第 2 期。

38. 白红梅：《蒙古族搏克的文化性格及其教育功能探析》，《民族教育研究》2007 年第 2 期。

39. 高娃：《全球化背景下发展搏克运动的文化思考》，《内蒙古师范大学学报》2007 年第 2 期。

40. 李燕：《非物质文化遗产与中学语文教学》，《语文教学与研究》2007 年第 12 期。

41. 曲彦斌：《略论非物质文化遗产保护与利用的相互关系》，《文化学刊》2008 年第 6 期。

42. 唐冲、李燕玲：《民族民间文学课程资源的开发与利用》，《内蒙古教育》2008 年第 2 期。

43. 仁钦：《浅谈蒙古族长调民歌的起源、分布及特点》，《西北民族大学学报》2008 年第 6 期。

44. 李彦娜：《论漫瀚调艺人传承的文化交融性》，《中央民族大学学报》2008 年第 2 期。

45. 张发：《关于保护、传承漫瀚调的思考》，《鄂尔多斯文化》2008

年第 3 期。

46. 乔布英：《漫瀚调的传承与发展之我见》，《鄂尔多斯文化》2008 年第 3 期。

47. 朝克图、赵玉华：《探析蒙古族曲艺艺术"胡仁·乌力格尔"面临的危机》，《内蒙古民族大学学报》2008 年第 6 期。

48. 简吉：《乌力格尔艺术：草原文化传承中的思考》，《实践》（思想理论版）2008 年第 3 期。

49. 张曙光：《蒙古族那达慕传承发展的动力机制研究》，《中央民族大学学报》2008 年第 3 期。

50. 陈改桃：《草原文化精神内涵管窥——从蒙古族的那达慕谈起》，《阴山学刊》2008 年第 2 期。

51. 李秀芳：《蒙古族传统体育文化那达慕的发展》，《体育文化导刊》2008 年第 11 期。

52. 王晓琨：《内蒙古旧石器时代考古简史》，《内蒙古文物考古》2008 年第 2 期。

53. 李军平：《鄂尔多斯古文化遗址》，《实践》2008 年第 5 期。

54. 武晓怡：《呼和浩特市大召寺经堂壁画的取材背景及布局形式》，《内蒙古文物考古》2008 年第 2 期。

55. 孟和套格套、贾麟：《文化遗产保护工作与博物馆的任务——以内蒙古博物馆为例》，《内蒙古文物考古》2008 年第 2 期。

56. 李红梅：《关于二人台传承与发展的几点思考》，《艺术评论》2008 年第 2 期。

57. 安其乐：《蒙古族传统曲艺"好来宝"》，《内蒙古师范大学学报》2008 第 6 期。

58. 王星光、贾兵强：《中原历史文化遗产可持续发展的问题与对策》，《河南社会科学》2008 年第 4 期。

59. 刘临安：《文物保护原则与旅游发展促进相结合的整合性规划——以内蒙古包头市五当召为例》，《北京建筑工程学院学报》2009 年第 4 期。

60. 李荣光：《阴山岩画及其保护与研究》，《实践》（思想理论版）2009 年第 5 期。

61. 王庆云、张赫逸：《论元上都遗址的保护与开发》，《内蒙古工业大学学报》2009 年第 2 期。

　　62. 吴艳:《论对那达慕文化资源的深度开发——基于城乡一体化视角》,《内蒙古社会科学》2009 年第 2 期。

　　63. 博特乐图:《经验与启示——蒙古族长调民歌的保护与传承经验两例》,《内蒙古大学艺术学院学报》2009 年第 2 期。

　　64. 钟志勇:《搏克传承对蒙古族传统文化发展的启示》,《宁夏社会科学》2009 年第 3 期。

　　65. 陶信平:《日本历史文化遗产法律保护对我国的借鉴》,《西北农林科技大学学报》2009 年第 4 期。

　　66. 贾晓光:《二人台音乐的社会功能与传承研究》,《内蒙古艺术》2010 年第 1 期。

　　67. 阿荣高娃:《内蒙古非物质文化遗产旅游开发研究》,《现代商业》2010 年第 32 期。

　　68. 翟禹:《论元上都遗址的保护管理体系建设》,《呼伦贝尔学院学报》2011 年第 4 期。

　　69. 博特乐图:《蒙古族长调的传承与保护》,《内蒙古大学艺术学院学报》2011 年第 2 期。

　　70. 乔玉光:《试论蒙古族长调功能性保护的意义及路径》,《内蒙古大学艺术学院学报》2011 年第 3 期。

　　71. 王雪、杨存栋:《非物质文化遗产旅游开发路径分析——以内蒙古为例》,《经济论坛》2011 年第 12 期。

　　72. 王雪、杨存栋:《内蒙古非物质文化遗产旅游开发探究》,《干旱区资源与环境》2011 第 12 期。

　　73. 李丹:《非物质文化遗产保护成效显著,传承任重而道远》,《经济日报》2011 年 10 月 12 日。

　　74. 沈志石:《利用非物质文化遗产开展历史活动课教学》,《新课程研究》2011 年第 7 期。

　　75. 杨维佳:《非物质文化遗产引入课堂教学的思考》,《艺海》2011 年第 5 期。

　　76. 叶秋华、孔德超:《论法国文化遗产的法律保护及其对中国的借鉴意义》,《中国人民大学学报》2011 年第 2 期。

三　学位论文

1. 肖曾艳：《非物质文化遗产保护与旅游开发的互动研究》，湖南师范大学，2006 年硕士学位论文。

2. 张德财：《非物质文化遗产法律保护研究》，华东政法学院，2007年硕士学位论文。

3. 孙琳：《蒙古族长调的传承研究》，中央民族大学，2008 年硕士学位论文。

4. 张兴兴：《科尔沁地方民歌保护与传承研究》，中央民族大学，2009 年硕士学位论文。

5. 王兴斌：《科尔沁地区蒙古族长调民歌保护与传承研究》，中央民族大学，2009 年硕士学位论文。

6. 滕腾：《蒙古族传统音乐传承研究》，内蒙古师范大学，2009 年硕士学位论文。

7. 王乾：《元上都遗址调查与保护研究》，内蒙古师范大学，2010 年硕士学位论文。

8. 薛文婷：《关于我国蒙古族长调民歌传承的思考》，东北师范大学，2010 年硕士学位论文。

9. 王鹿城：《论美岱召历史文化资源的开发与利用》，内蒙古师范大学，2011 年硕士学位论文。

10. 龙冠中：《非物质文化遗产传承人法律保护研究》，西南大学，2011 年硕士学位论文。

后　记

《内蒙古历史文化遗产的保护与利用研究》是教育部人文社科一般项目的最终成果，自立项到完成书稿历时两年有余。

尽管书稿对有些问题的论述还很肤浅，没有深入进去，但毕竟我们已作了一些初步的思考，今后我们将在此基础上继续努力，争取在这一研究领域有所创新。

《内蒙古历史文化遗产的保护与利用研究》是六位作者集体合作的成果，具体分工如下：

郝建平教授，主持项目研究，制订编写大纲，负责全书通稿，撰写导言、第一章、结语，整理参考文献；

胡琼禹副教授，撰写第二、三章；

吕喜林副教授撰写第四章；

刘春玲教授撰写第五章；

苏红彦副教授、郝建平教授撰写第六章；

张淑利副教授撰写第七章。

本书在写作过程中得到了多方面的支持与帮助：

包头师范学院历史文化学院原院长、中国文化史研究专家王炜民教授认真审阅了初稿，并提出了许多宝贵的修改意见；

内蒙古社科规划办的戚向阳先生、包头师范学院科技处的领导对研究工作给予了关心与支持；

内蒙古哲学社会科学基金对本书的出版给予了资助；

中国社会科学出版社对本书的出版给予了很大的支持与帮助。

在此我们一并表示深深的谢意！

在写作的过程中，我们参考了其他许多专家、学者的研究成果，已在文中注出或以参考书目的形式列出，也在此表示诚挚的谢意。

　　由于我们对内蒙古历史文化遗产的保护与利用研究时日尚短，不论学术积累还是资料占有都很不充分，本书难免有疏漏与错误之处，敬请广大专家、学者、读者提出宝贵意见，以便我们在今后的研究中加以纠正和进一步完善。

郝建平

2013 年 4 月于鹿城